제3판

기독교 영성사

브래들리 P. 홀트 지음

엄성옥 옮김

기독교 영성사
Thirsty for God: A Brief History of Christian Spirituality(Third Edition)

초판 발행: 1994년 12월 1일
재판 발행: 2002년 3월 15일
제3판 발행: 2017년 1월 15일
지은이: 브래들리 P. 홀트
옮긴이: 엄성옥
주소: 서울시 강동구 성내로3길 16
전화: (031) 774-2102| 팩스: (02) 6007-1154

ⓒ 1994년, 2002년, 2017년, 2021년 은성출판사

Augsburg Fortress와의 한국어 번역 출판에 관한 독점적인 계약에 따라 번역본에 대한 모든 권한은 은성 출판사가 소유하고 있습니다. 따라서 본사의 사전 서면 허락없이 재편집, 재제작, 인용, 촬영, 녹음 등을 할 수 없습니다.

ISBN: 979-11-89929-36-7 (93230)
Printed in Korea.

Third Edition

Thirsty for God

A Brief History of Christian Spirituality

by

Bradley P. Holt

translated by

Sung Ok, Eum

내 영혼이 주를 갈망하며
내 육체가 주를 앙모하나이다
— 시 63:1

너희 모든 목마른 자들아 물로 나아오라 돈 없는 자도 오라
너희는 와서 사 먹되 돈 없이, 값 없이 와서 포도주와 젖을 사라
— 사 55:1

예수께서 서서 외쳐 이르시되
누구든지 목마르거든 내게로 와서 마시라
나를 믿는 자는 성경에 이름과 같이
그 배에서 생수의 강이 흘러나오리라 하시니
— 요 7:37-38

또 그가 수정 같이 맑은 생명수의 강을 내게 보이니
하나님과 및 어린 양의 보좌로부터 나와서 길 가운데로 흐르더라
강 좌우에 생명나무가 있어 열두 가지 열매를 맺되
달마다 그 열매를 맺고
그 나무 잎사귀들은 만국을 치료하기 위하여 있더라
— 계 22:1-2

당신 자신을 위하여 주님의 샘에서 솟아나는 생수를 채우세요.
생수는 당신을 위하여 열려있기 때문이지요.
모든 목마른 자여 다 나와 마셔요.
그리고 주님의 샘 곁에서 휴식하세요.
왜냐하면 샘은 즐겁고 힘차게 하니까요.
당신 자신을 항상 시원하게 하세요.
—솔로몬의 송가 30:1-3

차례

감사의 글 / 11

서문 / 13

제1장 기독교 영성이란 / 19
    1. 영성 / 20
    2. 존재, 관계, 행위 / 23
    3. 영성을 나타내는 은유 / 27
    4. 관계 / 31
    5. 시간과 공간 / 35
    6. 유럽 대륙의 개관 / 42
    영성훈련: 묵상 / 50

제2장 성경과 네 가지 관계 / 57
    1. 성경 / 59
    2. 하나님 / 61
    3 이웃 / 70
    4. 창조 / 72
    영성훈련에서의 사랑 / 74
    영성훈련에서의 성경 / 75

제3장 세계 공동체의 시작 / 85
    1. 성경 / 87
    2. 신약성경 이후 시대 / 94
    3. 예배와 성례전 / 96
    4. 은사 / 98
    5. 순교자 / 102
    6. 금욕주의 / 104
    7. 수도원운동 / 118

8. 신비주의 / 136
영성훈련 / 146

제4장 유럽 시대 / 153
1. 동방교회 / 154
2. 서방교회 / 164
영성훈련: 예수기도와 이콘 / 188

제5장 개신교와 가톨릭교회의 개혁 / 19
1. 루터와 루터교 / 194
2. 가톨릭교회의 개혁 / 210
영성훈련 / 218

제6장 현대 / 225
1. 계몽 / 225
2. 개신교 영성 / 228
3. 옥스퍼드 운동 / 246
4. 프랑스 가톨릭교화 / 247
5. 파스칼과 기에르케고르 / 253
6. 정교회 / 255
7. 작은 꽃 / 257
8. 선교 영성 / 259
9. 성결 영성 / 263
영성훈련 / 267

제7장 1900년 이후의 서방 / 275
1. 오순절 운동과 카리스마 운동 / 277
2. 에큐메니컬 영성 / 281
3. 성공회와 감독교회 / 287
4. 루터교 / 293
5. 침례교도 / 297
6. 장로교인 / 302
7. 가톨릭 교인 / 304
8. 정교회 신자 / 324
9. 퀘이코 교도 / 325
10. 여성 영성 / 328

11. 중독 현상에 대한 언급 / 336
12. 긍정적 사고와 자부심 / 340
영성훈련 / 342

제8장 1900년 이후의 비서구세계 / 347
1. 라틴아메리카 / 351
2. 아프리카 / 360
3. 아시아 / 375
영성훈련 / 387

제9장 기독교인을 위한 초종교 영성 / 393
1. 질문에 대하는 접근 방식 / 401
2. 유대교 / 405
3. 이슬람 / 408
4. 힌두교 / 412
5. 불교 / 413
6. 결론 / 416

제10장 기독교 영성과 생태학 / 419
영성훈련 / 440

후기: 디지털 과학기술 / 442

연대표 / 453

색인 / 457

감사의 글

이 책이 출판된 지 24년이 되었다. 이 책은 기독교 영성 입문서이다. 이 책 초판과 제2판은 개인 및 대학, 신학교, 영성훈련 과정에 유익하다고 증명되었다. 제3판은 생태학과 디지털 과학기술에 관심을 두었고 권장도서를 갱신했지만, 기독교가 서방 종교만이 아니라는 것, 과거의 책들도 여전히 읽어볼 가치가 있다는 것, 그리고 기독교인들이 종종 과거에 활동한 형제와 자매들로부터 얻을 수 있는 위대한 자원을 의식하지 못한다는 것 등 기본적으로 같은 접근 방식을 사용한다.

필자는 많은 사람에게 감사하고 싶다. 첫째, 내 아들 폴이다. 폴은 내가 우울증 때문에 일하기 어려워할 때 커피숍에서 만나 함께 일할 것을 제안했다. 나는 이 병이 얼마나 치명적일 수 있는지 아들에게서 배웠다. 나는 우리가 만나기로 약속한 시간에 아들이 자살했다는 것을 알고 큰 충격을 받았다. 그후 나는 이 개정판의 대부분을 그 커피숍에서 바리스타 친구들 덕분에 저술했다.

다음으로 여러 차례 나를 바른 방향으로 이끌어 준 내 개인 편집자 베스 게데(Beth Gaede)에게 감사한다. 여러 해 동안 인내하며 격려해

준 포트리스 출판사의 마이클 깁슨 편집장을 비롯하여 알리시아 엘러스(Alicia Ehlers), 마이클 무어(Micahel Moore), 마리 샤프(Mari Sharpe)에게 감사한다. 원고의 잘못된 부분을 바로잡아준 새 친구 빅푸스 잉바슨(Vigfus Ingvarsson)에게도 감사한다.

나는 낸시 쾨스터가 조직한 작은 작가 그룹에 참여해왔다. 나는 정신과 의사인 크리스치안 보어의 도움을 많이 받았는데, 그는 내 말을 경청해주었다. 나는 올리브산 루터교회에서 데이비드 세르빈(David Cherwien)이 지휘하는 합창단의 노래를 듣고 힘을 얻었다. 기독교영성 연구회(Society for the Study of Christian Spirituality)의 일부 교수들은 강의에 이 책을 사용해주었다.

이 책에 포함된 지도를 작성해준 루이즈 리스틱 프리치(Louise Lystig Fritchie), 마크 헤닝(Mark Henning), 올라프 홀-홀트(Olaf Hall-Holt)에게도 감사한다.

이 책 집필이 어려울 때 아내 린다, 자녀인 올라프와 카린, 그리고 손주들인 베베카와 아넬리스가 용기를 주었다.

여기에 언급하지 않은 많은 사람에게도 감사한다.

서문

 필자는 독자들을 영성에 대한 대륙들간의 대화와 세대들간의 대화에 초대한다. 이 책에서는 시간적으로나 공간적으로 다양한 기독교 영성을 살펴볼 것이다. 이 책은 21세기 초의 미국의 관점에서 오늘날 영적으로 갈급한 사람들에게 소중한 경험과 개념과 관습을 지적하기 위해 시간적으로, 그리고 대륙들 주위를 돌아본다. 이 책은 제도, 철학, 또는 건축 등과 반대되는 것으로서의 영성에 초점을 둠으로써 기독교 역사의 다문화적 이야기를 제공한다.

 먼저 "영성"이라는 용어에 대해 논하고, 세계적 차원에서의 기독교 공동체에 대해 살펴본 후에, 제2장에서는 성경, 기독교 영성에 반드시 필요한 문헌 자료에 초점을 두고 논할 것이다. 그다음에는 초대시대, 중세시대, 종교개혁시대, 현대, 그리고 최근의 현상들, 특히 초종교 영성 및 생태학과 과학기술이 영성에 미치는 영향 등을 탐구할 것이다.

 각 장에서 그 장의 주제들과 관련된 영성훈련이 제시될 것이다. 새로운 삶의 방식을 시도해보라. 이 제안들은 독자들의 경험의 지평을 넓혀줄 것이다. 각 사람에게 필요한 훈련의 종류가 다르다.

이 책에서 다루는 운동이나 인물들은 영성에 대한 필자의 견해를 반영한다. 주제가 되는 자료를 선정한 몇 가지 기준이 있다. 필자는 기독교 영성사에 포함해야 하는 가장 유력한 인물들, 예를 들면 어거스틴, 아빌라의 테레사, 십자가의 요한 등을 이 책에서 다루었다. 그러나 일반적인 기준에서 벗어나서 가톨릭 교인들뿐만 아니라 개신교인과 정교회신자들, 여성들, 그리고 비서방 기독교인들도 다루었다.

모든 사람이 그렇듯이, 나에게도 많은 편견이 있지만, 내가 속하지 않는 다른 전통들을 공정하게 다루려 한다. 나는 북아메리카의 백인 남성이다. 나는 신학을 연구하고 가르치면서 살아온 루터교인이다. 나는 영적 지도자요, 남편이요, 아버지요, 할아버지이다. 나는 약 10년 동안 북나이지리아의 신학교에서 가르쳤고, 그다음에 미네아폴리스의 아우구스부르크 대학에서 가르쳤다. 나는 아프리카, 아시아, 라틴아메리카, 유럽 등지의 약 40개 국가를 여행하면서 해외 피정이나 순례여행을 인도했다. 나는 라켓볼을 치고, 영화를 감상하고, 탐정소설을 읽는다.

나는 여러 해 동안 고등교육 기관에서 공부했으므로, 종교에 접근하는 방식은 매우 지적이고 학구적이고, 좌뇌형이다. 영성에 대한 나의 관심은 부분적으로 나의 인간성의 다른 측면, 즉 경험적이고 예술적이고 정서적이고 자발적인 우외의 욕구에 기인한다. 어떤 면에서 이 책은 이 두 가지를 종합하려는 시도이다.

영적 전통에는 잘 알려진 이름들이 포함되지만, 이름이 알려지지 않는 무수히 많은 일반 대중의 관습도 포함된다. 이 책에서는 "대중경건"(popular piety)도 다룬다. 영성 고전에서 다루어진 영성은 일반

신자들에게 영향을 준다, 이 책에서는 은사주의, 경건주의, 12 단계 영성 등의 대중 운동에 대해서도 기술한다. 그러나 대부분은 신앙과 문학적 재능으로 사람들에게 영향을 주어온 엘리트들의 이야기와 저술을 다룬 것이다. 필립 쉘드레이크(Philip Sehldrake)의 『영성과 역사』(Spirituality and History)는 과거를 해석하는 일이 복합적이며 위험이 많다는 것을 상기시켜준다. 우리는 기억되는 책의 저자들과 본문이 우리 시대를 위해 지니는 가치를 이해하는 해석자들을 알아보는 비평적 시각이 필요하다.

많은 사람은 영성사를 형성하는 바탕 사건들에 대해 알려주는 것이 유익하다고 여긴다. 이 책에서는 종종 영성과 관련된 것이 아니어도 배경을 위해서 일반적인 역사나 교회사에서 벌어진 일들을 언급할 것이다. 그러나 이 책은 간략한 역사서이므로, 이 책에 소개하는 본문이나 운동의 신학적, 문화적, 경계적 배경을 완벽하게 묘사하지 못한다. 부록에 독자들이 참고하고자 하는 사건들의 연대표가 포함되어 있다. 나는 본서에 소개한 본문에 등장하는 특수 용어들을 설명하려 했지만, 혼동되는 경우에는 색인을 참고하기 바란다. 잘 알지 못하는 지명이 있으면 지도를 참고하라.

이 책의 목표는 기독교인들이 자신의 구세주에 대해 말하는 방식을 더 많이 이해하는 데 있다. 이 책의 근저에 깔린 메시지는 기독교인이 되어 기독교 영성을 실천하는 참 된 방식이 많다는 것이다. 그러므로 세상에 많은 영성이 있을 뿐만 아니라 많은 기독교 영성, 신앙생활을 하는 방식에 관한 많은 견해가 있다. 나는 때때로 기독교 영성의 이야기를 하면서 풍자적인 논평을 하겠지만, 모든 종류의 영성에 대해 고마워할 것이다. 나는 정교회 전통, 가톨릭 전통, 복음주의 전통, 에큐메니컬 개신교 전통 등의 가치를 본다. 나는 유럽과 북아메리카가 아닌 세계의 삼분의 이에 해당되는 지역에서 성장한 토착 기독교를 소중히 여긴다. 나는 기독교 공동체가 아닌 공동체들의 영성의 가치를 인정한다.

나는 독자들이 일반적으로 종교, 구체적으로 기독교에 대해 이야기하는 방식이 다양하다는 것을 안다. 첫째, 당신은 종교에 대한 질문에 무종교라고 답변하는가? 당신은 영성에 대해서는 배우려 하지만 기독교에 대해서는 배우려 하지 않는가? 아마 당신은 개인적으로 거룩한 것들과의 의미있는 관계를 추구하지만, 예배 참석, 기법에 대한 교육의 부족, 그리고 교회생활 전반의 무심한 태도로 말미암아 그것을 진행하지 못할 수도 있다. 당신은 의미있는 훈련, 유서깊은 전통, 개방적인 태도를 가진 다른 전통에 배력을 느낄 수도 있다. 기독교가 이러한 요소들을 지니고 있는지 열린 정신으로 고려해볼 것을 요청한다.

당신은 교회, 교회의 무관심, 교회에서 나도는 소문, 인종주의나 성차별주의로 말미암아 상처를 받았기 때문에 기독교를 거부하고 있을 수 있다. 당신의 신념은 "예수님, 당신의 추종자들에게서 나를 구해 주십시오"인가? 나는 기독교 공동체인 교회의 지체로서 당신에게 용서를 구하고 싶다. 당신이 더 깊고 멀리 바라보기를 바란다. 이 책에서 기술하는 기독교 영성들의 타당성을 다시 고려해보기를 바란다. 예수의 복음이라는 보물은 그를 따르는 인간들 안에 담겨 있다. 각각의 신자들뿐만 아니라 지역 교회와 국가적 교회의 잘못에도 불구하고, 복음과 그것이 가리키는 치유자의 메시지는 사람들의 마음을 끌어당기고 있다.

당신은 "영성"이라는 단어 때문에 어려움을 겪고 있을 수 있다. 많은 신자들, 특히 신학자들과 목회자들은 영성에 관해 인기있는 책에서 발견되는 가르침 때문에 낙심한다. 그들은 영성이 가장 최근에 인기를 끄는 수양에 불과하며, 사람들은 자신이 원하는 것을 포함하기 위해서 "영성"이라는 용어를 사용하는 것이라고 생각한다. 특히 개신교인들은 그 용어에 친숙하지 않으며, 그 용어는 전통적인 용어에 속하지 않는다. 게다가 일부 신자들은 영성을 은혜로 말미암은 구원이 아니라 자력 구원의 방법이라고 여겨 의심한다. 책이나 교사들이 제안하는 이것저것을 행하기만 하면, 성공하고 자아실현을 이룬다는 것은 당신이 현재의 모습 그대로 하나님의 주도와 선물로 말미암아 하나님과 화목하는 것과는 전혀 다르다. 우리가 구원하는 것이 아니라 그리스도께서 우리를 구원해주신다. "영성"이라는 용어는 기독교인들이 처음으로 사용한 용어이다. 영성을 실천하기 위해 기독교인이 되어야 할 필요가 없지만, 기독교는 활기찬 개인 영성의 기초일 수 있다.

당신은 "영성"이라는 단어와 관련하여 전혀 문제를 느끼지 않으며 영적 지도자나 멘토나 동반자가 되기 위해 공부하고 있는 기독교인일 수 있다. 그렇다면 더 훌륭한 지도자가 되기 위해서 이 책의 여정에 참여하기를 권한다. 당신은 실제로 소홀히 되는 신앙생활의 차원을 제공함으로써 위에서 언급한 사람들에게 소중한 선물을 줄 수 있다. 당신의 연구가 교회를 영적으로 부유하게 해줄 것이며, 이 책은 당신이 피지도자의 말에 경청하고 그의 새로운 관점을 열어줄 질문을 하기 위한 학습의 기초를 제공할 것이다. 더 상세하고 다채로운 책을 원한다면 『기독교 영성의 역사』(The Story of Christian Spirituality)를 보라.

  이 책에서 시대를 초월하여 전 세계의 사람들이 자신의 영성을 실천해온 방법에 관한 다양하고 효과적인 이야기를 소개하면서 위에서 언급한 네 집단의 사람들을 염두에 두었다. 이 책이 독자들의 지식의 지평을 넓히고, 관계를 깊게 해주기를 바란다.

제1장

기독교 영성이란?

우리는 지금 탈수 상태에 있는데도 그 사실을 깨닫지 못할 수 있다. 인간이 처한 곤경의 일부는 자신에게 필요한 것이나 자신이 갈망하는 것이 무엇인지 알지 못하는 데 있다. 예를 들면, 나는 몸에 관심을 기울이는 데 문제가 있다. 나는 낮에, 그리고 간단히 음식을 먹을 때 피곤하거나 활기를 잃거나 무기력하다. 속상하거나 낙심한 상태에서 식사할 때가 있다. 그럴 때면 냉장고에 붙여 놓은 "모든 일이 기대한 대로 되지 않을 때 음식을 먹으라"라는 글을 보고 미소 짓는다. 나는 오랫동안 내 몸이 음식을 원하는 것이 아니라 물을 원한다는 것을 알지 못했다. 나는 아침이나 늦은 오후에는 냉수 한 잔이 카페인과 설탕과 지방이 들어 있는 음료수보다 원기 회복에 훨씬 좋다는 것을 알게 되었다. 나는 배고픔과 갈증이 다르다는 것을 알게 되었으며, 내 육체의 진정한 욕구에 반응하게 되었다.

영성의 기본 전제 중 하나는 우리의 비육체적인 자아도 갈증을 느낀다는 것이다. 우리는 자신에게 필요한 것을 알지 못할 수도 있고, 재산이나 음식이나 인간관계 등 진정한 만족을 주지 못할 뿐만 아니라 오히려 해가 되는 것으로 욕구를 충족시키려 한다. 기독교 영성은 우리의 진정한 갈망의 대상이 순수한 하나님의 생명수임을 알게 해 준다. 옛날 사마리아의 여인이 이 물을 갈구했다.[1] 예수님은 그 여인을 만났을 때 그녀의 영적 욕구를 아시고 생명수를 주셨다. 그 물은 그 여인이 생각했던 물이 아니라, 살아계신 하나님의 영이었다.[2]

기독교인들에게 중요한 두 번째 전제는 하나님의 사랑이 적극적으로 이 갈증을 찾는다는 것이다. 그것은 마른 땅을 헤매는 사람이 탈수 상태에서 물을 갈급해 하는 것과 같다. 자신의 욕구가 목마름임을 알지 못한 채 짭짤한 비스킷이나 감자튀김을 먹음으로써 갈증을 해소하려는 사람도 있을 것이다. 이 비유에서 하나님은 생명수가 넘쳐 흐르는 아름다운 샘이시다. 이 샘은 목마른 자에게 물을 주고, 강이 된다. 이 샘은 생명이 되는 물을 많은 사람에게 나누어 주기를 원한다. 그러나 물의 비유는 그 이상의 의미가 없다. 왜냐하면 물은 비인격적인 것으로서 사랑할 수 없기 때문이다.

1. 영성

"영성"이라는 용어는 오해되기 쉽다. 예를 들어 그 용어는 하나의 형식을 언급하는 것이 아니라 영적임(spiritualness)의 분량으로서 온

---

1) 요한복음 4장

2) 요 7:37-39.

도나 습도처럼 측정할 수 있는 것처럼 사용된다. 이렇게 사용할 때 사람들이 자신이나 다른 사람을 더 영적이라거나 덜 영적이라고 측량하려는 부정적인 태도를 지니게 되며, 어떤 사람은 다른 사람이 스스로 생각하는 것만큼 영적이지 못하다고 공격하는 방망이로 사용한다. 더욱이 영성을 획득해야 할 목표나 공적이 될 행위로 여길 수도 있다. 필자는 이런 식으로 그 용어를 사용하는 것을 피하려 한다.

"영성"(spirituality)의 근원은 기독교인에게 중요한 용어인 "영"(spirit)이다. 그 단어는 히브리어(ruach)와 그리스어(pneuma)에서 숨, 바람, 그리고 영을 나타내는 데 사용된다. 성경은 인간의 영과 거룩한 영을 언급한다. 거룩한 영은 영적 발달의 기초인 성령이다. 여러 가지 어려움 때문에 기독교 신학에서, 그리고 지역 교회의 생활에서 성령이 도외시되어왔다. 우리는 성령과 관련하여 삼위 중 나머지 두 위격에 대해서처럼 쉽게 이미지를 형성하지 못한다. 우리는 아버지와 아들을 알지만, 영의 모습은 어떻게 묘사하는가? 영에 대한 성경의 묘사는 불, 물, 바람, 비둘기 등 모두 비인간적인 것이다. 성령은 오늘날 세상에서 일하시는 하나님이시다. 성령은 우리를 사랑하시며, 다른 두 위격처럼 인간적이시다.

"영성"은 세 가지 실체, 즉 능력, 양식, 그리고 학문을 언급한다. 첫째, 그것은 모든 사람이 가진 능력이다. 예를 들어 어떤 사람이 "나의 영성을 발견하여 기쁘다"라고 말하는 것은 영적인 의미들과 육체 활동을 통합할 수 있게 해주는 것, 지적 행위와 윤리적 행동을 통합하게 해주는 차원을 언급하는 것이다. 인간은 보이지 않는 세상과 관련되는데, 우리는 이것을 "영성"이라고 한다.

둘째, 우리는 하나님 및 세상과 관계 맺는 유형이나 양식을 영성이라고 말한다. 따라서 포스트모던 영성, 가정 영성, 감리교 영성, 또는 전례 영성 등을 말할 수 있다. 각각의 경우에 수식어가 특정 양식을 가리킨다. 나는 "영성"(spirituality)보다 "영성 형성"(spiritual formation)이라고 말하는 편을 선호한다.

셋째, 영성은 새로 등장하고 있는 학문, 그 단어의 처음 두 가지 의미에 대한 연구이다. 이것은 여러 학문 분야와 관련된 것으로서 신학자들뿐만 아니라 역사학자, 사회학자, 심리학자, 철학자 등이 기여하는 분야이다.[3] 본서는 영성 분야에 속한 연구서이다. 본서는 더 많이 실천하고 연구함으로써 이 일에 참여하라고 초대하는 입문서이다.

영(spirit)을 이해하는 방식이 영성(spirituality)을 이해하는 방식을 결정한다. 예를 들어, 영을 인간적 경험의 생활과 상관없이 자체의 영역 안에서 유형적 실체로부터 분리한다면, 영성은 다른 세계로의 도피가 될 것이다. 그러나 요한복음에서 주장하듯이, 만일 하나님이 세상을 선하게 창조하시고, 나중에 육신을 입으셨다면, 영은 육체적 실존과 양립할 수 있는 실재의 차원이다. 그렇다면 인간은 몸과 정신과 영으로 나뉘는 것이 아니라, 그것들의 통일체이다. 영을 이런 식으로 이해하면, 영성은 우리가 생각하는 것보다 한층 더 전인적이며 실제

---

3) Bradley C. Hanson, ed., *Modern Christian Spirituality: Methodological and Historical Essays*, American Academy of Religion Studies in Religion, no. 62(Atlanta: Scholars, 1990>

적인 의미를 지닌다. 그것은 인간 생활 전체를 이우르며, 문화, 교파, 인격, 은사 등에 따라 다양한 양식으로 발달할 것이다.

20세기 초에 가톨릭 신학에서 오늘날의 이해와 비슷하게 영성이라는 용어를 처음 사용했다. 개신교는 약 40년 전에 영성이라는 용어를 사용하기 시작했다. 제2차 바티칸 공의회 이후의 에큐메니컬 운동으로 두 전통 사이의 대화가 증가해왔다. 개신교 교파 내에도 가톨릭 수도회처럼 독특한 영성 양식를 묘사하는 학문이 있다. 예를 들어 『존더반 기독교 영성사전』(Zondervan Dictionary of Christian Spirituality)은 영성을 다음과 같이 묘사한다:

> 기독교 영성은 실질적인 기독교 경험의 영역이다. 그것은 소수만 즐기는 삶의 일부가 아니라, 하나님 앞에서 그리스도로 말미암아 성령의 능력 주시는 현존과 변화 안에서 이루어지는 삶을 사는 것에 대한 것이다.[4]

2. 존재(being), 관계(relating), 행위(doing)

영성에 대해 생각하는 또 하나의 방식은 그 양상을 존재와 관계와

---

[4] Glen G. Scorgie, "Overwiew of Christian Spirituality," *Zondervan Dictionary of Christian Spirituality* (Grand Rapids, MI:Zondervan, 2011), 27.

행위의 차원에서 다른 방식으로 구분하는 것이다. 영성은 이론이 아니라 경험에 대한 것이지만, 이 세 가지 차원을 거론할 때 그 포괄성을 더 잘 볼 수 있다. 이 항에서는 위에서 언급한 영성의 셋째 의미에 따라 이 문제를 살펴보려 한다.

영성은 우리가 이 우주에 살기 위해서 채택하는 실존적 삶의 형태들로 이루어진다. 영성은 영 안에서 행하는 것이다. 기독교인에게 이것은 부활하신 예수의 영 안에서 행하는 것을 의미한다. 이러한 행함 안에서 우리 자신의 존재, 관계, 그리고 관습을 구분할 수도 있다. 왜냐하면 이 세 가지가 우리의 인간성을 구성하기 때문이다.

우리는 큰 우주 안에 있는 작지만 의미 있는 인간이므로, 영성은 존재에 대한 것이다. 우리가 우주와 그 창조자를 묘사하는 방식이 우리 자신의 실존의 의미를 보는 방식을 결정할 것이다. 우리가 영성 생활의 높은 수준에 도달하면, 자신의 행위를 부차적인 것으로 보고 단순히 하나님 앞에 존재할 수 있다: "우리가 그를 힘입어 살며 기동하며 존재하느니라"(행 17:28). 이것이 기독교인 바울이 그리스 철학자들과 공유한 견해이다. 영성에 대한 기독교의 견해의 핵심은 자기 행위의 결과를 사랑하고 소중히 여기신 창조주 하나님에 대한 확신이다. 이 하나님은 유한한 인간들이 존재의 기쁨을 공유하게 하셨다.

영성은 관계에 대한 것이다. 왜냐하면 사랑은 관계의 방식이기 때문이다. 우리는 여러 가지 관계로 이루어져 있다. 관계를 맺을 수 있게 해주는 사람들의 돌봄이 없으면, 우리는 인간으로 성장할 수 없을 것이다. 우리는 무관심, 적대감, 동정심 등으로 하나님, 사람들, 우리 자신, 그리고 모든 사물과 관계 맺는데, 이것이 삶의 일이요, 영성의 일이다.

　사람들은 자신의 존재와 관계를 행위로 표현한다. 어머니는 자녀들을 보살핀다. 아들은 어머니를 존경한다. 예술가는 아름다운 물건이나 말이나 음악을 만든다. 만일 내가 여자 친구를 사랑한다면, 나는 그녀에게 전화할 것이다. 만일 내가 나의 정신적 지도자를 존경한다면, 그분이 삶의 실제 상황을 다루는 방식에 세심하게 관찰할 것이다. 하나님을 사랑하는 사람은 이 관계를 위해 시간과 정력을 쏟을 것이다.

　이런 습관들을 영적 수행 또는 영성훈련이라 한다. 이것들이 우리를 성장하게 해주므로, 우리는 이것들을 반복하여 행한다. 하루 일과에 수면, 음식을 먹는 것, 그리고 작업이 포함되듯이, 영성훈련에는 기도, 읽기, 쓰기, 노래하기 등이 포함될 수 있다. 이것들은 나태함의 부정을 포함하는 육체적, 정신적 훈련과 흡사하기 때문에 훈련이라 불린다. 우리는 단체 경기를 준비하면서 몸무게를 늘린다. 우리는 오케스트라나 밴드에서 연주를 준비하면서 도레미파를 연습한다. 우리는 교회에서의 공동생활을 위한 준비로 영성훈련에 참여한다. 훈련(discipline)이라는 단어와 제자(disciple)라는 단어의 어원이 같음에 주목하라. 우리는 예수를 따르는 자로서 주목하고, 책임 있게 행동하고, 무한히 사랑해야 한다. 주님은 자기를 따른다고 주장하는 모든 사람에게 자기 훈련을 기대하신다.

　영성훈련의 목록은 한정되지 않으나, 체계를 재창조할 필요가 있다. 그러나 우리는 영의 생활에서 우리보다 앞서간 많은 사람의 경험에서 배울 수 있다. 반면에 시대가 다르고 각 사람이 다르므로, 과거의 방법을 융통성 있게 적용해야 한다. 각 사람은 존재와 관계와 행위에 대한 비전을 표현하기 위해서 나름의 습관을 찾아야 한다.

어쩌면 모든 선한 행동을 영성훈련으로 볼 수 있을 것이다. 그러나 특별히 가치 있다고 여겨져온 행동들이 있다. 리처드 포스터(Richard Foster)는 『영적 훈련과 성장』(Celebration of Discipline: Tjhe Path to Spiritual Growth)에서 내면 훈련(묵상, 기도, 금식, 학습), 외면 훈련(단순성, 독거, 복종, 섬김), 그리고 공동체 훈련(고백, 예배, 지도, 경축)로 구분하여 12가지 훈련을 다룬다. 반면에 마조리 톰슨(Majorie Thompson)은 『영성 형성 훈련의 이론과 실천』(Soul feast: In Invitation to the Christian Spiritual Life)에서 다른 목록을 제시한다: 영적 독서, 기도, 예배, 금식, 자기성찰, 영적 지도, 환대. 그녀는 그 책 마지막 장에서 그러한 훈련 중에서 "삶의 규칙"(rule of life)을 선택하라고 권한다.[5]

리처드 포스터와 마조리 톰슨 모두 자신의 저서에서 이러한 훈련의 실천과 전개 방식을 상세히 언급한다. 본서도 영적 실천에 대해 많은 제안을 하려 한다. 그것의 역사적 발달 상황, 즉 기독교 영성의 이야기를 하면서, 몇 가지 훈련을 확인하며, 독자가 그것을 직접 실천하여 경험하도록 초대할 것이다. 기독교 영성의 이야기는 읽기만 해서는 충분히 이해할 수 없다. 우리는 분석을 위한 지적 장비를 가지고 있지만, 평가와 적용을 위해서는 경험이 필요하다. 영성 훈련은

---

[5] Marjorie Thompson, *Soul Feast: An Invitation to the Christian Spiritual Life*(Louville: Westminster John Knox, 1995).

경험해야만 실질적인 것이 된다. 그러므로 이 책 전체에 제시된 짧은 훈련을 위한 제안을 받아들여 실천하기 바란다.

3. 영성을 나타내는 은유

영성의 유형을 분류하기 위해 몇 가지 시스템이 사용되어왔다. 어떤 사람은 도표를 사용하여 긍정의 영성(kataphatic)과 부정의 영성(apophatic)을 하단 왼편과 오른편에 두고, 마음(heart)과 정신(mind)을 상단과 하단에 두어 사분면을 형성하는 방식을 사용한다.[6] 사람들은 자신이 이 네 차원 중 하나에 끌리는 정도에 따라 자신을 그중 하나에 둔다. 이러한 차트는 개인이나 학파의 심리적 경향을 확인하는 데 도움을 줄 수 있다. 제프리 웨인라이트(Geoffrey Wainwright)는 또 다른 유익한 방법을 제안했다. 그는 유명한 니부어(H. Richard Niebuhr)의 『그리스도와 문화』(Christ and Culture)에서 사용한 유형 분류 체계를 영성과 연결한다. 필자는 여기에서 기독교 영성의 유형들 모두를 분류하려는 것이 아니라, 일부 영성 작가들과 학파의 두드러진 특징이 되는 은유들을 분명히 보여주려 한다.

우리는 삶을 이해하기 위해서 기본적인 이미지나 근원적인 은유를 사용한다. 각각의 은유가 가치가 있지만, 홀로는 적절하지 못하다.

---

6) Allan H. Sager, *Gospel-Centered Spirituality: An Introduction to Our Spiritual Journey*(Minneapolis, Augusburg, 1990), 36.

예를 들어 성경은 하나님을 바위, 빛, 요새; 사자, 곰, 독수리; 왕, 아버지, 목자; 어머니, 연인, 친구 등으로 묘사한다. 이 은유들은 개별적으로는 하나님의 본성을 제대로 묘사하지 못한다. 기독교인의 삶에 대한 묘사도 마찬가지이다.

신앙생활의 기초인 하나님과 우리의 관계는 구조, 대속, 또는 칭의로 묘사될 수 있을 것이다. "예수께서 구원하신다"는 것은 예수께서 인간보다 더 큰 세력인 죄와 사망에서 죄인을 구하신다는 의미이다. 대속이란 값을 치르고 노예를 해방하는 것을 언급한다. 칭의는 법정에서 이루어진다: 다른 사람의 중재를 기초로 피고에게 무죄가 선고된다. 이 은유들의 공통점은 하나님의 주도권이다. 하나님은 우리를 사랑하시며, 우리를 속박하는 안팎의 세력들에게서 우리를 해방하신다.

어떤 사람들은 이러한 은유들이 신앙생활의 시작을 언급한다고 주장하겠지만, 노련하고 성숙한 성도들은 그것들에 애착을 갖는다. 신앙생활에서 우리의 노력이 차지하는 역할과 상관없이, 이 은유들은 우리가 근본적으로 자신의 삶을 필요로 한다는 것, 그리고 구하시고 대속하시고 자유롭게 하시고 의롭다 하시는 하나님의 사랑을 의존한다는 것을 암시한다. 루터파 영성과 개혁주의 영성의 중심은 이러한 은유들이다.

또 신앙생활의 과정을 암시하는 은유들이 있다. 성장, 통합, 그리고 치유는 점진적인 변화를 묘사한다. 첫째, 동물과 식물의 생물학적 성장은 신앙생활의 성장 모델이다. 둘째, 우리가 분열되고 깨진 자아들이며, 신앙생활은 분열된 자아들을 우리의 인격 통합과 하나님과의 연합이라는 의미에서 다시 연합하는 일이다. 셋째, 치유는 기독교 영성에서 은유인 동시에 실제일 수 있다. 그것은 은유로서 여리고 도상에서 강도 만난 사람이 사마리아인과 여관 주인의 보살핌을 받은 것과 같은 의미에서 병들거나 상처 입은 것의 치유 과정을 암시한다 (눅 10:25-37). 실제로서의 치유는 육체 치유나 감정 치유를 구하며 기도하여 괄목할 만한 결과를 가져온 사람들의 중요한 경험이다. 어거스틴과 오순절파에서 이러한 이미지를 사용한다. 어거스틴은 그것들을 은유로 사용했고, 오순절파에서는 경험으로 사용한다.

여행과 귀환에는 걷기, 이동, 등정, 그리고 귀가 등의 은유가 포함된다. 시간적인 삶은 길을 따라 걷는 것처럼 공간적인 움직임에 비유되곤 한다. 이것은 바울이 "성령으로 행할지니"(walk in the Spirit)라고 말하면서 사용한 이미지이다. 장거리 여행이라는 모티프는 존 번연의 풍유소설 『천로역정』(Pilgrim's Progress)의 기저를 이룬다. 그것은 우리가 아직 도착하지 못한 채 이동 중이라는 것, 그리고 최종 목적지가 있다는 것을 암시한다. 사다리를 오르든지 산을 오르든지 등정(climbing)은 창세기에서부터 사용되어온 영성생활의 이미지이다. 그 은유는 하나님을 향해 진보하는 것을 상상하며, 자신이 걸어온 길을 되돌아볼 수 있게 해준다. 그러나 이 은유에는 문제점들이 있다. 왜냐하면 우리 중에는 걸어가는 것의 근본적 실체가 은혜라고 여기는 사람들이 있기 때문이다. 그것은 인간의 노력을 자랑하려는 유혹일 가능성이 있는 업적을 암시하는 듯하다. 귀가(homing)는 여행에 초점을 두는 것이 아니라 귀환, 그리고 알맞은 곳에 정착하는 것에 초점을 둔다. 일부 여권주의 작가들이 이 은유를 선호해왔고, 중세 시대

가톨릭 전통에서는 신플라톤주의 개념의 여정을 사용했다: 우리는 하나님에게서 왔고, 하나님을 향해 돌아가고 있다.

죽음과 부활은 기독교인의 타락과 회복, 죄와 용서, 절망과 희망을 나타내는 은유이다. 예수의 죽음과 부활은 예표, 또는 이 패턴을 보여주는 최초의 강력한 예로 간주된다. 루터는 종종 매일의 세례를 이러한 방식으로 말했다(롬 6:1-11 참조). 이스라엘 백성이 하나님에게서 떠났다가 돌아온 과정이 여기에 해당된다고 여길 수 있다.

어느 수도사는 TV 인터뷰를 하면서 자신의 수도 생활을 30초 안에 묘사하라는 부탁을 받고 "우리는 넘어지고 일어나며, 넘어지고 일어나며, 넘어지고 다시 일어납니다…"라고 대답했다고 한다.

신앙생활을 묘사하는 또 다른 방식은 소명(vocation)이다. 이 방식은 부름(call)과 응답(response)이다. 부름은 우리가 누구이며 무엇을 해야 하는지를 가리키기 위해서 하나님과 자아와 세상으로부터 오는 것이다. 우리는 자신의 소명 안에서 응답하며 산다. 부름과 응답은 평생 반복된다. 그것들은 우리를 부르며 돌아오라고 하시는 하나님처럼 어머니가 현관에 서서 어린 아들에게 "얘야, 집에 돌아올 시간이다!"라고 말하는 것처럼 단순한 부름일 수 있다. 또는 경력, 가정생활, 그리고 사회와 세상에 대한 책임의 균형을 이루라는 복합적인 부름일 수 있다.

전투(battle)도 기독교 영성에 대한 논의에 자주 등장하는 이미지이다. 에베소서 기자는 마귀의 간계를 대적하기 위하여 하나님의 전신갑주를 입으라고 권면한다. 전투에 대한 다른 견해는 바울이 말한 내면의 투쟁이다. 그는 로마서 7장에서 자신의 각 부분이 싸우고 있다고 말했다. 후대의 저자들은 영적 세력, 옛 자아, 그리고 세상에 속한 세력들과의 싸움이라는 주제에 대해 상세히 설명했다. 요한 아른트(Johann Arndt)부터 시작하여 경건주의와 복음주의 저자들은 이 이미지에 친숙했다.

마지막으로, 갈증(thirst)과 배고픔(hunger)은 신을 향한 인간의 욕구를 암시한다. 인간은 아무리 노력해도 자족하지 못한다. 하나님이 생명의 떡(요 6장)과 생명의 물(요 7장)을 공급해주실 수 있다. 때때로 축하 행사(요 2장)에는 포도주가 필요하다.

이러한 은유들 모두 우리의 경험 형성에 도움이 된다. 그것들은 우리의 삶을 해석할 수 있게 해준다. 그것들은 개별적으로는 적절하지 못하며 각기 나머지 은유를 필요한다.

4. 관계

영성의 포괄적 본질을 묘사하는 가장 넓은 상황은 연결, 단절, 그리고 우주와 관련하여 우리가 해야 할 것의 영역인 듯하다. 그러므로 영성은 모든 인간관계에 대한 것이다. 영성은 믿는 내용이 아니며, 윤리적 명령도 아니다. 영성의 원료는 낭만적인 관계뿐만 아니라 우리가 만물의 근원이신 분, 그 근원에서 나온 우주, 모든 사람들, 그리고 우리 자신과 관계하는 방식을 포함하는 모든 인간관계이다. 그러므로 일상생활로 끌어내려 보면, 영성은 우리가 청구서, 투표, 구매, 기도, 성관계, 태양이 뜨는 것을 바라보는 것, 개똥 치우는 것, 나그

네에게 말을 거는 것 등과 관련하는 방식을 위한 틀이다.

나는 인간의 언어로 묘사할 수 없는 분, 우주와 역사적 사건이나 인물들에 의해 계시되시는바 만물의 근원이신 분이 있다고 믿는다. 나는 성령이 이전 세대에 볼 수 없었던 것보다 더 많은 것을 계속 계시하신다고 믿으며, 성경이 그러한 계시들의 핵심 기록이라고 믿는다. 예수 그리스도는 아버지라고 불리시는 이 근원이신 분의 얼굴이시다. 예수의 가르침은 나로 하여금 이 근원이신 분과 개인적으로 관계하며, 그분의 보살핌과 동정심과 용서를 확신하게 해준다. 나의 이러한 확신을 언급하는 지름길은 내가 기독교인이라는 것이다.

사람들은 각기 다른 방식으로 신자일 수 있다. 믿는 내용에 차이가 있지만, 대부분의 차이점은 문화, 인종, 그리고 경험과 관련된다. 예를 들어 어떤 사람은 세상을 버리고 은둔하여 종일 홀로 기도하는 것이 기독교 영성을 가장 잘 실천하는 것이라고 믿는다. 어떤 사람은 냉정한 신학적 사고를 중시한다. 또 어떤 사람은 사회정의를 위해 일하는 것이 기독교 영성의 전부라고 믿는다. 어떤 사람은 사람들에게 믿음을 증언할 때, 어떤 사람은 방언으로 하나님을 찬양할 때, 어떤 사람은 성찬의 떡과 포도주를 받을 때 하나님의 영을 예리하게 느낀다.

그러나 관계의 학문으로서의 영성은 신학(참된 것을 연구하는 것)과 윤리학(선한 것을 연구하는 것)과 뗄 수 없이 관련된다. 예를 들어 우리가 다른 사람과 관계를 갖는 방식은 우리가 그에 대해 믿는 것, 그리고 선한 것과 악한 것, 옳은 것과 그른 것에 대해 믿는 것의 영향을 받는다. 나는 이 사람을 믿을 수 있는가? 그는 내 친구이지만 내

의견에 동의하지 않을까? 그녀가 나의 명성을 해치려 하는가? 이 사람은 나를 사랑하는가? 이러한 믿음들은 완전한 관계를 강화하거나 방해할 것이다.

우리가 믿는 것과 평가하는 방식을 포함해야 할 필요성이 영적 세력들과의 관계에 적용된다. 내가 하나님, 우주, 높으신 권세, 형이상학적이신 분, 또는 찬양받으시는 분과 관계하는 방식은 내가 참이라고 믿는 것과 옳다고 생각하는 것에 의존한다. 이 유일하신 분은 선하신가? 그분을 신뢰할 수 있는가? 이 유일하신 분은 멀리 계신 무정한 분이신가? 이 분은 개인적이며 가까이 계시는가? 이 분은 기도에 응답하시는가? 내가 이 분에 대해 안다고 생각하는 것을 어떻게 아는가?

기독교 영성에는 심리적 건강을 향한 자기 성찰적 탐구 이상의 것이 포함된다. 기독교 영성은 하나님과 피조 세계에 대한 관계를 자아와 사람들과의 관계에 맞춘다. 그러므로 영성에는 이웃 사람이 포함되는데, 이것은 항상 쉬운 일은 아니다. 먹을 것이나 입을 것이 부족한 사람에 대한 관심이 없이 영적 전율이나 황홀을 추구하는 것은 영적인 배임 행위이다.

세상에는 다양한 종류의 영성이 있다. 영성을 종교적으로 구분할 수 있지만, 영성은 관계와 믿음처럼 구분할 수 있게 종교와 연결되면서도 긴밀하게 연결되어 있다. 나는 영성이 모든 종교의 핵심이라고 확신한다. 그러므로 특히 이슬람, 유대교, 불교 등와 관련된 영성이 있다. 알콜 중독자 회복모임(Alcoholics Anonymous)인 12단계와 다양한 뉴에이지 운동과 동양 영성들처럼 종교와 관련이 없다고 주장하는 영성도 있다.

내가 "영성들"이라는 복수형을 사용하는 데 놀라는 사람도 있을 것이다. 내가 "영성들"이라는 단어를 사용하는 방식은 차크라(chakras), 천사들, 귀신들, 또는 조상들을 포함하든지 상관없이 세상 및 세상의 영적 세력들과 관계하는 방식 또는 유형을 묘사한다. 따라서 하나가 아니라 여러 종류의 영성이 있을 수 있다. 위에서 살펴본 바와 같이, 영성은 "영적임"의 분량에 대한 것이 아니라 우리의 관계들과 관련한 인간적 경험의 특징에 대한 것이다. 그러므로 그러한 관계들의 본질이 종교 안에 실재하는 의미 있는 것에 대한 세계관을 반영할 수 있다. 유대인들은 자기들과 특별한 관계를 지닌 창조주를 믿는다. 불교도는 창조주와 관계하는 것이 아니라 자기의 집착을 극복하는 과정과 관계를 갖는다.

영성을 종교와 관련짓는 유익한 방식은 12세기 초에 종교가 지적 차원과 제도적 차원과 신비적 차원을 지닌다고 말한 휘겔(Baron von Hügel)의 방식이다. 건전한 종교에는 이 세 가지가 중요하다.

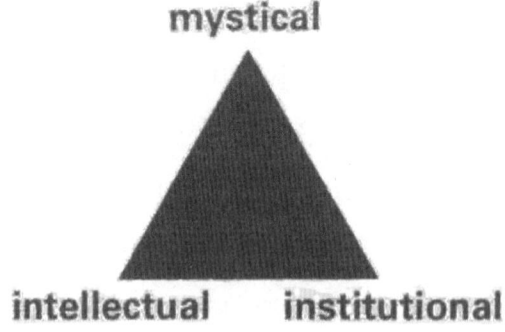

우리는 신비적 차원을 "영성"이라 부르곤 한다. 종교를 연구하는 사람이 영적 차원을 무시하는 것은 어리석은 일일 것이다. 이는 그것이 종교의 핵심을 이루기 때문이다. 다른 말로 표현하자면, 일부에서 하는 것처럼 종교를 제도적 차원으로 한정하는 것은 매우 제한적이다.

5. 시간과 공간

기독교 영성은 역사적이며 세계적이다. 거기에는 2000년 이상 발달해온 현상들이 포함되며, 다른 문화권 사람들과의 세계적인 관계가 포함된다. 교회는 영성을 가르치면서 역사적 전통이나 전 세계의 형제자매들을 충분히 활용하지 못하고 있는 듯하다. 우리는 서로를 필요로 한다. 소명에 따라 생활하는 교회들은 구도자에게 규형 있는 기독교 영성에 반드시 있어야 하는 개인적인 공동체, 역사적이고 세계적인 공동체를 제공한다.

북미에서 영성에 관한 가장 훌륭한 저술가 중 한 사람인 헨리 나우엔(Henri J. M. Nouwen)은 다음과 같이 언급했다:

> 미국은 전 세계의 부가 집중되어 있는 자유로운 세계이다. 그런데 종종 이 나라에서 영적 자유를 발견하기가 어렵다. 북미에 살고 있는 많은 기독교인이 두려움과 죄의식에 포로가 되어 있다. …북미 대륙 사람들의 영적 운명은 라틴아메리카 사람들의 영적 운명과 밀접하게 관련되어 있다. 나는 라틴아메리카의 기독교 공동체들

안에서 발생하고 있는 일이 북미에 살고 있는 사람들을 회개하게 하려고 부르시는 하나님의 방법이라고 생각한다.[7]

이 글에서 나우엔이 북아메리카와 남아메리카에 관해 주장하는 것은 내가 우리 모두를 위해 강조하는 것을 보여 주는 특별한 본보기이다. 즉 북미와 남미 대륙은 전 세계 기독교인들을 위한 도전과 은사를 가지고 있다. 서방 세계에 살고 있는 우리는 다른 대륙 사람들에게 줄 은사와 도전을 가지고 있다. 그러나 사실 북아메리카와 서유럽이 가장 도움을 필요로 하는 곳일 수도 있다. 우리의 교회들은 종종 아프리카나 아시아나 라틴아메리카의 교회들보다 무기력하다.

자기와 관련된 가정, 회중, 또는 인종 집단에 친숙한 부분만 반복하지 않고 세계 기독교인 가정이라는 넓은 견해를 취하는 것이 기독교 영성에 중요하다. 그러한 전통의 작용이 우리의 눈을 열어 영성의 넓은 자원을 볼 수 있게 하며, 우리의 선택을 위한 지침을 제공해줄 것이다.

우리의 의식은 시간적으로나 공간적으로 제한되어 있다. 우리는 최근 활동하고 있는 저술가에게서 가장 좋은 자료를 발견할 수 있다고 생각한다. 그러나 우리는 시대를 거슬러 올라가 다른 대륙 다른 시대의 사람들에게서 배워야 한다. 루이스(C. S. Lewis)가 4세기의 위대한 동방교회 교부인 알렉산드리아의 아타나시우스(Athanasius)가

---

7) Henry Nouwen, "Foreword" to Gustavo Gutierrez, *We Drink from Our Own Wells* (Maryknoll, N.Y.: Orbis, 1984), xx, xxi.

저술한 신학적 영적 저서의 서문에서 말했듯이, 새롭고 현대적인 사람들은 뒤죽박죽인 것을 선호한다. 왜냐하면 그들의 사상이 아직 시험 중이기 때문이다. 과거의 책들은 다양한 사상과 이미지와 경험들이 어떻게 걸러지고 검증되고 채택되거나 버려졌는지를 보여주며, 관점과 판단 및 자신에게 친숙한 편안함에서 벗어나는 방법을 보여준다. 이것은 새 것이 유익하지 않다는 말이 아니다. 루이스는 균형을 이룰 것을 권한다.[8)]

이전 시대의 책을 읽어야 할 필요성을 루이스(C. S. Lewis)만큼 날카롭게 지적한 사람은 없을 것이다:

> 각 시대는 나름의 관점을 가진다. 특히 특정 진리를 보는 데 능숙하며, 특정 실수를 쉽게 범한다. 그러므로 우리에게는 우리 시대의 특징적인 실수를 바로잡아 줄 책이 필요하다. …그것을 완화하는 유일한 방법은 수백 년 동안 불어온 깨끗한 바닷바람이 계속 우리 마음속에서 불게 하는 것인데, 이것은 옛 시대의 책을 읽음으로써만 가능하다. 물론 과거 안에 마술적인 힘이 있는 것은 아니다. 과거 사람들이 현대인들보다 더 똑똑하지는 못했다. 그들도 우리처럼 많은 실수를 범했지만, 우리와 같은 실수를 범한 것은 아니다. 그들은 우리가 범하고 있는 잘못을 칭찬하지 않을 것이다. 그들이 범했던 잘못들이 지금은 완전히 공개되고 파악되기 때문에, 그러

---

8) C. S.Lewis, Introduction to Athanasius, *On the Incarnation*, ed. and trans. John Behr (Crestwood, NY: St. Vladimi's Seminary Press, 2012), 1-3.

한 잘못으로 인해 우리가 위험에 처하지는 않을 것이다. 두 사람의 지혜를 합한 것이 한 사람의 지혜보다 낫다. 이는 각 사람이 실수를 범하지 않기 때문이 아니라, 두 사람 모두 같은 잘못을 범하지는 않기 때문이다.[9]

우리 시대의 영성에 관한 가정, 질문되어야 할 가정에 관한 관점을 갖기 위한 가장 좋은 방법은 영적 고전을 읽는 것이다.

살아있는 전통은 빈사 상태에서 과거를 반복하는 것이 아니라 자아 비판적이고 발전적인 흐름이다. 전통은 우리가 새로운 것을 향해 도약할 때 기초가 되는 과거의 경험이다. 교육에는 공동체를 형성해 온 다양한 전통을 연구하며, 연속성과 변화의 문제들을 깊이 생각하며, 그러한 전통의 요소 중에서 택해야 할 것과 버려야 할 것을 결정하는 일이 포함된다. 이처럼 전통은 관습(custom)보다 광범위하다. 전통에는 이야기(narrative), 교리, 가치관 등이 포함된다. 교회사가 펠리칸(Yaroslav Pelikan)은 "전통은 죽은 자들의 살아있는 믿음이며, 전통주의는 살아있는 자들의 죽은 믿음이다"라고 말한다.[10]

예를 들어 미국인들은 크리스토퍼 콜럼버스가 미친 영향, 국가 건설을 위한 문서를 입안한 사람들의 신념, 그리고 월남전과 이라크전,

---

9) C. S. Lewis, "Introduction" in *The Incarnation of the Word of God: Being the Treatise of St. Athanasius De Incarnatione Verbi Dei* (New York: Macmillan, 1947), 6-7.

10) Yaroslav Pelikan, *The Vindication of Tradition*(New Haven, CT: Yale, 1984), 65.

911테러 등을 재평가해왔다. 미국 전통에서 관대함과 공정함 같은 일부 요소는 귀중하며 존중할 가치가 있지만, 인종차별이나 탐욕 같은 요소는 미국인 개개인에게 회개가 필요하듯이 국가적으로도 회개가 필요하다는 것, 그리고 새로운 태도와 관습이 필요하다는 것을 보여준다.

기독교 공동체는 2천 년 동안 성령의 능력 안에서 살려 했던 사람들의 사상과 행동과 기도를 유산으로 물려받았다. 성인들은 예수의 사랑과 용기를 구현해 왔으며, 구속하시는 하나님의 능력의 증인으로 살았다. 그러나 기독교 역사는 사회적이고 개인적인 불의와 오류와 폭력으로 말미암아 끊임없이 주님의 길에서 벗어났다. 하나의 전통을 계승한다는 것은 그 안에 있는 모든 것을 인정한다는 의미가 아니다. 그보다는 그 전통 안에서 귀중한 것과 귀중하지 않은 것을 가려내며, 등한시되었던 사상의 흐름을 창조적으로 발달시키는 것을 의미한다.

이러한 연구가 필요한 이유 세 가지를 제시할 수 있다. 첫째 이유는 우리의 편협함, 파벌주의를 깨닫게 하는 데 있다. 전통의 많은 부분을 알게 되면, 현재의 일시적 유행에 대해 더 훌륭한 질문을 제기할 수 있다. 우리는 민족중심주의(ethnocentrism)에 사로잡혀 모든 것을 자신이 속한 인종 집단의 관습으로 판단할 뿐만 아니라, 이전 시대가 현시대보다 열등하다고 판단하는 현재주의(presentism)의 위험에 처해 있다.

둘째, 전통 연구는 기독교 영성에 대한 다양한 접근 방법을 드러낸다. 우리는 기독교의 기도 방식이 하나뿐이라거나, 예수를 따르는 길이 하나라고 생각해왔다. 전통은 시대를 가로질러 예수의 제자로 살아가는 방법들을 담고 있는 보물창고에서 끌어낸 구름같이 많은 증인을 보여준다.

각기 다른 교파가 다른 진리를 강조하듯이, 다양한 접근 방법들은 상이한 성경적 진리를 강조한다. 네 개의 복음서가 동일한 구속자에 관해 각기 다른 관점을 표현한 것처럼, 우리의 교파들 역시 한 분이신 그리스도에 대한 이야기 안에서 상이한 출발점을 중심으로 구체화한다.

이러한 영적 전통의 다양성에는 국가적, 문화적 차이점도 포함된다. 기독교는 유대적 배경에서 시작되었으나, 곧 그리스-로마, 시리아, 페르시아, 아르메니아, 에티오피아, 켈트족 등에 퍼졌고, 오늘날에는 전 세계의 모든 중요한 문화 집단에서 발견된다.

영성들의 차이점은 개인적인 것들이다. 기독교의 하나님은 개성의 다양성을 존중하시므로 온갖 유형의 여성과 남성이 그 길을 따랐고, 내향적인 사람들과 외향적인 사람들, 세상을 대면하기 위해서 주로 감정을 사용하는 사람들과 지성을 사용하는 사람들을 위한 표시물을 남겼다. 예를 들어 아빌라의 테레사나 캘커타의 마더 테레사 등의 여성들에게서, 그리고 아씨시의 프란치스코나 토마스 아퀴나스처럼 기질이 다른 남성들에게서 이것들을 찾아볼 수 있다.

셋째, 기독교 전통 연구는 다양성을 증명할 뿐만 아니라, 다양성을 위한 규범이나 한계를 제공한다. 복음의 능력 안에서 영성 생활을 하는 방법이 많지만, 하나님은 한 분이시며 주님도 한 분이시요 세례도 하나다. 진정한 기독교 영성의 규범은 성경이지만, 초대 교회의 신조들도 포함된다. 신학적인 규범들은 세계관에 대한 진술, 사물이 존재하는 방법에 대한 진술로서 영성이라는 살을 지탱해주는 골격을 형성한다. 예를 들면, 초대 시대에 영지주의자라고 불리던 사람들은 영이 물질보다 선하다고 생각하여 먹는 것, 성생활, 목욕 등을 금했다. 이 이원론적 영성을 저지하는 데 도움이 된 것은 하나님이 세상을 선하게 창조하셨다는 믿음이었다.

영성을 위한 신학적인 규범들 외에 실질적인 규범들이 있다. 이것들은 특정 상황에서 특정 제안이 얼마나 도움이 되는지를 결정한다. 기독교적 삶을 형성하는 방식이 교리적으로 정통이지만, 사람들의 욕구를 충족시키지 못할 수 있다. 이것이 식민지 시대에 아프리카에서 흔히 경험하던 현상이었다. 그 당시 유럽 기독교는 아프리카 기독교인들에게 부분적으로만 도움이 되었다. 문화적으로 맹목적인 선교사들이 교회에서 서구의 악기만 허용하고 북 치는 것을 금지했기 때문에, 의도한 것은 아니지만 아프리카 문화가 비하되었다. 오늘날 아프리카인들은 종교적으로 기독교인이 되기 위해서 문화적으로 유럽인이 될 것을 요구하지 않는 아프리카 특유의 영성을 추구하고 있다.

기독교 신학과 영성은 경기장에서 벌어지는 축구 경기와 같다. 거기에는 경계가 있으며, 경계를 넘어선 경기는 기독교적인 경기라 할 수 없다. 오늘날 이러한 경계선이 과거처럼 분명하지는 않으며, 경계선을 시험하는 새로운 운동들이 등장한다. 그러나 모든 영성이 기독교적 영성은 아니므로, 전통의 정체성과 통합을 위해서는 구분이 필요하다. 기독교인들이 마음과 귀를 열고 북아메리카 고유의 전통 같은 다른 종교 전통과 문화 전통에서 배우려는 자세를 취할 필요가 있다고 본다. 그러나 영성의 규범이 되는 예수 그리스도와 성경에서 벗어나서는 안 된다.

과거와 현재의 기독교 영성의 다양성을 연구하는 목적은 무엇인가? 그것은 우리의 선택의 폭을 넓히며, 중요하지 않은 것에 대한 집착에서 벗어나고, 우리가 누리고 있는 교제에 대한 경이감을 증진하기 위한 것이다.

6. 유럽 대륙의 개관

오늘날 많은 사람은 기독교를 유럽의 종교로 여기지만, 기독교는 유럽의 종교가 아니다. 세계 종교들에 관한 책들은 기독교를 서방의 종교로 분류한다. 그러나 기독교 전파의 역사를 보면, 기독교는 유럽의 종교이며 아시아의 종교이며 아프리카의 종교이다. 화가들은 예수님과 제자들을 유럽인처럼 그리지만, 예수님과 제자들은 유럽인이 아니었다. 그들의 문화는 중동 지방의 유대교였으며, 그들은 생물학적으로 고대 히브리인의 후손이었는데, 히브리인의 기원은 유럽과 접촉이 없었다. 기독교가 출현한 장소 예루살렘은 유럽이 아닌 서아시아에 위치한다.

오늘날 서구인들은 예수가 키가 크고 유럽인처럼 생겼을 것으로 생각하지만, 예수의 피부색이 어떤 색이었는지는 분명하지 않다. 어떤 사람은 예수님이 키가 작고 피부가 검었을 것이라고 말한다. 요지는 예수를 유럽의 백인들을 위한 인종적 신앙의 창시자로 보지 말고,

모든 민족이 정당하게 요구할 수 있는 메시지를 전파한 우주적 인물로 보아야 한다는 것이다. 흑인 예수, 중국인 예수, 북아메리카 원주민 예수 등으로 묘사한 예술품들은 이러한 확신을 표현한다.

기독교는 네 단계로 세계 여러 민족에게 전파되었다고 볼 수 있으며, 역사를 통해서 영향을 받은 대륙들의 모습을 모래시계로 그려볼 수 있다. 첫 시대와 마지막 시대(꼭대기와 바닥)는 넓고, 중간 부분은 좁다.[11]

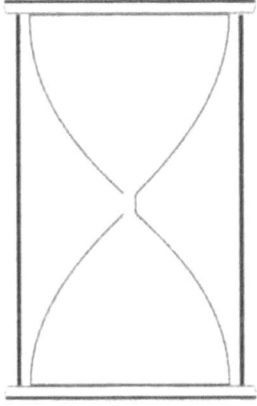

첫 단계는 서아시아의 예루살렘에서 세 대륙으로, 즉 동쪽으로 아시아, 남서쪽으로 아프리카, 그리고 북서쪽으로 유럽으로 전파되는

---

11) "Culture and coherence in Christian History," *The Missionary Movement in Christian History: Studies in the Transmission of Faith* (Maryknoll, NY: Orbis, 1996), 16-28.

시대이다(다음의 지도1을 보라). 사도행전은 복음이 예루살렘에서 유대와 사마리아와 땅끝까지 전파되었다고 말한다. 이 이야기에서 바울이 복음을 가지고 유럽으로 가기 전에(행 16장) 아프리카인이 등장한다(행 8장). 그러나 사도행전은 아프리카와 아시아로의 선교에 대해서는 언급하지 않고, 대체로 유럽 선교에 대해서 언급한다. 사도행전은 시리아, 이라크, 인도 등지로의 전파에 대해서 말하지 않는다. 그러므로 사도행전은 가장 초기의 기독교 운동에 대한 완전한 역사라고 할 수 없으며, 실제로 그렇지 않다. 이 시기에는 기독교인이 되라는 정치적, 또는 경제적 압박이 없었고, 오히려 그 반대였다. 기독교 신앙 고유의 장점들이 기독교를 받아들이는 원인이 되었다.

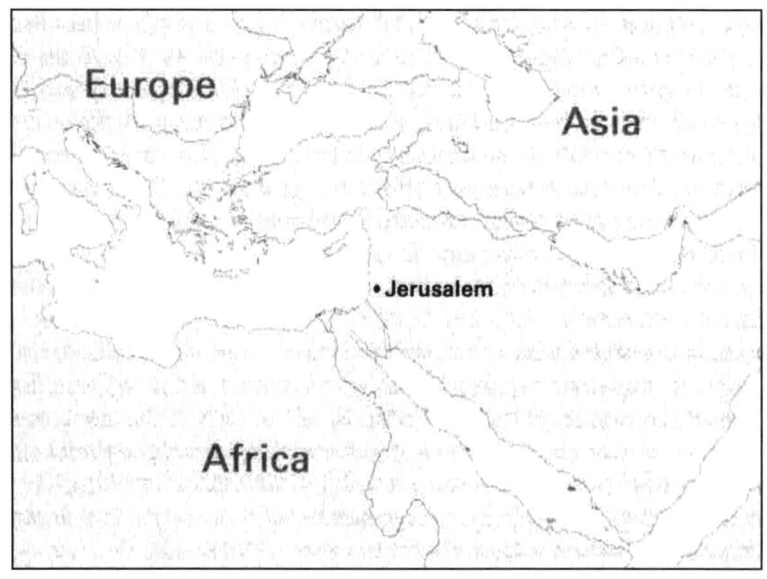

지도 1. 중심에 있는 예루살렘

도로와 교역로가 있었기 때문에, 기독교는 급속히 전파되었다. 1세기에 기독교는 이집트, 아라비아, 아르메니아를 비롯하여 로마제국 시대의 영국에까지 전파되었을 것이다. 아르메니아는 기독교 국가로 선포한 최초의 국가이다. 인도의 마르 도마교회(Mar Thoma Church)와 에티오피아 교회의 기원도 1세기로 거슬러 올라간다고 주장된다. 서방 역사가들은 이 교회들의 기원을 약간 후대로 추정하지만, 우리는 1세기라고 확신할 수 있다.

그러므로 만일 기독교가 동방의 인도와 중국에서 서방의 영국으로, 북부의 다뉴브 지방에서 남부의 에티오피아로 뻗어갔다면, 최초의 기독교는 로마의 종교가 아니고, 유럽의 종교도 아니요, 세 대륙의 여러 문화권에서 발견되는 신앙이었음이 분명하다.

기독교 전파의 제2 시대는 상실의 시대이다. 4세기에 로마와 콘스탄티노플에 기독교가 확립되었고, 5세기에 교리적인 분열이 발생했고, 7세기에 이슬람교의 발흥 이후 아프리카와 아시아의 교회들은 점차 소수 집단이 되거나 완전히 해산되었다.

콘스탄티누스 대제 이후 황제들은 점차 기독교를 합법적인 종교 중 하나로 간주하던 데서 더 나아가 공식적인 국교로 인정하게 되었다. 이러한 비잔틴 제국의 황제와 기독교의 관계는 의도하지 않았던 두 가지 결과를 낳았다. 첫째, 페르시아 같은 다른 제국의 통치자들이 기독교를 적대 국가의 국교로 간주하기 시작했고, 자기 영토 내에서 그 신앙을 추종하는 자들을 충성하지 않는 자로 여겨 박해하기 시작했다. 둘째, 교회 내의 이단이 국가에 위협이 되었다. 아리우스주의와 도나티즘과 관련된 교리적 논쟁이 정치적인 문제가 되었다. 콘스탄티노플의 지배를 받던 일부 민족들은 그 지배 아래의 불행 때문에 이슬람으로 개종할 준비가 되어 있었다.

이러한 교리적 분쟁 때문에 콘스탄티노플의 황제와 불화하게 된 많은 기독교인은 7세기에 있었던 아랍족의 도착을 환영했고, 결국 이슬람교를 받아들였다. 그것은 무력에 의한 것이 아니라, 모슬렘 정부의 사회적·정치적·경제적 압박에 의한 것이었다. 기독교로부터의 주된 이탈이 갑자기 발생하지는 않았다. 이라크와 이란의 많은 아시아인은 기원후 1000년 이후에도 기독교인으로 남았다.

이 기독교 전파 제2기에 기독교는 점차 유럽 문화에 토착화했고, 그곳에서 계속 확장되었다. 천 년 이상 기독교 신앙이 남유럽을 지배했다. 러시아와 스칸디나비아 등 북유럽의 민족들은 A.D. 1000년경 국왕들의 결정으로 기독교 신앙을 받아들였다.[12] 그리스, 로마, 켈트, 게르만, 슬라브, 노르웨이 등 다양한 유럽 문화에 의해 기독교 신학과 영성이 형성되었다. 예를 들어 12월 25일을 성탄절로 지키는 것, 그리고 크리스마스트리나 굵은 장작을 사용하는 것 등은 기독교 이전 유럽의 종교들이 사용하던 관습을 채택한 것이다.

유럽인들은 기독교와 유럽의 문화를 같은 것이라고 추정했고, 기독교의 보편적인 특성이 상실될 위험에 처했다. 일부 신학자들은 1

---

12) Philip Jenkins, *The Lost History of Christianity: The Thousans-Year Golden Age of the Church in the Middle East, Africa and Asia and How It Died* (New York: HarperOne, 2008).

세기 오순절 때 다른 민족들은 복음을 믿지 않았으므로, 하나님께서 유럽인들을 자기 백성으로 선택하시고 다른 민족들은 바깥 어두운 곳에 버려두시므로, 그들에게 기회를 주는 것은 무익하다고 주장했다.

기독교 전파의 제3기는 유럽에서부터 모든 대륙으로의 전파로서 16세기에서 20세기 중엽까지로 볼 수 있다. 최초의 가톨릭 선교사들, 그리고 그 이후에 활동한 개신교 선교사들이 십자가의 메시지를 모든 대륙에 전했다. 더욱이 유럽인들이 아메리카, 오스트레일리아, 남아프리카 등지로 대량 이주함으로써 기독교가 이들 지역에서 우세하게 되었다. 이러한 성장의 정치적 배경에는 유럽의 제국주의, 포르투갈과 스페인, 네덜란드와 영국과 프랑스, 그리고 미국의 경제적·문화적 지배가 포함된다.

기독교는 이민과 선교 사역으로 북대서양에서부터 유럽화한 형태로 전파되었는데, 때로는 기독교 전파 이전에 존재하고 있던 문화와 종교를 거의 배려하지 않았다. 이 시기에 기독교 복음이 유럽의 정치적, 또는 문화적 통제에 완전히 정복되지 않았음을 보여주는 예외들이 있다. 예를 들어 라민 삼네(Lamin Samneh)가 증명했듯이, 아프리카인들은 피동적으로 기독교를 받아들인 것이 아니었다.[13] 그들은 자기들에게 유익하다고 생각되는 것을 선택하여 적용하고, 그렇지 않

---

13) Lamin Samneh, *Translating the Message: The Missionary Impact on Culture* (Maryknoll, NY: Orbis, 1999).

은 것들을 버렸다. 그들은 자기를 고유의 교회를 세우고, 선교사들이 세운 교회들을 점차 인수하고, 선교사를 파송했다. 성경을 아프리카어로 번역한 일은 그들의 언어가 사라지지 않게 했다.

이 시기는 가능성의 시대, 현재 우리가 처한 상황의 문제들의 기초가 되는 시기이다: 단지 "백인의 종교"가 아닌 남성과 여성의 세계적인 기독교 공동체로서의 가능성, 그리고 유럽의 주도권, 인종차별주의, 종족주의, 성차별 등으로 말미암아 왜곡된 복음의 문제점.

오늘날은 기독교 발전의 제4기로서 기독교 운동이 유럽 국가들과 그 식민지 외의 장소에서 더 현저하고 활력적으로 퍼지고 있다. 예를 들어 아프리카 국가들의 교회는 국내에서, 그리고 세계적으로 복음화에 개입하고 있다. 세계에서 가장 큰 교회가 대한민국 서울에 있다. 라틴아메리카에서 시작된 해방신학이 전 세계로 전파되어 여러 방식으로 적용되어왔다. 아프리카와 아시아 교회들도 전해 받은 복음의 형태를 재평가하면서 유럽 기독교의 특성 중 자기들의 문화 환경에 적합하지 않은 것들을 버리고 있다. 라틴아메리카의 교회들은 식민지 시대에 시작된 경제적 불균형을 극복하려고 애쓰고 있다. 기독교가 옛 북대서양 요새에서는 약화되고, 아프리카, 라틴아메리카, 아시아 등지에서는 성장하고 있다. 세속주의 이론가들은 20세기에 현대 교육이 전 세계에 보급되면서 모든 종교가 사라질 것이라고 예고했지만, 그와는 반대로 비서방 세계에서 기독교를 포함한 주요 종교가 활기를 띠는 시대가 되었다.

혹자는 기독교의 역사를 일종의 모래시계로 본다. 지리적으로 범위가 넓은 부분은 초대와 현대이며, 중간의 좁은 부분은 유럽의 고립으로 본다. 따라서 기독교 영성의 역사에 대한 건전한 접근방법은 유럽 밖의 인물들과 운동들을 고려해야 한다. 이 책에서의 목표는 서로 연결되지 않는 두 분야의 지식을 한 데 묶으려는 것이다: 첫째는 기독교 영성을 연구하는 역사서들인데, 이것들은 흔히 유럽 중심이다; 둘째는 유럽 및 유럽의 식민지들 너머에서 이루어진 선교 사역과 새로운 토착 운동에 관한 학문이다. 초기 비서방 세계의 기독교 영성들도 최근의 영성들과 마찬가지로 중요한 연구 대상이 되며, 제3장에서 그것들에 대해 다룰 예정이다.

이 역사를 돌이켜보면서, 우리는 기독교가 오순절에 시작될 때부터 오늘에 이르기까지 문화적 경계를 넘고 있음을 알 수 있다. 성경 번역본들이 이것을 증언해주며, 오늘날의 상황화(contextualization) 의식이 그 절정이다. 상황화는 외국인이나 원주민들이 특정 문화에 속한 사람들이 이해할 수 있는 형태로 기독교를 표현하는 과정이다. 이것은 원주민에게 편한 언어와 상징을 사용하는 것, 그리고 그들의 문화 안에서 그들의 기독교 신앙을 표현하는 것을 의미한다. 이 과정의 본보기는 하나님의 말씀이 나사렛 예수 안에서 완전히 인간이 되시고 인간의 육신으로 성육하시고, 특별한 역사와 문화 안에서 생활하신 방식에서 볼 수 있다.

지금까지 기독교 영성을 소개했다. 기독교의 상황에서 영성은 네 가지 기본 관계에 대한 것이며, 영성 작가들의 오랜 전통에 귀 기울이는 것에 대한 것이며, 세계적인 기독교 공동체에 대한 의식을 넓히는 것에 대한 것이다. 다음 장에서는 과거 21 세기 동안의 가장 흥미로운 것들을 연대순으로 다루기 전에, 먼저 성경 안에 있는 이 네 가지 관계에 대해 상세히 고찰하려 한다.

영성훈련: 묵상

각 장에서 그 장의 내용을 독자 자신의 경험과 관련짓는 영성훈련을 제시할 것이다. 어떤 사람들은 이것을 경험학습이라고 한다. 이 훈련을 요구라고 여기지 말고 제안으로 받아들이라. 당신은 세상에 존재하는 새로운 방식, 당신의 삶에서 가장 중요한 것들과 관계를 맺는 방식을 발견하고 있다. 제대로 해야 한다는 생각에 집착하지 말라. 그렇게 하면 당신의 진정한 목표—하나님께 집중하는 것—에서 벗어날 것이다.

1. 앉아서 침묵하고 집중하라. 허리를 펴고 똑바로 앉아, 눈을 감고 긴장을 풀라. 두 팔과 손을 편하게 두라. 의자에 편히 앉아 두 발부터 시작하여 어깨, 목, 얼굴로 올라가면서 근육의 긴장을 풀라. 혀, 뺨, 이마의 긴장을 풀라. 두 눈의 긴장을 풀라. 정신을 비우고, 호흡을 의식하라. 두 차례 코로 숨을 들이쉬고, 입으로 내쉬라(이것은 의도적으로 한숨을 쉬는 것과 같으며, 긴장을 푸는 자연스러운 방식이다).

   이제 긴장을 풀렸으면, 당신 자신과 하나님의 음성을 들을 준비를 하라. 생각하려 하지 말고, 편안하고 정신을 맑은 상태로 유지하라. 만일 곧 해야 할 일, 성적 망상, 근심 등의 잡념이 생기면, 그러한 분심을 표면으로 떠오르고 있는 것의 표식으로 여기되, 당황하거나 자신을 책망하지 말고 다시 침묵하라. 이 훈련을 반복하다보면, 더 신속하게 평정을 찾고 더 오랫동안 침묵할 수 있을 것이다. 이렇게 침묵에 초점을 두는 것은 주의집중이 필요한 훈련을 위한 기본 준비이다. 혹자는 이 침묵이 하나님과 자신에게 사랑으로 집중하는 것이라고 생각한다: "당신의 존재의 근저는 거룩하다; 그 안에서 휴식하라. 심호흡을 하라. 당신의 영혼을 잠잠하게 하라. 인내하며 기다리라."

날마다 시간을 내어 고요하게 지내라. 집 안이나 밖의 고요한 장소를 선택하라.

2. 산책하라. 몸의 리듬, 호흡, 심장박동, 근육의 긴장 등을 의식하라. 방에서 벗어난 느낌이 얼마나 좋은지에 주목하라. 몇 차례 하늘을 향해 심호흡을 하라. 하나님과 함께, 또는 하나님 안에서 산책한다고 생각하라. 원한다면, 당신 자신이나 하나님께 드리는 노래를 부르라.

3. 기도하라. 많은 사람처럼 당신도 이미 기도하고 있을 것이다. 당신이 어떤 방식의 기도 생활에 만족하는지, 그리고 어떤 식으로 성장하려 하는지 생각하라. 우리는 대부분 기도란 하나님에게 말을 거는 것으로 생각하며, 자신에게 필요한 것이 있을 때 기도하므로, 기도가 요청이 된다. 이것도 진정한 기도 형태이지만, 매우 좁은 의미의 기도이다. 이 책에서 당신은 기도의 유형에 대한 많은 제안을 발견할 것이다. 모든 사람이 똑같이 기도해야 하는 것이 아니다. 우리는 자신에게 도움이 되는 기도 형식을 찾을 수 있다.[14]

---

14) Chester P. Michael and Marie C. Norrisey, *Prayer and Temperament:*

이 장 앞부분에서 영성을 정의하면서 제시한 방침에 따라 기도에 대한 이해를 넓히는 것에 대해 생각해보라: "기독교 신학과 경험 안에서 기도는 청원이나 호소 이상의 것이다. 그것은 하나님에 대한 우리의 관계 전체이다." 하나님에 대한 우리의 관계에는 감사, 찬양, 경탄, 고백, 불평 등 사람들과 관계하는 모든 방식이 포함된다. 그러므로 우리의 기도 유형을 확대하는 단순한 방법은 이러한 다양성을 상기시켜주는 다음과 같은 두문자어를 사용하는 것이다:

Adoration(경배)   Praise(찬양)
Confession(고백)   Repent(회개)
Thanksgiving(감사)   Ask(요청)
Supplication(탄원)   Yield(복종)

마조리 톰슨의 『영성 형성 훈련의 이론과 실천』(Soul Feast)에서는 더욱 다양하게 설명된다. 기도는 글쓰기, 노래 등을 사용하여 하나님과 교제하는 것 이상의 것으로서 그 모든 유형이 위에서 언급되었다. 하나님과 우리의 관계는 사랑의 임재 안에서 말없이 경청하는 것일 수 있다.

기도 훈련을 확대함으로써 하나님과의 관계를 넓히는 것에 대해 생각해보라.

4. 당신의 삶에 대해 기록하라. 종이에 가로선을 긋고, 왼쪽 끝에 당신

Diffenent Prayer Forms for Different Personality Types (Charlottesville, VA: Open Door, 1984).

의 생일을, 오른쪽 끝에 오늘 날짜를 쓰라. 10년 단위로 구분하고, 당신의 삶의 전환점을 표시하라. 예를 들면, 전학한 것, 이사한 것 등 변화가 있었던 시기를 표시하라. 각 점 사이의 공간에 간단한 명칭을 붙이고, 그것들을 당신의 삶의 여러 시기로 삼으라.

또는 인생의 지도(life map)를 작성하라. 당신의 인생을 중요한 선택이나 이동이 있는 구불구불한 선으로 보라.

각 시기를 영성 형성의 관점에서 고려해 보라. 그 시기에 당신에게 하나님은 어떤 분이셨는가? 당신은 자신의 삶에 대해 어떻게 생각했는가? 당신에게 가장 중요한 사람은 누구였는가? 그가 영적 지도자나 조력자 역할을 했는가? 각 시기에 당신은 어떤 상처나 슬픔을 겪었는가? 지금은 그것들을 어떻게 생각하는가?

5. 당신의 장래에 대해 써보라. 당신의 목표는 무엇인가? 사명선언문(使命宣言文)을 작성하라. 5분 이내에 한두 문장으로 작성하거나, 몇 달 동안 신중하게 논문으로 작성할 수 있다. 이 선언문을 매일 아침 기억할 수 있도록 짧은 문장으로 만들 수 있는가? 이 선언문에서 하나님은 어디에 계시는가?

앞으로 5년, 10년, 또는 20년 후에 당신이 어디에 있고 싶은지, 그리고 어떤 관계를 유지하고 싶은지 묘사하라.

당신이 죽어 삶이 끝난다고 가정해 보라. 사람들이 당신을 어떻게 기억해 주기를 바라는가? 당신 자신의 추도사, 당신이 목표하는 삶에서 당신의 본질을 표현해주는 연설문을 작성하라.

훈련에 도움이 되는 서적

Bass, Dorothy C., ed. *Practicing Our Faith: A Way of Life for a*

Searching People, San Francisco: Jossey-Bass, 1997.

Foster, Richard. *Celebration of Discipline: The Path to Spiritual Growth*, 2nd ed. San Francisco: Harper, 1988.

Spiritus. The Journal of the Society for the Study of Christian Spirituality. Johns Hopkins University Press.

Thompson, Marjorie. *Soul Feast: An Invitation to the Christian Spiritual Life*, Louiville: Westminster Joh Knox, 1995.

참고 서적

Arthur Holder, ed. *The Blackwell Companion to Christian Spirituality* (Malden, MA: Wiley-Blackwell, 2011).

Arthur Holder, ed. *Christian Spirituality: The Classics* (New YOrk: Routledge, 2010).

Richard Woods and Peter Tyler, eds. *The Bloomsbury Guide to Christian Spirituality* (London: Bloomsbury, 20120>

Evan B. Howard, The Brazos *Introduction to Christian Spirituality* (Grand Rapids, MI: Brazos, 2008).

Robin Mass and Gabriel O'Donnell, O.P., eds. *Spiritual Traditions for the Contemporary Church* (Nashville: Abingdon, 1990).

Stanley Gundry, ed. F*our Views on Christian Spiritualitty* (Grand Rapids, MI: Zondervan, 2012).

Scorgie, Glen, ed. *The Zondervan Dictionary of Christian Spirituality* (Gand Rapids, MI: 2010).

Walls, Anerew, " Culture and cioherence in Christian History," *The Missionary Movement in Christian History: Studies in the Transmission of Faith* (Maryknoll, NY: Orbis, 1996), 1626.

Gonzoles, Juosto, L. A History of Christian Thought, 3 vols. (New York: Abingdon, 1970-1975.

Pelikan, Yaroslav, *The Christian Tradition*, 5 vols. Chicago: University of Chicago Press, 1971-1989.

Hanson, Bradley C., ed. *Modern Christian Spirituality: Methodological and Historical Essays.* Atanata: Scholars Press, 1990.

Spiritus: A Journal of Christian Spirituality. Johns Hopkins Press, 2000-.

제2장

성경과 네 가지 관계

기독교 영성의 기초가 되는 문서는 성경이다. 후대에 발전되어 나온 것들의 기원은 성경에 기록되어 있는 신-인(神-人)의 대화이다. 비록 다양한 방식으로 해석되며 책들의 목록에 차이가 있지만, 모든 주요 기독교 전통들은 정경을 표준으로 인정한다.

기독교 영성에 관한 성경의 가르침을 제시하려면, 여러 권의 책이 필요할 것이다. 이 장에서는 영성을 구성하는 네 가지 기본 관계에 관한 성경의 가르침을 선정했다. 즉 우리와 하나님의 관계, 자아와의 관계, 사람들의 관계, 그리고 피조물의 관계이다. 나는 영성이란 이 모든 것들과 관계하는 방식이라고 생각한다. 여기에서 내가 선정한 개념과 성구는 이러한 주제들을 다루는 데 중요하다고 생각되는 것, 그리고 교회의 가르침에서 등한시되고 있다고 생각되는 것에 대한 나의 견해를 반영한다. 나는 신자들이 초대되고 부름을 받는 관계의 본질이 사랑이라고 여긴다. 사랑이 모두 같은 것은 아니다. 엄한 사랑, 낭만적인 사랑, 절조 있는 사랑, 지속적인 사랑, 즐거운 사랑, 인내하는 사랑 등이 있다. 때때로 사랑은 "싫어"라고 말한다. 대상과 상황에 따라 사랑의 종류가 다르다. 우리가 자녀를 사랑하는 방식은 원수를 사랑하는 방식과 다르다. 우리가 속한 팀을 사랑하는 방식은 등산로의 아름다움을 사랑하는 방식과 다르다.

그렇다면 사랑이란 무엇인가? 그것은 우리 문화에서의 일반적인 생각과 반대되는 감정에 불과한 것이 아니다. 감정은 나타났다 사라졌다 한다. 사랑은 사랑하는 사람의 최선의 이익을 배려하려는 꾸준한 동기부여이다. 종종 사랑에 빠지는 어쩔 수 없이 기분 좋고 달콤함 감정이 그러한 배려를 강화한다. 친구나 애완동물이나 파이 등을 좋아하는 것이 사랑에 포함되기도 한다. 그러나 원수의 경우에는 상대방의 유익을 원하는 의지에 유익한 감정이 동반되지 않는다. 원수를 사랑하는 것에는 원수를 좋아하는 것이 포함되지 않으며, 기껏해야 가능하다면 원수를 악한 의도에서 끌어내리려는 노력이 포함된다. 이러한 사랑은 모두 궁극적으로 하나님의 은혜에서 오는 것이다. 하나님이 먼저 우리와 모든 피조물을 사랑하셨다. 하나님을 의식하지 않은 채 사랑하는 사람도 실제로 사랑의 근원이신 유일하신 분에게서 이 사랑을 받는다는 점에 주목하라.

우리는 불완전하지만 사랑할 수 있다. 우리의 사랑은 결코 하나님의 사랑과 동등하지 못하다. 그러나 사랑하는 것은 우리의 특권이며 의무이다. 하나님, 사람, 자아. 피조물 등을 사랑한다는 것은 그것들보다 재산, 죄, 명성, 불의 등을 더 사랑하지 않는다는 것을 암시한다. 사랑하는 사람을 위해서 이런 것들을 경시하거나 거부해야 한다.

이에 대해서 논하려면 먼저 성경을 알아야 한다. 성경을 잘 알지 못하는 사람은 간단한 성경 개론을 읽으면 도움이 될 것이다. 이 장 끝부분에 있는 권장 도서를 참고하기 바란다.

1. 성경

성경은 인간이 인간의 언어로 기록한 하나님의 말씀이다. 기독교인들은 무슬림들처럼 우리의 성경이 정확히 말한 그대로 구술된 것이라고 주장하지 않는다. 우리는 하나님께서 성경을 영감하셨으며, 성경은 본질적인 말씀이신 예수 그리스도, 하나님의 로고스를 증언한다고 말한다(요한복음 1:1-14을 보라). 영감되었다는 것은 하나님이 문자 그대로의 성경을 기록하셨다는 의미가 아니라, 하나님께서 말씀하셨다는 의미이다. 하나님은 궁극적이신 분이 누구이며, 좋은 소식이 무엇이며, 가장 위대한 연인과 함께 어떻게 살아야 하는지 등을 드러내시기 위해 인간 저자들을 선택하셨다.

성경은 한 권의 책일 뿐만 아니라, 수 세기 동안 많은 기록자들과 편집자들이 상이한 상황에서 기록하고 수집해온 수집물이다. 그러므로 성경을 신중하게 해석해야 하며, 한 구절을 오늘의 문제에 대한 해답으로 간주하지 말고, 성경 전체의 주된 주제를 찾아야 한다.

성경은 기독교 영성을 발달시키는 사람들을 위해 많은 방식으로 그 기능을 발휘한다. 첫째, 그것은 영성의 양분이다. 성경의 많은 부분은 이야기이며, 이야기들이 일상생활을 조명해 준다. 우리 자신이나 우리 민족의 이야기와 성경 이야기의 관계를 찾는 것이 이 고대 문서를 해석하는 열쇠이다. 성경을 묵상하면서 읽는 것, 성경이 전하는 것을 경청하는 것, 또는 영화나 그림으로 표현된 것을 감상하는 것 등은 영혼의 양식이 될 수 있다. 성경은 하나님과 예수님과 성령을 독자나 청취자에게 복음을 전달하는 방식으로 묘사한다. 성령이 직접 우리에게 필요한 것을 말씀하실 때, 성경은 하나님에게서 나온 살아 있는 말씀이 된다. 성경을 원래 기록한 사람들을 인도하신 분이 성령이시며, 기록된 말씀을 살아있는 말씀이 되게 해주시는 분도 성령이시다.

시편은 성경의 모든 책 중에서 감정적 차원에서 드리는 가장 모범이 되는 기도를 제공하므로, 기독교 영성에서 특별한 위치를 차지한다. 시편은 일반적인 특성 때문에 고대 이스라엘 시대부터 다양한 상황에서 특수한 문제를 지닌 사람이나 공동체에 적절했다. 가톨릭 수도사들은 시편을 노래하며, 성공회의 공동기도서에 시편이 포함되어 있고, 개신교인들과 스코틀랜드 교회에서 시편을 찬송하며, 모든 교파에서 공중 예배나 개인적인 경건 시간에 시편을 사용한다.

또 성경은 영성과 깊은 관계를 지니는 신학과 윤리학의 표준이다. 즉 성경은 기독교의 기본적 세계관과 가치관을 증명하고 가르친다. 그것들은 모든 유형의 기독교 영성의 기초이다. 예를 들면, 성경은 하나님이 세상을 창조하신 후에 그것이 선하다고 선포하셨다고 가르친다. 또 하나님이 예수 안에서 인간이 되셨으며, 그의 삶과 가르침, 죽음과 부활이 인간 구원의 기초라고 가르친다. 또 하나님의 사랑이 우리 마음에 부어진 성령을 통해서 우리의 삶 속에서 작용한다고 가르친다. 성경 안에 있는 이 기본 이야기는 우리를 네 가지 사랑의 관계로 이끈다.

2. 하나님

예수님은 계명 중에서 으뜸되는 것이 무엇이냐는 질문을 받으셨을 때 신명기를 인용하시고, 그다음에 레위기를 인용하셨다(막 12:28-31; 신 6:4-5; 레 18:19). 예수님은 "첫째는 네 마음을 다하고 목숨을 다하고 뜻을 다하고 힘을 다하여 주 너의 하나님을 사랑하라 하신 것이요"라고 말씀하신다. 성경에서 하나님에 대해서 영성과 관련이 있다고 말하는 것이 무엇이든지, 이것이 근본적인 것이다. 우리는 전인으로 하나님을 사랑해야 한다.

하나님은 누구인가? 하나님은 사랑으로 먼저 우리를 지으셨고, 그다음에 우리를 대속하신 분이다. 이 하나님은 옛 이스라엘 백성을 온화하게, 질투하시면서, 때로는 진노하시면서, 때로는 기쁘게 사랑하셨다. 이 하나님은 인간의 육신을 입으셨고, 조롱받으셨으며, 모든 민족을 죄와 악과 사망에서 자유롭게 하시려고 죽으셨다. 이 하나님에 대한 가장 간략한 묘사는 "하나님은 사랑이시다"이다. 하나님은 단순하실 뿐만 아니라 삼위일체라는 사랑의 공동체이시다. 그분의 사랑은 그 공동체의 내면적 사랑의 확장이다.[1]

이 하나님을 어떻게 사랑할 수 있는가? 우리는 명령에 의해 사랑할 수 없다. 우리 스스로 사랑할 수 없다. 사랑하시는 위대하신 분이

---

1) McCabe, *God Matters* (New York: Continuum, 2000); idem., *God Still Matters* (New York: Continuum, 2002); idem., *Got, Christ, and Us* (New York: Continuum, 2005).

우리 마음과 정신 안에 이 사랑의 불을 붙이실 수 있다. 이분은 말씀하시고 행하심으로 우리의 사랑을 쟁취하시는 하나님이시다. 이분은 인간의 상황에서, 우리가 경험하는 상실의 상태에서 우리와 함께 슬퍼하시는 하나님이시다. 예를 들어, 내 아들 폴은 우울증을 앓다가 2015년에 자살했다. 인간을 사랑하시는 하나님은 폴이 자기의 인생에 대해 느낀 슬픔과 아들을 잃은 우리의 슬픔을 공유하신다. 기독교 영성은 이 사랑을 삶에 받아들이는 것이요, 이 사랑이 우리의 습관과 감정과 생각을 변화시키도록 허락하는 것이요, 그럼으로써 사랑의 출발점이신 하나님께 사랑을 돌려드리는 것이다.

하나님의 사랑을 받아들이는 것을 방해하는 큰 장애물이 있다. 우리 모두는 상처 받고 상실을 경험했다. 인간의 고난과 나의 고난의 역사에 비추어볼 때, 어떻게 사랑하시는 능력의 하나님이 계실 수 있는가? 나는 여러 번 이 질문에 직면했지만, 아직도 확실히 어떻게 대답해야 할지 알지 못한다. 랍비 해롤드 쿠시너(Rabbi Harold Kushner)의 베스트셀러 『왜 선한 사람에게 나쁜 일이 일어나는가?』(*Why Bad Things Happen to Good People?*)[2]를 비롯하여 이러한 시도가 꾸준히 이루어져 왔다. 슬퍼하는 것은 논쟁과 반론 속에서 하나님을 신뢰하는 것과 관련된 일이다. 우리는 고난 속에서 이 하나님과 동행할 것인가, 아니면 하나님을 비합리적인 분으로 여겨 거부할 것인가라는 딜

---

2) Harold S. Kushiner, *When Bad Things Happen to Good People* (New York: Anchor, 1981, 2004).

렘마와 씨름한다.

　영성의 근본은 하나님에 대한 지적이고 감정적인 견해이다. 지적인 측면은 하나님의 본성에 대한 교리로 드러난다. 감정적인 면은 찬양과 슬픔의 기도로 드러난다. 이 두 측면이 성경에 풍부하게 들어 있는 시편과 이야기와 비유 안에 표현되어 있다. 시편은 하나님에게 화를 내도 된다고 암시한다. 왜냐하면 하나님은 가장 위대한 심리치료사이시며 우리가 화를 내도 사랑을 멈추지 않기 때문이다. 기도하는 사람에게는 하나님께 현재 상황을 말하고 도전하는 것이 큰 위안이 된다. 이렇게 하는 것이 화를 내거나 낙심하는 것보다 낫다.

　히브리 성경, 혹은 구약성경은 전통을 지배하시는 창조주에 대한 기본적인 이해를 제공한다. 알려져 있으면서도 알려지지 않은 하나님은 모세에게 신비를 표현하는 특별한 이름을 주셨다(출 3:14). 그 이름은 망령되이 부를 수 없는 것이므로, 유대인들은 죄를 짓지 않으려고 그 이름을 발언하지 않는다. 후일 유대인들은 히브리어인 이 거룩한 이름을 그리스어 Kurios로 번역했고, 그것은 영어 성경에서 LORD로 번역되었다. (특이하게 단어 전체가 대문자임에 주목하라). 이 특별한 히브리어는 본질적으로 영어 형태가 지닌 함축 의미인 남성성과 지배라는 의미를 함축하지 않는다. 히브리어로 이 단어는 존재의 활동적 상태, 또는 활동성을 암시하는 듯하다. 그것은 이 유일자가 모든 존재의 근원임을 암시한다.

　하나님에 대해 우리가 알 수 있는 것과 인간의 지혜를 초월하는 것이 미묘하게 균형을 이루면서 여러 가지 방법으로 표현된다. 예를 들면 하나님은 사람이 친구와 이야기하듯이 모세와 대면하여 말씀하시지만, 모세가 하나님의 영광 보기를 원했을 때 "네가 내 얼굴을 보지 못하리니 나를 보고 살 자가 없음이니라"라고 말씀하셨다(출 33:11, 20).

이사야도 하나님의 비밀을 보존하면서도 하나님의 성품을 안다고 주장했다:

> 너는 알지 못하였느냐 듣지 못하였느냐 영원하신 하나님 여호와, 땅 끝까지 창조하신 이는 피곤하지 않으시며 곤비하지 않으시며 명철이 한이 없으시며 피곤한 자에게는 능력을 주시며 무능한 자에게는 힘을 더하시나니(사 40:28, 29).

성경의 기도문에는 알려진 것과 알려지지 않은 것 사이의 긴장이 묘사되어 있다. 성경은 기도에 대해 가르치고 실증한다. 인간은 하나님께 말할 수 있고, 하나님은 인간에게 말씀하신다. 성경에 기록된 기도는 매우 다양하며, 전능하신 하나님이 받아들이실 만한 기도의 형태가 하나만이 아님을 보여준다. 모세와 아브라함은 하나님을 친구로 보았고, 때때로 그분과 논쟁하거나 거래했다. 욥은 대담하게도 하나님을 비난했다. 시편에는 비탄의 애가와 기쁨의 찬양이 있다. 예수님은 치료를 위해 기도하시고, 감사하시며, 아버지의 뜻에 복종하시고, 십자가 위에서 버림받았다고 외치셨다. 바울은 셋째 하늘에 올라갔지만 자신이 본 것을 말할 수 없었다. 이 모든 것에서 우리가 아는 하나님과 알지 못하는 하나님을 본다. 이러한 긴장은 나중에 영성사에서 하나님께 대한 긍정의(kataphatic) 접근 방법과 부정의(apophatic) 접근 방법으로 나타난다.

구약성경의 하나님은 이스라엘 백성을 노예 상태에서 구해주신 분, 이스라엘 백성 전체 및 개인과 언약을 맺으신 분, 십계명을 주신 분, 선지자들을 통해서 말씀하셨으며, 다음과 같이 말씀하신 분이라고 알려져 있다: "하늘이 땅보다 높음같이 내 길은 너희 길보다 높으며 내 생각은 너희 생각보다 높으니라"(사 55:9).

우리가 알 수 있는 하나님은 세상을 지으신 분이요(창 1~2장), 이스라엘의 해방자시요(출 1~15장), 모든 민족을 심판하시는 분이요(시 96편), 신실한 자들의 구원자시요(시 27편), 거룩한 분이시다(사 6장). 이러한 보편적인 은유들 외에 보다 개인적인 은유가 많다. 하나님은 친구요, 아버지요, 어머니요, 남편이요, 왕이시다. 또 하나님은 피조물 중에서 인간이 아닌 것들로 비유된다. 하나님은 어미 곰이요, 어미 독수리요, 사자요, 반석이요, 요새요, 불이시다. 하나님을 나타내는 이미지들은 하나님의 완전하심을 표현하기에 부족하지만, 인간이 하나님을 이해하는 데 유익하다. 하나님은 여기에 얼거된 것들에 속히지 않으신다. 하나님은 여성도 아니고 남성도 아니다. 그러나 이러한 그림 언어는 하나님의 인격적이고 거룩하고 생생한 성품을 표현해준다.

신약성경은 구약성경의 묘사를 기반으로 하지만, "하나님이 성육하여 인간이 되셨다"라는 놀라운 선언을 한다. 이것은 신약성경의 하나님은 자비의 하나님이며, 구약성경의 하나님은 진노의 하나님이라는 말이 아니다. 왜냐하면 신·구약성경 모두에서 하나님의 이 두 가지 성품을 볼 수 있기 때문이다. 그러나 신약성경에서는 인간을 향한 하나님의 사랑이 매우 커서 하나님이 나사렛 예수 안에서 인간의 형태를 취하셨다고 주장한다. 이 행위는 창세기 1장에 진술된 피조물의 선함을 확인해주며, 인간과 인간 문화의 가치를 확인해 준다. 사람들이 악으로 말미암아 손상되었지만, 하나님은 특별한 때 특별한 장소에서 인간 역사 안에 들어오셨다.

예수님은 하나님을 잃어버린 한 마리 양을 찾아 다니는 목자, 잃어버린 금화를 찾는 여인, 돌아온 탕자를 반가이 맞아주는 아버지로 묘사하신다. 예수님은 하나님을 아바(Abba)라고 말씀하시는데, 이 단어는 어린 자녀가 아버지를 부를 때 사용하는 아람어이다. 이처럼 예수님은 하나님과의 친밀한 관계를 실행하시면서, 자기를 따르는 사람들에게 기도와 순종의 본을 보이셨고, 또 자신이 아버지와 더불어 경험한 하나 됨에 동참할 것을 권하셨다(요 17장).

예수님은 다른 보혜사, 즉 성령을 보내시겠다고 제자들에게 약속하셨다. 제자들이 감당할 수 없어서 주님이 가르치시지 않은 것을 이 성령이 가르치실 것이다(요 16:12-14). 따라서 장차 발달할 것이라는 의식이 성경에 포함되어 있다. 다음에서 다룰 영성들은 세세토록 현존하시는 분이신 이 보혜사의 표식들을 보여줄 것이다.

사도 바울은 하나님이 죄인을 의롭다고 선언하시며, 성령을 통하여 그들 안에 거하시면서 영적 은사를 주시고 영적 열매를 맺게 하신다고 기록한다. 그는 우리를 하나님의 계시와 신비라는 문제로 이끌어간다. 그는 몇 가지 진리를 확신한다. 예를 들어 그는 "내가 확신하노니 사망이나 생명이나 천사들이나 권세자들이나 현재 일이나 장래 일이나 능력이나 높음이나 깊음이나 다른 어떤 피조물이라도 우리를 우리 주 그리스도 예수 안에 있는 하나님의 사랑에서 끊을 수 없으리라"(롬 8:38-39)고 기록했다. 그러나 얼마 후 그는 유대인과 이방인들에 대한 하나님의 뜻을 기록한 후에 "깊도다 하나님의 지혜와 지식의 풍성함이여, 그의 판단은 헤아리지 못할 것이며 그의 길은 찾지 못할 것이로다…이는 만물이 주에게서 나오고 주로 말미암고 주에게로 돌아감이라 그에게 영광이 세세에 있을지어다 아멘"(롬 11:33, 36)이라고 결론짓는다.

바울의 말에 비추어볼 때 우리는 하나님에 대해 주장할 때 겸손해야 한다. 왜냐하면 우리가 알지 못하는 것이 많기 때문이다. 우리는 단지 삼위일체라고 이름하는 신비하고 능력 있고 아름답고 사랑 많으신 분을 가리킬 수 있을 뿐이다.

예수께서 말씀하신 두 번째 큰 계명은 "네 이웃을 네 자신과 같이 사랑하라"이다. 요지는 이웃 사랑이지만, 자아 사랑이 함축되어 있다. 자아 사랑과 이기심을 구분해야 한다. 자아 사랑에는 배려, 보살핌, 책임, 신실함이 포함되며, 이기심에는 탐욕, 착취, 우상숭배가 포함된다. 올바른 자아 사랑은 자신의 욕구를 충족하기 위해 다른 사람의 것을 가로채지 않으며, 모든 사람에게 육체적으로, 심리적으로, 그리고 영적으로 필요한 돌봄을 소홀히 하지 않는다. 성 프란치스코는 자기 몸을 소홀히 한 것을 후회했다. 그는 마지막 순간에 형제 당나귀라고 부른 자기 몸에게 거칠게 다룬 데 대해 용서를 구했다.

프란치스코는 자연 사랑에 대해 많은 것을 가르치지만, 그의 후회에 비추어 볼 때 우리는 자아 사랑과 관련하여 프란치스코를 본받지 말아야 한다. 그의 태도는 기독교의 영적 전통에 퍼져있는 오해를 반영한다. 그것은 다른 사람들을 위해 자신을 희생하는 사람들, 이타적이라고 할 수 있는 사람들을 미화하는 경향이 있다. 그것은 성령 안에서 행하는 사람은 이기적인 사람들과는 달리 자신의 욕구나 영역을 존중하지 않는다고 주장한다.

이 전통에 반대하는 몇몇 저자들은 최근의 심리학에 기초를 두고서 먼저 자신을 사랑하지 않으면 이웃을 사랑할 수 없다는 극단적인 주장을 한다. 이것은 정당한 통찰이지만, "먼저"라는 단어가 문제가 된다. 어떤 사람은 이 계명이 "제일 중요한 것을 지키라"라는 의미로 여기는 듯하다. 그들은 우리 자신의 심리적 문제를 해결하기 전에는 이웃의 욕구에 대해서 잊어야 한다고 주장한다. 마음이 바라는 모든 것을 자신에게 주고, 가난한 자들에게 관심을 두지 말아야 한다고 주장한다. 그러한 가르침은 예수님이 의도하신 것에 반대된다. 자기 용납의 부족, 자아에 대해 비판적이거나 냉소적인 태도는 이웃 사랑의 부족으로 나타날 것이다. 우리는 점차 자신과 이웃을 동시에 사랑하게 될 것인데, 그것은 하나님이 주시는 은사이다. 예수님은 "이웃을 사랑하고, 너 자신을 미워하라"라고 말씀하신 것이 아니다. 자아에 대한 건전한 관심이 이웃에 대한 배려의 표준이다.

성경은 자아에 대해 정의하지 않지만, 사람이 하나님, 사람들, 그리고 피조물과 누리는 관계를 묘사한다. 시편 139편은 하나님의 창조적 지식과 편재 안에서 하나님과 자아의 관계의 경이로움에 대한 묵상이다. 창세기는 사람을 하나님의 생기를 받은 몸으로 묘사한다. 여기에서 "생기"는 "영"과 같은 단어이다. 일반적으로 성경은 사람을 몸과 혼과 정신과 마음과 영—지성, 의지, 감정, 의식, 무의식—의 통일체로 본다. 성경은 철학자들이 하듯이 이 요소들을 분리하지 않는다. 그러므로 성경에서의 자아는 사회적이고 개인적인 전인(全人)이다. 이 온전한 자아가 하나님을 사랑하고 섬기고 찬양하라는 부름을 받는다.

성경은 인간을 하나님의 모양과 형상이며, 타락하여 죄와 악에 예속된 존재로 묘사한다. 성경은 인간의 속박에 대해 묘사하고, 자유를 약속한다. 그러므로 구속, 해방, 용서, 부활 등 분명한 성경의 가르침 안에 자아의 통합과 치유가 내포되어 있다.

성경 전체에서 사람들은 악에서 돌이켜 회개하라는 부름을 받는다. 신약 성경에서 "회개"를 나타내는 그리스어는 방향 전환을 의미한다. 하나님의 은혜로 말미암아 인간은 자신을 하나님에게서 멀어지게 하는 것을 감지할 뿐만 아니라 새 탄생, 새 방향, 새로운 자아를 받는다.

자아 사랑에는 건전한 경계를 유지하기 위해서 자신을 존중하는 것이 포함된다. 사람이나 사물이 우리를 노예로 삼는 것을 허락하지 말아야 한다. 우리는 다른 사람에게 당하고도 가만히 있거나 성적으로나 육체적으로 습관적으로 학대하는 것을 받아들이라거나 자아를 돌보지 말라는 부름을 받은 것이 아니다. 우리는 사람들을 불쌍히 여기면서도 자기 권위를 유지하는 사람, 자신의 참 자아가 되어야 한다.

자신을 사랑하는 것이 쉬운 일처럼 보이지만, 겉보기와는 달리 어려운 일이다. 내가 자신을 책망하거나 비난하거나 멸시하는 것은 나의 근원이신 분의 은혜와 기쁨 안에 사는 것이 아니다. 내가 하나님의 자녀라는 진리를 생각하지 않고 자신을 지나치게 높이 여기거나 비하할 수 있다. 하나님의 사랑은 나 자신을 진실로 사랑하게 하며, 내 영혼을 사랑하시는 분이 격려와 양분과 용서를 나에게 주도록 하신다.

3. 이웃

예수님은 둘째 큰 계명을 설명하시면서 강도를 만나 길가에 피 흘리며 쓰러져 있는 사람을 도와준 사마리아 사람의 이야기를 하셨다. 이 사마리아인은 어려움에 처한 사람의 이웃임을 입증했고, "이웃"의 개념을 바꾸었다. 이제 이웃은 가까이에 사는 이스라엘 사람이 아니라 인종이나 계층이나 성이나 종교나 성적 지향성에서 나와 다른 모든 인간을 포함한다. 기독교 영성의 이상은 "나의 하나님과 나"를 포함할 뿐만 아니라 기독교인들이 생활하는 장소인 궁핍한 세상을 포함한다. 가난한 사람들을 돌보는 것뿐만 아니라 부당한 대접을 받는 사람들을 옹호하는 것이 기독교적 삶의 일부이다.

여러 종류의 인간관계에 대해 생각해보자. 상황에 따라 필요한 사랑의 종류가 다르다. 예를 들어, 텔레비전에서만 본 난민들에 대한 사랑에는 실질적인 도움이 요구되지만, 개인적인 관계는 요구되지 않는다. 이웃에 있는 난민들에 대한 사랑에는 실질적인 도움이 필요할 뿐만 아니라, 그들을 우리 국가나 가정에 받아들이는 등 환대의 가능성이 열려 있다. 우리가 알고 있는 여러 관계 중에서 신앙 공동체, 가정, 그리고 친구들은 특별한 형태의 관계로서 더 친밀한 사랑을 요구한다.

　가정은 영적 양육의 중심지이다. 부부간의 성적 관계는 애정과 기쁨과 용서의 영역이다. 자녀가 태어나면 이것들을 함께 공유할 수 있다. 우리가 자녀들에게 보여주는 신뢰와 사랑이 그들의 장래의 삶을 형성한다. 대부분의 사람은 가정에서 성경을 읽고 서로 용서하고 책임을 다하는 법을 배운다. 자녀들은 자라서 자신의 영성을 형성한다.

　성경은 같은 믿음을 가진 사람들이 특별한 관계를 유지한다는 것을 보여준다. 우리의 사랑으로 말미암아 그들은 우리가 기독교인임을 알 것이다. 이 믿음은 개인적일 뿐만 아니라 공동체적이다. 성경은 이스라엘 백성이나 교회에서 개인들을 분리하지 않는다. 하나님과 우리의 관계는 개인으로서의 관계가 아니라 한 몸의 지체로서의 관계이다. 우리는 주님의 만찬을 기념하고, 그리스도의 몸과 피에 참여하는 백성이다. 그리스도의 몸은 개체가 아니라 공동체이다. 성령의 은사는 개인의 영광을 위해 주어지는 것이 아니라 공동체를 섬기기 위해 주어진다(고린도전서 12장과 에베소서 4장을 보라).

　기독교인으로 성장하는 데는 영적인 친구도 중요하다. 공동체뿐만 아니라 개인적인 영적 지도자와 동료들은 우리를 도와 우리가 보지 못하는 자신의 참모습을 보게 해줄 수 있다. 영적 지도는 다소 공식적인 관계로서 경청하고 서로 격려하며, 우리를 묶고 있는 매듭을 풀고, 영적 여정에서 우리의 다음 단계를 탐험하기 위해 고안된 것이다. 우리는 서로 죄를 고백하며 하나님의 용서를 선포해야 한다. 다른 사람에게 우리의 죄를 고백할 때 하나님의 용서에 대한 확신이 우리에게 작용할 수 있다. 다른 사람에게서 은혜의 말을 들을 때 우리스스로를 용서했음을 의심하지 않을 것이다.

기독교 윤리학은 기독교인과 사람들 간의 관계를 직접 연구한다. 예를 들어 오늘날 기독교인들이 난민이나 이민자 문제와 관련하여 직면하고 있는 복잡한 윤리적 문제들 때문에 우리는 성경에 귀를 기울인다. "네 이웃을 네 자신과 같이 사랑하라"는 말씀은 전쟁으로 집을 잃은 사람들을 환대해야 한다는 것을 강력히 옹호한다. 영성에서 윤리학을 분리하지 않아야 한다. 그렇지 않으면 영성이 현실 세계로부터 개인적인 도피, 즉 타인을 희생시키면서 얻는 자기 성취가 될 것이다. 윤리와 영성은 같은 부류이다.

4. 창조

창세기에 기록된 두 개의 창조 이야기(1:1~2:4a; 2:4b-25)는 세상과 인간 실존이 선하다고 단언한다. 세상을 창조하신 칠 일에 대한 첫째 이야기는 거듭 "하나님이 보시기에 좋았더라"고 선포하며, 둘째 이야기는 하나님이 세상을 인정하셨음을 분명히 한다. 두 이야기 모두 자연 세계 돌봄을 촉구한다. 현대 사회에서 우리는 인간의 유익만을 위해, 또는 자신의 탐욕을 충족하기 위해 지구를 착취하면서 우리의 책임을 경시하고 왜곡해 왔다. 세상에 대한 기독교적 이해의 기초는 피조 세계가 선하지만 하나님일 수 없다는 주장이다. 어떤 사람들은 자연의 아름다움과 힘을 숭배해 왔다. 그러나 성경은 피조물이 아닌 창조주 하나님을 예배하라고 상기시킨다. 자연의 무상함과 잔인함 때문에 어떤 사람들은 자연을 경멸하고 학대한다. 그러나 성경은 우리가 선한 청지기로서 자연을 다루어야 한다고 상기시킨다.

기독교 영성이 항상 자연 세계에 적절한 관심을 기울여온 것은 아니다. 신플라톤주의를 비롯한 고대 철학의 영향으로 말미암아 기독교인들은 세상을 불편하고 무상한 감옥으로 간주해왔다. 성경에서 "세상"이라는 단어의 모호함 때문에 이러한 왜곡이 허용되었다. 특히 요한1서에서 "세상에 있는 모든 것이 육신의 정욕과 안목의 정욕과 이생의 자랑이니 다 아버지께로부터 온 것이 아니요 세상으로부터 온 것이라"(요일 2:16)고 표현한 것처럼 "세상"이라는 단어는 하나님을 대적하는 성향의 인류를 지칭하기 위해 사용되었다. 요한복음 3장 16절—"하나님이 세상을 이처럼 사랑하사 독생자를 주셨으니 이는 그를 믿는 자마다 멸망하지 않고 영생을 얻게 하려 하심이라"—은 하나님이 사랑하시는 세상에 대해서 말하는 것이 아니다. 우리는 하나님처럼 이 세상을 사랑해야 한다.

"세상"이라는 용어는 최소한 두 가지 의미를 지닌다. 창세기 1장에서 하나님이 선하다고 하신 피조된 세상을 언급할 수 있고, 인간의 악을 언급할 수도 있는데, 이런 의미에서 사용될 때 기독교 영성에서 의미가 왜곡되는 경우가 있다. 가톨릭 수도사들과 개신교 경건주의자들은 하나님을 사랑하고 세상을 사랑하지 않으려 했다. 그러나 성 프란치스코나 루이스(C. S. Lewis) 같은 인물이 자연 세계의 선함, 그리고 자연계의 아름다움이 지닌 즐거운 고통을 상기시켜 줄 필요가 있었다.

한편 오늘날 기독교인에게는 지구를 보살피며, 자기들의 영성과 통합해야 할 의무가 있다. 지금까지 오랫동안 이러한 면이 경시되어 왔다. 시편에서 자연 세계로 인해 하나님을 찬양하듯이(예를 들면 104편), 그리고 예수께서 자연 세계의 비유를 사용하셨듯이(예를 들어 "새를 보라" "꽃을 보라"), 오늘날 자연계에 대한 기독교인들의 인식에 책임 있는 행동이 동반되어야 한다. 우리의 생활 방식과 소비 형태가 우리의 가정을 파괴할 위험이 있다. 인간이 자연계를 파괴하지 않으려면 우리가 변해야 한다. 영성의 이러한 차원에 대해서는 이 책 제10장에서 다룰 것이다.

성경은 새 하늘과 새 땅, 몸의 부활, 그리고 속량 받는 피조물을 낳는 땅에 대해 말한다(롬 8:19-25). 이러한 종말론적인 가르침은 지구를 무관심하게 대하라는 것이 아니라, 하나님이 하시듯이 소중하게 여기며, 마지막 날에 새로워진 피조 세계에 새롭게 존재하게 될 것을 대비하라는 부르심이다.

성경을 읽는 것은 중요한 영성 훈련이다. 그러나 성경에 묘사된 대로 기본적인 관계를 실행하는 것이 한층 더 중요하다. 여러 형태의 사랑은 우리와 존재하는 것들의 관계의 본질이다.

영성 훈련에서의 사랑

1. 영성 훈련의 기본은 우리와 하나님의 관계, 종종 의식적이거나 무의식적인 상처로 말미암아 방해받는 관계이다. 많은 사람은 하나

님의 사랑에 대해서 배웠지만, 그것을 진정으로 믿기 위해서 힘든 시간을 보낸다. 우리는 오해나 아픈 경험 때문에 하나님을 피한다. 어린이로서, 사춘기 청년으로서, 그리고 어른으로서 당신이 하나님에 대해 어떻게 생각하고 느꼈는지를 생각하면서 당신과 하나님과의 관계 이야기를 작성해보라.

2. 당신 자신을 사랑하거나 사랑하지 않는 방식에 대해 생각해보라. 당신의 몸, 영양과 수면과 관련된 습관, 그리고 친구들과의 관계에 대한 당신의 견해를 써보라. 안전벨트, 약물(카페인, 알코올, 불법 약물), 운동 등이 당신의 삶에 심각한 영향을 미칠 수 있다. 이것들 모두 영적으로 문제가 되는 것들이다.

영성훈련에서의 성경

성경 구절을 읽고 기록된 기도문으로 기도하는 것은 시간이 흐르면 판에 박힌 일이 되어 건조하고 피상적인 것이 될 수 있다. 당신은 단순한 기도의 한계를 초월하고 싶을 수 있다. 성경을 대하고 기도하는 데 있어서 고요한 시간을 더 풍요롭게 해주는 데 도움이 된 역사적인 방법들이 있다. 그 중 몇 가지를 다음에 제시한다. 중요한 것은 하나님과의 만남에 우리의 온전한 자아를 기울이는 것이다.

준비

오래 전에 다른 문화권에서 기록된 이야기와 시가 오늘 우리에게 의미 있는 것일 수 있다. 그러한 저술은 하나님의 영의 역사로 말미암아 의미 있게 된다. 하나님의 영은 들으려는 사람에게 말씀하시기 위해 그것들을 사용하신다. 그러나 들으려 하는 것은 일반적인 상태가 아니다. 듣고, 공부하고, 마음을 고요히 하고, 주의를 기울이라. 하나님께서 성경 본문을 통해서 우리에게 말씀하실 수 있다고 믿는다면, 하나님의 음성을 듣기 위해 준비해야 하는 가장 중요한 것이 기도이다. 생각을 하나님께 기울임으로써 귀를 열어 들으려면 기도하라. 분심되어 있거나 이기적이어서 듣기를 원하지 않을 때도 들으려는 마음을 갖도록 도와달라고 하나님께 부탁하라. 말씀에 접근할 때 지녀야 하는 태도는 자원하는 마음과 집중이다.

공동 훈련과 개인 훈련

성경의 역사에서 개인적인 읽기보다 공동 읽기가 우선한다. 1500년경에 이동 가능한 인쇄기가 발명되기 전에는 수도원과 교회에서만 일 년 치 이상의 값을 지불해야만 성경 한 권을 비치할 수 있었다. 그 이전에는 공동체 내에서 소리내어 봉독함으로써 성경 말씀을 접할 수 있었다. 모세(출 19장)나 에스라(느 8:1-8)가 백성들에게 토라를 읽어주는 모습을 생각해보라. 예수님이 나사렛에서 회중에게 이사야서를 읽어주신 모습을 상기해보라(눅 4:16-20). 바울의 편지들이 그것을 받는 회중에게 낭독되고, 나중에는 많은 회중이 공유한 서신들이 낭독되는 모습을 상상해보라. 사 복음서도 비슷한 구두 배경을 가지고 있다.

오늘날 우리는 집회 때 봉독 되는 성경 말씀을 들을 수 있고, 가정에서 성경을 읽을 수 있다. 이 두 가지는 기본적인 기독교 영성 훈련이다. 우리는 집회에서 봉독 되는 말씀을 접하며, 교회의 특별한 전통에 따라서 전례적 응창(應唱), 찬송, 또는 기도 안에서 성경을 만난다. 성경에 관한 설교는 기독교 예배의 요소이다. 그러므로 진지하게 하나님의 말씀을 들으려면, 미리 성경 말씀을 묵상함으로써 예배를 준비해야 한다. 기대하는 태도로 준비하라. 설교에서만 아니라 성경 봉독에서 힌트 얻기를 기대하라.

설교는 믿음과 사랑과 희망의 반응을 초래하는 생생하고 창조적인 방식으로 성경 말씀의 메시지를 느끼게 해줄 것이다. 이상적인 설교는 회중의 삶의 상황에 대한 새로운 통찰을 주며, 예수 안에 있는 하나님의 은혜의 복음을 선포할 것이다. 평판이 좋지 못한 설교가 있고, 호평을 받는 설교가 있다. 성경과 관련이 없는 설교가 있고, 듣는 사람들과 관련이 없는 설교가 있다. 그러니 우리가 찾으려 한다면, 훌륭한 설교자를 많이 발견할 수 있다. 중요한 것은 단순히 비판하거나 포기하지 말고, 우리의 삶에 도움이 될 수 있는 사상이나 영감을 찾아야 한다는 것이다. 설교가 도움이 되지 않으면, 예배의 다른 부분에서 영성 생활에 고무적인 요소를 찾아보아야 한다.

봉독 되는 성경 말씀을 듣는 것이 소중하다. 듣는 것과 보는 것은 다른 경험이다. 보는 것은 종종 우리를 냉정하게 하지만, 듣는 것은 마음을 감동시킨다. 음악은 침묵 속에서는 불가능한 깊은 경험으로 우리를 이끌 수 있다. 묵독으로 마음이 움직이지 않을 때 구두 낭독이 만들어내는 음파는 마음을 감동시킬 수 있다. 눈과 귀는 각기 다르게 영혼에 영향을 미친다.

이것은 개인적으로 성경을 읽는 것이 그다지 가치가 있지 않다는 의미가 아니다. 오늘날 여러 언어로 인쇄된 성경을 접할 수 있으므로, 홀로, 또는 가정 안에서 성경 말씀을 읽을 수 있다. 가능하다면 성경을 읽기 위해 마음을 준비하라. 그다음에 천천히 적은 부분을 읽으라. 그 말씀으로 기도하고 일지를 작성하고 깊이 묵상하라. 이 훈련은 해석, 추론, 공감, 상상, 응답 등을 포함하며, 정신과 마음의 모든 능력이 요구된다.

끊임없이 이스라엘과 예수님과 사도들의 이야기에 빠지는 것이 영적 세계관을 형성하는 길이다. 성경의 이야기들은 선한 행위와 악한 행위의 본보기를 제공한다. 어떤 것은 고무적이고, 어떤 것은 비열하다. 성경에는 인간의 마음에 있는 모든 덕과 악덕이 묘사되어 있다. 성경의 이야기에는 하나님의 행위가 포함되는데, 그것은 종종 어려운 상황에 처한 사람들을 향한 하나님의 사랑을 보여준다.

기억

의미 있는 성경 말씀을 암송할 수 있을 때까지 계속 깊이 묵상하라. 그리하면 그 말씀이 단지 머리 깊은 곳에서 나오는 것이 아니라, 마음으로 그 말씀을 알게 된다. 교육계에서는 "기억 작업"(memory work)을 좋지 않게 여기지만, 정신 안에 필요한 본문을 준비해두는 것은 기쁠 때나 슬플 때 도움이 된다.

성경 공부

성경을 지적으로 만나는 것과 마음으로 만나는 것이 구분되어야 하지만, 어떤 사람들에게 가장 훌륭한 영성 훈련은 성경이 제시하는 많은 지적 도전에 정신을 사용하는 것이다. 루이스(C. S. Lewis)는 경건 서적을 읽는 것보다 어려운 신학 문제를 연구하는 것이 더 도움이 되었다고 말했다. 영적 독서는 학문적 독서와 다르며, 성경 공부를 대신하는 것이 아니라 성경 공부에 기초를 둔다.

성경 공부는 성경을 분석하는 역사적 방법과 문학적 방법과의 만남을 의미하기도 한다. 이것들은 때때로 읽는 사람의 믿음에 도전하며, 이전의 가정을 틀어지게 한다. 이러한 방법들이 의심을 일으켜 성경이 하나님의 감동하심으로 인간이 기록한 책으로 보지 않고 인간의 작품으로 여기게 한다면, 영성 훈련으로서의 성경 읽기에 해로울 수 있다. 그러나 이렇게 결론지을 필요가 없다. 이 방법들은 본문이 지니고 있으며 적용해야 할 새로운 방법을 보여줌으로써 성경의 영적 목적에 기여할 수 있다.

상상 묵상(Imaginative Meditation)

가장 중요한 영성 훈련 중 하나는 이러한 이야기에 등장하는 인물들과 공감하는 것이다. 예를 들어 헨리 나우엔(Henri Nouwen)은 탕자의 비유에 등장하는 세 사람, 즉 탕자, 맏아들, 그리고 아버지의 입장에 자신을 두고 책을 저술했다.³⁾ 우리의 영성 생활의 순간순간은 각각의 등장인물의 경험과 아주 유사하다. 우리 자신에게 다음과 같이 질문해볼 수 있다: 너는 탕자처럼 아버지를 배반하고, 도망치고, 쾌락을 추구하고, 망상에 빠져 지내다가 자기의 처지를 깨닫고 돌아오느냐? 너는 맏아들처럼 아버지께 충성하고, 열심히 일하고, 분개하고, 시기하고, 자기 연민에 빠지며, 독선적이냐? 너는 아버지처럼 무모하게 사랑하고, 사모하고, 낙심하고, 용서해주고 사랑하며, 기뻐 잔치를 벌이느냐?

상상 묵상에 두 가지 방식을 사용할 수 있다. 하나는 자신을 두 아들과 아버지, 마리아와 마르다, 예수님과 막달라 마리아 등과 함께 옛날의 상황에 두는 것이다. 나머지 하나는 옛 시대의 인물들을 우리 시대로 끌어내어, 우리가 처해 있는 도전에 그들이 어떻게 반응할 것인지 살펴보는 것이다. 이냐시오 로욜라(Ignatius of Loyola)가 가르친 것처럼, 어떤 방식이든지 우리는 사건과 인물을 생생하게 경험하기 위해서 모든 감각을 사용해야 한다. 그리하면, 그것들이 의식의 차원이나 무의식의 차원에서 우리의 인격에 깊은 영향을 미칠 것이다.

렉시오 디비나(Lectio Divina)

렉시오 디비나, 또는 성독(聖讀)은 수 세기 동안 사용되어온 중요한

---

3) Henri J. M. Nouwen, *The Return of the Prodigal Son: A Meditation on Fathers, Brothers, and Sons* (New York: Doubleday, 1992).

방법이다. 대학이나 신학교에서 가르치는 지적 독서 방식과는 달리, 렉시오 디비나는 본문 재구성 이론이나 사실에 기초한 지식에 초점을 두는 것이 아니라 개인적인 지식, 하나님과의 관계 안에서 자신을 아는 데 초점을 둔다. 렉시오 디비나는 짧은 말씀을 천천히 구두로 반복하는 데 집중한다. 그룹을 위한 전형적인 과정에는 그룹 전체의 침묵이 포함된다. 본문을 세 차례 소리내어 읽는데, 한 번 읽고 잠시 침묵한 후에 다시 읽는다. 본문에서 마음에 와닿은 것을 묵상하고 그 이유를 생각해본다. 그다음에 여기서 얻은 통찰을 기록하거나 그림으로 그리거나 말하면서 나눈다. 각 사람은 개인적으로 본문에 집중함으로써, 그리고 다른 사람들이 들은 것을 통해서 유익을 얻을 것이다.

마크리나 위데커(Macrina Wiederkehr)는 여섯 단계의 렉시오 디비나를 제안한다.[4] 베네딕트회의 수녀인 그녀는 이 묵상적 독서를 실천하면서 고진직인 네 단계의 순서를 약간 바꾸었다: 읽기, 묵상, 기도, 그리고 관상. 위데커는 이 과정을 "말씀과의 연애"(Romancing the Word)라고 명명했다. 왜냐하면 여기에는 연인을 찾는 것뿐만 아니라 감추어져 있는 것을 찾고 아픔을 드러내는 것이 포함될 수 있기 때문이다. 그녀는 이 과정을 예수님이 말씀하신 씨뿌리는 사람의 비유에 비유했다(눅 8:4-15).

---

4) Macrina Weiderkehr, O.S.B. *The Song of the Seed: A Monastic Way of Tending the Soul*(San Francisco: Harper, 1995).

위데커는 휴경기, 즉 영혼을 잠잠히 하는 데서부터 시작한다. 이것은 수용하기 위한 침묵의 시기이다. 그다음은 실제로 씨를 뿌리는 시기이다. 즉 깊이 생각하며 말씀을 읽는다. 여기에서 처음으로 한 번 본문을 대한다. 그다음에 영혼 안에서의 쉼이 이어진다. 즉 묵상하는 자세로 앉아서 말씀이 말씀하시도록 한다. 그다음에 추수, 즉 묵상으로 이동한다. 이 단계에서는 본문과 씨름해야 하므로, 침묵은 전 단계보다 더 적극적이다. 다음 단계는 씨의 노래, 즉 기도이다. 본문과의 만남에서 느낀 감정과 생각을 가지고 하나님께 말한다. 마지막 단계는 이삭줍기이다. 이것은 본문이 우리의 하루에 어떻게 영향을 주었는지 깊이 생각하면서 일지를 기록하고 하루를 마치는 것이다.

권장 도서

Dumm, Demetrius, *Praying the Scriptures*. Collegeville, MN" Liturgical, 2003.

Magrassi, Mariano, *Praying the Bible: An Introduction to Lectio Divina*. Trans. Edward Hagman. Collegeville, MN: Liturgical, 1998.

Paulsell, William O. *Let My Prayer Rise to God*. St. Louis: Chalice, 2002.

Pennington, M. Basil. *Lectio Dinina: Renewing the Ancient Practice of Praying the Scriptures*. New York: Crossroad, 1998.

Wiederkehr, Macrina. *The Song of the Seed: A Monastic Way of Tending the Soul*. San Francisco: HarperSanfFrancisco, 1995.

Aaseng, Rolf E. *A Beginner's Guide to Studying the Bible*.

Minneapolis: Augsburg, 1991.

Barclay, William. *Introducing the Bible.* Nashville: Abingdon, 1972.

Ferlo, Roger. *Opening the Bible.* Cambridge, MA: Cowley, 1997.

Koester, Craig R. *A Beginner's Guide to Reading the Bible.* Minneapolis: Augusburg, 1991.

Rhodes, Arnold B., and W. Eugene March. *The Mighty Acts of God*, rev. ed. Louisville: Geneva, 2000.

Cummings, Charles. *Eco-Spirituality: Toward a Reverent Life.* New York: Paulist, 1991.

Steven Chase. *Nature as Spiritual Practice.* Grand Rapids, MI: Eerdmans, 2011.

Outka, Gene H. *Agape: An Ethical Analysis.* New Haven: Yale University Press, 1972.

Pembroke, Neil. *Moving Toward Spiritual Maturity: Psychological, Contemplative, and Moral Challenges in Christian Living.* New York: Haworth: 2007.

Houston, Fler S. *You Shall Love the Stranger as Yourself: The Bible, Regugees, and Asylum.* New York: Routledge, 2015.

Trobisch, Walter. " Love Yourself," pp. 653-92 in *Complete Works of Walter Trobisch*. Downers Grove, IL: Intervarsity, 1987.

Chuck Degroat, *Toughest People to Love: How to Understand, Lead, and Love the Difficult People in your Life—Including Yourself*: Grand Rapids, MI: Eerdmans, 2014.

Bondi, Roberta C. *Memories of God: Theological Reflections on a Life.* Nashville: Abingdon, 1995.

Fitzmyer, Joseph A. *Spiritual Exercises Based on Paul's Epistle to the Romans.* Grand Rapids, MI: Eerdmans, 2004.

Kater, John L., Jr. *Jesus, My Mentor: A Spirituality for Living.* St. Louis: Chalice, 2004.

Mulholland, M. Robert., Jr. *Shaped by the Word: The Power of Scripture in Spiritual Formation.* Rev. ed. Nashville: Upper Room, 2000.

제3장

세계 공동체의 시작

예수님을 따른 최초의 사람들은 유대인이었고, 기독교는 여러 분파 중 하나인 "나사렛파"였다. 그러나 A.D. 70년 예루살렘 성전 파괴 이후 이 분파의 신앙—예수를 약속된 메시아일 뿐만 아니라 만백성을 위해 십자가에 달려 죽으시고 죽은 자들 가운데서 살아나신 고난의 종으로 보는 신앙—때문에, 이 분파는 유대인들의 배척을 받았다. 기독교인들은 예루살렘에서 도망쳤으며, 따라서 다른 유대인들의 고난에 동참하지 않았다. 그들은 예루살렘 멸망의 원인이 메시아를 배척한 데 있다고 주장했다. 유대 회당은 의식에 기독교인에 대한 저주를 삽입함으로써 이 종파를 회당 예배에서 축출했다.

1세기에 이스라엘의 혈통에서 생겨난 자매인 유대교와 기독교가 분리되었다. 오늘날의 유대교는 기독교와 거의 같은 시기에 출현한 랍비 운동의 후손이다. 각 집단은 후대에 수집된 자체의 문헌을 사용하여 히브리 성경(구약성경)을 해석했다. 유대인들은 탈무드를 사용했고, 기독교인들은 신약성경을 사용했다.

예수에 대한 복된 소식이 이방인들, 특히 "하나님을 경외하는 자들"에게 전파되었다. 그들은 자신이 거주하는 지방의 유대교 회당에 매료되었지만, 유대인이 되기 위해서 할례를 받지는 않았다. 사도행전에 따르면, 바울은 전도 여행을 하면서 이런 사람들에게 복음을 전했다. 유대인들의 배척 때문에 기독교로 개종하는 유대인의 비율이 감소했지만, 이방인들은 기꺼이 이 메시지에 귀를 기울였다. 이 메시지는 유일신론과 유대교의 윤리적 표준을 포함했지만 할례를 요구하지 않았다.

그리하여 한 인종 집단 안에서 출현한 분파인 기독교는 모든 민족이 접근할 수 있는 종교로 성장했다. 기독교의 뿌리는 히브리 문화와 유대 문화에 있었지만, 원칙적으로 다문화적이 되어 다양한 문화 안에서 자체를 표현할 수 있게 되었다. 실제로 로마제국 내의 신자들은 인종적으로 다양한 문화권 출신이었는데, 대체로 동부는 헬레니즘 문화가 지배했고, 서부에서는 라틴 문화가 지배적이었다. 로마제국의 통치권 밖에는 누비아, 에티오피아, 켈트, 시리아, 페르시아 등 여러 문화권이 형성되어 있었다. 처음 6세기 동안 기독교 운동은 아시아에서 시작하여 아프리카와 유럽 등 세 대륙에서 확장되었다. 기독교는 거시적으로 세계 종교, 모든 인간 문화와 상호작용할 수 있는 신앙이 될 잠재력을 가지고 있었다. 후일 복음의 메시지가 다양한 형태의 종교 전통을 만들어 냄에 따라 이러한 상호작용으로 말미암아 기독교의 관습과 그것이 대면하는 문화들의 개작이 이루어졌다.

1. 성경

히브리 성경이라 불리는 구약성경이 초기 기독교인들의 성경이었다. 창조, 출애굽, 광야 생활 등 많은 주제가 담겨 있지만, 이 성경은 사람들을 하나님과의 사랑의 관계, 친밀한 관계로 초대한다. 다음의 성경 구절을 보라:

"내가 여호와께 바라는 한 가지 일 그것을 구하리니 곧 내가 내 평생에 여호와의 집에 살면서 여호와의 아름다움을 바라보며 그의 성전에서 사모하는 그것이라"(시 27:4)

"여호와여 주께서 나를 살펴보셨으므로 나를 아시나이다 주께서 내가 앉고 일어섬을 아시고 멀리서도 나의 생각을 밝히 아시오며…하나님이여 나를 살피사 내 마음을 아시며 나를 시험하사 내 뜻을 아옵소서"(시 139:1~2, 23)

"여호와여 내가 주와 변론할 때에는 주께서 의로우시니이다 그러나 내가 주께 질문하옵나니 악한 자의 길이 형통하며 반역한 자가 다 평안함은 무슨 까닭이니이까 주께서 그들을 심으시므로 그들이 뿌리가 박히고 장성하여 열매를 맺었거늘 그들의 입은 주께 가까우나 그들의 마음은 머니이다 여호와여 주께서 나를 아시고 나를 보시며 내 마음이 주를 향하여 어떠함을 감찰하시오니 양을 잡으려고 끌어냄과 같이 그들을 끌어내시되 죽일 날을 위하여 그들을 구별하옵소서"(렘 12: 1~3).

여기에서 성경 기자들이 하나님을 얼마나 가깝게 느끼는지 볼 수 있다. 구약성경의 많은 부분이 역사 안에서의 하나님의 행동에 대한 것이지만, 개인의 영성도 그 전통의 일부이다.

구약성경은 만물을 바르게 하실 분, 공의와 의를 특징으로 하는 나라의 주인이 되실 분을 고대한다. 히브리 성경이 기록된 후 사람들은 비록 명백하게 약속된 역할을 이루지 않았지만, 나사렛 예수 안에서 기다리던 약속된 분을 보았다. 그는 왕이 아니었고, 군대를 이끌지 않았다. 그는 십자가에서 처형되었다. 그러나 그는 유대인들뿐만 아니라 모든 백성을 위한 고난의 종으로서 자기 안에서 다른 약속들이 성취된다고 가르치셨다.

예수는 연대적으로 신약과 구약 사이에 위치한다. 예수가 떠나신 후에 신약성경 기자들은 구약성경, 그리고 예수의 삶을 증언하는 사람들에게서 들어 알게 된 것과 성령의 인도하심으로 말미암아 그분의 삶을 기념하고 새 신자들을 가르치기 위해 다양한 문헌을 작성했다. 이 일은 50년부터 110년 사이에 발생했을 것이다.

신약성경이 성경에 등장하는 순서대로 기록되지 않았다는 데 놀라는 사람들이 있을 것이다. 보수주의자들과 진보주의자들 모두 먼저 바울 서신이 50년부터 64년 사이에 저술되었다는 데 동의한다. 그다음에 70년부터 100년 사이에 예수의 삶에서 발생한 사건들에 대해 말하는 복음서들이 기록되었다. 다른 서신들과 요한계시록은 1세기 후반부터 2세기 초에 출현했다.

공통적이면서도 구분 가능한 일련의 영성을 보기 위해 신약성경의 책들을 기자들의 강조점에 따라서 분석할 수 있다. 예를 들어 마태는 유대인들을 대상으로 기록하면서 예수님이 모세의 율법을 고수하셨음을 강조하며, 마가는 치유와 축사 사역을 드러내고, 누가복음과 사도행전은 성령을 부각하며, 요한복음은 하나님이 육신을 입으신 일의 궁극적 의의를 묵상한다. 이 각각의 강조점들이 전체 영성의 기초가 된다.

바울 서신에는 영성과 직접 연관된 구절이 많다. 바울은 자신을 다정한 사도라고 드러내지만(에베소서) 때로는 화를 낸다(갈라디아서); 그는 낙심한 자신의 내면생활에 관한 것을 말하지만, 때로는 행복한 신비가로서 말하기도 한다(고후 12:1-10; 롬ㄴ 7:14~8:1). 그의 서신들은 종종 예수 그리스도에 대한 가르침(신학)과 신자의 삶(윤리와 영성)이라는 두 부분으로 나뉜다. 다음은 그가 로마서 1-11장에서 하나님의 자비를 언급하고 나서 영성 생활로 옮겨간 예이다.

"그러므로 형제들아 내가 하나님의 모든 자비하심으로 너희를 권하노니 너희 몸을 하나님이 기뻐하시는 거룩한 산 제물로 드리라 이는 너희가 드릴 영적 예배니라"(롬 12:1)

그는 이어서 다른 가르침을 제시한다:

"형제를 사랑하여 서로 우애하고 존경하기를 서로 먼저 하며…소망 중에 즐거워하며 환난 중에 참으며 기도에 항상 힘쓰며 성도들의 쓸 것을 공급하며 손 대접하기를 힘쓰라 너희를 박해하는 자를 축복하라 축복하고 저주하지 말라"(롬 12:10, 12~14)

바울은 공동선(公同善)을 위해 각각의 신자에게 주어지는 영적 은사에 대해서도 기록했다. 값없이 주어지는 그러한 은사를 나타내는 그리스어는 *charisma*이다. 이 은사에는 누군가의 발을 씻어주거나 음식을 나누어주는 것 같은 일상적인 행동, 그리고 병자를 고쳐주거나 특정 상황을 위해 하나님이 주시는 특별한 메시지를 전하는 것 같은 특별한 능력이 포함될 수 있다. 이것들은 아주 초기의 교회에서 발견할 수 있으며, 사도행전과 고린도전서에서 강조된다. 20세기 오순절 운동과 은사 운동은 이것들이 기독교의 필수 요소들을 표현한다고 여긴다.

기원후 80년대에 기록되었을 사도행전은 30년대부터 60년대까지, 예수의 승천에서부터 바울이 로마에 도착하기까지 가장 초기의 교회에 대해 묘사한다. 사도행전은 2장에서 오순절 사건을 묘사하고, 성령의 능력을 끊임없이 언급함으로써 초대 교회 발달에서의 성령의 역할을 강조한다. 다음의 구절은 종종 사도행전의 요약으로 간주된다:

"오직 성령이 너희에게 임하시면 너희가 권능을 받고 예루살렘과 온 유대와 사마리아와 땅 끝까지 이르러 내 증인이 되리라 하시니라"(행 1:8)

신자로서 사는 것과 공동체를 발달시키는 것이 일반적인 인간의 능력 안에 있지 않다고 말할 수 있다. 삼위일체 중 삼위이신 성령께서 제자들에게 능력을 주실 때 공동체가 성장한다.

오순절 이후 초기의 우호적인 시기에 예루살렘 교회는 물건을 공유하면서 공동생활을 했다. 나중에 교회는 이 나눔의 생활에서 인종적 차이를 극복하는 데 많은 어려움이 있었으므로, 지혜와 성령이 충만한 사람들을 선출하여 분배하는 일을 감독하게 했다(행 6장).

사도행전에 기록된 성령 사역의 예를 들면 다음과 같다. 사도행전 2장에서 베드로는 회개하고 세례받는 사람들에게 성령을 약속한다. 4장에서는 성령이 베드로와 공동체 전체에게 담대하게 하나님의 말을 하는 능력을 주신다. 7장과 8장은 성령이 스데반과 빌립을 어떻게 인도하시는지 묘사한다. 9장을 보면, 초기 공동체의 다른 주요 인물들처럼 바울도 성령이 충만했다. 마지막으로 10장은 초기의 이방인들이 어떻게 성령을 받았는지 묘사한다:

> "베드로가 이 말을 할 때에 성령이 말씀 듣는 모든 사람에게 내려오시니 베드로와 함께 온 할례 받은 신자들이 이방인들에게도 성령 부어 주심으로 말미암아 놀라니 이는 방언을 말하며 하나님 높임을 들음이러라 이에 베드로가 이르되 이 사람들이 우리와 같이 성령을 받았으니 누가 능히 물로 세례 베풂을 금하리요 하고 명하여 예수 그리스도의 이름으로 세례를 베풀라 하니라"(행 10:44~48)

사도행전에 있는 영적 은사와 표적과 기사를 극찬하는 묘사는 50년대에 기록된 고린도전서에 등장하는 문제 많은 묘사와 비교해 보아야 한다. 바울은 영적 은사를 발휘하는 교인들의 영적 교만 때문에 분열하고 있는 교회에 편지를 쓴다. 그는 12장에서 완전한 목록이라고 말하지 않지만 9가지 은사를 열거한다(로마서 12장과 에베소서 4장과 비교해보라):

"각 사람에게 성령을 나타내심은 유익하게 하려 하심이라 어떤 사람에게는 성령으로 말미암아 지혜의 말씀을, 어떤 사람에게는 같은 성령을 따라 지식의 말씀을, 다른 사람에게는 같은 성령으로 믿음을, 어떤 사람에게는 한 성령으로 병 고치는 은사를, 어떤 사람에게는 능력 행함을, 어떤 사람에게는 예언함을, 어떤 사람에게는 영들 분별함을, 다른 사람에게는 각종 방언 말함을, 어떤 사람에게는 방언들 통역함을 주시나니 이 모든 일은 같은 한 성령이 행하사 그의 뜻대로 각 사람에게 나누어 주시는 것이니라"(고전 12;7-11)

고린도 교회는 교인들이 은사를 잘못 사용함으로써 공동체가 분열하고 있었다. 바울은 고린도전서 13장에서 은사에 관한 논의에 아름답고 심오한 사랑의 찬송을 삽입한다: "내가 사람의 방언과 천사의 말을 할지라도 사랑이 없으면…." 고린도전서 13장은 12장과 14장에서의 은사에 대한 논의보다 더 잘 알려져 있다. 그러나 그 장 전후의 문맥을 보면 바울이 방언의 은사에 대해 말하고 있음을 알 수 있다.

바울은 사랑이 다른 은사들을 대체하는 은사라고 주장하는 것이 아니라, 은사들을 평가하고 발휘하는 더 훌륭한 방식이라고 주장한다. 그는 믿음과 소망과 사랑이 영원한 데 반해 은사들은 일시적인 것이라고 강조한다. 그는 사랑이란 은사를 발휘하는 데서의 인내와 온유와 겸손이라고 강조한다.

14장에서 바울은 예배 의식에 대한 특별한 교훈을 준다. 그는 방언으로 말하는 것에 관해 양면적인 기사를 제시하면서, 방언은 정신으로 하는 것이 아니라 영으로 기도하는 것이라고 묘사한다. 그는 방언의 은사는 방언으로 기도하는 사람의 덕을 세워 주지만, 그것을 이해하지 못하는 사람에게는 도움이 되지 않으므로 방언의 은사는 매우 제한된 것이라고 주장한다. 그는 교회에서 깨달은 마음으로 다섯 마디 말을 하는 것이 일만 마디 방언으로 말하는 것보다 낫다고 말한다. 또 그는 모든 사람이 방언으로 말하는 것이 아니라고 주장하며, 기독교인들은 더 귀한 은사, 특히 예언의 은사를 구하라고 충고한다.

한편 바울은 방언을 가장 낮은 은사로 여기는 듯하면서도 이 은사를 인정한다. 그는 자신이 방언으로 말한다고 주장하며, 예배 때에 방언으로 말하는 것을 금하지 말라고 말한다. 방언으로 말하는 것은 개인적으로 기도할 때 가장 훌륭하게 발휘된다는 것이 바울의 메시지인데, 이는 그때 개인의 덕을 세우는 효과가 방언을 듣는 사람들에게 혼동을 주지 않기 때문이다.

은혜와 믿음과 칭의에 관한 부분에(롬 3:21~26)에 표현되는바 하나님의 자비에 대한 바울의 신학은 자유와 사랑과 성령을 강조하는 영성의 기초이다. 바울의 영성은 인간의 성취에 뿌리를 둔 것이 아니라 하나님의 은혜와 자비에 뿌리를 둔다.

신약성경의 마지막 책인 요한계시록은 박해받는 기독교인들에게 하나님이 그들을 잊지 않으셨다는 것, 그리고 종말에 공의가 이루어질 것이라는 확신을 준다. 요한계시록은 이 약속의 개요를 서술하면서 찬양에 대한 훌륭한 구절을 제시하는데, 그것들은 오늘날도 기도하는 데 유익을 준다. 인간의 영혼이 하늘로 날아가기보다는 새 예루살렘이 땅에 내려온다. 하나님이 백성들과 함께 사시며, 그들의 고난이 끝난다. 그러므로 세상의 상황이 나빠도 기독교인들에게는 희망이 주어진다.

신구약 성경은 기독교 영성의 탁월한 근원이다. 구약성경은 예수를 내다보며 증언하고, 신약성경은 예수의 가르침과 활동을 회고하면서 증언한다. 신약성경은 1세기에 새로운 장을 열었다. 2-3세기의 저자들은 신약성경의 메시지를 부분적으로만 이해한 듯하다. 그들은 기독교 운동이 합법적인 것이 되기 전의 혼란기를 반영한다.

2. 신약성경 이후 시대

"초대교회"가 여러 가지 의미를 지닌다는 점에 유의해야 한다. 첫째, 성경에 묘사된 교회를 의미한다. 둘째, 콘스탄티누스 대제 이전에 발달한 교회를 의미한다. 셋째, 기원후 600년이나 1000년 이전의 교회를 의미한다. "초대교회"에 대한 다양한 주장을 듣는 사람들은 이 상이한 의미들을 고려해야 한다. 우리는 "초대교회"와 관련하여 누군가가 권하는 것의 권위를 받아들이기 전에 그가 어떤 의미에서 이 표현을 사용하는지 알아내야 한다. 이 책에서 "초대교회"는 기원후 600년 이전의 교회를 의미한다.

로마제국 내의 이방인 기독교는 빈번하게 오해받고 박해받는 작은 분파로 출발했다. 처음 3세기 동안 기독교인들은 무신론(신들을 믿지 않음), 식인 풍습(비밀 의식을 행하면서 예수의 살과 피를 먹음), 미신(갈릴리의 설교자 때문에 사람들이 믿는 것을 믿지 않음) 등을 신봉한다는 비난을 받았다. 그들은 사자 굴에 던져지거나 참수되었다. 그 신앙을 받아들인 로마제국 초대 황제 콘스탄티누스 대제 시대에 제국 인구의 약 10%가 기독교를 받아들였다.

콘스탄티누스 대제가 기독교를 합법적 종교로 선포한 313년 이후 황제들은 교회와 국가의 관계를 받아들였는데, 이것은 유럽을 비롯한 여러 지역의 기독교 역사에 매우 중요한 일이었다. 콘스탄티누스 대제는 로마 제국 통치를 위해서 새 도시를 건설하고, 자기 이름을 따서 콘스탄티노플이라고 명명했는데, 그 후 그곳은 비잔틴 제국이라고 불린다(지도 2를 보라). 그곳은 보스포루스 해협을 사이에 두고 유럽과 아시아로 구분되는 곳에 위치한 이스탄불이다. 5세기에 기독교는 박해받는 분파가 아니라, 널리 퍼진 다수 집단으로서 재산과 지위와 힘을 지니고 있었다.

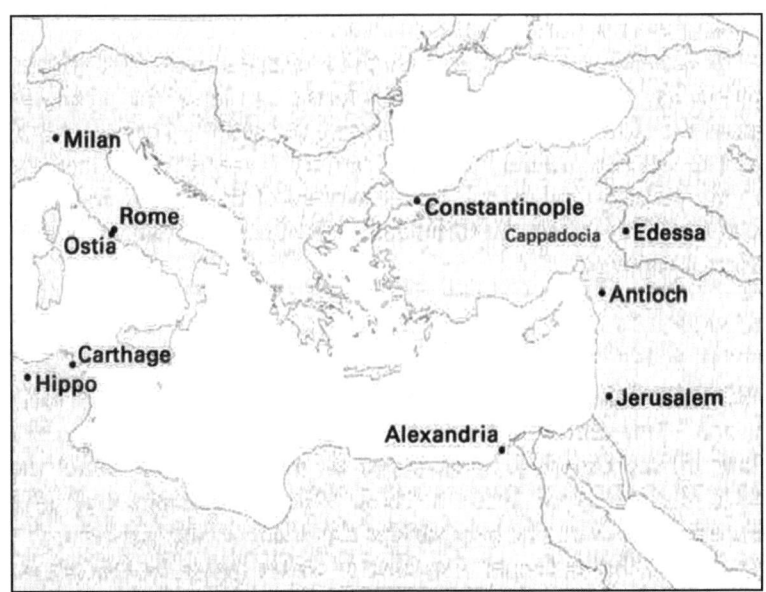

지도 2: 초대 교회 내의 동방과 서방

이러한 지위는 기독교가 비유럽 민족들 사회에서 성장하는 데 걸림돌이 되었고, 그들은 그것을 비잔티움 박해와 결합하기 시작했다.

유럽 내의 기독교는 크게 성장하던 처음 3세기 동안 누리지 못했던 지위를 획득했다. 이제 기독교는 개인적인 확신에서보다는 황제의 칙령에 의해 확장되었다. 과거에는 기독교인이 되는 것이 위험한 일이었지만, 이제 사회적으로 인정되거나 필요한 일이었다. 이러한 변화는 처음 3세기 동안 어려움을 겪은 신자들, 특히 순교자들이 다음 3세기 동안 특혜를 받는 신자들의 존경을 받게 되었음을 의미한다.

영성의 관점에서 보면, 초대 교회의 활기찬 관습은 오늘날 우리가 보는 기독교, 영성 훈련에 대해 알지 못하는 명목상의 기독교인들이 가득한 기독교로 전락했다. 이러한 안타까운 사태는 종종 정교회 신자가 되어 기독교에 대한 박해를 중지한 콘스탄티누스 대제의 탓으로 간주된다. 그러나 기독교 신앙을 고수한 많은 개인과 공동체 덕분에 모든 것이 사라지지는 않았다.

처음 6세기 동안 중요한 기독교 영성의 몇 가지 주제가 출현하여 발달하기 시작했다: 예배와 성례전, 은사, 죽음을 불사한 증언, 영성 훈련, 수도원 운동, 그리고 신비주의. 이것들은 로마제국과 제국 이외의 상황에서 중요했다.

3. 예배와 성례전

초대 교회 시대에는 오늘날과 같은 개인주의적 영성이 존재하지 않았다. 디아스포라 회당에서 유대교가 회중 예배 형태로 발달했으므로, 처음에는 유대인들로 구성되었던 기독교인들은 공적이고 공동체적 예배를 영성의 기본으로 가정했다. 사도행전에 기록된 바와 같이 예루살렘에서 활동한 최초의 유대인 기독교인들은 헤롯 대왕이 건축한 성전에서 기도했다. 다른 지방의 기독교인들은 그 지방의 기도처나 회당에서 예배했다.

기독교 예배의 기본 요소들은 대부분 회당에서 물려받은 것이다: 기도, 시편, 성경 봉독, 설교, 찬송 등. 여기에 매주 떡과 포도주를 나누는 것이 추가되었는데, 이것은 유대교의 유월절, 또는 랍비가 제자들과 함께 하는 식사인 kiddush를 받아들여 적용한 것인 듯하다. 이렇게 공동식사 또는 주의 만찬에 참여하는 것은 주님의 부활을 기념하는 행사이다. 주님은 "이것을 행하여 나를 기념하라"고 말씀하셨다. 그것은 "그리스도의 몸"에 참여하며 "하늘의 떡"을 받는다는 의미로도 간주되었다. 이 성찬(감사)이 기독교 예배의 중심이 되었다.

기독교인들은 처음에 작은 집단으로 모였지만, 나중에는 대규모의 회중이 매주 첫날 기도와 복음 전파와 성찬을 위해 대성당에 모였다. 세월이 흐르면서 예배가 정교해졌지만, 기독교 영성에서 그것이 지니는 중요성은 의심되지 않았다. 개인 기도도 나름의 역할을 했지만, "그리스도의 몸"이 지닌 사회적 특성 때문에 공동 기도가 중심이었다.

공동체에 가입하는 입문식인 세례는 옛 생활이 끝나고 새 생활이 시작되는 것으로 여겨졌다. 어떤 사람들은 이것이 세례는 과거에 지은 죄의 용서를 의미하며 새 생활은 죄가 없이 완전해야 한다는 것을 의미한다고 여겼다. 그 때문에 세례 받은 후에 죄 용서를 받지 못할 것을 두려워하는 사람들은 세례를 미루었다. 임종시에 받는 세례도 있었는데, 유명한 것이 콘스탄티누스 대제의 세례이다. 헤르마스(Hermas)라는 로마의 전도자는 『목자』(The Shepherd)라는 책에서 세례에 대한 이러한 근심을 해소하기 위해서 세례 받은 사람들을 위한 용서가 존재한다고 기록했다. 오래지 않아 회중 앞에서 의식에 따라 죄를 고백하는 것이 세례 받은 후에 범죄한 사람들을 위한 처방으로 간주되었으므로, 사람들은 회심할 때 세례를 받기 시작했고, 유아세례도 베풀어졌다.

처음 몇 세기 동안 기독교 영성은 세례 속에서 형성되었으며, 회중예배에 뿌리를 두고 매주 주님이 제정하신 만찬을 기념함으로써 양육되는 공동체 영성이었다.

4. 은사

1세기와 2세기 초에 많은 교회가 카리스마적 표현을 장려하는 영성을 실천한 듯하다. 『솔로몬의 송가』(Odes of Solomon)는 1세기 초에 에데사나 안디옥에서 저술된 것으로서 하나님을 향한 사랑과 찬양이 가득한 시리아 영성을 표현한다.[1] 초대 시대에 대한 연구는 대체로 그리스와 라틴 저술에 초점을 두지만, 시리아의 저술은 다른 관점을

---

1) James Hamilton Charlesworth, ed., *The Old Testament Pseudepigrapha*, vol. 2 (Garden City, N. Y.: Doubleday, 1985), 726-27.

제공한다. 이 송시는 저자가 알려지지 않았지만, 시편에 버금가는 찬송집인 듯하다. 여기에 수록된 찬송과 하나님의 사랑은 카리스마적 영성을 암시한다.

  기독교에서 하나님을 여성 이미지로 표현하는 것은 최근에 유행한 것이 아니라, 그 기원이 성경과 초대 시대에 있다. 시리아 기독교는 여성과 관련된 상징을 그리스나 라틴 기독교보다 더 자주 사용했다. 성령을 지칭하는 히브리어가 여성형이며, 시리아 기독교에서 성령은 오랫동안 여성으로 알려져 있었다. 동정녀 마리아 숭배가 일찍부터 발달했다. 하나님을 나타내는 여성 이미지 중에는 젖이 흐르는 하나님의 가슴이 있는데, 이것은 양육과 기쁨을 나타내는 상징이다. 후일 중세 시대의 일부 신비가들은 하나님을 어머니로 언급하면서도 남성형 대명사를 유지했다. 이 책 제4장의 노리지의 줄리안에 대한 논의를 보라. 성령, 찬양, 생수, 치유 등의 주제가 『솔로몬의 송가』 6에 있다.

    바람이 거문고를 연주하듯이 주의 영은 나의 사지를 통하여 말씀하시고, 나는 그의 사랑으로 말한다네. …
    주님은 이름 때문에 우리에게 찬양을 주시고, 우리의 영은 성령을 찬양하네.
    시내가 솟아나 크고 넓은 강(물)이 되어, 모든 것을 휩쓸어가고, 쪼개며 성전에 도달하였네.
    사람들이 지은 방벽은 그 물을 막을 수 없었네. 그들은 물을 막는 기술이 없었네.
    그 물은 온 땅에 퍼지고, 모든 것을 채웠네.
    그래서 땅 위의 목마른 자들이 물을 마시게 되었네. 목마름이 그치고 해소되었네.
이는 지극히 높으신 분께서 마실 물을 주셨기 때문이라네.
그 물을 관리하는 사제들은 복되구나. 이는 그들에게 주님의 물이 맡겨졌음이라.
그들은 마른 입술을 축이고, 마비된 의지를 소생시킨다네.
거의 숨이 끊어지는 사람들을 죽음에서 되돌렸다네. 쓰러진 사지를 회복시켜 세웠다네.
그들이 돌아올 수 있도록 힘을 주고, 볼 수 있도록 빛을 주었다네.
모든 사람이 그들을 주님의 사람으로 인식하고, 영원한 생수를 마셔 살게 되었다네. 할렐루야.(솔로몬의 송가 6:8-18)

1세기의 은사주의 현상은 그 이후 시대에 사라진 듯하다. 이러한 변화의 증거를 2세기 초의 것으로 추정되는 문서인 『디다케』(*Didache*) 또는 『12사도의 가르침』(*Teaching of the Twelve Apostles*)에서 발견할 수 있다. 시리아의 것으로 보이는 이 익명의 문서는 교회가 카리스마 시대의 유동적 자발성을 떠나 어떻게 형성되었는지 보여준다. 바울이 방언의 은사 사용과 관련된 문제들을 다루었던 것처럼, 이 문서는 예언의 은사를 남용하는 것에 대해 경고한다. 이 문서는 방랑 예언자들이 양들을 탈취하지 못하게 하려면 그들이 교회 안에 사흘 이상 머물게 하지 말라고 경고한다.

이처럼 더 나은 조직을 원하는 사회학적인 욕구 때문에 절차에 관한 더 많은 규칙이 필요하게 되었다. 교회의 지도자들은 더 유식해졌지만, 전만큼 자발적이지 못했다. 게다가 후대 교부들의 논평으로 미루어 보건대, 그들은 방언으로 말하는 것이 무엇인지조차 알지 못했던 듯하다. 그들은 방언을 듣지도 못하고 경험하지도 못했다.

　이단으로 정죄된 몬타누스주의자들은 은사주의 현상을 탐탁지 않게 여기는 데 일익을 담당했다. 2세기 중엽에 소아시아에 출현한 몬타누스(Montanus; A.D 157년경)의 추종자들은 "새 예언", 즉 그리스도의 재림에 대한 기대와 엄격한 윤리 규범을 채택했다. 그들의 지도자는 몬타누스, 그리고 여성 조력자인 막시밀라와 프리스킬라였다. 그들은 교회 내에서 여인들의 발언을 허용했다는 비난을 받았다. 몬타누스는 자신이 요한복음에서 예수님이 약속하신 보혜사라고 주장했다고 한다.

　그들의 가르침이 의도적으로 오해된 듯하다. 오늘날 그들의 영성을 보여줄 원래의 문서가 거의 없으며, 주로 그들을 대적한 사람들의 비난 내용만 알려져 있다. 일반적으로 그들의 가르침은 한 세기 전 교회의 특징이었다. 그들은 후일 은사 대신에 직임, 더 쉬운 행동 규칙, 그리고 임박한 그리스도 재림을 기대하는 것에 대한 경고에 동조하지 않았다. 그러나 이 집단은 3세기에 은사를 축소하는 방향으로 움직였다. 이 장 뒷부분에서 다룰 터툴리안도 그 당시 몬타누스파에 합류했지만, 그의 관심은 은사의 발휘가 아니라 도덕적 엄격함에 있었다.

　이러한 은사들은 오늘날까지 교회 주변부에서 계속 실천되는데, 전 세계에서 오순절파와 은사주의의 집단들이 이러한 은사들을 재발견해 냈다. 어떤 사람들은 그것을 교회의 공동 유산으로 인식했다.

5. 순교자

기독교 전통에서 남녀 순교자들은 목숨보다 신앙을 더 귀중하게 여겼기 때문에, 어느 고대 작가의 말처럼 죽음의 공포를 멸시했기 때문에 존경받는다. "순교자"(martyr)라는 단어의 기본 의미는 "증인"으로서 로마인을 비롯한 사람들에 의한 죽음이 근본적으로 신앙의 증언이었다는 의미를 함축한다. 최근 이슬람의 지하드파는 순교의 의미를 왜곡하여, 자살 폭탄 테러범을 지칭하는 데 사용한다. 기독교 순교자들은 자신의 죽음으로 다른 사람을 해치지 않았다. 오늘날 "순교자 콤플렉스"(martyr complex)라는 개념은 죽는 사람이 정신적으로 건전하지 못하다는 것, 그리고 건강한 사람에게 궁극적으로 중요한 것은 목숨이라는 것을 암시한다. 더 사려 깊은 사람들은 믿음을 위해 목숨을 바치는 것이 건강한 사람의 궁극적인 은사라고 본다.

기독교인들에 대한 박해는 신약 시대에 시작되었으며, 313년에 콘스탄티누스 대제가 그 신앙을 공인함으로써 종식되었다. 로마 제국 여러 지역에서 로마 관리들이 산발적으로 박해하는 동안 기독교인들이 지닌 확신의 힘은 호된 시험을 받았다.

순교라는 주제는 신약성경 이후 가장 초기의 저술, 소위 사도 교부들(Apostolic Fathers)의 저술에 등장한다. (서아시아의 시리아에 위치한) 안디옥의 감독 이그나티우스(Ignatius of Antioch, A.D. 35[?]-108[?])는 로마로 호송되어가는 도중에 여섯 교회와 한 명의 감독(폴리캅)에게 편지를 썼다. 그는 A.D. 64년경 로마에서 순교했다고 여겨지는 바울을 모방했다. 이그나티우스의 편지들은 바울이 쓴 고린도전서를 비롯한 여러 서신이 지닌 신선함과 인격적인 특성을 지니고 있다. 그러나 바울과 그를 모방한 이그나티우스 사이에는 분명한 차이가 있다. 이그나티우스가 사용한 이미지, 신학, 어조 등은 비울의 깊이에 미치지 못한다. 바울 신학의 영향은 기독교 문학에서 실종되었다가 후일 어거스틴의 저술에서 등장한 듯하다.

이그나티우스는 신앙을 위해 죽으려는 자신의 열정을 묘사하면서 편지의 수신인들에게 자신이 신앙을 버리지 않도록 기도해 달라고 요청했다. 동시에 그는 그들에게 연합하여 감독에게 순종하고, 이단, 특히 예수님이 실제로 세상에 태어나시고 십자가에서 죽으신 것이 아니라는 가르침(가현설)을 피하라고 권했다.

그는 "우리는 기독교인이라고 불려야 할 뿐만 아니라, 기독교인이어야 합니다"라고 마그네시아 사람들에게 편지했다(4:1). 이그나티우스에게 그것은 신앙을 위해 죽는 것을 암시했다. "그리스도의 고난과 함하여 죽지 않으면, 우리 안에 그분의 생명을 소유할 수 없습니다"(5:1). 이그나티우스는 로마에 보낸 편지에 순교를 향한 열망을 표현하면서 자기의 죽음을 막지 말라고 호소했다. 이그나티우스에게 콜로세움에서의 죽음은 하나님께로 가는 것을 의미했다. 이것이 그가 세상에서의 삶의 절정으로 여기는 열렬한 소원이었다. 그러한 관점을 따르면, 세상은 원수이다. 이 문서들에는 피조 세계의 아름다움에 대한 묵상이 없다. 이그나티우스는 선한 싸움을 싸우고, 감독들에게 충성하고, 거짓 교훈을 피하라고 권면한다.

역시 초대 시대의 순교자 퍼페투아(Perpetua)는 A.D. 200년경에 카르타고에서 순교했다. 그녀의 순교에 대한 기사는 대부분 일인칭으로 기록되어 있다. 어린 아기의 어머니인 젊은 퍼페투아는 아기를 다른 사람에게 맡기고 경기장에 들어가 사나운 짐승들에게 던져졌고, 결국 칼에 맞아 죽었다. 그녀는 자신의 영적 관습을 결정하기 위해서만 아니라 죽음을 맞을 때 입을 옷을 선택하기 위해서 로마의 권위에 도전했다. 터툴리안의 결론이 첨가된 그녀의 최후에 대한 기사는 순교를 과장하거나 전설적으로 확대하지 않고 묘사한 흔치 않은 문서 중 하나이다.

 순교는 영성을 시험하는 궁극적인 기준이다. 그것은 기독교적 헌신의 궁극적 범위인 동시에 기독교 신앙에 대한 세상의 박해를 상징하는 제자도의 특성이다. 그것은 인간 사회가 순응을 강요하기 위해 어떤 일을 하더라도 부인하지 않을 신앙에 대한 증언을 가리킨다. 일상생활에서 순교할 가능성이 없는 우리는 신앙을 증언할 뿐만 아니라 사회의 규범에 도전해야 한다.

 순교를 죽임당하는 것을 허용하는 수동적인 행위로 생각할 수도 있다. 그러나 이그나티우스와 퍼페투아는 하나님의 뜻에 순종했고, 거룩한 죽음을 피하지 않았다. 디트리히 본회퍼의 죽음을 생각해보라. 이런 경우에 순교는 예수님의 본보기에 기초를 둔 행위이다.

6. 금욕주의

 신앙생활을 오랫동안 특징지어온 몇 가지 영성 훈련에 덕을 실천하고 악을 피하는 것이 포함된다. 이러한 훈련을 금욕이라 한다. 우리 시대에는 이 단어가 그리 호의적으로 사용되지 않는다. 기본 사상은 달리기 경주를 위한 훈련과 유사하다. 바울은 다음과 같이 기록한다:

"운동장에서 달음질하는 자들이 다 달릴지라도 오직 상을 받는 사람은 한 사람인 줄을 너희가 알지 못하느냐 너희도 상을 받도록 이와 같이 달음질하라 이기기를 다투는 자마다 모든 일에 절제하나니 그들은 썩을 승리자의 관을 얻고자 하되 우리는 썩지 아니할 것을 얻고자 하노라"(고전 9:24-25).

구약성경에는 십계명 같은 도덕률뿐만 아니라 음식과 술과 성욕, 삭발 등을 삼가는 것 등 특정 상황을 위한 금욕적인 규칙이 기록되어 있다. 신약성경에서 예수님은 자기를 따르는 자들이 그 시대의 일반적인 행위인 바 금식하고 구제할 것이라고 가정하신다(마 6:1-4, 16-18). 예수님은 극적인 비유로 음란의 심각성에 대해 말씀하신다(마 5:27-30). 예수님은 자기를 따르는 자들에게 자기를 부인하고 십자가를 지라고 말씀하신다(16:24).

그리스 세계의 금욕은 유대교에 거의 나타나지 않는 형태를 취했다. 예를 들어 히브리 성경의 창조 교리를 염세적인 로마의 절망으로 대체하는 세계관은 동정(童貞)과 독신생활을 찬양하는 동기가 되었다.

바울은 고린도전서 7장에서 결혼하지 않은 사람들에게 독신생활을 권했는데, 이는 그가 그리스도의 재림이 임박했다고 믿었고, 가정이 없으면 일에 전념할 수 있다고 믿었기 때문이다. 남성과 여성에 관한 그의 논의는 놀랍도록 균형을 이룬다. 예를 들어, 그는 결혼한 부부는 성적 욕구와 부부 동거권을 가진다고 본다(고전 7:2-3). 그러나 후기의 일부 저자들은 다른 이유, 즉 몸과 성(性)이 악하다는 이유로 독신생활을 권했다. 그럴 경우 독신생활 관습은 창조에 대한 유대교의 교리와 기독교의 교리에서 벗어난 것이며, 여성을 독신 남성의 성욕의 대상으로 여길 가능성을 열어놓았다.

특히 21세기의 관점에 여성을 성이나 죄와 동등시하는 초기의 관습을 기독교 영성에 해로운 것으로 여겨야 한다. 금욕이 여성 반대 현상이 되어서는 안 되며, 성령의 열매 중 하나로 존중되어야 한다(갈 5:23). 바르게 이해된 금욕은 기독교 영성에서 기본적인 역할을 하지만, 안타깝게도 그것은 특정 상황에서 잘못 해석되거나 과장되었다.

금욕적인 관습이 건전할 수도 있고 건전하지 못할 수도 있다. 기독교적 상황에서 그것은 온전함을 재는 두 가지 기준을 충족시켜야 한다. 첫째, 창조의 선함을 긍정해야 한다. 더 좋은 것을 위해서 좋은 것을 포기하는 것이 사람들을 자유롭게 하여 더 잘 섬기게 하는 동기인가? 만일 그렇지 못하다면, 금욕은 창조, 몸, 때로는 성(性)의 선함을 부인하는 것이다.

둘째 기준은 인간의 노력이 하나님의 은혜를 대신하지 못한다는 것이다. 인간은 하나님의 사랑을 얻기 위해 노력하는가? 하나님의 사랑은 값없이 조건 없이 우리를 향해 흐르므로, 우리의 행위로 얻을 수 있는 것이 아니다. 그것은 그리스도 안에 있는 하나님의 용서하시는 은혜에 대한 반응인가? 그 관습은 하나님의 사랑을 알고 달리는 운동선수의 자유로 이어지는가, 아니면 얻을 수 없는 것을 얻으려고 필사적으로 노력하는 속박으로 이어지는가? 또는 그리스도께서 이미 용서하신 죄를 대속하기 위한 자기 징벌인가?

각기 다른 언어로 저술한 세 명의 초기 기독교 신학자들은 신앙생활에서 금욕 훈련의 중요성에 동의했다. 오리겐(Origen)과 터툴리안(Tertullian)은 아프리카 출신이고, 에프렘(Ephrem)은 아시아인이었다. 오리겐은 그리스어로 저술했다. 그는 스승 클레멘트의 뒤를 이어 알렉산드리아 교리문답 학교의 교장이 되었다. 카르타고의 변호사였던 터툴리안은 라틴어로 저술한 최초의 기독교 저술가 중 한 사람이다. 이들이 후대 기독교 발달에 큰 영향을 주었으므로, 이 두 사람에 대해서 다룬 후에 시리아의 저술가 에프렘에 대해 간단히 다루려 한다.

터툴리안(Tertullian, 160?-225)은 기독교인들에게 세상과 분리하여 살라고 권면한 엄격한 사람이었다. 그는 『순교자들에게』(To the Martyrs), 『스펙타클즈』(Spectacles: 로마의 원형경기장에서 공연된 다양한 흥행을 일컫는 명사이다), 『여인들의 복장』(The Apparel of Women) 등의 글을 썼다. 이 금욕적인 글들은 북아프리카 카르타고의 이교 세계로부터의 분리를 요구한다.

터툴리안은 (잠재적) 순교자들에게 세상에 있는 것보다 감옥에 있는 편이 낫다고 말한다. 왜냐하면 세상 자체가 도덕적으로 타락하고 도처에 유혹이 도사리고 있는 감옥이기 때문이다(『순교자들에게』 제2장). 그는 기독교인이 도박을 하거나, 이교 신에게 헌정되어 인간 생활이나 순결한 도덕을 존중하지 않는 연극을 감상하는 것 등을 변증 기술을 발휘하여 논박한다(『스펙타클즈』). 마지막으로 그는 여인들에게 금으로 치장하거나 화장을 하지 말고 검소한 옷을 입으라고 권고한다. 이는 하나님이 그것을 원하지 않으시며, 사람들의 비위를 맞추기 위한 그러한 "정욕"을 합리화할 정당한 근거가 없기 때문이다. 이 세 편의 논문(설교)에서 터툴리안은 기독교 영성에 헌신한다는 것은 "세상과 육과 마귀"(이교의 신들)와 결별하는 것을 의미한다는 점을 분명히 했다.

터툴리안의 『스펙타클즈』에 수록된 쾌락에 관한 논의는 매우 교훈적이다(28, 29). 사람들은 원형경기장에서 벌거벗은 사람들에게 추파를 던지며, 죽도록 싸우는 것을 보면서 잔인한 욕망을 충족시킨다.

> 마지막으로, 만일 당신이 이 짧은 인생을 즐겁게 지내야 한다고 생각한다면, 어찌하여 하나님께서 주신 많은 즐거움에 만족하지 못하고 감사하지 못하며, 심지어 그것을 인식하지도 못하는가? 우리 주 아버지 하나님과 화목하는 것, 진리의 계시, 과거의 잘못을 깨닫는 것, 과거에 지은 중한 죄를 용서받는 것보다 기쁜 일이 어디 있는가? 쾌락을 혐오하는 것, 세상이 주는 것을 멸시하는 것, 참 자유, 깨끗한 양심, 만족하는 생활, 죽음의 두려움에서 벗어나는 자유보다 더 큰 즐거움이 어디 있을까? 이교의 신들을 짓밟는 것, 귀신들을 몰아내는 것, 병 고치는 것, 계시를 구하는 것, 하나님을 따라 사는 것 등이 우리의 즐거움이며, 기독교인이 감상해야 할 거룩하고 영원한 무료 공연이 아닌가![2]

---

2) Tertullian, *Disciplinary, Moral and Ascetical Works* (New York: Fathers of the Church, Inc., 1959), 103.

터툴리안은 기독교인들이 신앙을 실천함으로써 경험하는 즐거움에 주목하거나 인정하지 않을 수 있다고 주장한다. 그러나 여기에는 일상생활의 작은 즐거움—꽃을 보는 것, 음악을 듣는 것, 배우자를 사랑하는 것, 글을 쓰는 것, 육체노동 등—에 대한 인식 빠져 있다. 간단히 말하자면, 터툴리안은 "기독교적" 즐거움을 묘사하면서 피조 세계의 기쁨을 빠뜨렸다. 냉담한 군중을 위해 로마가 마련한 흥행이 주는 인위적이고 부도덕한 즐거움을 부각하기 위해 "영적" 즐거움만 남겨둔 것이다.

터툴리안은 라틴 교리신학의 기초를 놓았다. 기독교의 메시지를 지적으로 이해한 최초의 라틴 저자 중 한 사람인 그는 구약성경, 신약성경, 삼위일체, 위격 등의 용어를 만들어 냈다. 그가 사후에 라틴 저술가들에게 미친 영향은 엄청나다. 그는 삼위일체에 대한 정통 견해 형성에 기여한 주요 인물이다.

터툴리안은 기독교 신학에 대한 그리스 철학의 영향을 거부했다. 그는 "아테네 사람들이 예루살렘과 무슨 관계가 있는가?"라고 물었다. 그의 요지는 진정한 가르침은 그리스 철학자들에게서 영감을 받은 영지주의자들의 사변(思辨)에서 오는 것이 아니라 그리스도에게서 온다는 것이었다. 그 점과 관련하여 그는 그리 영향을 미치지 못했다. 왜냐하면 수 세기 동안 로마 제국의 기독교 신학은 대체로 히브리 사상과 그리스 사상의 종합이었기 때문이다.

복음은 상황화(狀況化, contextualization) 되어야 한다. 다시 말해서 문화의 정확한 상황 속에 표현되어야 한다. 예를 들면, 오늘날 아프리카인들은 기독교 메시지를 철저히 생각하고 그 함축된 의미를 아프리카적인 말(설교, 신학, 기도)과 예술적 표현(조각, 춤, 음악)으로 표현해야 할 책임과 권리를 소유한다.

터툴리안의 질문은 후대 기독교인들에게 주는 경고로 볼 수 있다. 그는 기독교의 가르침이 그 근원에 충실한 것인지, 혹은 그 가르침을 왜곡하는 다른 사고방식의 영향을 받았는지 알기 위해서 기독교의 가르침을 평가해볼 것을 요구한다. 문화적으로 조정하는 과정에서 진정한 복음의 메시지가 왜곡되었는가? 복음은 모든 문화에 도전하며, 모든 문화를 공격한다. 우리는 자신의 가정에 도전하는 메시지를 무시하려는 유혹을 받을 수 있다. 그러므로 예를 들어 북아메리카인들이 빈곤한 세계에서 누리는 자신의 부유함에 도전하지 않도록 기독교의 메시지를 해석했는지 질문해 보아야 한다. 터툴리안이 우리 시대에 살았다면, "메디슨 거리가 예루살렘과 무슨 관계가 있느냐?"라고 물을 것이다.

결국 터툴리안은 가톨릭교회가 자기가 바라는 만큼 엄격하지 못하다고 결정했다. 그는 몬타누스주의자들과 합류했는데, 그들의 행위의 표준은 가톨릭교회의 표준보다 훨씬 엄격했다. 그는 세례받은 후에 범한 죄는 용서받지 못하며, 과부나 홀아비가 재혼해서는 안 된다고 믿었다. 터툴리안은 거의 평생 진지하고 일관되게, 그리고 정통 교리의 테두리 안에서 금욕생활을 했다. 그러나 그는 오늘날 우리가 균형 잡힌 금욕 또는 영성이라고 여기는 것들을 다룰 때 언급하는 몇 가지 중요한 주제를 놓쳤다. 그는 용서하시는 하나님의 관대하심, 선한 피조 세계의 경이, 그리고 진정한 상황화의 필요성을 파악하지 못했다.

터툴리안과 같은 시대 사람으로서 그보다 어린 오리겐(Origen; 185-254)은 여러 사상에 흥미를 가지고 있었으며, 최초의 기독교 "조직신학자"로 알려져 있다. 다시 말해서 그는 세상과 하나님에 대한 기독교적 이해를 구현하는 합리적이고 만족스러운 기독교 사상 체계를 구축하려 했다. 그도 터툴리안처럼 삼위일체론의 발달에 영향을 주었으나, 그의 접근 방법은 터툴리안과 달랐다.

오리겐은 헬레니즘, 즉 알렉산더 대왕과 그의 후계자들에 의해 전파된 그리스 문화 안에서 활동했다. 오리겐은 헬레니즘의 지적 중심지인 알렉산드리아(알렉산더 대왕의 이름을 딴 도시)에 살았다. 그는 플라톤이 처음으로 발달시키고, 후일 플로티누스가 발달시킨 세계관의 영향을 받았기 때문에 기독교 성경을 이해하는 방법에 대해 질문했다.

오리겐은 히브리 성경과 기독교의 성경을 세밀하게 조사하는 과업에 착수했다. 그의 『헥사플라』(Hexapla, 6개 국어 대역 성경)는 여섯 개의 본문을 나란히 열거하면서 상세하게 비교하는 방대한 기획이었다. 또 오리겐은 성경의 많은 부분에 대한 주석을 저술하고 설교했다. 이러한 성경적인 관심에도 불구하고, 오리겐은 성경 연구보다는 자신의 철학적인 가정의 지배를 받았던 것처럼 보인다. 그는 사후인 553년에 이단으로 정죄 되었다.

그러나 오리겐의 영적 가르침이 교리적 정통성에 대한 의심을 불식시킨다는 것을 발견한 수도사들을 통해서 그의 영향은 지속되었다. 그의 영적 가르침은 순교, 기도, 그리고 성경에 초점을 두었다. 그는 영성 생활을 하나님에게 올라가는 것이라고 보았는데, 이것은 고대 후기 그리스 철학자 플로티누스의 견해와 흡사하다.

오리겐은 창조 이전에 이성적인 존재가 타락했으며, 그 결과 인간 영혼이 이 세상에 살게 되었다고 상정했다. 즉 각 사람은 선재(先在)를 가지고 있는데, 그 안에서 하나님에게서 멀어졌다는 것이다. 인간의 삶의 목표는 하나님께로 돌아가는 것이며, 오리겐은 모든 인간이 하나님께로 돌아올 것이라고, 심지어 사탄도 돌아올 것이라고 믿었다. 보편주의라고 불리는 이러한 신념은 가장 논란이 많은 것에 속하며, 그 때문에 후일 그가 정죄 되었다.

오리겐의 시대도 순교의 시대였다. 오리겐의 부친은 203년에 순교했는데, 당시 16세인 오리겐도 순교를 원했지만, 어머니가 옷을 감추는 바람에 집 밖으로 나가지 못하여 아버지를 따라 순교하지 못했다고 전해진다. 그리하여 위대한 기독교 사상가가 후대를 위해 목숨을 보존하게 된 것이다. 후일 오리겐은 신앙 때문에 받은 고문의 영향으로 사망했으니, 그도 당연히 순교자라고 불려야 옳다.

오리겐은 기독교적 삶을 설명하기 위해 세 단계의 도식을 제시했는데, 그것은 그 후 수 세기를 위한 규범이 되었다. 그는 도덕적 차원, 본성적 차원, 그리고 관상적 차원이 있다고 말했다. 이것들은 서로 배타적이거나 연속되지 않음에도 불구하고 영적 발달의 여러 단계를 언급한다. 도덕적 차원은 행위와 관련되며, 잠언에 비유할 수 있다. 본성적 차원은 관찰 가능한 지적 행위와 관련되는데, 이것은 전도서에 반영되어 있다. 마지막으로 관상적 차원은 하나님과의 영적 연합을 언급하는데, 그 전형적인 예는 하나님과 인간 사이의 사랑의 노래로 풍유적으로 읽은 아가서이다.

신플라톤주의의 영향을 받은 후대의 것으로서 영적 성장의 단계를 "정화의 단계, 조명의 단계, 연합의 단계"로 구분한 것은 오리겐의 이러한 가르침을 반영한다. 그는 후대의 신학자 닛사의 그레고리(Gregory of Nyssa), 위-디오니시우스(Pseudo-Dionysius), 그리고 동방과 서방의 수도원 운동에 영향을 주었다.

터툴리안과 오리겐이 사용한 라틴어와 그리스어만이 초기 기독교의 영적 저술에 사용된 언어는 아니다. 아람어에서 발달한 고대 시리아어는 예수님이 사용하신 언어로서 중동 지방에서, 그리고 로마 제국과 제국의 동쪽 국경 지방에서 사용되었다. 그것은 아메리카의 학자들에게는 그리스어나 라틴어만큼 친숙하지 못한 언어이다. 그러나 초기 기독교의 중요한 문서들과 발달 현상 중 일부는 고대 시리아어로만 보전되어 있다.

고대 시리아의 영성은 서방 문화권의 영성과는 다르게 발달했다. 이 영성은 셈족 문학인 유대교와 긴밀하게 연관되어 있고, 때로 헬레니즘(그리스 문화)의 영향을 받았다. 그것은 극도로 금욕적인 것이 되었다. 시리아 사막의 은수사들은 세상의 편안함과 세상의 방법에 대한 경멸을 증명하기 위해서 색다른 방법을 고안해 냈다. 유명한 사람이 주상(柱上) 성자 시메온(Simeon Stylites)인데, 그는 (폐허가 된 큰 교회 안에 있는) 높은 기둥 위에서 살면서 많은 사람을 회심시켰다. 그 밖에 통나무 속에서 살거나, 목욕을 하지 않거나, 엎드려서 지내는 등 여러 가지 방법이 있었다. 후대의 저술가들은 이러한 극단적인 방법을 완화하려 했다.

특히 흥미로운 인물은 에프렘(Ephrem, 306?-373)이다. 그가 사망하

제3장 세계 공동체의 시작 113

고 나서 오랜 후에 시리아의 수도사들이 그의 저서들을 필사했다. 에프렘은 상징적인 시로 자신의 가르침을 표현했는데, 그것들은 오늘날도 매우 영향력이 있다. 그는 로마 제국의 국경, 터키 남동부의 니시비스(Nisibis)에 살았던 집사였다. 로마와의 전쟁에서 승리한 페르시아인들이 기독교인들은 니시비스를 떠나야 한다고 주장한 후 그는 생애의 마지막 십 년을 타향에서 보냈다. 그의 저술 활동은 대부분 니시비스 서쪽에 있는 에데사(Edessa)에서 이루어졌다. 그의 생애에 관해 알려져 있는 몇 가지 사건 중에는 그가 말년에 노숙자들과 죽어가는 사람들을 위해 300개의 침상과 음식을 마련해주고, 친히 그들을 보살펴준 일이 있다.

에프렘은 기독교적 관습인 동정(童貞)을 옹호했는데, 이는 일부 그리스 저술가들처럼 육체를 멸시했기 때문이 아니었다. 그가 금욕주의를 지향한 근거로 신랑이신 그리스도와의 결혼, 방심하지 않으려는 목표, 그리고 낙원의 이상 등을 들 수 있다.[3] 시리아 영성에 관한 전문가인 세바스티안 브록(Sebastian Brock)은 다음과 같이 설명한다:

> 하나의 중심을 가진 원을 상상해보면, 그리스의 접근방법과 유대의 접근방법의 차이점을 잘 설명할 수 있을 것이다. 이 원의 중심은 신학적 탐구의 목적을 나타낸다. 그리스 신학의 철학적 전통은

---

3) Sebastian Brock, "Introduction" in *Saint Ephrem's Hymns on Paradise* (Crestwood, n. y.: St. Vladmir's Seminary Press, 1990), 25-32.

이 중심을 정의하려 할 것이다. 그러나 에프렘이 시를 통해 사용한 유대식 접근 방법은 원주 위의 반대 위치에 있는 일련의 역설적인 진술을 제공할 것이다. 원의 중심을 정의하지 않지만, 원주 위의 여러 점들을 결합함으로써 그것의 본질의 일부를 추측할 수 있다. 논의되는 하나님의 존재의 측면을 대변하는 원의 중심은 피조 세계 밖에 있으므로, 피조된 인간의 지성으로 그것을 이해할 수 없으며, 그것을 이해할 수 있다고 주장하는 것은 하나님을 모독하는 일이라고 에프렘은 주장했다. 이 점에서 에프렘은 후대 그리스 신학의 부정의(apophatic) 전통과 조화를 이룬다.[4]

부정의 방법(하나님에 대해 말할 수 없는 것으로만 하나님을 묘사하려는 시도)은 바실(St. Basil) 덕분에 영향력을 지니게 되었다. 바실은 에프렘을 존경했다. 여기에서 유의해야 할 점은 영성이 항상 신학에서 생겨나오는 것은 아니지만, 영성에서 신학이 생겨날 수도 있다는 것이다. 다음은 하나님께 대한 부정의 접근방법을 더욱 완전하게 표현한 에프렘의 시이다.

> 하나님의 위엄을 나타내기 위해 사용된
> 은유에만 집중하는 사람은
> 그 위엄을 잘못 표현하며
> 하나님께서 자신의 유익을 위해
> 취하신 은유들 때문에 잘못을 범할 것이며,

---

4) Ibid., 40.

자신의 유치한 수준에까지 낮추신
하나님의 은혜에 감사하지 않는다.
그에게 하나님과 닮은 곳이 없지만
그를 하나님의 은혜와 닮게 하기 위해서
은혜가 그의 모양을 입었도다.

명칭들 때문에
당신의 지성이 혼란을 겪지 않게 하라.
이는 낙원이 당신과 비슷한 조건을 취했기 때문이라.
그것이 무력하기 때문에
당신의 심상(心象)을 취하는 것이 아니라.
당신의 본성은 너무 연약하여
그것의 위대함을 획득할 수 없기 때문이며,
당신에게 친숙한 창백한 색깔로 묘사되고 있기 때문에
그 아름다움이 크게 감소되도다.[5]

후대의 많은 동방 신학자들처럼 에프렘은 기독교적 삶의 전 과정을 *theosis*, 신화(神化)로 보았다. 이 용어는 신약성경에 단 한 번 분명하게 등장한다: "신성한 성품에 참여하는 자가 되게 하려 하셨느니라"(벧후 1:4). *theosis*는 신약의 메시지의 기저를 이루는 것으로 이해되었으며, 동방 영성의 기초가 되었다. 다음은 에프렘에게서 인용한 구절이다.

---

5) Ibid., 48.

인류를 일으키고 끌어 올리기 위해서
신께서 낮은 곳으로 내려오셨네.
아들께서 종의 기형을 아름답게 하셨으니,
이에 그가 바라던 대로 신이 되셨네.

인성의 신화(神化), 즉 *theosis*는 헬레니즘의 영향 아래 기독교, 특히 동방 기독교에 스며들어 왔다고 한다. 그러나 테오도렛(Theodoret)이 "그리스어를 알지 못한 사람"이요 사고 패턴이 근본적으로 유대적이고 성경적이라고 묘사한 인물인 에프렘은 이 가르침을 증언하는 중요한 증인이다.[6]

지금까지 금욕주의가 기독교 영성의 정당한 일면이라는 확신을 증명하기 위해서 터툴리안, 오리겐, 그리고 에프렘의 금욕주의에 대해 논했다. 그것은 이 책에서 사용된 모델 안에 있는 네 번째 관계, 즉 우리와 피조물의 관계 거부에 기초를 두는 것은 아니다. 극단적인 금욕주의는 하나님이 주신 창조의 좋은 선물들, 우리의 몸과 주위의 세계를 무시하는 태도로 이어진다. 율법주의적 금욕주의는 하나님의 은혜를 무시하고 개인의 공로를 중시하는 데로 기울어진다. 그러나 성경적인 금욕주의는 더 선하고 고귀한 것을 위해서 선한 것을 거부할 수 있는 건전한 의식으로 이어진다. 그것은 우리가 다른 사람을 섬길 수 있게 해 주는 동시에 자신감을 준다.

---

6) Ibid., 73. Quotation from *Hymns on Virginity*(48.17-18).

7. 수도원 운동

영성 생활에서 아프리카는 줄곧 서방 전통과 동방 전통을 형성해 온 실험 무대였다. 이집트에서 최초로 사람들이 자신이 동경하는 금욕생활을 완전하게 실천하기 위해서 사막에 들어갔는데, 그 관습은 신속하게 아시아와 유럽으로 전파되었다.

최초에 사막에 들어간 사람 중 하나가 안토니(Anthony, 250-353년경)이다. 알렉산드리아의 감독 아타나시우스(Athanasius, 296?-373)가 안토니의 전기를 저술했다. 안토니는 고대 이집트 민족인 콥트족이었고, 아타나시우스는 그리스를 배경으로 한 사람이었다. 아타나시우스가 추방되어 황제의 군사를 피해 사막의 수도사들에게 보호를 요청하면서 두 사람은 서로 알고 지내게 되었다. 아타나시우스는 325년에 작성된 니케아 신조에 진술된 대로 그리스도의 완전한 신성을 믿었다. 그는 그리스도가 "아버지와 본질에서 같으시다"라는 사상을 반대하는 사람들에 의해 다섯 차례 추방되었다.

『성 안토니의 생애』(The Life of Anthony)는 안토니가 부모님이 사망한 후 금욕 생활을 시작한 데서부터 시작한다. 그는 교회에서 "네게 있는 것을 다 팔아 가난한 자들에게 주라"는 말씀을 듣고 즉시 그대로 실행했다. 그는 경제적인 능력을 부인하고, 금욕의 길을 아는 사람들과 함께 훈련을 시작했는데, 이는 서로에게서 무엇인가를 배우기 위해서였다. 가장 중요한 단계는 안토니가 무덤에서 생활하면서 죽음의 권세가 가하는 모든 것을 극복한 것이다. 그는 거의 죽을 뻔했지만, 마침내 귀신들의 세력을 이기고 살아남았다. 안토니가 무덤에서 겪은 일에 대한 묘사에는 그리스도께서 안토니를 구해주신 일도 포함된다. 안토니의 경험에서 그리스도는 죽음과 귀신들을 정복하신 승리자였다.

안토니는 사막으로 점점 더 깊이 들어가면서 대적들의 영역을 공격했다. 당시 사막은 마귀와 그 부하들의 거주지로 여겨졌다. 예수님이 사막에서 사탄을 대면하셨음을 생각해보라(눅 4:1-13). 안토니는 그 싸움에 시간과 정력을 쏟았다. 그는 다른 수도사들처럼 생계를 위해서 노동했고, 암송한 성경을 묵상하면서 시간을 보냈다. 많은 사람이 그를 찾아와 충고와 도움을 구했다.

안토니의 삶은 자신을 연단하는 생활이었을 뿐만 아니라, 온유함과 섬김의 생활이었다. 그는 철저히 단순한 은수사 생활을 했을 뿐만 아니라, 도움을 구하는 사람에게 충고하고 화해시키고 병을 치료해주고 용기를 주었다. 안토니는 세상에서 도망친 것이 아니라, 인류의 적과 영적 전쟁을 했다. 그는 그리스도의 승리를 통해 사탄을 물리치기 위해서 십자가의 능력으로 나아갔다. 그렇게 생활하면서 새로운 형태의 기독교적 영성 생활, 즉 수도생활을 만들어 냈다. 그는 세계 최초의 수도사가 아니지만, 특별히 기독교적인 동기로 사막 깊숙이 들어간 최초의 사람 중 하나였다.

안토니를 본받아 사막에서 생활한 많은 교부들과 교모들의 이야기(여성들도 사막에 들어갔다)가 수집되어 번역 출판되었다.[7] 그들은 사막

---

7) Cf. Benedicta Ward, *The Desert Christian: Sayings of the Desert*

에서의 깨끗하고 부족하고 험한 생활에 대한 통찰을 제공했는데, 그것은 우리 시대에 단순한 이상을 추구하는 사람들에게 강력한 도전과 격려가 된다. 다음은 사막에서 생활한 이집트 여인들의 짤막한 몇 가지 이야기이다.

암마(Amma, 교모) 테오도라는 금욕이나 철야 등 어떤 종류의 고난도 우리를 구원할 수 없으며, 참된 겸손만이 우리를 구원할 수 있다고 말했다. 어느 곳에 귀신을 쫓아내는 능력을 가진 은수자(隱修者)가 있었다. 그는 귀신들에게 "너희들을 쫓아내려면 어떻게 해야 하느냐? 금식해야 하느냐?"라고 물었는데, 귀신들은 "우리는 먹거나 마시지 않는다"라고 대답했다. "철야해야 하느냐?"라고 다시 묻자, 귀신들은 "우리는 잠자지 않는다"라고 대답했다. "세상에서 이탈해야 하느냐?"라고 물었더니, 귀신들은 "우리는 사막에서 살고 있다"라고 대답했다. 그는 "그러면 어떻게 해야 너희들을 몰아낼 수 있느냐?"라고 물었고, 귀신들은 "겸손만이 우리를 이길 수 있다." "당신은 겸손이 어떻게 귀신들을 이기는지 아는가?"[8]

사라(Sarah)는 형제들에게 "나는 남자요, 당신들은 여자입니다"라

Fathers: The Alphabetical Collection (New York: macmillan, 1980; Thomas Merton, *The Wisdom of the Desert: Sayings from the Desert Fathers of the Fourth Century* (Norfork, Conn.: New Direction, 1960; Helen Wadder, *The Desert Fathers* (New York: Sheed and Ward, 1942).

8) Ward, *The Desert Christian*, 72.

고 말했다.[9]

신클레티카는 이렇게 말했다: "만일 당신이 수도원 안에 살고 있다면 다른 곳으로 가지 마십시오. 다른 곳으로 가면 큰 해를 입을 것입니다. 알을 품고 있던 새가 알을 버리고 떠나면 알이 부화하지 못하는 것처럼, 수도사나 수녀가 한 장소를 떠나 다른 곳으로 가면, 냉담해지고 믿음이 죽습니다."[10]

그녀는 또 이렇게 말했다: "우리가 수도원 안에 머무는 한 금욕보다는 순종이 더 필요합니다. 금욕은 교만을 가르치고, 순종은 겸손을 가르칩니다."

암마 신클레티카는 이렇게 말했다: "산에 살고 있으면서도 도시에 사는 것처럼 행동하면서 시간을 허비하는 사람들이 많습니다. 군중 속에 살면서도 마음으로는 은둔자처럼 살 수 있고, 은둔 생활을 하는 사람이 복잡한 생각 속에서 생활할 수 있습니다."[11]

안토니가 실천한 개별적인 생활이나 은둔적인 독거 수도 생활과는 달리 함께 모여서 생활하는 공주 수도 운동이 이집트 사막에서 파코미우스에 의해 시작되었다. 그러나 이러한 유형의 수도원 운동을 창

---

9) Ibid., 193.

10) Ibid., 194.

11) Ibid., 196.

시한 가장 유력한 인물은 지중해 유역 그리스어를 사용하는 로마 제국의 동부 지역에서는 가이사랴의 바실, 라틴어를 사용하는 제국의 서쪽에서는 누르시아의 베네딕트이다.

오늘날의 터키인 로마제국의 동부에서는 가이사랴의 바실(Basil of Caesarea, 330-379)이 수도원 운동에 중요한 영향을 준 인물이다. 공주 수도원 운동의 우월함을 확신했던 바실은 두 개의 수도원 규율집을 저술했다. 그는 감사 생활, 영적 은사, 그리고 이기심을 공격하는 데 있어서 순종의 중요성 등을 강조했다. 영적 성장 혹은 성화의 전 과정은 첫 조상으로 말미암아 잃은 하나님의 형상을 회복하는 과정이다. 바실은 그보다 앞서 아타나시우스가 그랬던 것처럼 삼위일체 교리를 옹호했다. 그는 성령의 완전한 신성과 381년 콘스탄티노플에서 결정된 니케아 신조를 최종적으로 받아들이도록 주장하는 데 많은 영향을 미쳤다. 그는 자기보다 먼저 활동한 알렉산드리아인 오리겐의 영향도 받았으며, 『필로칼리아』(Philokalia: 지혜에 대한 사랑인 "철학"과 병행하는 단어로서 "아름다움에 대한 사랑"을 의미함)라는 영적 저술 선집에 오리겐의 글을 포함시켰다. 18세기에 수집된 방대한 규모의 『필로칼리아』에 대해서는 나중에 논할 것이다. 바실의 영적 가르침은 오리겐의 가르침과는 달리 어둠에서 신적 빛으로 인도하는 것이 아니라 빛에서 신적 어둠으로 인도한다. 이 놀라운 반전을 더 완전하게 발달시킨 사람이 위-디오니시우스인데, 이 사람에 대해서는 이 장 끝부분에서 다룰 것이다.

바실에게는 함께 작업한 두 명의 동료가 있었다: 동생인 닛사의 그레고리와 친구인 나지안주스의 그레고리. 이 세 사람은 소아시아의 카파도키아(Cappadocia)라는 지명을 따라 카파도키아 교부들이라고 알려져 있다. 세 사람 모두 니케아 신조를 수용했지만, 각기 다른 은사를 가지고 있었다. 바실은 조직자요 감독이요 수도원장이었고, 닛사의 그레고리는 지적으로 가장 탁월했으며, 나지안주스의 그레고리는 유창한 웅변가였다. 바실과 닛사의 그레고리의 누이 마크리나(Macrina, 324-37)는 말없이 이 두 사람의 지혜를 깊게 해주었다.[12] 그레고리는 그녀가 임종하면서 남긴 대화를 포함하여 그녀의 삶에 대한 이야기를 저술했다.

폰투스의 에바그리우스(Evagrius of Pontus, 345[?]-399)는 카파도키아 교부들과 후대의 저술가들, 특히 동방과 서방의 수도사들을 이어주는 중요한 연결고리이다. 그는 개인적으로 카파도키아 교부들을 알고 있었고, 이집트 사막에서 생활했다. 그의 가르침은 오리겐의 영향을 많이 받았고, 나지안주스의 그레고리의 영향도 받았다. 그는 플라톤이 발달시킨 철학의 계보를 이어 기독교적 플라톤주의자가 되었다. 후일 그는 오리겐과 함께 정죄 되었지만, 그의 가르침은 익명이나 가명으로 널리 유포되었다. 중세 기독교 영성에서 이단 저술가들이 큰 영향력을 발휘한 것은 놀라운 일이다.

에바그리우스에 따르면, 삶의 목표는 최초의 타락 때 잃어버린 하

---

12) Gregory of Nyssa, "Life of St. Macrina," in *Ascetical Works, Fathers of the Chruch*, vol. 58(Washington, D.C.: Catholic University of America Press, 1966), 163-91.

나님에 대한 지식과 이성적 영들의 통일을 회복하는 것이다. 기독교적 삶에는 실질적 단계, 본성적 단계, 그리고 신학적 단계가 있다. 에바그리우스는 기독교적 삶에 위험한 것이 여덟 가지라고 분석했다. 후일 요한 카시아누스가 이것을 일곱 가지로 정리했는데, 그것이 "일곱 가지 대죄"가 되었다. 에바그리우스의 목록에는 탐식, 정욕, 탐욕, 낙담, 분노, 권태(akedia), 허영, 교만 등이 포함된다.[13]

에바그리우스가 볼 때 무정념(apatheia; 정념이 없는 상태, 혹은 정념에서의 자유)은 영혼의 능력을 건전하게 발휘하는 것을 의미했다. 그것은 기독교인에게 바람직한 상태이지만, 기독교적 삶의 목표는 아니었다. 그는 기도의 목표는 마음 벗김, 즉 심상이나 생각이 없이 깨끗한 하나님 의식이라고 생각했다. 이것이 잃어버린 하나님에 대한 지식을 회복시켜줄 것이다.

요한 카시아누스(John Cassian, 360-432년경)는 에바그리우스의 가르침을 서방에 가져갔다. 그는 이집트에서 에바그리우스와 알고 지냈으며, 마르세유에 가서 수도원을 세웠다. 그는 많은 책을 저술했다. 그중에 『담화집』(Conferences)이 포함되어 있는데, 거기에는 그가 이집트의 수도사들, 특히 에바그리우스에게서 배운 것들이 반영되어 있다. 베네딕트가 이 자료들을 수도사들이 읽어야 할 주요 문헌으로

---

13) Kallistos Ware, "Ways of Prayer and Contemplation: I. Eastern" in McGinn and Meyendorff, edsl. *Christian Spirituality: Origins to the Twelfth Century* (New Yrok: Crossroad, 1987), 398.

삼았고, 그리하여 이것이 서방에서 일반적으로 받아들여졌다. 이 문헌의 사상은 근본적으로 에바그리우스의 사상이지만, 갈리아를 배경으로 라틴어로 기록되었다. 요한 카시아누스는 이집트 수도원 운동의 오리겐파의 이상을 다른 문화권에 전해 준 인물이다.

서방에서는 이탈리아에서 베네딕트(Benedict, 480-547년경)가 베네딕트 수도회를 세웠는데, 이것은 지금도 가장 큰 가톨릭 종교 공동체 중 하나이다. 베네딕트는 독거 생활을 한 후에 공동 수도원 운동을 옹호하게 되었다. 그의 『규칙』(Rule)은 비교적 간단하면서도 비율법주의적이다. 그는 모든 상황을 미리 해결하려고 노력함이 없이 기본 원리들을 정했다. 그는 수도원장에게 많은 권위를 부여하면서도 상호 토론과 충고를 강조하는 수도원 운영 체계를 제시했다.

『규칙』의 근본적인 영적 원리 중 하나는 기도와 육체노동의 결합이다. 그들의 표어는 "일하며 기도하라"(Ora et Labora)이다. 육체노동과 식사와 수면이 저절히 배치된 상태에서 하루에 일곱 차례 행하는 기도의 리듬은 오늘날까지 서방 수도사들의 규범이 되고 있다.

베네딕트 매일 4시간의 렉시오 디비나(lectio divina), 즉 성독을 규정했다. 수도사들은 성경과 초대 기독교 저술가들의 글을 읽고, 침묵하거나 일하면서 읽고 묵상한다(하루에 6시간 노동한다). 베네딕트는 침묵을 덕이라고 칭송했다. 오늘날 항상 소음에 에워싸여 지내며 교회에서조차 집중하거나 생각하거나 묵상할 수 없는 우리는 그의 이상과 거리가 멀어져 있다.

베네딕트 이후 수 세기 동안 수도사들과 수녀들이 행하는 수도 서원은 베네딕트의 『규칙』에 정의되어 있지 않지만, 그의 영향이 반영되어 있다. 청빈, 순결, 순명에 정주를 서원하는 것은 공동체 생활을 가능하게 하는 영성 훈련의 형태로 의도된 것이다. 자진해서 가난을 선택하는 것은 예수께서 경고하신 소유의 속박을 푸는 방법이다. 순결, 즉 성관계를 맺지 않고 독신생활을 하는 것은 공동체에 봉사하기 위해 성적인 속박에서 해방하려는 의도이다. 순명은 이 세 가지 중에서 가장 어려운 훈련일 것이며, 베네딕트는 이것을 가장 강조했다. 왜냐하면 그것은 다른 사람, 즉 수도원장에게 자신의 뜻을 꺾는 것을 의미하기 때문이다. 이처럼 겸손하게 자기의 뜻을 버리는 것은 하나님께 대한 기독교인의 복종을 나타내기 위한 것이었다. 베네딕트의 계획에서 수도원장이 중책을 맡았음이 분명하다. 정주(定住)는 가장 선한 사람을 찾아 돌아다니는 것과 반대되는 것으로서 평생 한 수도원에 머무는 것을 말한다.

초기 기독교 영성 중에서 오늘날 가장 관심을 끄는 것은 켈트 전통인데, 이것은 대체로 수도적 전통이다. 켈트족은 중부 유럽에서 아일랜드, 스코틀랜드, 웨일즈, 프랑스 서부로 이동하여 정착한 민족으로서, 고대 그리스인들에게는 켈토이(Keltoi)라고 알려져 있었다, 그들은 로마제국 북부에 거주한 야만족이라고 간주된 사람들이다. 로마의 점령에 저항한 갈리아인들은 켈트족의 일부였다. 후일 로마인들에게 정복된 브리턴족(Britons)도 켈트족이었다. 대영제국에서 발견된 가장 초기의 기독교인들이 이들이었다. 아리마대 요셉(Joseph of Aramathea)이 브리튼에 도착한 것에 관한 그래스톤베리의 전설 외에도, 대영박물관에는 기원후 처음 수 세기 동안 잉글랜드에 기독교인들이 있었다는 고고학적 증거가 있다. 400년대 초에 로마인들이 떠나간 후 앵글족과 색슨족이 켈트족을 서쪽으로 콘월, 웨일즈, 아일랜드로 몰아냈다.

600년경에 켄터베리의 어거스틴이 도착하기 오래 전, 심지어 아일랜드의 국가적 성인인 성 패트릭(St. Patrick, 389?-461?)이 도착하기 전에 브리튼에 기독교인들이 있었다고 한다. 웨일즈의 기독교 가정에서 태어난 패트릭은 아일랜드에 노예로 붙잡혀가서 가축을 돌보는 일을 했다. 이 시기에 그는 하나님을 경험했는데, 일설에 의하면 하루에 일백 번 기도했다고 한다. 그는 그곳에서 도망쳤으며, 하나님의 부르심을 받아 선교사가 되어 아일랜드로 돌아와서, 켈트 사회의 유력한 사람들에게 삼위일체의 능력을 전했다. 패트릭에 대한 정확한 정보는 거의 없지만, 많은 전설이 남아있다. 다음은 갑옷 흉배에 새겨진 글로서 그의 것으로 추정된다.

오늘 나를 인도해 주시는 하나님의 능력으로 말미암아
나는 일어선다.
멀리서나 가까이에서
홀로 있을 때나 무리 속에 있을 때
하나님의 힘이 나를 지탱해 주시며
하나님의 지혜가 나를 인도해 주시며
하나님이 나를 바라보시며
하나님이 내 말을 들으시며
하나님의 말씀이 나를 위해 말씀하시며
하나님의 손이 나를 지켜주시며
하나님의 길이 내 앞에 놓여 있으며

하나님의 방패가 나를 보호해 주시며
하나님의 군대가 나를 안전하게 지켜주신다.
마귀의 올무와
악덕의 유혹과
연약한 본성과
내가 병들기를 원하는 모든 사람들로부터.[14]

일부 저술가들은 패트릭의 영성과 윌리엄 윌리엄즈 펜티켈린(William Williams Pantycelim, 1717-1791)의 찬송에 표현된 웨일즈의 영성이 연관이 있다고 보았다. 웨일즈인들은 신앙을 찬송으로 나타내는 전통으로 알려져 있다. 이것이 1800년대에 웨일즈의 복음적 부흥운동의 주요 표현이 되었다.

새 신앙을 받아들인 켈트족 신자들은 처음부터 수도원 운동을 중요하게 여겼다. 그들은 이집트(콥트) 수도사들의 직접적인 영향을 받았으며, 『성 안토니의 생애』라는 책도 잘 알았다. 감독보다는 수도원 원장이 교회를 이끌었다. "남녀 병립" 수도원이 흔했고, 때로는 여성이 이끌기도 했다. 아일랜드에서 가장 유명한 성녀 브리짓(Brigid)이 그러한 수녀원장이었다. 전설에 의하면, 그녀는 무척 관대했는데, 허락을 받지 않고 아버지의 칼을 내주었다고 한다. 그녀는 성령의 인도하심으로 말미암아 감독으로 서임되었다. 성 브리짓 수도회는 오늘

---

14) Ludwig Bieler, trans., *The Works of St. Patrik* (Ancient Christian Writers Series, Westminster, Md.: Newman Press, 17. 1953), 70-71.

날도 아일랜드의 킬데어에서 그녀를 공경한다.

아일랜드 기독교인들의 영성에서 *anamchara* 또는 "영적 친구"(soul friend)라는 개념이 중시된다.[15] 기독교인은 홀로 기독교적 삶을 살아가는 것이 아니라, 친한 동료인 아남카라가 동행하면서 격려해 주고 잘못된 것을 바로잡아 줄 수 있다. 이것은 권고와 고백과 지원을 위한 관계로서 신약성경의 야고보서에서 성경적인 선례를 발견할 수 있다: "그러므로 너희 죄를 서로 고백하며 병이 낫기를 위하여 서로 기도하라"(약 5:16).

아일랜드의 종교인들도 고대 시리아의 수도원 운동처럼 엄격한 금욕주의를 실시했다. 날마다 150편의 시편을 낭송하는 관습이 보편적이었고, 어떤 사람은 차가운 물 속에 서서 기도했다. 그들은 날마다 금욕을 실천하는 것을 의미하는 흰 순교, 피 흘려 죽는 붉은 순교, 그리고 죄를 보속하는 행위인 푸른 순교 등에 대해 말했다. 아일랜드에서는 이교 신앙에서 기독교 신앙으로 옮겨갈 때 붉은 순교가 없있지만, 영국과 웨일즈에는 켈트족 순교자들이 있었다. 그 첫째 인물이 브리튼족인 성 알반(St. Alban, 305년, 또는 209년에 사망)이다. 그는 기독교가 로마 황제의 박해를 받을 때 기독교 사제에게 피난처를 제공했다(학자들은 이 황제가 디오클레티아누스, 또는 셉티무스 세베루스라고 주장한다). 알반은 그 사제에게 세례를 받았는데, 경찰이 집 수

---

15) Edward C. Sellner, *Mentoring: The Ministry of Spiritual Kinship* (Notre Dame, Ind.: Ave Maria, 1990), 61-75.

색할 때 신부 옷을 입고 대신 잡혀가서 순교했다. 그 신부도 며칠 후에 돌에 맞아 순교했다.

650년 경에 사망한 성녀 위니프레드(St. Winifred)도 어떤 의미에서 순교자이다. 전설에 의하면, 그녀는 국왕의 청혼을 거부했고, 국왕은 그녀를 참수했다. 다행히 그녀의 삼촌 성 부에노(St. Bueno)가 그녀의 잘린 머리를 제자리에 놓음으로써 살아나서, 그곳에 수녀원을 세웠다. 홀리웰(Holywell)이라 불리는 이 장소에는 수 세기 동안 많은 순례자들이 몰려왔다. 켈트 종교와 기독교 사이의 연속성 중 하나는 기독교 성인들과 관련된 많은 우물인데, 영성에서 여성적인 것의 상징이며, 병자와 상처 입은 사람들에게 실질적인 도움이 되고 있다.

후일 가톨릭교회 전체로 퍼진 켈트족 영성의 특성은 개인적인 죄 고백과 특정 죄에 대한 보속 행위의 실천이었다. 『고해 성사 지도서』(Penitentials)에는 특정의 죄에 대한 보속 행위가 규정되어 있다. 후일 아일랜드 수도사들이 대륙의 많은 민족을 개종시킬 때 이 관습이 그들에게 전해졌다. 1215년의 라테란 공의회 이후 사제에게 죄를 고백하는 것이 가톨릭교회의 관습이 되었다. 1500년대 중엽 트리엔트 공의회에서 고해성사가 7성사 중 하나로 규정되었다. 20세기에 제2차 바티칸 공의회 이후 수정되어 이제까지의 특성이었던 양적인 접근이 제거되고 더 자유로이 실천할 수 있게 되었다. 오늘날 화해의 성례(Sacrament of Reconciliation)라고 불리는 관습은 트리엔트 공의회 이후 제2차 바티칸 공의회에 이르는 기간 동안 이 관습의 특성이었던 바 죄를 고백할 때 죄를 열거하는 관습보다는 원래의 켈트족 관습에 가까울 것이다. 이 성사는 오늘날 가톨릭 교인들의 영성에서 매우 중요하다.

　금욕주의의 또 다른 특징적 형태는 자의로 자기 집이나 수도원을 떠나 유랑하는 것이었다. 아브라함이 고향에서 멀리 떨어진 곳으로 가서 살라는 부르심을 받았던 것처럼, 아일랜드 수도사들이 고향을 떠나는 일이 흔했다. 이러한 여행은 간접적으로 북유럽에 기독교를 전파하는 결과를 낳았다.

　이러한 유랑자 중 하나인 성 콜룸바(St. Columba)는 632년에 스코틀랜드의 이오나 섬에 상륙했다. 그는 전쟁에서 5천 명을 죽였는데, 그에 대한 보속으로 같은 수의 이교도 스코틀랜드인을 구원하려 했다고 한다. 이오나는 선교 기지가 되었는데, 이곳이 『켈즈의 책』(Book of Kells)이 작성된 곳인 듯하다. 삽화가 들어 있는 이 성경적인 대작은 바이킹의 공격을 피해 아일랜드로 옮겨졌다. 그것은 수도사들의 예술적 기교의 상징일 뿐만 아니라, 학문 생활에 대한 그들의 헌신의 상징이기도 하다. 유럽 대륙에서 많은 학생이 아일랜드의 학자-성인들과 함께 공부하기 위해 아일랜드로 왔다. 오늘날 이오나는 1930년대에 설립된바 기도와 묵상과 사회봉사를 포함하는 소명의 삶을 강조하는 초교파적 기독교 공동체의 본거지이다. 이오나 공동체는 대부분 이오나 섬에 거주하지 않고, 전 세계, 특히 스코틀랜드에 분산되어 있다.

　켈트족 십자가는 십자의 교차 부위 주위에 원이 둘러진 상징물이다. 십자가 줄기가 나머지 세 가지보다 길다. 정교한 십자가는 예수에 초점을 둔 성경 이야기 전체가 돌에 새겨져 있다. 아일랜드 동부 모나스터보이스(Monasterboice)에 있는 것처럼, 일부 십자가에는 이집트의 안토니의 모습이 포함되어 있다. 지금도 아일랜드, 스코틀랜드, 웨일즈 등에 있는 많은 십자가는 성경 사본들과 함께 켈트 영성의 예술적 유산이다.

아일랜드 리머릭 주 어데어의 화이트 수도원에 있는 켈트 십자가

켈트 영성에 관한 우리의 지식의 근원은 1800년대 말에 알렉산더 카마이클(Alexander Carmichael)이 수집한 것으로 『카르미나 가엘리카』(Carmina Gaeilica)라고 불리는 기도문집이다. 그것은 영국 스코틀랜드 북서 해상에 있는 아우터헤브리디스 제도(Outer Hebrides)에 보존된 구전 전승을 표현한다. 이 기도문과 찬송 모음집은 사본과 돌

십자가들의 배후에 있는 켈트 영성의 일상적 관습을 들여다볼 수 있는 독특한 창을 제공한다. 그것들은 일상생활 안에서의 하나님의 직접적 임재 의식을 표현한다. 하나님은 위대한 왕으로 공경되지만, 또한 친밀한 동료이시다. 다음은 삼위일체를 강조하며 독특한 반복 형식을 지닌 기도 시의 예이다.

오늘 하나님과 동행하며
오늘 그리스도와 동행하며
오늘 성령과 동행하게 해주십시오.
지극히 자비하신 세 분
지극히 자비하신 세 분과 동행하게 해주십시오.

오늘 나를 질병에서 지켜주시고
이 밤에 해를 입지 않도록 지켜주십시오.
내 영혼과 몸을 지켜 주십시오.
아버지와 아들과 성령이시여,
아버지와 아들과 성령이시여
아버지여, 나를 지켜주시고
아들이여, 나를 지켜주시며,
성령이여, 나를 지켜주십시오.
삼위일체시여, 삼위일체시여.[16]

---

16) Esther, De Waal, ed. *The Celtic Vision: Prayers and Blessings From the Outer Hebrides* (London: Darton, Longman, & Todd, 1988), 145.

오늘날 켈트 기독교 영성의 매력은 최소한 세 가지 요인 및 다소 의심스러운 두 가지 요인에 기인한다. 첫째는 통합하는 특성인데, 이것은 중동과 직접 연결되는 영성 스타일로서, 교회를 위협해온 종파 분열 이전의 현상이다. 그것은 관료주의의 방해를 받지 않는 신선한 상태에서 가톨릭교회와 개신교회에 대한 일종의 대안을 공급해준다.

둘째. 그것은 자연 세계를 즐기는 영성이다. 켈트 영성에서 신조의 제1 조항은 바람, 바위, 바다 등의 아름다움 안에서 활기를 띨 뿐만 아니라 날마다 가축, 불, 침대 등에 대한 하나님의 축복을 의존하는 데서도 활기를 띤다.

마지막으로 켈트 영성은 여성을 인정하는 영성이다. 켈트 사회에는 그룹의 결정에 여성이 영향력을 미칠 수 있도록 보장하는 관습이 있다. 성녀 브리지드는 아일랜드 영성에서 세 명의 위대한 성인 중 하나이다(나머지 둘은 패트릭과 콜룸바이다).

오늘날 사람들은 켈트 영성에서 낙관론, 금욕주의가 없는 찬양, 십자가 없는 창조를 보고서 켈트 영성에 매료된다. 그러한 견해를 지속하려면 신중해야 한다. 켈트 영성은 어둠, 고통, 호된 금욕 훈련을 포함한다. 켈트 영성은 악한 세력에 대한 하나님의 승리를 이해하는 핵심 열쇠가 그리스도의 십자가라고 여긴다.

어떤 사람들은 켈트 기독교가 대륙의 가톨릭교회와 완전히 분리된 것으로 본다. 웨일즈 켈트인들은 갈리아인들이나 로마인들과 많이 접촉했고, 라틴어를 사용했다. 켈트족의 방식은 대륙인들의 방식과 달랐지만, 부활절 날짜 같은 문제에서 옛 로마의 전통을 따랐다. 켈트족 기독교인들은 로마에 대한 충성을 부인하지 않았고, 전통에서만 달랐다.

요컨대 오늘날 켈트인이 아니면서도 켈트 전통을 존중하고 거기서 무엇인가 배우려 하는 데는 충분한 이유가 있다. 켈트 영성은 자연 세계 안에서 하나님의 영광을 확인하며, 여성을 존중하고, 날마다 신과 접촉하며 산다. 오늘날 켈트 전통을 사랑하는 사람들은 그것을 따르되 낭만적으로 묘사하지 않아야 한다는 도전에 직면한다.

기독교 수도원 운동의 중요성을 보여 주는 또 다른 예가 에티오피아에서 발달했다. 4세기에 기독교가 악숨(Axum) 왕국의 종교로 공표되었다. 이 일은 티레(Tyre, 두로)를 떠나 인도로 여행한 두 명의 학생이 악숨 근처 홍해 연안에서 파선을 당하면서 발생했다. 왕은 그들에게 자녀 교육을 맡겼고, 330년경에 국왕 에자나(Ezana)는 기독교인이 되었다. 여행하던 두 학생 중 프루멘티우스(Frumentius)는 에티오피아의 초대 감독으로 임명되었다. 그는 알렉산드리아에서 아타나시우스에게 성직 수임을 받았다. 그때부터 1951년까지 알렉산드리아의 콥트족 감독이 아부나(Abuna=Our Father) 또는 수장(首長) 주교를 임명했다. 오늘날은 에티오피아인들이 선출한다.

그러나 에티오피아 민족의 복음화는 국왕에 의해 이루어진 것이 아니다. 그 일은 480년에 그곳에 도착하여 수도 공동체를 통해서 신앙을 전파한 각기 다른 국적의 아홉 성인에 의해 성취되었다. 그들은 성경을 게에즈어(고대 에티오피아어)로 번역했고, 『성 안토니의 생애』와 파코미우스의 『규율집』도 번역했다. 이 성인들은 에티오피아에 오기 전에 파코미우스의 수도원에서 살았다.

에티오피아 교회는 비잔틴 교회들과 접촉하면서 성장하고 발달했다. 그러나 7세기에 아랍에 정복되면서 홍해 교역이 차단되고 고립되었으며, 오늘날의 에티오피아 내에서 내륙으로 이동했다.

오늘날 에티오피아 정교회의 교인들은 매년 300일 이상 부분 금식하고, 하루에 일곱 차례 기도한다. 일반적으로 서서 기도하는데, 처음과 마지막에는 완전히 엎드린다. 축제 때 성가대원들이 긴 막대기를 들고 엄숙하게 춤추고 노래한다. 이러한 관습 중 일부는 에티오피아 기독교를 세운 고대 수도사들에게서 시작된 것이다.

8. 신비주의

신비주의라는 용어는 흔히 사용되지만 잘못 사용되는 용어이다. 저자의 의도를 이해하려면, 그 용어가 어떤 의미로 사용되는지 파악해야 한다. 이 단어는 고대 그리스 종교에서 유래된 것으로서 근본 의미는 "비밀"이다. 그리스의 만신전에서 거행되는 의식에 참여하는 사람들은 의식의 절차를 외부인에게 알리지 말아야 했다. 결국 모든 신비한 것이 "신비주의"와 연결되었다.

신비주의는 하나님 또는 궁극적인 존재와의 일치를 목표로 하는 영성의 형태로 간주되어왔다. 그것은 모든 종교에서 발견되는 관점이지만, 특히 힌두교, 불교, 그리고 기독교에서 발견된다. 일반적으로 "신비가"란 말로 설명할 수 없는 관상의 차원에 도달한 사람이다. 그들은 자기가 경험한 엑스터시를 경험하지 못한 사람들에게 전달하기 위해서 다채로운 표현과 시를 사용한다. 신비가들은 온 세상에 신적 영광이 충전되어 있다고 보며, 때로 정의와 사랑이라는 이상으로 세상을 변화시킨다.

기독교 전통에서 신비주의의 근본 의미는 우리가 교제하거나 연합할 수 있는 대상이신 하나님에 대한 경험이라고 묘사된다. 여기에서 교제와 연합이라는 단어가 중요하다. 하나님과의 연합이란 완전한 통합, 궁극적으로 하나님 안에서 자신의 정체성을 상실하는 것을 의미할 수 있다. 이러한 견해가 기독교의 정통적 가르침에 어긋난다고 주장할 수도 있다. 궁극적으로 하나님과 연합하면 자아가 존재하지 않게 되므로 대속이나 도덕적인 책임이 무효가 된다고 주장한다. 유대교와 기독교와 이슬람교는 사람이 실재하며, 죽은 후에도 자아 정체성을 지니고 존속할 것이라고 가정한다.

한편 교제(communion)란 목적과 감정과 지식 등에서는 일치하지만 나름의 개성을 가진 두 사람의 사랑의 관계를 암시한다. 기독교 신비가들은 자신의 하나님 경험을 표현하는 데 어려움을 느꼈고, 대부분 하나님과의 연합에 대해 말해왔다. 그 용어를 위에서처럼 절대적인 의미로 이해할 것인지, 수정된 의미로 이해할 것인지는 경우에 따라 결정해야 한다. 가끔 "연합"(union)이 애매하게 교제의 의미로 사용되기도 한다.

최근 버나드 맥긴(Bernard McGinn)은 신비주의 전통을 검토하고서 신비주의에 대한 이러한 묘사에 대해 의문을 제기했다.[17] 그는 신비

---

17) Bernard McGinn, *The Foundation of Mysticism: Origins to the*

가들 모두가 연합이라는 용어를 사용하지는 않았으며, 신비주의에 대한 더 훌륭한 묘사는 거룩한 것들의 임재에 대한 생생한 의식임을 증명했다. 따라서 사람들이 신비가들에 대해 고려하는 범위가 더 넓어지며, 개신교인들도 포함된다.

초대 시대에 영향력 있는 두 명의 저술가가 신비적 맥락에서 저술했다. 그들은 제국 내에서 서로 멀리 떨어진 지방 출신이었고, 가르침의 유형이 매우 달랐다. 그들은 북아프리카의 힙포에서 활동한 어거스틴과 시리아 출신이었을 아레오파고 사람 디오니시우스이다.

『고백록』(Confessions)의 저자인 어거스틴(Augustine, 354-430)은 기독교적 성장에 관해 서술적 기사를 저술했는데, 이는 전에 없었던 일이다. 그것은 완전히 새로운 개념이었다: 하나님과 함께 하는 자신의 내면생활을 이야기하는 책. 어거스틴은 그 책에서 하나님께 자기의 죄와 믿음을 고백한다. 어거스틴은 자신의 이야기를 매 순간 자신을 향한 하나님의 사랑을 깨닫게 하는 하나님과의 대화로 전개한다.

어거스틴은 자기의 과거를 재구성하면서 하나님께서 자기를 찾고 계셨던 방법을 찾았고, 과거에 발생한 일이 자기의 능력으로 된 것이 아님을 발견했다. 자기가 훨씬 위대한 힘의 수중에 있다는 의식이 매우 강했다. 그 이해의 서술적 특성은 이집트 수도사들의 일부 원리와 금언을 일깨워준다. 이집트의 안토니의 이야기는 어거스틴으로 하여

Fifth Century (The Presence of God: A History of Western Christian Mysticism, Vol. 1 (New York: Crossroad, 1992).

금 옛 생활을 완전히 버리고 새 생활을 하게 했다.

『고백록』은 하나님을 향한 개인적인 갈망이 충족되었음을 증언한다. 어거스틴은 경건한 신자로서 자기의 삶에 가장 큰 영향을 준 어머니 모니카와 신자가 아니었던 아버지 파트리키우스에 대해 이야기한다. 그는 불행했던 학교생활, 세상의 물질이 선하고 신령한 하나님을 대적하는 악이라고 가르치는 마니교에 빠졌던 일, 그리고 마니교와의 결별 등을 회상한다. 수사학 교사가 된 어거스틴은 로마와 밀라노에서 출세의 길을 찾았다. 그는 플라톤 철학의 후기 형태에서 자기의 사상을 담을 틀을 발견했고, 성경을 믿기 위해서 지적인 자살을 할 필요가 없다는 암브로스 감독의 설교를 듣고 확신을 갖게 되었다.

마침내 그는 어느 동산에서 하나님께 굴복했다. 그는 근처에서 어린아이들이 "들고 읽어라"라고 노래하는 소리를 듣고서 로마서 13장 13-14절을 읽었다: "낮에와 같이 단정히 행하고 방탕하거나 술 취하지 말며 음란하거나 호색하지 말며 다투거나 시기하지 말고 오직 주 예수 그리스도로 옷 입고 정욕을 위하여 육신의 일을 도모하지 말라."

어거스틴은 첩과 함께 살고 있었는데, 이 구절이 그를 가리키는 말인 듯했다. 그녀와의 성생활이 그가 기독교인이 되는 것을 방해한 첫째 요소였다. 그는 회심하면서 그 생활을 청산했다. 어거스틴이 떠나보낸 여인이 어떻게 되었는지 알 수 없다. 그러나 그 후 어거스틴은 양심에 거리낌이 없는 성관계를 생각할 수 없었다. 회심한 이후 그의 여성관과 성에 대한 견해는 그리 긍정적인 것이 아니었다.

후일 어거스틴은 성욕을 최초에 아담과 이브가 불순종한 이후 유전되어온 "원죄"의 생물학적 유전자라고 확인했다. 모든 탄생을 불결하게 만드는 것은 부모의 욕정이다. 어거스틴에게서 기독교의 출발점은 인간의 타락한 본성, 그리고 성례를 통해 전달되는바 예수의 십자가 상에서의 죽음으로 그 타락을 회복하는 하나님의 은혜였다. 그의 견해는 후일 가톨릭 사상과 개신교 사상을 지배하게 되었는데, 이것이 신화(theosis)와 부활에 대한 동방교회의 관점과 대조를 이루게 된다.

어거스틴은 세례받은 후에 이탈리아를 떠나 고향인 북아프리카로 돌아가기로 했다. 귀국하는 도중 오스티아에서 어거스틴과 어머니 모니카는 하나님과의 합일을 경험했다. 그들은 대화하던 중 침묵 중에 신적 지혜에 접했다.

결국 어거스틴은 어머니가 사망한 후에 아프리카에 돌아갔다. 그는 지적 탁월함 때문에 강제로 사제에 임명되었고, 나중에는 감독에 임명되었다. 그는 힙포에서 대성당 주위에 수도 공동체를 세웠고, 오랫동안 저술을 하고, 교회 행정에 관여했다.

어거스틴은 펠라기우스(Pelagius, 360-418)와의 싸움에서 인간의 노력이 아닌 하나님의 은혜가 구원의 방편이라고 주장했다. 어거스틴과 같은 시대 사람인 펠라기우스는 고국인 영국의 나약한 기독교인들, "나는 그 일을 할 수 없다. 만일 하나님께서 내가 그렇게 하기를 원하신다면, 나에게 힘을 주실 것이다"라며 기독교적 삶에서의 도덕적 싸움을 포기하는 사람들의 나약함을 보았다. 펠라기우스는 은혜만 의지하고 인간의 노력을 의지하지 않는 것을 책임 회피라고 여겼다.

이것은 기독교 영성에서 근본적인 문제이며, 후일 가톨릭과 개신교가 분열한 주요 원인이었다. 기독교인의 삶에서 구주이신 하나님의 역할과 행위자로서의 인간의 역할을 어떻게 이해해야 하는가? 어거스틴은 자기의 삶에서 선한 것은 자신이 성취한 것이 아니라 하나님의 선물이라고 확신했다. 그는 자기의 노력이 아닌 하나님의 사랑에 의해서 옛 생활에서 구조되었다. 만일 그가 자신을 구원할 수 있었다면, 예수님의 죽음과 부활 안에 아무 목적이 없었을 것이다.

결국, 가톨릭교회는 종교회의와 공의회의 결정으로 어거스틴의 편을 들었지만, 교구에서는 구원을 이루는 데서의 인간의 의지의 역할이 종종 현저하게 드러났다. 후일 개신교인들은 "은혜로만"이라는 자기들의 가르침을 뒷받침하기 위해서 펠라기우스에 반대한 어거스틴의 저술에 호소했다.

어거스틴은 베르베르족 신자들 사이에서 발생한 정화 운동을 신봉하는 도나투스파를 반박하는 논문을 저술했다. 그들은 페르페투아를 포함한 순교자들과 터툴리안의 엄격한 태도를 존중하는 전통을 물려받았다. 도나투스주의자들은 박해 때에 군인들에게 굴복한 성직자들을 비난하고 반역자로 보았으며, 그들이 베푸는 성례전을 거부했다. 반면에 어거스틴은 자격 없는 사제가 베푼 세례도 유효하다고 선언했다. 어거스틴은 언쟁뿐만 아니라 힘으로 하는 싸움에도 연루되었으며, 도나투스파를 공격하는 데 군인을 개입시키는 것을 지지했다. 북아프리카 교회의 분열은 7세기 아랍 정복 이후 교회가 사라진 원인 중의 일부이다.

결론적으로 어거스틴은 라틴어권 교회에 혼합된 유산을 남겨 주었다. 그는 플라톤주의 철학 전통과 성경적 신앙을 결합하였고, 시편과 바울을 강조한 지성인이었다. 그는 1세기부터 4세기까지 활동한 그리스와 라틴 저술가들의 기본 통찰을 진리에 대한 정통적 이상과 결합하고 종합했다. 그는 개인적으로 육욕을 버리고, 합일의 대상이신 사랑의 하나님에게 가는 것을 새롭게 표현한 체류자였다. 그는 악한 양심, 건전하지 못한 성욕, 원죄 강조 등으로 말미암아 서방 영성의 많은 부분에 어둠과 여성 혐오라는 태도를 남겨준 교사였다. 그러나 어거스틴의 모든 허물에도 불구하고, 그의 최후의 말은 하나님의 은혜에 대한 찬양이었다.

후기 기독교 신비주의의 근원에 있는 둘째 인물은 아레오파고 사람 디오니시우스(Dionysius the Areopagite)라고 알려진 익명의 작가이다. 500년경 어느 시리아의 수도사가 사도 시대에 근원을 둔 권위를 주장하기 위해서 사도행전 17장 34절에 언급된 디오니시우스라는 이름으로 글을 쓴 듯하다. 이는 디오니시우스라는 원래의 인물에 대해서는 알려진 것이 없기 때문이다. 따라서 이 저술가는 위-디오니시우스(Pseudo-Dionysius)라고 알려져 있다.

이 저자의 이름으로 다음과 같은 네 권의 책이 전해져 내려온다: 『천상의 위계』(*The Celestial Hierarchy*), 『교회의 위계』(*The Ecceliasstical Hierarchy*), 『신의 이름에 관하여』(*On the Divine Names*), 『신비신학』(*The Mystical Theology*).

그의 주요 공적은 후일 서방 신비주의의 표준이 된 세 단계—정화의 단계, 조명의 단계, 합일의 단계—를 공식화한 것이다. 그전에도 세 단계를 구분했었지만, 위-디오니시우스는 그것들을 이런 식으로 이름 붙인 최초의 인물이었다. 정화의 단계(Purgative)는 죄를 씻는 시기를 언급하며, 조명의 단계(Illuminative)는 하나님의 빛이 영혼을 비추어 주는 것을 언급하며, 합일의 단계(Unitive)는 하나님과 하나가 되는 경험을 언급한다.

플라톤 철학의 후기 형태인 신플라톤주의의 영향이 위-디오니시우스의 영성 생활이라는 개념에 강력하게 작용하고 있다. 그의 사상은 대체로 당대의 비기독교 철학자였던 프로클루스(Proclus)의 사상과 유사하다. 그러나 그는 하나님에 대한 기독교적 이해를 철학적 틀과 결합했다.

그는 삼중적이고 계층적인 세계관을 가지고 활동했다. 그는 그리스어로 "위계"(hierarchy)라는 단어를 창안했다. 우주에 있는 모든 것은 꼭대기에서 바닥에 이르기까지 세심하게 세 차원으로 묘사된 세 짝으로 이루어져 있다고 본다. 그는 성부와 성자와 성령의 관계와 관련해서는 모든 차원의 성지 위계에서 보는 삼중성의 개념에 대해서 만큼의 관심을 나타내지 않는 듯하다.

위-디오니시우스의 강력하고 특징적인 가르침 중 하나는 말과 이미지를 초월하는 신학, 영적/철학적 신학이다. 그는 『신의 이름들』(The Divine Names)에서 하나님의 불가해한 본성에 관한 로마서 11장의 말을 반영하면서 논의를 시작한다:

> "실제로 불가해한 분은 이성적인 과정의 범위 밖에 있다. 또 형언할 수 없는 선, 일자, 모든 통합의 근원, 초-실존적 존재는 어떤 단어로도 설명할 수 없다. 지성을 초월하는 지성이요, 말을 초월하는

말인 이것은 직관이나 어떤 명사나 담화로 주워 모을 수 없다."[18]

위-디오니시우스는 『신비신학』(The Mystical Theology)에서 신적 어둠, 하나님의 지식에서 지성을 제거해야 할 필요성이라는 주제를 소개한다. 그는 이 책 제5장에서 다룰 십자가의 요한의 선구자로서 저술하면서 시를 소개한다.

> 삼위일체! 어떤 존재, 어떤 신, 어떤 선보다 높으신 분!
>   기독교인들을 천국의 지혜 안에서 인도하시는 분이시여!
>   우리를 무지와 빛 너머로, 신비한 성경의 가장 멀고 높은 봉우리로 끌어올려 주십시오.
>   그곳에는 하나님 말씀의 비밀이 은밀한 침묵의 찬란한 어둠 속에 단순하고 절대적이고 변함이 없이 놓여 있습니다.
>   그것들은 가장 깊은 어둠 속에서
>   아주 분명한 것에게 압도적인 빛을 부어줍니다.
>   그것들은 완전히 인식할 수 없고 볼 수 없는 것들 속에서
>   우리의 보지 못하는 정신에
>   모든 아름다움을 초월하는 보물을 채워줍니다.
>
>   [독자에게]…감각되고 이해되는 모든 것, 인식할 수 있고 이해할 수 있는 모든 것, 존재하지 않는 모든 것과 존재하는 모든 것을 잊

---

[18] Pseudo-Dionysius, "The Divine Names," chap. 1, i, in *Pseudo-Dionysius: The Complete Works* (New York: Paulist, 1987), 49-50. 번역서로 『위-디오니시우스 전집』(은성출판사)을 참조하라.

으십시오. 그리고 모든 존재와 지식을 초월하시는 분과의 연합을 위해 힘껏 노력하십시오. 모든 것을 버리고 모든 것에서 해방되어 당신 자신과 모든 것을 절대적으로 완전히 포기함으로써, 당신은 존재하는 모든 것을 초월하는 신적 어둠의 광선에게로 들려 올라갈 것입니다.[19]

위-디오니시우스는 인간적인 개념이 하나님에게 적합하지 않으므로 하나님이 인간적인 범주들과 흡사하다는 것을 부인하는 것만이 적절하다고 주장했다. 예를 들면 "하나님은 의로우시다"라고 긍정적으로 말하는 것은 하나님을 제한하는 것이다. 그보다는 "하나님은 불의하지 않다"라고 부정으로 말하는 편이 낫다. 그는 이러한 부정문들을 열거한 후에 하나님은 부정조차도 초월하신다고 주장한다.

하나님에게 어울리지 않는 개념들을 제거하는 과정이 부정의 길(*via negativa*)이다. 그것이 부정의 신학(apophatic theology)의 지적인 면이다. 위-디오니시우스의 저술의 특징은 하나님에 대한 지적 논의와 하나님을 알기 위해 지적 능력을 철저히 부인하는 것을 결합한 것이다.

부정의 신학의 감정적인 면은 신비가의 철저한 피동성이다. 위-디오니시우스에 따르면, 이 피동성은 인간이 하나님과 융합하는 사랑의 엑스터시로 이어진다. 이 주제는 후대의 신비주의, 예를 들면 마

---

19) "The Mystical Theology," chap. 1, in *Pseudo-Dionysius: The Complete Works*, 135.

이스터 에크하르트에게서 발견된다.

부정(apophatic)의 반대는 긍정(kataphatic)으로서 자신의 개념, 상상력, 그리고 감정을 사용하여 하나님을 그려보려는 적극적인 시도를 의미한다. 예를 들면 성경의 이미지와 단어를 사용함으로써 묵상하는 관습은 긍정의 방법이다. 위-디오니시우스는 긍정의 방법이 나름대로 유용하다고, 특히 영성의 길을 시작한 사람에게 유익하다고 생각했다. 그러나 하나님과의 합일에 접근하고 있는 사람에게는 부정의 방법이 필요하다.

초대 시대에 기독교가 여러 문화권에서 발달했으며, 각 문화권에서 약간 달리 표현되었음에 주목하면서 결론을 내리려 한다. 근본적인 발달 현상은 그리스와 라틴 문화권에서만 발생한 것이 아니라 시리아를 비롯하여 그리 알려지지 않은 문화적 배경에서도 발생했다. 동일한 주제들—예배와 성례, 은사, 순교, 금욕, 수도원 운동, 그리고 신비주의—이 에티오피아와 영국, 인도와 시리아에 나타났다. 그러나 수적으로나 부유함에서는 그리스-로마의 종합이 지배적인 형태였다.

영성 훈련

1. 공중 예배는 잠재적으로 심오한 영성 훈련이지만, 독자적인 것이 아니다. "예배에 참석하는" 것은 어떻게 활용하느냐에 따라서 개

인 영성에 의미 있는 일일 수 있고, 상관없는 것일 수 있다. 신자의 행로는 이상적으로 사적인 것이 아니다. 그것은 역사적으로 모든 대륙에 확대되는 유기적인 그리스도의 몸인 한 백성의 일부임을 의미한다. 우리가 선택하는 지역의 신앙공동체는 그 몸의 표현이다. 그것은 우리가 알려지고 받아들여지고 사랑받고 도전받는 장소일 수 있다. 우리가 참여하는 예배 경험은 말씀과 성례에 초점을 둘 것이다. 선포되는 율법과 복음을 듣는 것은 성만찬을 받는 것만큼 영적 성장에 중요하다.

의도적으로 예배에 참여하라. 단순히 행동하는 데 그쳐서는 안 된다. 당신의 교회가 의미 있는 예배 경험을 제공하지 못한다면, 당신의 욕구를 더 잘 충족시켜줄 수 있는 교회나 교파를 찾으려고 노력하라. 편안히 앉아서 회중이 개인을 섬겨주기를 기대해서는 안 된다. 교회는 영적으로 즐거움을 누리는 곳이 아니라, 섬김을 제공하는 곳이다. 하나님을 예배하는 다양한 방식을 알기 위해서 여러 교회를 방문해보는 것은 지혜로운 일이다. 같은 교파 안에도 많은 차이점이 있다. 지성과 감성의 균형이 필요하다.

예배에 참석하기 전에 자신의 의도에 대해 잠시 묵상하라. 하나님의 임재와 사람들과의 진정한 만남을 구하라. 예배가 진행되는 동안 귀를 기울이고 기도하라. 찬송하면서 진심으로 하나님을 찬양하라. 어떤 경우에 예배의 다른 부분보다 찬송이 더 귀중할 것이다. 어느 날에는 성찬의 떡과 포도주가 의미 있고, 어떤 때는 설교자가 당신에게 필요한 말씀을 전할 수도 있다. 이 모든 일이 예배 안에서 동시에 발생하는 일은 흔하지 않다. 그러므로 예배 공동체 내에서 인내해야 한다. 마음이 냉랭한 날에는 설교가 지루하며 아무도 우리와 접촉하지 않는다. 그렇지 않은 날이면 음악과 성령이 마음에 침투에 들어오며, 우리는 기운을 얻어 교회를 떠나게 된다.

2. 가장 오래된 유형의 자기 부인은 금식이다. 건강한 사람은 금식하면서 가치를 발견할 수 있지만, 금식은 훌륭한 지도자와 함께 절제하며 시작해야 한다. 당뇨 환자, 임산부, 또는 젖을 먹이는 여인, 그밖에 건강의 문제가 있는 사람은 먼저 의사와 상의해야 한다.

되도록 물을 많이 섭취해야 한다. 금식이 즉각적으로 도움이 되지 않을 수 있음을 알아야 한다. 몇 차례 시도하면서 자기에게 알맞은 형태를 찾으라. 완전 금식보다 부분 금식이 더 좋을 수 있다. 금식은 체중 감량을 시도하기에 좋은 방법이 아니다. 제대로 금식하는 것은 삶에서 가치가 있는 것에 초점을 두게 하며, 사람들로부터의 독립과 하나님에 대한 의존성을 의식하게 해줄 수 있다. 음식 먹는 시간을 기도나 독서 같은 영성 훈련을 실천하는 데 보내는 것 또한 지혜로운 일이다. 금식은 자유와 힘에 대한 의식을 증대해줄 수 있다. 어떤 사람은 자기가 먹는 것이나 먹지 않는 것을 선택할 수 있음을 발견한다. 그러나 이것은 금식이 주는 최고의 선물은 아니다. 우리가 음식에 의존하는 경험을 통해서 하나님에 대한 의존성을 의식할 때, 성령께서 자발적인 마음을 형성해주실 수 있다.

음식 먹는 것 외에 일상생활의 다른 부분을 억제하는 것에 대해 생각해보라. 예를 들면, 잠시 텔레비전 시청을 포기하고, 그것이 당신의 삶에서 하는 역할을 재고해주는 것이 건전할 수 있다. 또는 당신이 좋아하는 뉴스나 토론 프로그램에 지나치게 집착하고 있는지 알아보거나, 인터넷에 많은 시간을 보내기 때문에 사람들과 제대로 관계를 갖지 못하는 것이 아닌지 알아보는 것도 좋다. 이러한 잠재적인 중독성 행동을 삼가야 할 가능성에 대해 생각해보라.

3. 피정하라. 피정이란 주말 워크숍이나 업무 회의를 의미하는 것이 아니다. 이것은 하나님과 함께 시간을 보내기 위해서 홀로, 또는

사람들과 함께 하는 것을 의미한다. 대부분의 수도원은 피정자를 환영한다. 수도원을 방문한 경험이 없으면, 거주하는 지역의 수도원을 찾아 연락해보라. 또는 수도원이 아닌 피정 센터를 찾아보라.

마크리나 비데커(Marcrina Wiederkehr)는 다음과 같이 기록한다: "우리는 한걸음 물러서서 삶의 신비를 새롭게 바라보라는 부르심을 받는다고 느낄 수 있다. 그것이 retreat라는 단어의 의미이다. 즉 돌아가라는 뜻이다…피정은 한걸음 물러서서 자신의 삶을 새롭게 바라보는 것이다. 그것은 새로운 것을 배우는 시간이 아니라, 잊고 있던 것들을 기억하고 다시 느끼는 시간이다. 그것은 사랑하는 마음으로 영혼의 욕구에 집중하는 시간이다."[20]

4. 묵상이란 영감을 받으려는 열린 태도로 생각에 초점을 두는 것이다. 묵상의 대상이 자연 현상일 수도 있다. 예를 들면, 호숫가, 해안, 초원, 또는 숲속에 앉아서 고요히 관찰하면서 깊이 생각할 수 있다. 또는 자기의 삶이나 성경에 등장하는 인물이나 성인에게 발생한 사건에 관해 묵상할 수 있다. 기독교인들은 예수님이나 그분의 삶에서 발생한 사건들에 관해 묵상하는 것이 중심이 된다.

5. 꿈을 일지로 기록하라. 잠에서 깨어나면서 기억이 사라지기 전에 기록할 수 있도록 일지를 침대 곁에 두라. 시간이 흐르는 동안 노련한 영적 지도자나 치료사의 도움을 받으면서 당신 자신을 더 잘 이해하고, 하나님이 말씀하시는 것을 이해할 수 있는지 살펴보라.

---

20) Marcirna Wiederkehr, O.S.B. *The Song of the Seed: A Monastic Way of Tending the Soul*(San Francisco: Parper, 1995), 97.

참고 서적

Beall, James Lee. *The Adventure of Fasting: A Practical Guide*. Old Tappan, N.J.: Revell, 1974.

Dawn, Marva J. A Royal " Waste" of Time: The Splendor of Worshiping God and Being Church for the World. Grand Rapids, MI: Eerdmans, 1999.

Foster, Richard J. "Fasting,Confession,Worship, Guidance, and Celebration" in *Celebration of Discipline: The Path to Spiritual Growth*. Rev. ed. San Francisco: Harper, 1988. pp. 47-61, 125-71.

Hanson, Bradldy. *The Call of Lilence: Discovering Christian Meditation*. Minneapolis: Augusburg, 1980.

Hume, William E. *Celebrating God's Presence: A Guide to Christian Meditation*. Minneapolis: Augusburg, 1988.

Kelsey, Morton. *Dreams: A Way to Listen to God*. New York: Paulist, 1978.

Kelsey, Morton. *The Other Side of Silence: Meditation for the Twenty-First Century*. Rev. ed. New York: Paulist, 1997.

Thompson, Marjorie J. " Gatjered in the Spirit: Our Common Worship" and " The Practice of Self-Emptying: Rediscovering the Fast." In *Soul Reast*, 53-68, 69-82. Louisville: Westminster John Knox, 1995.

권장 도서

Athanasius of Alexandria. *The Life of Antony: The Coptic Life and the Greek Life*. Translated by Tom Vivian and Apostolos N Athanassakis. Kalamazoo, MI: Cistercian, 2003.

Brock, Sebastian, trans. *The Syriac Fathers on Prayer and the Spiritual Life*. Kalamazoo, Mich.: Cistercian, 1987.

Burton-Christie, Douglas. *The Word in the Desert: Scripture and the Quest for Holiness in Early Christian Monasticism*. New York: Oxford University Press, 1993.

Colliander, Tito. *Way of the Ascetics: The Ancient Tradition of Discipline and Inner Growth*. San Francisco: Harper, 1982 (1960).

De Waal, Esther, ed. *The Celtic Vision: Prayers and Blessings from the* Outer Hebrides. London: Darton, Longman and Todd, 1988.

De Waal, Esther. *Every Early Blessing: Celebrating a Spirituality of Creation*. Ann Arbor, MI: Servant, 1992.

Ephrem the Syrian. *Hymns. Classics of Western Spirituality Series*. Translated by Kathleen E. McVey. New York: Paulist,1989.

Lane, Beldon C. *The Solace of Fierce Landscapes: Exploring Desert and Mountain Spirituality*. New York: Oxford University Press, 1998.

Lawrence, C. H. *Medieval Monasticism*. 2d ed. New York: Longman, 1989.

O'Donoghue, Noel Dermot, O.D.C. *Aristocracy of Soul: Patrick of Ireland*. Wilmington, Del.: Michael Glazier, 1987.

Sheldrake, Philip. *Living between Worlds: Place and Journey in Celtic Spirituality*. London: Darton, Longman, and Todd, 1995.

Thomas, Patrick. *Candle in the Darkness: Celtic Spirituality from Wales*. Llandysul, Dyfed, Wales: Gomer, 1993.

제4장

유럽 시대

이 장에서는 7세기부터 15세기까지의 기독교 영성을 논하려 한다. 이 장의 제목을 "유럽 시대"라고 붙였는데, 그 이유는 기독교가 지리적으로 아시아와 아프리카에서 근거를 상실하고 북유럽의 새로운 문화, 특히 켈트족, 앵글로 색슨족, 게르만족, 스칸디나비아인, 우크라이나인, 러시아인들에게 전파되었기 때문이다. 이 시기는 서유럽이 로마와 그 제국의 멸망에서 회복한 중세성기(High Middle Ages)이다. 이 지역에서의 영성의 다양한 발달은 그 이후 시대의 세계사에서 중요한 의미가 있다.

이 시대는 동방(Greek East)이 서방(Latin West)으로부터 점차 분리된 시기이다. 이 시대에 "동방"과 "서방"에서는 지중해를 지구의 중심이라고 가정했다. 동방의 중심은 콘스탄티노플이고, 서방의 중심은 로마이다. 가톨릭교회와 동방정교회가 분리된 것은 1054년이다. 그러나 800년부터 1200년까지 이 관계에 많은 기복이 있었다. 가톨릭교도들이 동로마 제국의 수도인 콘스탄티노플을 공격한 제4차 십자군 원정(1202)은 말할 수 없이 큰 비통함을 남겼다. 그 후 20세기가 되기까지 화해가 이루어지지 않았다.

1. 동방교회

초대 시대에 동방과 서방의 차이점은 문화적인 것이었으며, 교회는 한 명의 지도자나 교황 아래 있지 않았지만, 전반적으로 통일된 정신을 가지고 있었다. 사도들이 활동하던 고대 도시들, 즉 예루살렘, 안디옥, 에베소, 알렉산드리아, 로마, 그리고 후대의 도시인 콘스탄티노플 등에 총대주교가 있었다. 그러나 서방의 유일한 총대주교인 로마의 총대주교가 점차 다른 주교들 위에 군림하는 특별한 권위를 주장했다. 그러나 그들이 로마 대주교의 다스림을 받는 데 동의하지 않았으므로 긴장이 증가했다.

동방교회는 그리스 신학의 전통과 787년까지의 세계 공의회들을 의지하면서 서방과는 다른 독특한 강조점을 소유했다. "세계" 공의회는 "사람이 거주하고 있는" 전 세계를 대표했다. 이것은 20세기에 여러 교파의 교회들을 통합하려는 운동을 지칭하기 위해 사용된 것과 동일한 단어이다. 그 당시 교회는 여러 교파로 분열되어 있지 않았으며, 따라서 동방교회와 서방교회의 대표들이 325년 니케아에, 381년 콘스탄티노플에, 431년 에베소에, 451년 칼케돈에, 553년 콘스탄티노플에, 680-681년 콘스탄티노플에, 787년 니케아에 모였다. 그 후 로마 가톨릭교회는 계속 공의회를 소집했지만, 동방정교회는 그 공의회들을 인정하지 않았다.

7세기 이후 지중해 인근 지역에서는 동방교회가 이슬람의 통치 아래 생활하면서 복음 전파를 멈추라는 압박을 받고 있었다. 1453년에 예상하지 못했던 일이 발생했다. 비잔틴 통치의 중심지가 회교도인 투르크족에게 함락되었고, 하기아 소피아(Haggia Sophia) 대성당이 회교도의 모스크가 되었다. 그 후 이 도시는 콘스탄티노플이라는 이름 대신 이스탄불이라고 불린다.

선교사들이 새 신앙을 취한 지역, 특히 우크라이나와 러시아에서는 비잔틴 시대에서처럼 기독교가 통치자들과 제휴했으며, 따라서 모스크바는 자칭 로마와 콘스탄티노플 함락 이후의 기독교 제국의 중심지, "세 번째 로마"라고 불렀다.

동방의 신학은 초기의 공의회들에 기초하여 삼위일체론이라는 전통을 강력하게 신봉했다. 그것은 신화(神化), 즉 인간이 거룩하게 되는 과정, 신의 성품에 참여하는 과정에서 기독교인의 영적 발달을 보았다.

1) 예수기도

동방 영성의 특징적인 관습 중에서 예수기도(Jesus Prayer)는 점진적으로 중요해졌다. 예수기도의 기본 사상은 "끊임없이 기도하는 것"이다. 여기에는 일상생활의 임무를 행하면서 하나님께 집중하는 일의 습관화가 필요하다. 이 기도는 호흡이나 심장 박동에 리듬을 맞추어 되풀이하는 짧은 기도이다. 얼마 동안 이 기도를 연습하면, 의식적으로 노력하지 않아도 자동으로 기도를 반복할 수 있게 된다. 이것은 "마음의 기도"라고 불리기도 한다.

예수기도의 기원은 성경에 있다. 세리는 "하나님이여 불쌍히 여기소서 나는 죄인이로소이다"라고 기도했다(눅 18:13). 바울은 "쉬지 말고 기도하라"(살전 5:17)고 권면했다. 베드로는 "나사렛 예수 그리스도의 이름으로 이 사람이 건강하게 되어 너희 앞에 섰느니라…다른 이로써는 구원을 받을 수 없나니 천하 사람 중에 구원을 받을 만한 다른 이름을 우리에게 주신 일이 없음이라"(행 4:10, 12)고 선포했다.

오늘날 이 기도의 가장 보편적인 형태는 "주 예수 그리스도여, 나를 불쌍히 여기소서"(Lord, Jesus Christ, have mercy upon me!)이다. 이 기도의 출현은 점진적이었다. 5세기부터 8세기에 이르기까지 여러 형태의 표현, 그리고 이 그 기도의 기능에 대한 여러 가지 인식을 찾아볼 수 있다. 정교회의 감독이요 학자인 칼리스토스 웨어(Kallistos Ware)는 이 기도 안에 네 가지 요소가 통합되었다고 주장한다.

1. 예수라는 거룩한 이름에 대한 기도. 이것은 능력과 은혜의 원천으로서 반(半) 성례적인 방식으로 작용한다고 여겨진다.

2. 하나님의 자비를 구함. 여기에는 죄에 대한 가책과 내적 슬픔(penthos)이 동반된다.

3. 자주 되풀이하는 훈련.

4. 내적 침묵(hesichia) 추구. 즉 이미지나 생각의 방해를 받지 않으며 분심이 없는 기도.[1]

---

1) Kallistos Ware, "The Origins of the Jesus Prayer: Diadichus, Gaza, Sinai," in *The Study of Spirituality*, ed. Cheslyn Jones, Geoffrey Wainwright, and Edward Yarnold (New York: Oxford University Press, 1986), 176.

이 기도는 긍정(kataphatic)에서 부정(apophatic)으로, 심상과 개념에서 완전한 단순함으로 이동한다. 이 기도의 일부 요소들을 사막의 교부들과 교모들에게서 발견할 수 있다. 그러나 그것은 5세기에 "생각 없이(without thoughts) 드리는 기도", 즉 말이나 심상(心象)이 없이 드리는 기도를 추구한 에바그리우스의 영향을 받아 발달했다. 라탄 작가들은 그것을 추구하는 실질적인 방법을 제시한다.

가자(Gaza)와 시내 반도 등 오늘날 이슬람교도가 지배하는 지역에서 바르사누피우스(Barsanuphius), 요한(John), 도로테우스(Dorotheus), 필레몬(Philemon), 요한 클리마쿠스(John Climacus), 헤시키우스(Hesychius), 필로테우스(Philotheus) 등의 수도사들에 의해 예수기도가 발달했음은 놀라운 일이다. 시내 반도의 저술가들은 예수기도를 낭송하는 것과 호흡의 리듬 관계를 암시하는데, 이것은 중세 시대에 분명해졌다.

중세 시대에 정교회 수도사들이 이 기도를 널리 사용했다. 19세기 말에 익명의 저서인 『순례자의 길』(Way of a Pilgrim)로 말미암아 예수기도가 러시아에서 서방으로 전해졌다.

웨어의 말에 의하면, 이 기도는 20세기에 동방과 서방에서 어느 시대보다 더 많이 사용되고 있다고 한다. 그는 그 기도에 대해 다음과 같이 말한다:

> 현대 서방 저술가들은 때로 이 기도를 "기독교적 만다라(呪文)"라고 부르는데, 이것은 혼동을 일으킬 수 있다. 예수기도는 단순히 운율 있는 주문(呪文)이 아니라, 예수 그리스도에게 직접 호소하는

기원(祈願)이다. 이 기도의 목적은 하나님의 독생자요 구세주이신 예수님에 대한 의식적이고 적극적인 믿음이다. 그것은 그리스도의 삶에서 발생한 특별한 사건들을 산만하게 묵상하는 형태가 아니다. 그 기도의 목표는 우리를 헤시키아의 차원—정신의 눈으로 어떤 상을 그리지 않으며, 두뇌로 개념을 분석하지 않고, 오직 직접적이고 개인적인 만남 안에서 주님의 즉각적인 임재를 느끼는 직관적이며 분심되지 않는 상태—으로 이끄는 것이다.[2]

이것은 오늘날 우리에게 귀중한 관습이다. 왜냐하면 그것은 덧없는 일들로 어지럽지 않은 상태에서 하나님과의 깊은 관계가 가능하게 해주기 때문이다.

2) 이콘

이제 동방교회의 것이지만 긍정적(kataphatic)인 것, 즉 예배에 이콘(icon)을 사용하는 것을 살펴보려 한다. 부정의 기도는 이미지를 초월하며, 긍정의 기도는 이미지를 사용한다.

여기에서는 이콘의 인터넷 시대의 의미를 버리고 고대의 의미, 즉 거룩한 사람들, 특히 성경의 인물을 그린 그림이라는 의미로 돌아가야 한다. 인간의 형태를 특정 양식으로 눈에 보이게 표현하는 것이 정교회의 특징적인 영적·신학적 표현이 되었다. 정교회의 주장에

---

2) Ibid., 184.

따르면, 이콘은 사도 시대에도 존재했으며, 처음부터 기독교 메시지의 본질적인 부분이었다. 중동 지방에서는 성 누가가 그렸다고 여겨지는 성모 마리아의 초상을 볼 수 있다. 그러나 교회들이 큰 건물을 짓고 경제적으로 안정을 찾은 콘스탄틴 시대 이후에 오늘날 우리가 알고 있는 귀중한 회화들이 등장하기 시작했다고 예측할 수 있다.

이콘의 지위는 8세기와 9세기, 성화상(聖畵像) 파괴 논쟁이 진행 중일 때 명확해졌다. 이 논쟁은 동방정교회 안에서 벌어진 신학적이고 정치적인 논쟁이었다. 논쟁의 배후에 놓인 주요한 신학적 문제는 성육신의 본질이었다. 하나님의 말씀이 실제로 육신이 되어, 나사렛 예수 안에서 물질계에 들어오셨는가? 교리적 전통에서 주장하는 바와 같이, 그렇다면, 기독교 예배의 본질에 어떤 영향을 미쳤는가? 하나님을 찬양하는 것은 순수히 정신적인 것인가, 아니면 그림이나 인간의 예술이 중요할 역할을 하는가?

교회에서 이콘을 없애려 한 성학상 파괴론자들은 하나님을 물질적인 대상으로 표현하고 존숭하는 것이 합당하지 않다고 주장했다. 이러한 관점에서 보면, 성화와 성상을 존숭하는 것은 우상숭배처럼 보였다. 이 점에서 성화상 파괴론자들은 교회를 둘러싼 회교도들과 의견을 같이했다. 후일 콘스탄티노플의 일부 황제들은 물리적으로 이콘을 파괴하기 위해 권력을 사용했다.

성화상 파괴 정신이 후일 개신교에서도 지속되었음에 주목하라. 예를 들어 스위스의 개혁자 츠빙글리는 교회에서 가톨릭 예술품을 파괴했고, 1640년대에 벌어진 영국 내란 때 청교도인 올리버 크롬웰(1599-1658)의 추종자들은 우상적이라고 간주하는 많은 성상, 창문,

회화 등을 파괴했다.

그러나 이콘 존숭을 옹호하는 사람들은 이 관습이 성육신의 신비와 일치한다고 주장했다. 그것은 예수의 인성, 피조 세계의 선함, 그리고 만물의 성례전적 특질 등을 진지하게 고려한 것이었다. 그러므로 그것은 물질적 대상이 하나님과 인간 사이의 만남의 장소가 될 수 있다는 의미를 함축했다.

787년에 개최된 제7차 세계 공의회는 이콘 사용을 승인했고, "성화상에 바치는 경의는 그 원형(原形)에 귀속되는 것이며, 성화상을 존숭하는 사람은 성화상 안에 표현된 위격(hypostasis)을 존숭하는 것이다"[3]라고 진술했다. 가톨릭교회와 정교회 모두 이 공의회를 인정했지만, 역사적으로 가톨릭교회는 성상을 선호했고, 정교회는 성화를 선호했다.

이 공의회로 말미암아 동방정교회의 한 가지 특징이 보존되었다. 오늘날도 이콘에 표현된 인물은 영원을 향한 창문, 예배자가 신적인 것에 참여하는 수단으로 간주한다. 동방정교회의 영성은 이콘 앞에서 촛불을 켜고 분향하며 입을 맞춤으로써 예수, 예수의 어머니, 그리고 성인들에게 신앙심을 표현한다. 가정 예배와 개인 예배 때도 이 관습을 시행한다. 그러므로 정교회 가정에는 이콘이 설치된 예배 장소가 있다.

---

[3] *Nicene and Post-Nicene Fathers*, vol. 14 (Grand Rapids, MI: Eerdmans, 1959), 549.

이콘을 사용하는 예배는 산만한 언어 대신에 그림을 사용하는 "오른쪽 두뇌" 기도라 할 수 있다. 말이 할 수 없는 것을 이미지가 할 수 있다. 예술품을 만들고 깊이 생각하는 것은 깊이 있는 기도와 신학적 사고방식일 수 있다. 성화상 파괴론자들이 두려워한 것은 우상숭배인데, 그것은 성화상이 하나님이 아니라는 것을 상기시킴으로써 피해야 한다. 정교회 전통에서 그것은 정교한 의식적 몸짓과 교회 안에 있는 상징적인 건축물들과 함께 긍정의(kataphatic) 접근 방법이다.

3) 헤시카즘(Hesychasm)

정적 또는 침묵을 의미하는 헤시키아(hesychia)는 동방교회 영성의 독특한 전통을 나타내는 단어이다. 그것은 홀로 지내기 위해 사막에 가는 것을 언급한다. 이것을 옹호한 가장 위대한 신학자는 그레고리 팔라마스(Gregory Palamas, 1296-1359)이다. 그는 그리스의 아토스에 있는 유명한 수도원에서 수도하는 수도사요, 데살로니가의 대주교요, 많은 신학적 저서의 저자이다.

그레고리는 동방교회 전통을 대표하는 사람으로서 기독교적 삶의 목표를 "인간이 하나님이 될 수 있게 하려고 하나님께서 인간이 되셨다"[4]라는 아타나시우스의 진술에서 찾았다. 이것은 신앙의 장축(長

---

4) Athanasius, "On the Incarnation of the word," *The Christology of the Later Fathers*, ed. E. R. Hardy (Philadelphia: Westminster, 1954), 55-110.

軸)은 인간의 죄와 십자가 상에서의 구속이 아니라, 부활 안에 나타난 신적 승리와 인간의 유한성이라 의미를 함축한다. 하나님이 예수 안에 성육하신 것이 그의 부활의 능력의 기초였다.

그레고리를 비롯한 아토스의 수도사들은 그곳에서 영적 회복을 경험했다. 그러나 이탈리아 출신의 동방교회 신학자 발람(Barlaam, 1290-1348))은 이들을 공격했다. 발람은 헤시카즘을 비판하기 위해서 배꼽에 영혼을 가진 자(naval-gazers)라는 말을 만들어냈다. 발람과 그레고리 모두 고등교육을 받은 신학자였다. 발람 때문에 그레고리는 침묵을 깨고 저술을 통해서 동방교회 영성의 많은 특성을 옹호했다. 특히 그레고리는 나중에 부족한 점이 발견되더라도 신화(神化)의 과정인 하나님과의 합일을 구할 때 새로운 방법을 시도하는 것을 허용했다. 신학자인 그레고리는 하나님의 에네르기아와 하나님의 본질을 구분했는데, 인간이 하나님의 에네르기아는 알 수 있지만, 하나님의 본질은 알 수 없다고 했다. 그는 완전하게는 아니지만 죽기 전에 세상에서 하나님을 볼 수 있다는 주장을 옹호했다. 그는 예수기도와 함께 사용되는 극단적인 육체 훈련을 옹호했다. 팔라마스는 발람과 의견을 달리하여 몸의 중요성, 그리고 기도 자세의 중요성을 강조했다.

그레고리는 하나님과의 합일이 본질적으로 하나님의 은혜로 말미암는 것이지만, 현세에서는 노력하지 않으면 하나님을 볼 수 없으며, 결혼한 사람보다는 독거 수도사들에게 더 쉬운 일이라고 주장했다. 하나님의 은혜와 인간 의지 사이의 협력, 즉 신인 협력이 존재한다. 마음을 다하여 쉬지 않고 기도하는 일을 추구하는 사람에게 기도의 은사(은혜의 선물)가 주어질 것이다. 세상 것에 대한 욕망을 천국의 것을 향한 욕망으로 변화시킨 사람에게 눈물의 은사(끊임없이 기쁨의 눈물을 흘리는 것)가 주어질 것이다. 그레고리는 그 이전의 일부 저술가들과는 달리 정념을 부정적인 것으로만 아니라 긍정적인 것으로 보았다. 그러므로 그가 무정념(apatheia), 또는 파괴적인 정념들로부터의 자유라는 용어를 사용한 것은 몸의 부인을 언급하는 것이 아니라 몸과 영혼이 함께 변화되는 것을 언급한다. 이 새로운 상태는 하나님 안에 있는 새로운 능력이 동반되는 것으로서 정념들의 노예 상태에서 자유로운 상태이다.

그레고리 팔라마스는 변화산에서 예수님이 변모하신 것을 현재의 하나님 나라와 장래의 하나님 나라를 보여 준 계시적인 사건으로 보았다. 세 제자는 하나님 나라의 실질적 임재의 징표로서 하나님과 그리스도의 영광을 보았다. 지금도 그 나라는 볼 수 있는 은사를 받은 사람들을 위해서 임재하지만, 죽은 후 하나님을 대면하여 볼 때 완전해질 것이다.

헤시카즘은 정교회 영성의 극단적인 유형이며, 그 전통의 특징적인 일부 주제를 포함한다: 부정의 기도, 죽음과 부활 강조, 그리고 예수기도 사용. 오늘날 많은 서구 기독교인들은 정교회의 엄격한 특징들을 모방하지 않으면서도, 예수기도와 성화상 사용을 포함한 정교회의 관습이 가치가 있다고 여긴다.

2. 서방 교회

이 시대에 동방교회의 특징은 이콘, 예수기도, 그리고 헤시카즘(hesychasm)이었다. 북쪽으로 전파되는 수도원적 교회라는 상황에서 서방교회 역시 새로운 형태의 수도회들과 신비주의를 발달시켰다. 동유럽에서는 인류의 원수인 죽음과 하나님의 승리인 그리스도의 부활을 중시한 반면, 서유럽은 인류의 원수인 죄와 그 해답인 예수님의 십자가에 초점을 두었다.

1) 수도원 운동

캔터베리의 안셀무스(Anselm of Canterbury, 1033-1109)는 중세 시대의 위대한 영적 교사 중 하나이다. 그는 조직신학(하나님의 공의 충족에 의한 대속이라는 가르침)과 철학적 신학(하나님의 존재에 대한 존재론적 논증)에 기여한 것으로 알려져 있다. 이것들은 그 시대의 상황, 특히 봉건적 사회구조 안에서 고려되어야 한다. 그 구조가 매우 중시되었으므로, 그는 하나님의 영광에 관심을 두었다. 그러나 그의 심오한 경건생활과 영적 저술들은 그리 알려지지 않았다. 그의 "나는 이해하기 위해서 믿으며, 믿지 않으면 이해하지 못하리라는 것을 믿는다"[5]라는 주제는 어거스틴에게서 인용한 것이었다.

---

5) Anselm, *Proslogion*, chap. 2.

그의 저서에서 이해를 추구하는 기도문들은 철학적이고 신학적인 답변으로 이어졌다. 그는 그것들을 자기의 기도에 대한 하나님의 응답으로 보았다. 그의 저술은 초기 학자들과 중세 시대를 이어주는 교량이었다. 그는 프랑스에 소재한 베네딕트 수도회의 베크(Bec) 수도원에서 지내던 중 영국의 캔터베리 대주교로 부름을 받았다. 안셀무스는 사람들의 기도를 돕기 위해서 『기도와 묵상』(Prayers and Meditations)을 저술했다. 이 책은 그가 깊은 묵상에 전념한 것, 그리스도 안에서 엄격한 지적 활동과 하나님에 대한 헌신을 결합했음을 보여준다.

서방교회 전통에서 가장 위대한 인물은 12세기의 클레르보의 베르나르(Bernard of Clairvaux, 1090-1153)이다. 그는 수도원 전통을 개혁하고, 성 베네딕트의 『규칙』에 명시된 단순함으로 돌아갔으며, 수도원의 방대한 조직을 관리한 것으로 유명하다. 그는 공인으로 생활하면서 1146년 제2차 십자군 지원병 모집을 위해 설교했으며, 말년에는 엄청난 권력을 소유하여 서방교회의 실질적 교황이었다고 한다. 간단한 개론서인 이 책에서 혼란스럽고 극적인 일련의 사건들에 관한 이야기를 상세히 기술할 수 없다.

1953년 교황 피우스 12세는 베르나르를 가톨릭교회의 박사로 선포하면서 그를 감밀(甘蜜)박사(Doctor Mellifluus)라고 칭하는데, 이는 중세 시대 작가들의 거칠고 메마름에 비교하여 그의 가르침이 부드럽고 아름다웠기 때문이다. 실제로 사랑에 초점을 둔 그의 가르침은

적극적이고 개인적이지만 감정적인 것은 아니었다.[6]

베르나르는 영성생활에 대한 가르침에서 자아와 하나님의 관계에 초점을 둔다. 그는 어거스틴을 많이 인용한 『하나님 사랑에 관하여』(On Loving God)라는 논문에서 사랑을 네 단계로 구분했다. 그는 자아가 처음에는 자신만을 사랑하며, 다음에는 자신을 위해서 이웃과 하나님을 사랑한다고 보았다. 셋째 단계는 하나님을 위해서 하나님을 사랑하게 되는 일반적으로는 최고 차원의 사랑이다. 넷째 단계는 영혼이 하나님을 위해 자신을 사랑하는 것이다. 이것은 세상에서는 빨리 지나가지만, 죽은 자들의 몸이 부활한 후의 한결같은 상태일 것이다.[7]

베르나르는 기독교 영성에서 인간 예수의 중요성을 강조한다. 그는 거룩한 생활의 본보기로서만 아니라 인간의 마음을 변화시키기 위한 신적 사랑의 행위로 묘사된 신약성경의 예수님을 그 이전의 사람들보다 더 빈번하게 언급했다. 베르나르는 강림절과 성탄절 설교에서 성육신을 찬양한다.

베르나르의 『아가서 설교집』(Sermons on the Song of Songs)은 성경을 영적으로 해석한 본보기이다. 그는 86편의 설교에서 아가서 1~2장

---

6) Thomas Merton. *The Last of the Fathers: Saint Bernard of Clairvaux and the Encyclical Letter, Doctor Mellifluus* (New York: Harcourt, Brace, 1954), 93.

7) Bernard of Clairvaux, *On Loving God*, chaps. 8-11.

만을 다루는데, 현대 독자들에게 놀라운 것은 육욕적이고 에로틱한 아가서의 비유들을 뒤집어 육체의 정욕을 대적하라는 호소, 그리고 하나님과의 영적 친밀함에서 오는 기쁨을 묘사한 점이다. 여기에서 신랑은 예수이며, 신부는 기독교인의 영혼이다.

> "이 은혜가 하나님의 말씀과 영혼 사이에 친밀하고 밀접한 관계를 만들어 내고 그 친밀함에서 확신이 생겨난다는 것을 상상할 수 있을 것이다. 이러한 상태의 영혼은 두려움 없이 '내 사랑하는 자'라고 말할 수 있을 것이다."[8]

여기에서 하나님 사랑의 본질이 강조되며, 일부 개신교 작가들이 해석하는 것처럼 욕정을 초월한 아가페 사랑과 대조하여 인류를 향한 신적인 에로스가 암시된다.[9] 에로스는 연인들이 경험하는 사랑을 암시하며, 아가페는 사랑할 수 없는 것에 대한 사랑, 사랑받는 자에게 유익한 것을 추구하려는 의지의 결정으로 묘사되었다. 나는 하나님의 풍성한 사랑을 전달하려면 두 단어 모두 필요하다고 본다.

베르나르는 아가서 주석에서 신자의 삶에서의 겸손의 역할을 강조했다. 기독교인에게 필요한 지식은 자아와 하나님에 대한 지식이다. 자기 인식이 겸손이다. 그는 이렇게 말했다: "당신이 아무리 자신을

---

8) Bernard of Clairvaux, *Sermons on the Song of Songs, Sermon 69* (London: SCM, 1969), 117-18.

9) Ingrid H. Shafer, *Eros and the Womanliness of God: Andrew Greeley's Romances of Renewal* (Chicago: Loyola Universuty Press, 1986).

낮추어도 당신의 실제 상태 이하로, 다시 말해서 당신의 존재에 대한 진실 이하로 자신을 평가할 위험이 없다."[10]

오늘날 많은 사람은 현대 심리학에 비추어 하나님 앞에서 자신의 가치를 건전하게 평가하는 것은 사랑의 관계를 지연시키기보다 강화할 수 있다고 이의를 제기할 것이다. 달리 표현하자면, 베르나르는 하나님과의 관계를 위협하는 특별한 위험, 즉 교만을 보았지만, 그와 반대되는 것, 즉 지나친 자기 비하 때문에 영혼이 신적인 것과의 관계에 들어가지 못하는 것은 보지 못했다. 이것 역시 왜곡된 형태의 교만일 수 있다.

14세기 말 네덜란드에서 그루테(Gerard Groote)에 의해 12세기 수도원 운동의 이상을 되살리려는 운동이 시작되었는데, 그것은 "신경건운동"(Devotio Moderna)이라고 불리게 되었다. 이는 그것이 새로운 운동이었기 때문이 아니라 수도원 안에서는 물론이요, 수도원 밖 생활의 특성인 그리스도께 대한 헌신을 발달시키려 했기 때문이다. 이 운동은 어거스틴 수도회 소속의 빈데스하임 수도 종회(Windesheim Congregation)로 발달했고, 네덜란드와 독일에 있는 1백 개 이상의 수도원으로 구성된 공동생활 자매회와 공동생활 형제회로 발달했다. 이들이 교황의 허락 없이 새로운 수도회의 모습을 갖추었기 때문에 어떤 사람들은 혼란을 느꼈다. 회원들은 가난과 독신과 순종을 실천했지만, 공식적인 서원은 하지 않았다. 그들의 일상생활은 베네딕트

---

10) Bernard, *Song of Songs*, 108-9.

회 수도사들의 생활과 흡사했다.

　공동생활 형제회와 자매회의 특징은 그리스도를 본받는 데 초점을 둔 영성이었다. 서유럽에서 영성에 관해 가장 잘 알려진 책의 제목 (The Imitation of Christ)이 된 이 주제는 예수님의 제자들에게 십자가의 길을 따라가야 한다고 요구한다. 그 책은 자아에 대한 지식과 자기 부인, 그리고 세상을 멸시하는 태도 등을 요구한다. 그 책의 저자 토마스 아 켐피스(Thomas a'Kempis, 1380-1471)는 이 운동을 이끈 여섯 명의 주요 지도자 중 하나였다. 그 책은 경건의 시간뿐만 아니라 일하면서도 끊임없이 묵상하는 관습과 강력한 경건을 이야기한다.

　"신경건운동"은 12세기의 가장 훌륭한 영성과는 달리 지적 생활에 가치를 두지 않는다. 스스로 유식하다고 주장하는 일부 수도사들의 부도덕한 생활과 스콜라주의 때문에, 이 운동의 동참자들은 참지식이 책에서 오는 것이 아니라 삶을 하나님과 동화시키는 것, 즉 알려지는 자와 아는 자의 융합에서 오는 것이라고 확신했다. 『그리스도를 본받아』(The Imitation of Christ) 중 잘 알려진 구절을 인용해보면 다음과 같다.

　겸손이 부족하여 성삼위를 기쁘시게 하지 못하면서 성삼위에 대해 현학적으로 말하는 것이 무슨 유익이 있을까? 인간을 거룩하고 의롭게 해주는 것은 지식이 아니며, 덕스러운 생활이 그로 하여금 하나님을 기쁘시게 하게 한다. 나는 통회가 무엇인지 정의하는 방법을 알기보다는 통회하기를 원한다. 하나님의 은혜와 사랑이 없이 살면서 성경 전체와 모든 철학자의 원리를 암송하는 것이 무슨 유익을 주겠는가? 하나님을 소유하며 하나님만 섬기는 것이 아닌 다

른 일들은 모두 헛되고 헛되다.[11]

이러한 견해가 후대에 개신교 경건주의에 영향을 미쳤다. 신학이 지적 도구뿐만 아니라 적절한 삶을 요구한다는 것을 상기하는 것은 좋은 일이다. 영성은 신학의 일부이다. 그러나 자칫하면 하나님이 주신 좋은 선물인 인간의 지성을 멸시하게 할 수 있다.

2) 탁발수도회

기독교 영성과 신학에서 13세기는 중요한 발달의 시기였다. 흔히 이 시기는 중세성기(High Middle Ages), 즉 중세 시대에서 가장 크게 발달하고 결실을 거둔 시기로 간주된다.

이 시기에 발생한 극적인 사건 하나는 수도원 운동의 역사에서 새로운 현상인 탁발수도회의 설립이었다. 도미니크회, 프란치스코회, 카르멜회, 어거스틴회 등이 교회와 사회의 욕구를 충족시켜야 할 필요성에 대한 새로운 이해를 구현했다. 이 새로운 수도회들은 베네딕트 수도회처럼 한 수도원에 머물면서 공동기도와 개인 기도를 하는 제한된 생활보다 세상에서의 봉사를 우위에 두었다. 그들은 수도원, 공동기도, 수도원장의 지도 등의 제도를 어느 정도 보존했다. 그리고 청빈, 순결, 순종 등 기본 서원을 유지했지만, 이러한 서원 관습은 새

---

11) Thomas a'Kempis, *The Imitation of Christ* (Baltimore: Penguin Books, 1975), 3:37.

로운 환경에 맞추어 조정되었다.

도미니크 구즈만(Dominic Guzman, 1170[?]-1221)은 가톨릭교회에 더 훌륭한 설교가 필요하다는 것을 깨달았다. 프랑스 남부의 이단자들이 무식한 평신도들을 공략하고 있었다. 통치자들은 전형적으로 반응하여 군사력으로 이단자들을 진압하려 했다. 도미니크는 무력을 사용하지 않고 설득하여 가톨릭교회로 돌아오게 하는 데 성공한 경험이 있었다. 그는 도미니크회라는 설교자 수도회를 설립했다. 여기에 속한 수도사들은 지식으로 사람들에게 설교할 수 있었다. 곧 이 수도회는 유럽에서 지적 수준이 가장 높은 수도회가 되었는데, 이 수도회의 영성은 학습의 경건(piety of learning)에 초점을 두었다.

이 수도회는 가난이나 순종보다 연구와 설교를 더 소중하게 여겼다. 결국, 탁발을 비실제적인 것으로 간주하여 포기했다. 설교자의 독립성과 순종이 긴장을 이루었다. 수도회의 규율은 신의 법이 아닌 인간적인 도구로 이해되었다. 이 수도회는 융통성이 있고, 적응성이 있는 관리 체계를 발달시켰다. 후일 많은 수도회가 이 체계를 모방했다.

도미니크회는 유럽 역사에서 가장 위대한 학자들, 즉 대 알버트(Albert the Great, 1200-1280년경)와 그의 제자 토마스 아퀴나스(Thomas Aquinas, 1225-1274)를 배출하는 데 도움을 주었다. 토마스는 가톨릭교회에서 가장 영향력 있는 신학자로서 아리스토텔레스의 신학적 관점과 자신이 어거스틴을 비롯하여 여러 사람에게서 물려받은 신학적 전통을 통합했다.

토마스는 신자의 삶을 하나님과 인간의 교제 또는 대화로 보았고,

모든 서원과 수련과 단계를 재는 척도로 사랑의 역할을 강조했다. 토마스는 기도와 묵상 생활을 위해서 『신학대전』(Summa Theologica)의 저술을 중지했었다고 한다. 그가 하나님과의 신비적 합일(合一) 속에서 경험한 경이로운 것들과 비교해보면 그가 저술한 것들은 지푸라기에 불과했다.

15세기 말 라로슈의 알랑(Alan de La Roche, 1428-1475)이라는 도미니크회 수도사가 가톨릭 신앙에서 가장 대중적이고 영속적인 특징 중 하나인 묵주기도를 소개했다. 그는 성모께서 성 도미니크에게 묵주의 기도를 제정할 것을 부탁하는 것을 성현성(聖顯聖)을 통해 보았다고 주장했다. 그러나 역사가들은 묵주기도의 기원이 도미니크 이전이며, 오늘날 이 성현성을 언급하는 문서가 없다고 말한다. 그러나 후대의 성현성들은 묵주기도를 권장한다.

묵주는 기도와 묵상에 물리적인 도움을 주려는 것으로서 150개의 구슬과 십자고상으로 이루어진다. 묵주기도는 친숙한 기도를 반복하는 방법이다.

(1) 주기도문

하늘에 계신 우리 아버지여 이름이 거룩히 여김을 받으시오며 나라가 임하시오며 뜻이 하늘에서 이루어진 것 같이 땅에서도 이루어지이다. 오늘 우리에게 일용할 양식을 주시옵고 우리가 우리에게 죄 지은 자를 사하여준 것 같이 우리 죄를 사하여주시옵고 우리를 시험에 들게 하지 마시옵고 다만 악에서 구하시옵소서. 나라와 권세와 영광이 아버지께 영원히 있사옵나이다, 아멘

(2) 성모송

은총이 가득하신 마리아님, 기뻐하소서.
주님께서 함께 계시니 여인 중에 복되시며
태중의 아들 예수님 또한 복되도다.
천주의 성모 마리아님, 이제와 죽을 때에
저희 죄인을 위해 빌어주소서. 아멘

(3) 영광송

영광이 성부와 성자와 성령께,
처음과 같이 이제와 항상 영원히. 아멘.

묵주기도에는 거룩한 "신비", 즉 성모 마리아와 예수님의 생애에 있었던 중요한 사건들을 묵상하는 것이 포함된다. 예수님의 탄생과 관련된 다섯 가지 즐거운 신비가 있고, 예수님의 고난과 관련된 다섯 가지 비통한 신비가 있으며, 예수님의 부활과 마리아를 존귀하게 여기는 것과 관련된 다섯 가지 영광스러운 신비가 있다. 2002년 교황 요한 바오로 2세는 일련의 새로운 신비, 예수님의 사역과 관련된 사건들과 관련된 빛의 신비(Luminous Mysteries)를 추가했다. 150개의 구슬과 연합하여 이 신비들을 상기한다.

이때 정신은 두 차원에서 작용한다: 반복하는 것은 정신 집중을 위한 방법에 불과하며, 상상으로 신비를 다시 체험한다. 이 기도는 마리아를 비롯하여 모든 성인이 신실한 자들의 기도를 들을 수 있으며, 마리아의 아들이신 예수와 하나님께 그 기도를 전하는 중재자가 될 수 있다는 믿음에 의존한다. 개신교인들은 이 신앙을 받아들이지 않지만, 일부에서는 개신교인들이 묵주를 사용하는 것을 옹호한다. 특히 신비들은 기도하는 사람의 감화를 위해 중요한 성경의 사건들을 회상하는 방식이다.

탁발수도회를 세운 두 번째 위대한 인물, 중세 시대에서 가장 매력적이고 도전적인 인물이 아씨시의 프란치스코(Francis of Assisi, 1181/2-1226년경)이다. 그는 프란치스코 수도회, 또는 작은 형제단의 설립자이다. 그의 생애는 여성들을 위한 제2회, 또는 클라라 수녀회의 설립자인 아씨시의 클라라(Clare of Assisi, 1193-1253)와 연결되어 있다. 이처럼 많은 관심을 끌었고, 많은 전설을 만들어 냈고, 많이 분석된 삶의 소유자에 대해 간단히 기록하는 것은 어려운 일이다.

프란치스코는 주님의 사랑으로 불탔고, 주님의 삶을 분명하게 구현한 성인이라고 불린다. 예수께서 제자들을 갈릴리로 파송하신 복음서의 말씀을 들으면서 젊고 열정적이고 세속적이었던 청년의 미래가 형성되었다. 프란치스코에게는 문둥병자를 사랑하는 능력과 교회를 재건하려는 소원이 주어졌다. 그는 "청빈 양"(Lady Poverty)과 사랑에 빠졌다. 그는 탁발 수도사로서 기도하고 설교하고 사람들을 도와주면서 방랑했다. 그는 소유로부터의 자유가 대단히 즐거운 것임을 발견했으므로 아무것도 소유하지 않기로 결심했다. 곧 여러 사람이 그의 단순한 생활과 기쁨에 이끌렸으며, 12명의 무리가 작은 형제단으로 인정되었다.

후일 프란치스코는 급속히 커지는 교단을 위해 규율을 작성했다. 그는 천부적으로 관리자가 아니었고, 자유로운 사고방식의 소유자였다. 그는 성지를 방문하고 회교도인 사라센인들에게 복음을 전했고,

1224년에 은퇴하여 베르나 산에서 기도에 몰두했다. 그곳에서 그는 구주와의 합일을 구한 기도에 응답받았다. 즉 그리스도의 스티그마, 십자가에 달리신 예수님이 받으신 상처(오상)가 프란치스코의 몸에 나타났다.

이 일이 있은 후 생의 마지막 2년에 그는 유명한 『태양의 노래』 (Canticle to the Sun)를 지었다. 이 노래에서 그는 피조 세계의 만물을 형제자매라고 부른다. 이 노래에서 죽음도 형제가 되는데, 이것은 죽음을 원수로 여긴 바울 등 여러 사람의 태도와 반대이다.

형제자매인 해와 달, 불과 공기를 노래한 프란치스코는 우리가 본받아야 할 네 번째 관계인 피조물과의 관계를 메시지의 주요 부분으로 삼은 몇 명 되지 않는 탁월한 영적 작가이다. 그는 신중하게 모든 피조물과 관계를 맺었는데, 언젠가는 새들에게 설교했다고 한다. 또 굿비오 주민들과 늑대를 화해시켰다고 한다. 이러한 이야기들은 하나님의 부성(父性)이 인간에게만 아니라 모든 피조물에 미친다는 그의 가르침을 실증해준다. 프란치스코에게서 표현된 겸손과 기쁨은 십자가에 달리신 예수님의 고통과의 일체화, 그리고 새들과 꽃들의 아버지가 필요한 것을 공급해 주실 것을 믿는 근심 없는 행복한 겸손을 포함한다.

클라라는 아씨시 출신의 여인으로서 얼마 동안 프란치스코를 관찰하다가 프란치스코가 이끄는 무리의 일원이 되기를 요청했다. 그녀는 여성들을 위한 제2회의 지도자가 되었는데, 이들의 생활은 수도적이었다. 그들은 남자 수도사들처럼 이곳저곳으로 방랑하지 않았다. 클라라는 가난을 가난하셨고 가난한 자들을 섬기신 예수님을 관상하기 위해 통과해야 하는 문이라고 보았다.

평신도들을 위한 제3회는 나중에 추가된 것인데, 수도 생활의 소명을 받지 않은 사람들에게 기독교적 삶을 살게 하는 강력한 자극이었다.

수도회의 규모가 커지고 프란치스코의 인격이 새 회원들에게 영향을 미치지 못하게 되면서 남자 수도회는 내적 갈등을 겪었다. 그 후 수 세기 동안 가난을 얼마나 엄격하게 지키느냐가 논쟁점이었다.

프란시스코회에서 가장 위대한 수도사는 수도회의 총장이었던 성 보나벤투라(Saint Bonaventura, 1217-1274)이다. 그는 다수의 저서에서 프란치스코의 영향력과 고전에 관한 자신의 지식을 통합했다. 가장 잘 알려진 저서는 『하나님께 가는 영혼의 여정』(The Journey of the Mind into God)이다. 그는 같은 시대의 인물로서 도미니크회 수도사인 토마스 아퀴나스에 비하여 오늘날 영성이라고 부르는 것에 더 초점을 두었다.

3) 신비주의

중세 시대에 기도와 묵상 생활에 전념한 사람들을 흔히 신비가라고 부른다. 이따금 신비주의가 일시적으로 유행하여 많은 사람이 신비가인 체하면서 초자연적인 현상을 추구했다. 그러나 성숙한 신비가들은 순간적이고 표면적인 결과를 추구하는 것을 경계하며 하나님만을 추구했다.

신비가들은 기본적으로 정서적인 사람들과 지적이고 철학적인 사람들로 구분할 수 있다. 전자에 속한 사람들의 글은 신랑이신 그리스도와의 결혼을 노래한 아가서의 상징에 집중하기 때문에 "신부-신비주의"라고 불린다. 클레르보의 베르나르가 여기에 해당한다.

12세기에 저지대(Low Countries)에서 여성들이 기도와 선행을 위해 함께 모이기 시작했다. 이 풀뿌리 운동은 12세기 내내 성장하여 오늘날 베긴회(Beguines)라고 불리는 준 여성 수도원에서 절정에 이르렀다. 이 여성들은 가난하여 수도원 입회 지참금을 낼 수 없어서 세상에서 자체의 규율에 따라 살았다. 각 수도원에 자체의 규율이 있었다. 어떤 사람들은 그들을 적그리스도에 비유했다. 이 여성들로 말미암아 어려움에 처한 교회의 남성 위계는 그들을 통제하려 했으나 성공하지 못했다. 후일 교황 요한 22세를 비롯한 여러 사람이 베긴 운동을 비판했다.[12]

지적 신비주의의 대표적인 인물은 마이스터 에크하르트(Meister Eckhart, 1260[?]-1328[?])이다. 그는 도미니그회 수도사로서 요한 타울러(1300?-1361)를 비롯하여 많은 유력한 설교자와 저술가에게 영향을 주었다. 그가 독일어 설교에 사용한 모호한 표현 때문에 그가 의도한 정확한 의미에 관하여 혼란이 야기되었다. 그의 생애 말년에 그를 적대시하는 일부 프란치스코회 수도사들이 그를 비난했고, 그의 많은 진술이 이단으로 정죄 되었다. 그는 신플라톤주의와 관련된 이

---

12) Matthew Fox, O.P. *Breakthrough: Meister Eckhart's Creation Spiriituality in New Translation*(Garden City, NY.: Image, 1980), 39.

단들—범신론(하나님은 세계이며, 세계는 하나님이다), 신비적 합일에서 하나님과 영혼을 구분하지 않는 것, 창조 안에서 하나님의 자유를 부인하는 것—을 주장했다고 고발되었다. 이러한 정죄의 정당성에 대해서는 지금도 "창조 영성"(creation spirituality)을 신봉하는 사람들이 논의하고 있다. 그들은 에크하르트가 성경적인 설교자였다고 주장한다. 그는 켈트 기독교와 동방 기독교의 영향을 받았으며, 베긴(Beguines) 공동체의 섬김을 받았다. 에크하르트는 이 여인들, 특히 마그데부르크의 메히틸드(Mechtild of Magdeburg, 1210-1282)의 영향을 받았다. 메히틸드는 자신의 경험을 묘사한 일곱 권의 책 모음집인 *The Flowing Light of the Godhead*의 저자이다.

중요한 문제는 에크하르트가 얼마나 신플라톤주의적 저술가로 여겨지며, 얼마나 성경적인 저술가로 인식되는가이다. 에크하르트의 신론(神論)은 위-디오니시우스의 영향을 강력하게 받은 듯하다.

신비가에 관한 이 항목에서 많은 여성과 남성에 대해 논할 수 있다. 그중에는 특이한 묵시적 영성을 전개한 피오레의 요아킴(Joachim of Fiore, 1135-1202년경), 도미니크회 수도사로서 에크하르트의 추종자인 헨리 수소(Henry Suso, 1295-1366년경), 교회 개혁에 관심을 두어 교황에게 직접 영향을 미친 시에나의 카타리나(Catherine of Siena, 1347-1380년경), "연옥의 신학자"라고 불린 제노아의 카타리나(Catherine of Genoa, 1447-1510), 월터 힐튼(Walter Hilton, 1396년 사망), 리처드 롤(Richard Rolle, 1300-1349년경), 『무지의 구름』(*The Cloud of Unknowing*)을 저술한 익명의 작가, 14세기 영국의 신비가들 등이 있다. 이 책에서는 빙엔의 힐데가르드(Hildegard of Bingen), 얀 반 뤼스브로에크(Jan van Ruysbroeck), 노리지의 줄리안(Julian of Norwich) 등 세 신비가에 관심을 두려 한다.

빙엔의 힐데가르드(1098-1179)는 우리 시대에 새롭게 관심을 받는 인물이다. 900년 동안 알려지지 않았던 그녀는 우선 음악을 통해서, 그리고 저술과 미술을 통해서 미국에서 유명해졌다. 창조 영성과 페미니스트 영성 주창자들, 그리고 생태신학자들 모두 힐데가르드에게서 자기들의 대의명분에 속하는 것을 보았지만, 그들을 반대하는 사람들은 그녀의 업적을 이렇게 해석하는 데 대해 의문을 제기한다.

지도3: 중세시대의 유럽

먼저 힐데가르드의 삶을 살펴본 후에 그녀의 가르침을 살펴보겠다. 힐레가르트는 세 살 때 빛의 환상을 보았다고 한다. 그녀는 여덟

제4장 유럽 시대 179

살 때 디지보덴베르크에서 은거하며 수도하던 유타에게 보내졌고, 그 후 베네딕트 수도원에서 지냈다. 젊은 힐데가르드는 라인강 인근의 디지보덴베르크에서 수도원장의 규율 아래 생활하는 여성들의 지도자가 되었다. 그녀는 편두통으로 고생했는데, 어떤 사람들은 이것이 그녀가 환상을 본 원인이라고 여긴다. 그녀는 42번째 환상에서 이제까지 본 환상을 출판하라는 부르심을 받고서, 동료 수도사 폴마르(Volmar)에게 자신이 본 것을 받아쓰게 했고, 채식사들에게 자신의 환상을 묘사했는데, 그들은 그것을 그림으로 그렸다. 그녀는 10년 동안 작업하여 첫 번째 책 『쉬비아스』(Scivas)를 완성했다. 그녀는 자기가 본 환상들뿐만 아니라 의학과 자연 세계에 대해서도 기록했다. 그녀는 많은 음악과 도덕극 오르도 비르투툼(Ordo Virtutum)을 작곡했다.

이 기간에 힐데가르드는 많은 저항에도 불구하고 그녀의 공동체를 강 하류로 약 35km 떨어진 루페르츠베르크로 옮겼다. 그녀는 이 일을 위해서 수도원의 남성 지도권에 도전하고, 수녀원장으로서 더 많은 자유를 확보했다. 힐데가르드는 그 시대 교회의 최고 관리로 알려졌다. 그녀는 클레르보의 베르나르에게 편지를 썼고, 베르나르는 (교황 유게니우스 3세와 함께) 『쉬비아스』의 일부를 인정했다. 그녀는 많은 대성당과 수도원에서 설교했다. 힐데가르드는 자신을 예언자로 여겼고, 그렇게 받아들여졌다.

힐데가르드가 신비가로서 신적 교제, 하나님과의 연합에 관심을 가졌다고 기대할 수 있을 것이다. 그러나 우리가 보는 것은 하나님과의 연합을 추구하는 것보다 자연 세계와 천상 세계를 아는 것과 그 시대의 교회와 정치를 변화시키는 데 관심을 둔 실질적인 여성이다.

그녀는 교회 남성들의 잘못을 과감하게 지적한 개혁자였다. 그녀는 지구의 성장하는 색깔인 초록색을 좋아했다. 그녀의 저술에서 여성의 낮은 위상을 받아들인 듯하지만, 그녀는 권력을 가진 남성이 부당하게 행동하거나 그녀가 바라는 것에 반대할 때면 두려움을 모르는 지도자였다. 그녀는 오늘날의 신학적 페미니스트와 생태운동의 선구자였지만, 그녀가 21세기에 이러한 관점을 옹호하는 사람들의 견해 모두를 받아들이리라 생각하는 것은 시대착오적일 것이다.

뤼스브로에크(Jan van Ruysbroeck, 1293-1381)는 그리 알려지지 않았지만, 신비주의를 공부하는 학생들이 중시하는 인물이다. 왜냐하면 그는 두 가지 주된 신비주의의 흐름, 즉 정서적 신비주의와 지적 신비주의를 한곳에 모았기 때문이다. 그는 위-디오니시우스, 어거스틴, 클레르보의 베르나르, 마이스터 에크하르트 등의 영향을 받았다. 그는 26년 동안 교구사제로 봉사한 후 세 명의 신비가들과 함께 브뤼셀 근처 숲속에 있는 작은 수도원에 들어갔다. 그는 모국어인 플라밍어로 주요 저서들을 저술했다.

뤼스브로에크는 『영적 약혼』(The Spiritual Espousals)이라는 책에서 전통적으로 사용되어온 신비적 성장의 3단계 도식—정화의 단계, 조명의 단계, 합일의 단계—을 수정하여 사용한다. 가장 중요한 것은 각 단계가 한 단계에서 다음 단계로 차례로 이어지는 것이 아니라, 한 단계에 다음 단계가 추가된다고 강조한 것이다. 따라서 첫 단계는 둘째 단계에 포함되며, 첫 단계와 둘째 단계는 셋째 단계에 포함된다. 이것은 하나님과의 참된 합일이 이미 둘째 단계에 포함된다는 점에서 전통적인 배열과 다르다.

뤼스브로에크는 자기가 주장하는 세 단계를 (1) 활동적인 생활, (2) 내면생활, 혹은 동경하는 생활, (3) 하나님을 보는 생활, 혹은 관상 생활로 구분했다. 『불꽃 튀는 돌』(The Sparkling Stone)이라는 책에서는 이 단계들을 수행하는 사람들을 각각 충실한 종, 은밀한 친구, 그리고 숨겨져 있는 하나님의 아들이라고 부른다. 하나님과의 합일의 단계에는 자아의 통합이 동반된다. 사람들은 다소간 다른 사람들과 연합한다. 뤼스브로에크는 즐겨 사용하는 비유인 유동체(fluid)를 사용하여 사람이 어떻게 성령의 열기에 녹아 모든 유형의 사람들에게 흘러나가는지 설명한다.

통일된 거룩(Holiness in unity)이란 다양성을 버리는 것, 또는 최소한 유일자와의 연합에 반대되는 모든 것을 버리는 것을 의미한다. 이것은 지적으로는 적나라한 정신으로 하나님께 접근할 때 "이해가 허용되지 않는 곳에 갈망과 사랑이 들어온다"[13]는 것을 깨닫는다는 것을 의미한다. 그것은 정신에서 피조물의 형상들을 제거한 후 신적 어둠에 들어가는 것을 의미한다.

의지와 관련해서 생각할 때, 그것은 하나님의 뜻 앞에서 자기의 뜻을 포기하는 것을 의미한다. 여기에는 세상 것에 매달리지 않고, 모든 정감을 하나님을 향해 정렬하는 것이 포함된다. 마지막으로, 그것은 자아에 대해 죽고, 녹아서 하나님 안으로 흘러 들어가는 것을 의

---

13) John Ruysbroek, *The Spiritual Espousals and Other Works* (New York: Paulist, 1985), 70.

미한다. 최고 단계에서 영은 자신이 자아에 대해서 죽고 상실되었으며, 차이나 구분이 없이 하나님과 하나가 되었다고 느낀다. 이것이 측량할 수 없는 심연, 인간이 복된 상태에서 자신에 대해 죽어야 하며, 사랑과 그 자극이 요구할 때마다 덕 안에서 다시 살아야 하는 곳이다.[14]

다른 신비가들의 글과 마찬가지로, 뤼스브로에크의 글도 난해하다. 그는 독자들에게 "세심하게 주의를 기울여야 한다. 이는 경험이 없는 사람은 그것을 쉽게 이해하지 못할 것이기 때문이다"[15]라고 경고한다.

뤼스브로에크는 많은 말을 했지만, 일반적으로 가볍고 기분 좋은 어조를 사용했다. 그는 우울하지 않았고, 항상 하나님 안에서의 기쁨과 평화와 안식과 즐거움을 가리켰다. 그는 죄에 대한 의식을 지적했지만, 그것은 그의 이상(vision)의 변두리에 머물렀다. 그는 하나님, 그리고 하나님과의 합일의 복에 초점을 두었다.

뤼스브로에크는 직접적으로 자신에 대해 말하지 않고, 객관적인 어조로 독자들을 가르친다. 그는 간접적으로 자기의 경험을 이야기할 때도 "사람"이라고 언급한다. 그가 자기의 경험 일부를 반영하는 것이 분명한 "영적 술 취함"에 대한 묘사는 『영적 약혼』(Spiritual

---

14) Ibid., XIII.

15) Ibid., 77.

Espousals)에 기록된 기억할 만한 내용이다. 그는 근본적으로 노리지의 줄리안처럼 "이것이 내가 본 것이다"라고 말하기보다는 "아마 이것을 볼 수 있을 것이다"라는 식으로 접근한다. 그는 영의 영역을 보여주는데, 거기에는 주관적인 특징들이 객관적으로 표현되어 있다.

우리는 뤼스브로에크의 글을 대할 때 주로 자아와 하나님의 관계에 초점을 두고, 자아가 자체 및 사람들과 누리는 관계에도 어느 정도 주의를 기울인다. 하나님과의 합일이 주된 주제이며, 자아의 통합은 그에 따른 당연한 결과이다. 피조물에 대한 관계는 부정적인 듯하다. 뤼스브로에크에 따르면, 창조의 긍정적인 관점에서 보아도 세상은 하나님과의 합일에 장애물이며, 기독교 영성에서 긍정적인 역할을 하지 않는다.

노리지의 줄리안(Julian of Norwich, 1353-1416?)은 수백 년간 알려지지 않았다가 20세기 후반에 유명해진 인물이다. 그녀에 대해 우리가 알고 있는 것은 대부분 『하나님 사랑의 계시』(Revelations of Divine Love)를 번역한 책인 짧은 본문(Short Text)과 긴 본문(Long Text)에서 입수한 것이다. 그녀는 자신이 30세 때 죽음의 문턱에 섰으며, 십자가에 달리신 그리스도의 고난에 동참해야 한다는 기도의 응답을 받았다고 말한다. 그녀는 16개의 환상을 보았는데, 그것들은 그녀의 기도 내용을 초월하는 것이었다. 그것들은 곧 짧은 본문에 기록되었다.

긴 본문에서 지적하는 바에 의하면, 노리지의 줄리안은 그 후 20년 동안 이 환상들을 두고 깊이 생각하고 기도했다. 그동안 그녀는 노리지에 있는 성 줄리안 교회에 부속된 작은 수실에서 독거(獨居) 생활을 했다. 우리는 그녀의 일생에 대해서 아는 것이 거의 없으며, 심지어 이름조차 알지 못한다. 그래서 그녀를 언급하기 위해서 그녀가 거하던 교회의 이름을 사용한다.

줄리안의 글에는 바울 서신과 요한복음에 대한 지식이 가득하다. 그녀는 어거스틴의 주요 사상도 알고 있었다. 그러면서도 그녀는 자신이 무식하다고 여겼다. 아마 그녀는 라틴어를 알지 못했을 것이다. 그러나 여성이 영어로 저술한 최초의 책인 이 책은 놀라운 학식을 나타낸다.

줄리안의 글은 같은 시대의 인물인 마저리 켐프(Margery Kempe, c. 1373 ~ after 1438)의 글과 대조된다. 마저리의 전기에는 그녀가 상담하기 위해 줄리안을 방문했다고 기록되어 있다. 마저리의 영성생활의 특징은 많은 눈물, 깊은 신음, 에로틱한 심상 등인데, 그 때문에 그녀를 아는 남성들은 불편해했다. 마저리는 줄리안을 방문한 일이 위로와 확신을 주었다고 기록한다.

줄리안은 "우리의 어머니 예수"에 대해 글을 쓴 것으로 유명하다. 그녀가 그 상징을 만들어 낸 것은 아니다. 그녀 이전에 다른 영적 작가들도 그것을 사용해왔다. 그녀는 그것을 이전 사람들보다 신학적으로 더 유식하게 사용한다. 그녀의 말에 의하면, 모성애는 단순히 우리를 향한 예수님의 사랑을 예증하는 것이 아니라, 우리에 대한 예수님의 관계의 본질이다.[16]

줄리안은 뤼스브로에크과는 달리 신비적인 풍경을 자세히 묘사하

---

16) Julian of Norwich, *Showings*, Long Text, chaps. 52-63.

는 것, 완덕의 길에 이르는 단계에 대한 논의, 도덕 생활을 위한 규범을 제시하는 것 등에 관심을 두지 않았다. 그녀는 자기가 본 환상을 여러 해 동안 심사숙고한 결과를 지적으로 조심스럽게 제시한다. 그녀는 자신이나 다른 사람들의 영적 진보 과정을 도표로 제시하기보다는 하나님의 비밀, 인류, 죄, 구속 등의 신비를 조사하는 데 더 관심이 있었다. 그러므로 오늘날 그녀는 단순히 환상가가 아닌 신학자로 알려져 있다.

줄리안의 질문은 선하신 창조주께서 선하게 창조하신 세상에 있는 죄를 어떻게 이해해야 하는가이다. 그녀는 산만한 신학 안에서 그 질문에 답한 것이 아니라 자기가 본 환상 중 하나의 이야기와 상징을 곰곰이 생각함으로써 대답했다. 이 환상에서 주인은 종에게 중요한 심부름을 맡겨 보낸다. 그런데 종이 웅덩이에 빠진다. 주인은 종을 "나무라지 않고 불쌍히" 여긴다. 종이 웅덩이에 빠진 것은 아담이 죄에 빠진 것, 그리고 그리스도께서 인간이 되심으로써 자기를 비우신 것으로 이해할 수 있다. 결국 그리스도를 세상에 보내시며 인류로 하여금 사랑할 수 있게 하시는 하나님의 충만한 계획 때문에 죄가 필요하다고 줄리안은 말한다. 그녀는 모든 것의 기본 주제가 하나님의 사랑임을 보여 주는 아름다운 말로 결론을 짓는다.

그것이 계시된 후 나는 여러 차례 우리 주님의 의미를 알기를 원했다. 그로부터 15년 후 그에 대한 응답으로 영적 이해를 받았다. 그 내용은 다음과 같다: 이 일에서 주님이 무엇을 의미하는지 알기 원하느냐? 잘 알아 두어라. 주님이 의미하시는 것은 사랑이다. 누가 그것을 너에게 계시해 주느냐? 사랑이다. 그분이 너에게 무엇을 계시해 주셨느냐? 사랑이다. 왜 그것을 계시해 주시느냐? 사랑 때문이다.[17)]

줄리안의 환상에는 신비적 저술가들에게 결여되어 있는 종말론적 차원이 있다. 즉 그녀는 만물의 완성을 기대한다. 세상이 인간의 손 안에 있는 작은 개암열매 같을지 모르나, 하나님은 그것을 귀중하게 여겨 구하실 것이다. 우리는 줄리안에게서 세상이 인간 영혼을 위해서 쓰레기처럼 버려야 할 껍데기에 불과하다는 인식이 아니라, 로마서 8장에서 바울이 말한 것처럼 피조물이 하나님 자녀들의 구속에 참여할 것이라는 인식을 얻는다. T. S. 엘리엇은 줄리안의 주장을 인용하여 "모든 것이 잘 될 것이며, 모든 것이 잘 될 것이며, 모든 것이 잘 될 것이다"라는 유명한 말을 했다. 줄리안은 죄와 악의 실체에 대해 얼버무리고 넘어가지 않는다. 14세기의 노리지는 전쟁과 전염병과 기근의 장소였다. 그녀는 하나님의 신비한 행동을 기대하지만, 그것을 설명하려 하지 않는다. 이러한 하나님의 신비한 행동으로 말미암아 하나님의 사랑이 하나님이 지으신 피조 세계 안에 있는 죄와 악을 이길 것이다.

이 책에서 논의되는 영성의 네 가지 차원을 기준으로 고려할 때, 세상에 있는 악과 관련된 신학적 문제에 대한 관심, 그리고 변화된 세

---

17) Julian of Norwich, *Showings* (New York: Paulist, 978), 342.

상을 향한 소망 때문에, 줄리안은 가장 균형적인 견해를 소유한다.

"유럽 시대"에는 새로운 형태의 수도회들, 새로운 형태의 신비주의들, 그리고 묵주기도와 같은 새로운 관습 등 다양한 영적 가르침이 포함된다. 그러나 종교개혁 시대에 가톨릭 개혁자들과 개신교 개혁자들은 이러한 다수의 현상에 도전했다.

영성훈련: 예수기도와 이콘

1. 제1장 첫 훈련에 묘사된 방식으로 마음을 가라앉히라. 그다음에 "주 예수여, 나를 불쌍히 여기소서"라고 예수기도를 반복하여 드리라. 첫 구절을 생각하면서 숨을 들이쉬고, 둘째 구절을 생각하면서 숨을 내쉬어도 좋다. 숨을 들이쉴 때 예수의 빛이 당신의 몸에 들어오고, 숨을 내쉴 때 죄나 고통의 어둠이 당신에게서 나간다고 상상해도 좋다. 기도의 비율에 맞추어 빨리 호흡하여 과호흡이 되기보다는 정상적인 호흡에 기도를 맞추라.

    이 기도는 통회를 암시하지만, 기쁨이나 감사, 슬픔과 탄식 등 어떤 상황에서도 사용할 수 있다. 이 기도의 첫 부분을 찬양으로 여기고, 둘째 부분을 일반적인 청원으로 여기라. 기도 말을 수정해도 좋다. 완전한 예수기도의 형식은 "주 예수 그리스도, 하나님의 아들이시여, 죄인인 나를 불쌍히 여기소서"이다. 세상을 위해 기도할 때면 기도문을 복수형으로 하여 "나" 대신에 "우리"를 사용해도 좋다. 예수님에 대해 다른 명칭을 사용하거나, 다른 청원이나 찬양을 사용해도 좋다.

매일 아침과 저녁에 20분 동안 예수기도를 하려고 노력하라.

2. 이콘은 말 대신 이미지를 제공함으로써 우뇌(right-brain)로 기도에 접근하게 해준다. 먼저 침묵하면서 마음을 가다듬은 후 이콘 앞에 서라. 이콘을 그림으로 여기지 말고, 다른 사람과 교제하게 해주는 통로가 되는 창문으로 여기라. 창문을 통해서 온갖 허물과 어려움을 지닌 당신 자신을 사랑으로 바라보라. 다른 사람들과 당신 자신을 동정심을 품고 깊이 생각하라.

3. 중세 시대에 수도사들과 수녀들이 실천한 훈련인 학문 연구는 모든 기독교인에게 중요하다. 앞에서 성경 공부에 대해 언급한 바 있다. 그러나 학습에는 개방적인 태도, 자신이 대하거나 읽는 것을 해석하는 기술, 그리고 새로운 아이디어나 경험의 가치를 평가하는 지혜가 포함된다. 학습에는 심혈을 기울여 책과 씨름하는 것이 포함되지만, 또한 자연, 사람, 예술, 음악 등에 전념하는 것도 포함된다.

4. 성 프란치스코와 성녀 클라라의 단순함은 우리가 사물에 의존하고 있음을 생각하게 해준다. 안타깝게도 단순한 생활 방식이 항상 단순하지는 않다. 단순하게 산다는 것은 더 많이 나누기 위해 덜 소비하는 것을 의미한다. 그것은 매시간 가능한 한 많은 활동을 하는 것이 아니다. 그것은 지구와 조화롭게 살기 위해서 에너지나 음식이나 소유를 허비하는 것을 의미하는 것이 아니다. 사람들은 이러한 단순한 생활 방식을 따르는 데는 일상생활에서의 근본적인 변화가 포함될 것이라고 여긴다. 그렇게 하는 것은 절대적인 것이 아니라 과정의 문제이다.

삶에서 단순화할 수 있는 면을 확인하는 데서부터 시작하라. 때때로 폐기하는 것보다 재활용하는 것, 다른 것으로 대체하기보다 수리하는 것, 자동차를 타는 것보다 자전거를 타는 것이 더 복잡하다. 그럼에도 당신 자신과 가족들의 소비와 낭비를 억제하는 방법을 찾는 것은 가치 있는 일이다. 당신의 생활 방식 전체를 다루려 하기보다 한 부분에서부터 시작하라.

"시간을 보내는 방식"도 당신이 소중히 여기는 것을 보여주는 상징이다. 바삐 헛수고하면서 보낸 시간을 철저히 따져보며, 더 침착하게 살 방법이 있는지 알아보라. 하늘, 풀, 그리고 소중한 사람들을 위해 시간을 보내는 것은 단순한 생활방식이다.

돈을 사용하는 방식도 영성의 중요한 부분이다. 수입의 일부를 영적 공동체와 궁핍한 사람들에게 기부하는 것은 영적 헌신의 실질적인 증표이다.

5. 묵주를 사용하여 기도하는 것을 고려해보라. 전통적인 방식의 기도가 편하면, 그 방식을 사용하라. 그렇지 않다면, 기도문을 당신의 신앙에 맞게 고쳐 사용하라. 예를 들면, 마리아의 송가의 마지막 줄을 바꾸고, 첫 줄을 성경에 기록된 대로 사용하라. 더 과격하게 기도문을 바꾸어보라. 예를 들면, 마리아의 송가 대신에 예수기도를 사용해보라.

참고 서적

Baggley, John. *Doors of Perception: Icons and Their Spiritual Significance*. Crestwood, N. Y.: St. Vladimir's Seminary Press, 1988.

Barrington-Ward, Simon. *The Jesus Prayer*. Oxford: Bible Reading Fellowship, 1996.

Gillet, Lev. *The Jesus Prayer*. Crestwood, N.Y.: St. Vladimir's Seminary Press, 1987.

Nouwen, Henri J. M. *Behold the Beauty of the Lord: Praying with Icons*. Notre Dame, Ind.: Ave Maria, 1987.

권장 도서

Jantzen, Grace M. *Julian of Norwich: Mystic and Theologian*. New York: Paulist, 1988.

Julian of Norwich. *Showings*. Translated by Edmund Colledge, O.S.A. and James Walsh, S.J. New York: Paulist, 1978. (*Classics of Western Spirituality* Series)

Leclerq, Jean, O.S.B. *The Love of Learning and the Desire for God: A Study of Monastic Culture*. New York: New American Library, 1961.

Meyendorff, John. B*yzantine Theology: Historical Trends and Doctrinal Themes*. New York: Fordham University Press, 1987.

Ruysbroek, John. *John Ruysbroek: The Spiritual Espousals and Other Works*. Classics of Western Spirituality Series. Translated by James A. Wiseman, O. S. B. New York: Paulist, 1985. (*Classics of Western Spirituality* Series)

Turner, Denys. *The Darkness of God: Negativity in Christian Mysticism*. Cambridge: Cambridge University Press, 1998.

제5장

개신교와 가톨릭교회의 개혁

 16세기는 어느 시대보다 강력한 종교적 소용돌이에 휘말린 시대이다. 400년 이상 유럽을 분열시킨 싸움으로 말미암아 북유럽은 남유럽과 동유럽에서 떨어져 나왔다. 대부분의 사려 깊은 가톨릭 신자들은 개혁이 필요하다는 데 동의하면서도 개혁의 종류에 대해서는 견해를 달리했다. 개신교로 개종한 가톨릭 신자들은 교회의 정치 구조만 아니라 신학, 전례, 성례, 영성 등의 분야에도 개혁이 필요하다는 견해에 이르렀다. 로마에서는 그러한 개혁을 환영하지 않았고, 교황은 이러한 신자들을 파문하고 정죄했다. 따라서 교황권과의 결별이 불가피해졌다. 한편 가톨릭교회 안에 남은 개혁자들은 트리엔트 공의회에서 사제들의 교육 개혁, 감독들의 악습 교정, 그리고 교회의 중앙집권화된 관리를 위한 승인을 얻으려 했다. 스페인의 가톨릭교도들이 이 분야에서의 영적 개혁을 주도했다.
 가톨릭 측과 개신교 측은 서방 기독교계의 개혁을 원했으며, 중세 시대 후기와 현대를 분명히 구분했다.

개신교 교파와 개신교 운동

1500 루터파, 개혁주의, 급진파, 성공회
1600 경건주의, 청교도주의
1700 감리교(복음주의, 이성주의)
1800 성결교
1900 오순절 운동
2000

1. 루터와 루터교

나의 이해력이나 능력으로는 내 주 예수 그리스도를 믿거나 그분에게 갈 수 없습니다. 성령께서 복음을 통해서 나를 부르시고, 은사로 나를 비추어주시고, 나를 거룩하게 하시고 참믿음 안에 지켜주셨습니다. 이는 그분이 세상에 있는 완전한 교회를 거룩하게 하시고 예수 그리스도와 함께 하나의 참믿음 안에 보존하시는 것과 같습니다. 이 그리스도의 교회 안에서 성령은 내 죄와 모든 신자의 죄를 용서하십니다. 마지막 날에 성령께서 나와 모든 죽은 자들을 일으키시며, 나와 그리스도 안에 있는 모든 신자에게 영생을 주실 것입니다. 이것은 진실입니다.[1]

---

1) *The Book of Concord: The Confession of the Evangelical Lutheran Church*, ed. Robert Kolb and Timothy J. wengert (Minneapolis: Fortress, 2000), 355-56.

―마틴 루터, 소요리문답

　루터(Martin Luther, 1483-1546)는 영적 문제 때문에 비텐베르크에서 종교개혁을 주도했다(지도 4를 보라). 그는 중세 후기의 많은 종교적 의무를 행함으로써 은혜로우신 하나님을 찾았지만, 그러한 행위로 만족을 얻지 못했다. 그가 로마서 1장에 기록된바 복음과 하나님의 의에 대한 바울의 말을 이해했을 때 비로소 낙원의 문이 열렸다. 그는 하나님의 의가 인간이 노력하여 얻는 것이 아니라 값없이 주어지는 선물임을 깨달았다. 그는 자신이 일상생활의 일반적인 행동에서 이웃을 사랑하기 위해서 보속의 법, 순례, 수도원 등에서 해방되었다고 느꼈다.

지도 4: 종교개혁 시대의 유럽

루터는 다른 개혁자들과는 달리 가톨릭의 유산을 버리지 않고 개혁하기를 원했다. 그의 표준은 복음에 대한 이해, 즉 사람이 믿음으로 말미암아 은혜로 의롭다 함을 얻는다는 것이었다. 그는 이 기준에 따라 미사, 사제의 의복, 교회력, 교회 건축 등의 대부분을 보존하기로 했다.

루터는 모국어 성경, 찬송, 찬양, 고해 성사의 개혁 등을 옹호했지만, 순례(먼 곳에 있는 성지를 방문하는 일), 성유물 숭배(성경의 인물과 성인들의 유해와 유물 숭배), 독신 서원 등의 관습을 근절했다. 그는 이것들을 하나님의 은혜로만 얻을 수 있고 인간의 공로가 될 수 없는 것을 자신의 노력으로 얻으려는 시도로 간주했다.

오늘날 우리가 유익한 것과 그렇지 못한 것을 결정하기 위해서 전통을 의지하듯이, 루터도 그렇게 행했다. 그는 교부들과 신비가들의 글을 연구했고, 바울이 표현한 복음을 영적 전통을 판단하는 표준으로 사용했다. 이 방식은 그로 하여금 일부 작가들을 인정하고 일부 작가들을 배격하게 했다.[2]

루터가 신비주의 전통을 존중한 것은 그가 약 100년 전의 익명의 저술인 『독일 신학』(Theologica Germanica)을 출판한 데서 찾아볼 수

---

2) Bengt R. Hoffman, *Luther and the Mystics: A Re-examination of Luther's Spiritual Experience and His Relation to the Mystics* (Minneapolis: Augsburg, 1976); Hoffman, *Theology of the Heart: The Role of Mysticism in the Theology of Martin Luther*, ed. Pearl Willemssen Hoffman (Minneapolis: Kirk House, 1998).

있다. 그는 이 책이 평신도들에게 유익하다고 생각하여 두 번 출판했다. 그러나 그의 독특한 관점은 1520년에 펴낸 『기독교인의 자유』(The Freedom of a Christian)에 등장한다. 이 논문에서 영혼이 그리스도와 결혼한다는 신비적 상징이 새로운 의미를 취한다. 즉 그리스도의 의와 영혼의 죄를 교환한다는 것이다. 그 논문은 역설적인 진술로 시작되는데, 그것은 많은 주제에 관한 루터의 사상의 특징이다: 기독교인은 완전히 자유로운 만물의 주인이며, 누구에게도 예속되지 않는다. 기독교인은 만물의 종으로서 만물에 예속된다.[3]

이 역설의 근저에는 복음이 우리를 죄와 죽음과 사탄의 속박에서 해방했으며, 우리가 이웃에게 그리스도가 되어 그들을 섬기게 한다는 루터의 견해가 존재한다.

루터는 평생 영적 공격, 혹은 *Anfechtungen*과 씨름했다. *Anfechtungen*이란 깊은 절망, 하나님 앞에서 그의 지위에 대한 도전으로서 죄책감이라는 심연과 사탄의 조롱에 빠지는 것을 의미했다. 루터는 이러한 경험을 영적 여정의 불가피한 부분으로 본 것이 아니라, 악과 싸우는 영적 싸움으로 여겼다. 여기에서 그의 신앙의 객관적이고 성례적인 측면이 그를 구해주었다. 왜냐하면 그는 그 공격에 맞서 "나는 세례를 받았습니다"라고 말할 수 있었고, 비록 그가 연약

---

3) Martin Luther, *The Freedom of a Christian*, in *Martin Luther's Basic Theological Writings*, ed. Timothy F. Lull (Minneapolis: Fortress, 1989), 596.

하고 악하지만 하나님께서 그를 자기 것이라고 주장하신다고 믿고 의심을 잠재울 수 있었다.

루터는 기독교인이 평생 죄인이라고 믿었다. 기독교인은 선한 의도와 선행, 그리고 기도와 성경 읽기에도 불구하고 여전히 죄인이며, 그들의 경건한 죄가 육적인 죄보다 더 악할 때도 있다. 그는 기독교인이 하나님의 완전한 법 아래서 정죄 받은 죄인인 동시에 십자가에 달리신 예수님의 대속 때문에 하나님께서 의롭다고 간주하시는 성도라고 주장했다. 따라서 그는 기독교인의 성장에서 많은 외적인 변화를 기대하지 않았다. 그는 거룩 안에서의 성장이라는 주장을 의심했으며, 그러한 성장을 목표로 삼지도 않았다. 루터는 단지 하나님의 은혜가 필요하다는 깨달음 안에서 진보하기를 원했다.

영성에 관한 루터의 가르침은 실용적이지만, 하나님과의 합일을 얻는 방법에 의구심을 가졌다. 루터는 자기의 이발사에게서 기도하는 방법에 관해 질문을 받고 대단히 실질적인 편지로 답변했다. 그 편지에서 그는 기본적인 것, 즉 십계명, 신조, 그리고 주기도문으로 돌아가라고 충고했다. 그는 이 가르침의 각 부분에서 배울 만한 것, 용서를 구해야 할 것, 하나님께 감사와 찬송을 돌려야 할 것, 그리고 누군가를 도와달라고 청원해야 할 것을 찾아 꽃다발을 만들라고 충고했다.[4]

---

4) Walter Trobisch, "Martin Luther's Quiet Times," *Complete Works of Walter Trobisch* (Downers Grove, Ill.: InterVarsity Press, 1987), 703-

이처럼 기본적인 것으로 돌아가려는 태도가 루터교 영성에 영향을 미쳐온 루터의 『소요리 문답』(Small Catechism)의 기초이다. 루터는 그의 『대요리 문답』(Large Catechism)에서 그의 기본적인 영적 가르침 중 하나—신자의 삶은 매일의 세례, 날마다 회개와 용서 안에서 그리스도와 함께 죽고 사는 것이라는 가르침—를 제시한다. "이 두 부분—물에 들어갔다가 나오는 것—은 세례의 능력과 효과를 가리키는데, 그것은 옛 아담의 죽음과 새 사람의 부활이다. 이 두 가지 행위가 우리 안에서 평생 계속되어야 한다. 그러므로 신자의 삶은 한 번 시작되어 영원히 계속되는 매일의 세례이다."[5]

루터는 "영광의 신학"(theology of glory)에 반대하여 "십자가의 신학"(theology of the cross)을 옹호했다. 그는 인간의 상태와 무관하게 모든 것을 거대한 조직의 일부로 해석하는 신학 방식에 반대했다. 그는 이것이 철학자 아리스토텔레스가 사용했고 중세 시대의 신학자들이 따르는 방식이라고 생각했다. 그러나 루터가 주장하는 십자가의 신학은 인간의 이성과 기대에 위배되는 것으로서 그리스도가 십자가 위에서 당하신 고난으로 시작된다. 루터는 인간이 십자가 위에서 하나님을 발견한다고 말했다. 하나님이 십자가에 달리셔서 인류에게 사랑의 은혜를 드러내 주신다.

714.

5) Ibid., 444-45.

루터의 "십자가의 신학"을 "십자가의 영성"으로 확대할 수 있다. 십자가의 영성은 고통과 고난을 통해서 예수를 따르며, 우리를 천국으로 올라가게 해주는 승리의 전율을 제공하지 않는다.

루터의 한 가지 주요 개념은 소명이었다. 이것은 수도원이나 사제로의 부름이 아니고, 숙련된 직업의 범위를 의미하는 것도 아니었다. 루터의 소명이라는 개념은 삶 전체를 포함했다. 그것은 예수의 제자가 되고, 가족의 역할을 이행하고, 이웃을 사랑하고, 직업으로 이웃을 섬기라는 하나님의 부르심이었다. 루터의 명언 중에 제화공은 자기가 만든 신발에 십자가 무늬를 새기는 것이 아니라 튼튼한 신발을 제작함으로써 소명을 나타내라는 부름을 받았다는 말이 있다.

루터가 죽은 후 그의 추종자들은 가톨릭교도들, 그리고 루터교회 내의 곡해로부터 그들 자신과 루터의 가르침을 변호하기에 바빴다. 때로 "정통 시대" 혹은 "고백 시대"라고 불리는 이 시기는 복음에 대한 루터의 새로운 이해를 체계화하고 옹호한 시기였다.

이러한 상황에서 경건주의(Pietism)라는 새 운동의 활력소가 된 글을 저술한 목사와 후일 루터교의 최고 정통 신학자가 된 젊은 지성인의 우정이 발달했다. 젊은 요한 게르하르트(John Gerhard, 1582-1637))는 15세 때 요한 아른트(John Arndt, 1555-1621)의 영향을 받아 사역을 시작했다. 게르하르트는 『성스러운 묵상』(Sacred Meditations)을 저술할 정도로 루터파 경건을 위한 소명을 도외시하지 않았다. 그러나 고백 시대의 정신은 마음의 정감보다 논쟁적인 것, 객관적인 것, 지나치게 규칙적인 것을 선호했다.

아른트는 설교와 저술이 그 시대 사람들의 것과 같지 않았다는 점에서 혁신가였다. 그는 루터주의의 "순수한 교리"를 옹호하기보다는 루터주의를 추종하는 사람들의 영적 회복을 진작하는 데 관심을 두었다. 네 권으로 이루어진 그의 저서 『진정한 기독교』(True Christianity)는 잠자는 루터 교도들을 깨우는 종소리요, 죄를 자각하라는 예언자의 소리요, 매일 거듭남을 통해서 중생하라는 도전이었다. 그는 가톨릭적이고 이단적인 경향으로 흐른다는 비난을 받았지만, 친구 요한 게르하르트 덕분에 정죄 되지 않았다. 아른트는 17세기 말에 등장할 루터교 경건주의의 기초를 놓았다.

추종자들이 볼 때 루터는 탁월한 인격의 소유자였다. 오늘날도 루터 교도들이 루터를 존경하고 연구하는 태도는 다른 교파가 그 창시자를 대하는 태도가 따라갈 수 없을 정도이다. 루터는 어떤 체계를 제시하지 않았지만, 루터 교도가 아닌 사람들도 그의 정력적인 투쟁과 솔직한 선포를 본받고 있다. 그러나 루터교의 전통이 항상 루터를 따르지는 않았고, 루터를 완벽하게 안 것도 아니었다. 20세기에 비로소 그의 저서들을 출판하고 철저하게 연구하게 되었다. 루터교의 전통과 루터는 대화 안에, 때로는 긴장 안에 선다.

(2) 개혁파 개신교

개신교 개혁파는 스위스 취리히에서 루터와 같은 시대의 인물인 울리히 츠빙글리(Ulrich Zwingli, 1484-1531)의 지도 아래 시작되었다. 츠빙글리는 루터보다 더 심하게 가톨릭 전통을 거부했다. 루터와 츠빙글리는 1529년에 단 한 번 만났는데, 그때 성만찬의 의미와 실천에 관해 두 사람의 의견이 충돌했다. 그 직후 츠빙글리는 가톨릭 군대와의 전쟁에서 사망했다.

츠빙글리는 오로지 말씀의 영성을 원했고, 전례나 성례를 강조하지 않았다. 그는 교회력에 따라 읽어야 하는 성구집, 사제의 의복, 악기, 교회의 시각 예술 등 가톨릭 전통을 거부했다. 그는 이것들을 중심되는 말씀에서 이탈한 것이라고 보았다. 성경에서 명한 것이 아닌 관습은 가톨릭교도들이 만들어 낸 것이므로 버려야 한다고 주장했다. 심지어 그는 교회의 오르간을 열지 못하도록 못질했다고 한다. 이것은 루터의 원리와 대조된다. 루터는 성경에 위배되지 않는 관습을 인정했다.

츠빙글리의 영성의 특징은 내면성과 성경 지식을 강조한 것이다. 그는 내적 제자도와 외적 제자도를 구분했고, 내면적인 것만 소중한 것으로 간주했다. 그는 기독교인이라는 명칭을 원하면서도 진지하게 마음으로 헌신하지 않는 사람들을 염두에 두었다. 따라서 표면적인 것은 "세상"과 동일시되고, 가치 없는 것으로 간주되었다.

츠빙글리는 성경을 가르침으로써 인간의 무지를 극복하려 했다. 따라서 가톨릭 전통의 심미적·성례전적·신비적 차원의 것들을 거부했고, 성경에 기초한 이성주의를 택했는데, 이것은 뉴잉글랜드의 청교도 및 오늘날에 이르기까지 미국 개신교를 포함하여 개혁파 전통의 여러 부분에 영향을 미쳤다. 개혁주의 전통에서 이 부분은 칼빈에게서 비롯된 온건한 부분과 긴장 관계에 있다.

존 칼빈(John Calvin, 1509-1564)은 더 후대의 개혁가이다. 그가 개신교적 견해를 가지고 있음을 알게 된 당국을 피해 그는 간신히 프랑스에서 도망쳤다. 경찰이 현관문을 두드리는 동안 뒷문으로 도망친 것이다. 칼빈은 학자가 되기를 원했지만, 제네바 사람들은 칼빈이 그곳에 정착하여 새로운 종교 질서와 정치 질서를 시험하는 자기들을 지도해줄 것을 간청했다. 그곳에서 그는 그 무렵 순교자로 간주되던 츠빙글리의 전통을 물려받았으며, 그렇기 때문에 그것을 바꿀 수 없었다. 예를 들면, 칼빈의 신앙은 성찬론적이었기 때문에 매주 성찬식을 거행하기를 원했지만, 이미 츠빙글리가 주장하는 일 년에 네 번 행하는 형태가 뿌리를 내리고 있었다.

칼빈의 신학은 흔히 예정론(창조 이전에 하나님이 이미 구원받을 자들을 선택하셨다는 교리)을 포함한다고 알려져 있지만, 후일 칼빈주의는 예정 강조와 영성에 있어서 칼빈의 원래 의도와 사뭇 달라져 있었다. 칼빈의 가르침은 하나님의 주권과 사랑에 대한 의식에서 생겨난 것이었다. 만일 인간이 스스로 의롭다 할 수 없고 하나님만이 의롭다 하실 수 있다면, 칭의의 은사는 하나님께서 택하신 사람들에게 주시는 것이어야 한다. 칼빈이 주장한 예정론의 핵심은 인간과 하나님의 관계가 안전하다는 것을 아는 데서 오는 위로였다. 인간은 최후 심판에 대해 걱정할 필요가 없다. 이는 하나님께서 이미 선택하셨기 때문이다. 그러므로 신자는 자신감을 가지고 걱정 없이 하나님의 뜻을 실천할 수 있다.

예정이 아니라 신자와 그리스도의 신비적 합일이 칼빈 영성의 출발점이었다. 그는 인간이 세례를 통해 그리스도와 연합하며, 평생 그 연합 안에서 성장한다고 가르쳤다. 이 연합(합일)은 가톨릭 전통이나 정교회 전통 안에 있는 신비가들이 주장하는 합일과 매우 다르게 여겨진다. 이 신비적 합일은 믿음으로 주어지는 것이지, 점진적인 성장 단계를 지닌 긴 여정의 종착점이 아니다. 그러므로 기독교인은 그리스도와 연합하여 사는 신비가이다. 바울은 이것을 "그리스도 안에 거한다"라고 말했다.

칼빈은 이 과정에서 칭의와 성화는 하나님의 선물이라고 했다. 그는 칭의가 은혜로만 주어진다는 루터의 견해에 동의하면서도, 동시에 주어지는 성화(사람들이 거룩해지기 위해 거쳐야 하는 과정을 일컫는 용어)의 은사를 더 강조했다. 칼빈은 루터와는 달리 신자들에게서 식별할 수 있는 성장을 보기를 기대했다. 그는 우리가 행위로 구원받는 것이 아니라 행위를 위해 구원받는다고 강조했다.

칼빈은 영성 훈련을 강조했고, 루터는 규정된 관습으로부터의 자유를 소중히 여겼다. 칼빈의 저술을 보면 그가 개인만 아니라 공동체를 중시했음을 알 수 있다. 그는 자아를 아는 데서 지성의 능력을 의심했고, 언어의 능력을 높이 평가했다. 그는 하나님의 능력과 주권, 그리고 온유하심에 압도되어 있었다. 그는 기독교인들의 아버지요 어머니이신 하나님에 대해 논했다.[6]

유럽 개혁주의 전통은 루터교 전통처럼 스콜라주의 시대를 거치면서 자체를 교리상으로 정의했고, 그에 대한 반발로 경건주의가 등장했다. 츠빙글리의 영성은 종종 칼빈의 영성을 무색하게 했고, 칼빈의

---

6) *Sermon on Job*, OC 34, col. 316; *Commentary on Isaiah* 42:14, OC 36, col. 69.

신학은 신비적 합일에 대한 그의 사상보다는 예정론이 중시됨으로써 잘못 해석되었다. 그러나 개혁주의 전통은 다른 전통보다도 기독교인의 공적인 책임이라는 개념을 잘 보전하고 있다. 개혁주의 신앙은 사회 안에 있는 사람들의 고난에 무관심하지 못하다. 기독교인들은 공동생활의 건강을 유지해야 할 책임을 지닌다.

(2) 재세례파

가톨릭교회와 루터교회와 개혁교회와 의견을 달리하는 다양한 작은 집단들은 박해를 받았다. 그들의 다수가 "신자들의 세례"를 지지했기 때문에 재세례파라고 불렸다. 당시 대부분의 유럽인은 이미 유아 세례를 받고 있었다. 세례받을 때 물에 들어가야 한다는 그들의 신앙이 악용되어 그들은 물에 빠뜨려 죽임을 당했다.

이 집단의 가르침이 근본적으로 가톨릭과 개신교의 공통된 견해와 달랐을 뿐만 아니라, 정치적으로나 사회적으로나 경제적으로 정부를 위협했기 때문에, 이들은 두려움과 멸시의 대상이 되었다. 루터는 그들을 슈베르머(Schwermer)라고 정죄했다. 일부 집단은 하나님에게서 오는 직접 영감이 성경의 가르침을 대체한다고 말했다. 그러므로 그들은 영적이고 정치적인 무정부상태를 고취하는 듯했다. 1534-1535년에 과격하게 뮌스터를 장악한 일 때문에 가톨릭교도와 개신교인들은 이들을 좋지 않게 보았다. 두 사람이 "왕"이 되어 자기 견해에 복종할 것을 요구하고, 일부다처제를 인정했으며, 하나님의 나라가 이미 세상에 임했다고 주장했다. 물론 많은 재세례파 교도들은 이 "왕국"을 인정하지 않았다.

이 집단들의 공통된 신념은 유아세례가 유효하지 않다는 것이었다. 즉 신약성경에 기록된 것처럼 인간은 신앙을 소유한 후에 세례를 받아야 한다는 것이다. 그때 그는 선발된 공동체의 구성원, 박해받는 사람들, 예수님의 유일하고 참된 제자가 된다. 이 공동체는 신약성경의 관습, 특히 산상수훈(마 5-7장)의 관습을 공유했다. 그들은 공적인 의무나 전쟁에 참전하여 싸우는 것을 거부했다. 이 집단들 내에도 다양한 집단이 있었는데, 어떤 집단은 평화주의요 어떤 집단은 군국주의였다.

메노파 영성을 포함한 재세례파 영성은 개인적인 제자도, 세상 유행을 멀리함, 굳게 단결한 공동체가 시행하는 엄격한 도덕법, 평화주의, 단순한 생활 방식, 성령의 직접 감화 등을 기대했다. 메노파는 21세기에 단순한 삶에 대해 많은 것을 가르쳐준다.

(3) 성공회

영국 국교회(성공회)는 16세기에 험한 시련을 겪었다. 한편으로는 교황과 교회의 관습에 대한 가톨릭교회의 충성, 다른 편으로는 영국 민족주의와 성경적인 예배의 단순성에 대한 개혁파 개신교의 신앙의 차이로 말미암아 양측에서 순교자들이 배출되었고, 그다음 세기에 내란이 발생했다. 제네바 종교개혁의 영향을 받아 가톨릭 교인도 아니고 영국 국교회에 속하지도 않은 비국교도들이 있었다. 성공회 영성은 개인적 성장을 위한 상황으로 공동 전례를 강조했다. 어느 성공회 신자는 "『공동기도서』(The Book of Common Prayer)는 생활의 규칙이다. 그것은 기독교인이 되는 성공회의 방법을 묘사하고 형성하고 뒷받침해 준다"[7]라고 표현했다.

토마스 크랜머가 처음 그 기도서를 저술했지만(1549), 그 후 여러 차례 개정되었다. 시편 기도는 성공회 예배의 중요한 부분이다. 이 관습은 수도원의 성무일과 전례를 따른다. 수집된 기도문들은 성공회의 감수성과 세련된 문학 양식을 드러내 준다. 두 가지 예를 들어보면 다음과 같다:

전능하신 하나님, 모든 사람이 당신께 마음을 엽니다. 당신은 모든 소원을 아시는 분, 당신께 감출 비밀이 없습니다. 당신의 성령의 감화로써 우리 마음의 생각을 깨끗하게 하사 우리가 당신을 사랑하며 당신의 거룩한 이름을 합당하게 찬양하게 해 주십시오.[8]

하나님, 모든 거룩한 소원, 모든 선한 조언, 모든 의로운 행위가 당신에게서 나옵니다. 세상이 줄 수 없는 평화를 당신의 종들에게 주십시오. 그리하여 우리 주 예수 그리스도의 공로로 우리 마음이 당신의 계명에 복종하며, 당신으로 말미암아 우리가 모든 원수에 대한 두려움에서 보호받아 편안하고 고요하게 세월을 보내게 해주십

---

7) Paul V. Marshall, in *Protestant Spiritual Traditions*, ed. Frank C. Senn (New York: Paulist, 1986), 133.

8) *The Book of Common Prayer: And Adminstration of the Sacraments and Other Rites and Ceremonies of the Church* (New York: Church Hymnal Corp., 1979), 323,

시오, 아멘.

16세기 이후의 성공회 영성의 역사에는 많은 시인이 포함된다. 최초의 시인 중 하나인 조지 허버트(George Herbert, 1593-1633)의 시는 놀라운 이미지와 심오한 신앙을 드러낸다. 허버트는 종종 온건한 견해를 가진 성공회 신자로 인용된다. 그는 잠시 교구 사제를 지냈다. 그의 사후에 출판된 시집 『성전』(The Temple, 1652)은 여러 교파 성직자들의 영혼 돌봄에 영향을 준 목회적 돌봄에 관한 심오한 묵상집이다.

존 던(John Donne, 1571-1631) 역시 초기의 사제-시인이다. 그는 성육신에 관한 확신에 기초한 재치 있는 시로 알려져 있다. 그는 육과 영을 놀라운 방식으로 결합했다. 던은 "누구도 섬이 아니며," 모든 인류는 대륙의 일부로 서로 연결되어 있다는 것, 그리고 "죽음이여, 오만하지 말라"는 묵상으로 기억된다.

가장 영향력 있는 성공회 신학자는 랜설롯 앤드루스(Lancelot Andrewes, 1555-1626)와 제레미 테일러(Jeremy Taylor, 1613-1667)이다. 오늘날 일부 성공회 신자들은 앤드루스를 가장 훌륭한 성공회 영성을 구현한 사람으로 본다. 그는 1611년에 킹제임스성경 번역에서 주요한 역할을 했다. 그는 그 시대에 유력한 성직자였고, 20세기의 시인 T. S. 엘리엇에게 영향을 주었다. 제레미 테일러의 『거룩한 삶』(Holy Living, 1650)과 『거룩한 죽음』(Holy Dying, 1651)은 성경과 교부들의 글을 활용한 실질적인 경건 지침서이다. 테일러는 영국의 가장 위대한 기도문 작가 중 하나이다.

초기 성공회에는 후일 세 분파로 성장할 씨앗이 담겨 있었다. 자유주의 교회, 혹은 광교회(18세기)는 성경과 자연에서 발견되는 하나님의 진리를 적용하고 표현하는 데 인간 지성의 역할을 강조했다. 복음주의 교회, 혹은 저교회(low church; 18세기)는 회심을 위한 설교와 활기찬 찬송을 강조하며 동시에 유럽에서의 개신교 개혁자들의 가르침을 강조했다. 보편교회, 혹은 고교회(high church; 19세기)는 감독들과 성례의 역할, 교회의 초기 교부들, 그리고 로마 가톨릭교회와의 유대를 강조했다. 오늘날 이 분파들은 과거처럼 두드러지지 않지만 여전히 식별할 수 있다.

다양한 관점을 수용하기까지 오랜 세월이 흘렀지만, 결국 성공회는 신학적 관점에서의 차이점들을 수용했다. 이러한 경험에서 발달한 것이 성공회를 가톨릭 전통과 개신교 전통과 정교회 전통 사이의 교량으로 보는 우리 시대의 견해이다. 성공회 신자들은 이 교회를 개신교로 여기지 않고, 가톨릭교회의 분리된 지파로 여긴다.

오늘날 전통적인 성공회 신자들은 되도록 많은 견해를 수용하려 하며, 그래서 신학적 견해나 윤리적 견해와 관련하여 배타적이지 않고 한 가지 형태의 예배, 공동 기도서 안에서 연합하는 데 동의한다, 그들의 연합의 기초로서 예배가 신학보다 우선한다. 성공회 신자들은 여러 지류를 지닌 강력한 영적 전통을 발달시켰다. 공동 예배가 중심이며, 그 상황에서 개인의 경건이 실천된다. 오늘날 아메리카에는 성공회와 성적인 문제와 관련하여 분리한 사람들 사람들 사이에 윤리적 견해의 차이가 있다. 그러나 양측 모두 예배를 중심으로 여긴다.

16세기에 나타난 네 가지 형태의 개신교회, 즉 루터교회, 개혁교회, 재세례파, 그리고 성공회는 세월이 흐르면서 수적으로도 증가하고 다양해졌다. 오늘날 전 세계의 다양한 문화적 상황에서 이 교회들이 발견된다. 공통적인 것은 성경을 강조하는 것, 그리고 가톨릭교회의 다양한 악습뿐만 아니라 기본적인 원리와 일반적인 영적 관습의 개혁 필요성을 확신하는 것이다.

2. 가톨릭교회의 개혁

일부 가톨릭 신자들이 좌절하여 교회를 떠날 때, 대부분의 교인이 교회 생활의 장애물이라고 생각하는 악습들을 억제하기 위해 일한 사람들이 있었다. 교회의 제도적인 생활에서의 변화, 그리고 개신교인들의 신학적 도전에 대한 반응이 절실하게 필요했다.

트리엔트 공의회(Council of Trient)는 이 두 가지 문제를 다루려 했다. 이 회의는 1545년부터 1563년까지 북이탈리아에서 개최되었다. 공의회는 사제 교육의 개선과 주교들의 악습을 법적으로 금지하는 일에서 진보했다. 예를 들어 높은 금액을 제시하는 사람에게 감독직을 매매하거나 감독의 사생아가 감독직을 물려받는 것이 금지되었다.

신학적인 측면에서 트리엔트 공의회는 개신교 운동과 구분되는 가톨릭주의를 정의한 교리적 진술을 작성하여 개신교인들이 공격하는 것들을 옹호했다. 개신교인들은 이신칭의의 교리를 가르친다는 이유로 정죄 되었다. 개신교에서 인정하는 두 가지 성례와는 달리 일곱 가지 성례를 택했다. 성경의 정경에 구약 성경의 위경도 포함하도록 정의했다. 당시 상황으로 볼 때 트리엔트 공의회가 보수적이고 방어적인 반응을 나타낸 것은 이해할 수 있지만 유감스러운 일이었다. 이후 400년 동안 가톨릭 측과 개신교 측은 서로를 배격했다. 1960년대에 개최된 제2차 바티칸 공의회 때 비로소 기독교계의 이 두 파 사이에 진지한 대화의 문이 열렸다.

(1) 이냐시오 로욜라와 예수회

루터가 독일에서 자신의 가르침을 옹호하던 시기에 이냐시오 로욜라(Ignatius of Loyola, 1491[?]-1556)는 스페인에서 영적인 글을 읽고 심오한 회심을 경험했다. 그는 1521년 팜플로나 전투에서 중상을 입고 집에서 요양하면서 예수님의 생애와 성인전을 읽었다. 그는 낭만적인 기사도 대신에 예수 그리스도께 헌신했다. 후일 그는 만레사에서 기독교 영성사에서 가장 훌륭한 책 중 하나인 『영신 수련』(Spiritual Exercises)을 저술하기 시작했다.

이냐시오는 감사의 서원을 이행하기 위해서 성지를 여행한 후 파리에서 신학을 공부했다. 그곳에서 그와 같은 생각을 하는 사람들이 모였다. 결국 1540년에 이 집단은 로마에 가서 교황에게서 예수회(Society of Jesus)라는 교단 설립 허가를 받았다. 이냐시오는 수도회의 총장에 선출되었고, 남은 생애 동안 로마에 있는 사령부에서 지내면서 교단을 이끌었다.

『영신 수련』은 피정 지도자를 위한 교본이다. 여기에 수록된 가르침들은 특수하며 융통성이 있다. 그것은 30일 동안 피정하면서 경험을 통해서 삶의 방향에 대한 분별을 얻기 위한 것이었다. 이 기간에 피정하는 사람은 날마다 영적 지도자를 만나며, 4~5시간 기도하고, 미사에 참석하고, 침묵한다. 이냐시오는 지도자가 이 프로그램을 개인의 형편에 따라 조정하는 것을 장려했다. 현재 예수회 회원들은 30일 동안 피정하지만, 종종 기간을 단축하기도 한다.

『영신 수련』의 역설적인 특성은 합리적이면서도 목적을 성취하기 위해서 감정에 호소한다는 점이다. 피정자는 성경에 등장하는 장면을 재구성하기 위해서 상상력을 발휘한다. 이 과정에서 마음의 움직임에 참여하고 느낀다. 이 프로그램은 개인에게 다소 분명하면서도 확고한 틀 안에서 자유를 주며, 예수를 따르는 방법에 관한 결정에 이르게 하기 위해 고안된 것이다. 날마다 양심을 성찰하는 것도 『영신 수련』에 규정되어 있는 중요한 훈련이다. 그것은 하나님에게 복종하며 하나님의 인도하심을 분별하는 훈련이다.

이냐시오가 세운 예수회는 새로운 형태의 급진적인 종교 공동체였다. 그것은 교단에 대한 개인적인 헌신을 개별화함에서 탁발 교단들(프란치스코회와 도미니크회)보다 한발 앞섰다. 예수회 회원들은 공동체에서 멀리 떨어져 자력으로 지내곤 했다. 정주(定住) 서원이 베네딕트회의 수도 서원의 일부였던 데 반해, 예수회 회원들은 자기들을 필요로 하는 곳이라면 어디로든 여행하는 것을 금욕적 의무로 여겼다. 또 "활동하는 관상"이라는 이상은 예수회 회원들이 항상 공동체 안에서 생활하지는 않고, 필요할 경우 어디든지 여행할 수 있음을 의미했다. 함께 모여 지내는 사람들을 위한 성무일도(聖務日禱)가 없었다. 이처럼 과거의 전통을 버린 것은 사람들을 위한 봉사가 공동 예배보다 우위에 있음을 의미했다. 예수회 회원들은 각기 자신의 성무일과, 즉 그날을 위해 정해진 기도문으로 기도하고 성경 읽는 시간을 가져야 했다.

이냐시오의 이상은 부분적으로 바울의 영향을 받은 것이다. 루터의 종교개혁의 기초도 바울에 있었다. 이냐시오를 감화한 것은 바울의 선교사로서의 생활 방식, 어떤 사람을 구원하기 위해서 모든 사람에게 모든 것이 되려 한 태도, 즉 모든 사람에게 잘해 주려는 태도였고, 루터에게 감명을 준 것은 바울 서신의 신학적 내용이었다. 이냐시오와 예수회 회원들은 루터주의에 반대했으며, 교황에 대한 충성과 순종을 서원했다. 그들은 트리엔트 공의회에서 믿음으로 말미암는 칭의라는 루터의 견해를 정죄할 것을 주장했다.

피정에서 비롯된 영적 지도는 예수회의 특징이 되었다. 후대의 역사에서 예수회 회원들은 유럽의 많은 강력한 지도자들의 고해신부나 지도자가 되었고, 교회의 유익을 위해서 그들의 영향력을 이용했다는 의심을 받았다.

사도 바울에게서 감화를 받은바 섬김을 위한 여행이라는 이상 때문에, 많은 예수회 회원이 유럽뿐만 아니라 라틴아메리카, 아프리카, 그리고 아시아에서 선교사로 활동했다. 그중 가장 유명한 사람은 중국에서 활동한 마태오 리치(Matteo Ricci, 1552-1610)와 인도에서 활동한 로베르토 데 노빌리(Roberto de Nobili, 1577-1656)이다. 이들은 자신이 활동하는 국가의 문화를 존중했고, 기독교를 그 문화에 맞추어 조정하는 데 성공했다. 그 결과 그들은 사회의 세력가와 지식층의 지지를 얻었지만, 영속적인 교회를 세우지 못했다. 그들의 접근방식은 훨씬 후대의 선교 역사, 선교지의 문화를 존중하지 않는 선교사들이 사회의 가난한 자들과 한계인들을 교회를 끌어들인 시대와 대조를 이룬다.

초기 예수회는 신비적인 것과 실질적인 것의 균형을 이루었지만, 이냐시오의 사후에는 그것이 유지되지 못했다. 그 교단은 정치적 활동 때문에 1773년에 해산되었으나, 1814년에 정치적인 음모 없이 복원되어 세계에서 가장 규모가 큰 가톨릭 수도회가 되었다.

(2) 아빌라의 테레사와 십자가의 요한

예수의 테레사(Mother Teresa of Jesus, 1515-1582)는 스페인의 위대한 신비가요 개혁자이다. 그녀는 12세기 중반 성지의 갈멜산에 세워진 카르멜 수도회의 수녀가 되었다. 테레사는 후대의 완화된 카르멜회 규칙이 아니라 초기의 엄격한 규칙을 따른 개혁 운동의 지도자가 되었다. 그 개혁 운동은 "맨발"의 수도회라고 불리게 되었다. 테레사는 많은 새 수녀원을 세우고, 교회 당국자들에게 개혁 운동을 옹호하는 일에 개입했다.

테레사는 신비가로서 큰 영향력을 지녔다. 그녀의 전기는 그녀가 받은 시련과 발달 과정을 언급한다. 그녀는 1538-1539년에 중병을 앓은 일, 1554년에 회심하여 깊은 영성생활에 들어간 일, 1559년에 그리스도께서 창으로 그녀의 가슴을 찌르시는 환상을 본 것 등을 기록했다. 주위 사람들은 그녀가 빈번하게 환상을 보는 것과 "말투"가

마귀에게서 온 것이 분명하다고 말했기 때문에, 그녀는 다른 신비가에게서 건전한 충고를 얻기 전까지 매우 걱정했다. 그녀의 이야기는 제대로 된 영적 지도의 중요성을 예증해준다. 그녀의 저서인 『내면의 성』(Interior Castle)은 영적 발달에 대한 철저한 분석이다. 그녀는 일곱 개의 "궁방" 안에서 하나님을 향한 영혼의 여정, 정화의 단계에서 조명의 단계를 거쳐 합일의 단계까지 묘사한다. 또 그녀는 기도와 묵상과 관상을 분류했다. 그녀는 두 종류의 수동적 관상, 즉 정적(靜寂) 기도와 합일의 기도에 대해 저술했고, 날마다 이 두 종류의 기도를 실천했다.

그녀는 어린 동료 십자가의 요한(John of Cross)처럼 이 여정의 종착점 가까이에서의 호된 시련을 지적한다. 그녀는 자신이 의미하는 것을 설명하기 위해서 비유와 일상생활의 경험을 사용하므로, 그녀의 글은 요한의 글보다 훨씬 이해하기 쉽다. 테레사도 시를 썼지만, 시에서는 십자가의 요한을 따라가지 못했다. 십자가의 요한(John of the Cross, 1542-1591)의 글은 극적인 역전의 삶을 반영한다. 요한은 청년 시절 카르멜 수도회 개혁 운동에 참여하면서 테레사로부터 큰 책임을 부여받았다. 테레사는 이미 수녀들 사회에서 개혁 운동을 시작했고, 이제 요한이 수도사들 사회에서 그 운동을 시작해야 했다. 테레사가 자신의 표현대로 "영적 결혼"을 경험하는 동안 요한은 그녀의 영적 지도자가 되었다.

요한은 후일 교단 개혁을 반대하는 적들에게 납치되어 6개월간 감옥에 갇혀 지냈다. 그는 감옥에서 시를 짓기 시작했는데, 처음에는 머리 속으로만 짓다가 나중에는 종이에 기록했다. 감옥에서 탈출한 요한은 다시 카르멜회 개혁 분야의 책임자로 선출되었다. 그는 1580년대에 대부분의 산문 글을 저술했다. 그러나 그는 기꺼이 "정보 누설자"가 되려 했고, 교단의 총대리가 참석한 협의회에서 자기 견해를 솔직하게 발표했기 때문에 직분을 빼앗기고 외딴곳에 유폐되었으며, 그곳에서 49세로 사망했다.

요한은 고난과 갈등의 삶을 통해서 영적 신학에 관해 저술했고, 그로 인해 로마 가톨릭교회의 박사로 선정되었다. 그의 주요 저서는 『갈멜산의 등정』(The Ascent of Mount Carmel), 『영혼의 어둔 밤』(Dark Night), 『영적 아가』(Spiritual Canticle), 『타오르는 사랑의 불길』(Living Flame of Love) 등이다. 이 산문체 저서들은 문체의 탁월함에서 그의 시만큼 존경받지 못한다. 시에 대한 그의 설명은 때로 반복적이며 이해하기 어렵다. 그럼에도 불구하고, 그의 시는 스페인어로 쓰인 가장 훌륭한 시에 속한다. 다음은 그의 시이다.

어느 어두운 밤에
갈급한 사랑의 갈망으로 타올라
알 이 없이 나갔네.
내 집은 이미 정적에 싸여 있었네.
―아, 참으로 순전한 은혜여!―

어둠 속에서 안전하게
비밀의 사다리 곁에
어둠 속에 숨어
내 집은 정적에 싸여 있었네.
―아, 순전한 은혜여!―

아! 나를 인도하는 밤이여!
새벽보다 사랑스러운 밤이여!
연인을 그 사랑하는 자와 결합하며
연인 안에서 사랑하는 자를 변화시키는 밤이여.

오직 그분만을 위해
간직해온 두근대는 내 가슴 위에
그분은 누워 잠들며,
나는 향기로운 백향목 숲의 부드러운 바람 속에서
그분을 어루만졌네.

작은 탑에서 산들바람이 불어와
그분의 머리카락을 날릴 때,
그분이 부드러운 손으로
나를 얼싸안으시니,
내 모든 감각이 정지되는 것 같았네.

내 사랑하는 분에게 기대어
나 자신을 버리고, 자신을 잊었네.
모든 것이 정지되었고, 나는 자신에게서 빠져나갔네.
나는 백합화 떨기 가운데서
모든 염려를 잊었네.[9]

---

9) *The Collected Works of St. John of the Cross*, trans. Kieran Kavanaugh and Otilio Rodriguez (Washington, D.C.: Institute of Carmelite Studies Publications, 1979), 711-12.

십자가의 요한이 사용한 특징적인 개념은 어둔 밤이다. 그는 이 은유를 최소한 두 가지 방식으로 사용한다. 즉 지성이 하나님을 파악할 수 없음을 묘사하기 위해서, 그리고 산꼭대기, 즉 하나님과의 합일을 향한 여정에서의 영혼의 경험을 묘사하기 위해서 사용한다. 첫 번째 의미는 위-디오니시우스의 영향에서 비롯된 것으로서 중세 시대에 널리 받아들여졌던 것을 말한다: 어떤 개념이나 비유로도 하나님을 묘사할 수 없음을 강조하는 부정의 신학이다. 그러나 두 번째 의미는 종종 길을 잃었다는 의식, 혼동, 가뭄, 공포 등을 나타내는 고전적인 표현이다.

종교개혁 시대는 기독교 영성의 관습을 철저히 바꾸었다. 가톨릭 교회와 개신교의 분열은 양측 모두 상대방이 줄 수 있는 것을 잃었음을 의미한다. 루터가 가톨릭 교인들에게 줄 수 있었던 것과 이냐시오가 개신교인에게 줄 수 있었던 것이 무엇인지 생각해보라. 루터는 단순한 기도 방법을, 이냐시오는 매일의 자기성찰이라는 관습을 줄 수 있었을 것이다. 양측의 적대감은 그러한 공유가 그 후 수 세기 동안 불가능하리라는 것을 의미했다. 양측 모두 자체의 영성의 관습에 필수적인 신념들을 바꾸게 될 지적 도전에 대면하고 있었다.

영성훈련

1. 잠시 침묵하라. 주님의 기도를 한 절씩 암송하면서 루터가 제안한

것처럼 각 구절을 위한 화환을 만들라. 주기도문의 한 구절과 관련하여 감사해야 할 것, 회개해야 할 것, 그리고 매일의 생활을 위한 지침 등을 생각하라. 다음 구절과 관련해서도 똑같이 행하라. 만일 어떤 생각이 특별히 소중하다고 여겨지면, 잠시 그것에 집중하라. 기도문 전체를 이런 식으로 마쳐야 한다고 여겨 걱정하지 말라.

2. 매일 성찰의 방법은 다양하지만, 나에게 도움이 되는 방법을 제시하겠다. 잠자리에 들기 전에 잠시 하루를 돌이켜보면서 하나님이 주신 은혜나 자신에게 있었던 문제점을 찾아보라. 다음 날 아침에 전날 발생했던 것을 더 상세히 살펴보라. 통찰, 검토, 감사, 회개, 거듭남 등을 당신의 생각을 이끌어주는 단어로 사용하라.

- 첫째, 우리는 자신을 제대로 알지 못하므로, 통찰을 얻기 위해 성령을 달라고 부탁하라. 은사든지 능력이든지 죄든지 당신의 성향이 간과하는 것이 무엇인지 알아보라.

- 그다음에 하루 동아 발생한 사건들을 생각해보라. 하루 동안 받은 모든 은사에 대해 하나님께 감사하라.

- 옳지 않은 선택이나 나쁜 태도를 회개하고 용서를 구하라. 신경질적인 죄의식이나 상한 관계의 치유를 구하라.

- 거듭남이란 전에 빠졌던 함정을 피하기 위해서 오늘 당신에게 도움이 될 것에 대한 실질적인 결단을 할 뿐만 아니라 새날을 위해 힘과 용서를 받는 것을 의미한다.

날마다 성찰하면서 느낀 것을 간단히 기록하는 것이 도움이 될 것이다.

3. 당신이 성공회 신자가 아니더라도 공동기도서를 기도서를 해보라. 그 책에는 전통이 풍부하고 표현이 아름다운 아침기도와 저녁기도를 위한 지시가 담겨 있다. 그 책에는 일 년 365일을 위한 권장 독서 가이드뿐만 아니라 시편 전체가 담겨 있다. 당신의 자발적인 기도와 관련하여 다른 사람이 쓴 기도문의 가치를 생각해 보라. 나는 이 두 가지 모두 배제되어서는 안 된다고 생각한다.

4. 제2장 마지막 부분에 기록된바 성경을 사용하는 데 대한 제안을 검토해 보라.

5. 장로교인 존 애커만(John Ackerman)이 개발한 "멈추고, 보고, 경청하라"(stop, look, and listen)는 단순한 방법을 시도해보라. 거기에는 정적, 자아 성찰, 그리고 렉시오 디비나가 포함된다.[10]

6. 당신의 소명이 무엇인지 생각해보라. 이냐시오는 다른 사람들보다 더 분별에 관심을 기울였다. 분별이란 분명히 보기 어려운 상황에서 보는 것이다. 이냐시오는 피정자들에게 그들의 위안과 고적함의 경험—그들이 하나님과 연결되어 있다고 느낄 때와 분리되었다고 느낄 때—에 집중하라고 요청했다. 이러한 관찰이 생활 속의 선택에서 하나님의 이끄심을 분별하는 기초가 되었다.

마틴 루터는 다른 사람들보다 더 소명에 관심을 두었지만, 분별

---

10) John Ackerman, *Listening go God: Spiritual formation in Congregrations* (Bethesda, MD: Alban Institute, 2001), "Handout 2."

에 대해서는 이냐시오만큼 많은 것을 말하지 않았다. 루터는 소명을 하나님, 우리 자신, 그리고 세상으로부터의 부름이라고 여겼다. 루터는 소명이라는 개념을 교회의 지시와 분리할 것을 요구했다. 즉 그는 성직자나 수도사들만 아니라 모든 신자에게 소명이 있다고 주장했다.

당신은 하나님의 사랑을 신뢰하며, 이웃을 위해 사랑으로 행동하라는 부르심을 받았다. 예를 들어 당신에게는 부모나 자녀로서의 소명이 있다. 이 소명을 반영하기 위해 특별한 직업으로 부름을 받았을 수 있다. 가정, 직장, 학교, 공장 등 세상에서 일하는 것은 하나님이 주신 소명이다. 영성에는 일을 통해서 가치관의 핵심을 표현하는 방식이 포함된다. 온갖 어려움에도 불구하고 당신의 직장이 어떻게 창조적인 성취와 긍휼함으로 하나님께 영광을 돌리는 장소가 될 수 있는지 생각해보라.

루터의 견해에 의하면, 우리는 시민, 일꾼, 학생, 가족, 소비자 등으로서 다양한 차원에 살면서 다중 소명을 지닌다. 이것 중 일부는 독특한 소명이지만, 이웃을 사랑하는 것을 비롯하여 많은 것은 일반적인 소명이다.

대부분의 경우 소명의 분별은 최종적인 결정이 아니다. 나를 위한 하나님의 소명을 분별하는 도중에 많은 전환점이 있다. 나는 대학, 전공과목, 앞으로의 연구, 배우자, 첫 직장, 자녀 등을 선택하는 것과 관련하여 하나님의 이끄심을 구한다. 분별의 과정은 경주를 마칠 때까지 계속된다.

이 모든 경우에 영적 지도자와 상담하는 것이 도움이 될 수 있다. 일지를 쓰는 것은 삶에서의 하나님의 은혜의 움직임을 파악하는 데 도움이 될 수 있다. 두 가지 모두 하나님의 이끄심이 집중하도록 도움을 줄 것이다.

파커 파머(Parker Palmer)는 분별에는 하나님에 대한 지식뿐만 아니라 자아에 대한 지식이 요구된다고 말한다. 파머는 우리의 소명을 발견하는 것은 자신의 참 자아를 발견하는 것이라고 여긴다. 소명에서 셋째 요소는 세상이다. 하나님과 자아를 아는 것에 세상이 필요로 하는 것을 아는 것이 보완되어야 한다. 환경, 가난, 에이즈, 복음주의, 박해, 기아, 폭력 등 당신에게 필요한 것이 무엇인지 살펴보라. 그리고 그 일을 다루는 데 헌신하라.

관련 도서

Bennethum, D. Michael, *Listen! God is Calling: Luther Speaks of Vocation, Faith, and Work*. Minneapolis: Augsburg Fortress, 2003.

Diehl, William E. *The Monday Connection: A Spirituality of Competence, Affirmation, and Support in the Workplace*: San Fancisco: Harper, 1991.

Driskill, Joseph D. *Protestant Spiritual Exercises: Theology, History and Practice*. Harrisburg, PA: Morehouse, 1999.

Dreyer, Elizabeth A. *Earth Crammed With Heaven: A Spirituality of Everyday Life*. New York: Paulist, 1994.

Kolden, Marc. *The Christian Calling in the World*. St. Paul, MN: Centered Life, 2002.

Luther, Martin, " A Simple Way to Pray," *Luther's Works*, Vol 43. pp. 187-212. Philadelphia: Fortress, 1968.

Palmer, Parker. *Let Your Life Speak: Listening for the Voice of Vocation*. San Francisco: Jossey-Bass, 2000.

Schuurman, Douglas James. *Vocation: Discerning our Callings in*

Life. Grand Rapids, MI: Eerdmans, 2004.

권장 도서

Calvin, John. *John Calvin: Writings on Pastoral Piety*. New York: Paulist, 2001.

The Collected Works of St. John of the Cross. Translated by Kieran Kavanaugh and Otilio Rodriguez. Washington, D.C.: Institute of Carmelite Studies, 1979.

Ignatius, Spiritual Exercises. Classics of Western Spirituality Series. New York: Paulist, 1991.

Leith, John H. *John Calvin's Doctrine of the Christian Life*. Louville, KY: John Knox, 1898.

Lull, Timothy F., and William R. Russel, eds. *Martin Luther's Basic Theological Writings*. Minneapolis: Fortress, 2004.

Senn, Frank C., ed. *Protestant Spiritual Traditions*. New York: Paulist, 1986.

Teresa of Avila. *Interior Castle*. New York: Doubleday, 1989 (1961).

제6장

현대

17세기부터 19세기까지 기독교는 세계적인 종교가 되기 위해 유럽을 기점으로 움직이면서 많은 새로운 도전을 받았다. 16세기에 포르투갈과 스페인 선교사들의 활동에 이어 많은 사람이 이주하면서 17세기에 기독교가 북아메리카 대륙에 전해졌고, 19세기에 대중 선교 운동으로 말미암아 아프리카와 아시아에 전해졌다. 그러나 이 시기에 기독교의 관심은 대체로 새로운 문화 발달, 도시화, 산업혁명, 끔찍한 전쟁 등 유럽과 아메리카의 문제에 초점을 두었다. 우리는 1600년대의 신앙과 갈등에서 시작하여 1700년대의 합리주의와 복음주의의 발흥을 거쳐 1800년대의 낭만적이고 역사적인 의식으로 이동한다.

1. "계몽"

15세기부터 18세기까지 유럽의 문화적 변화가 매우 극적이었으므로, 역사가들은 자신이 완전히 새로운 시대에 살고 있다고 여기기 시작했다. 그들은 세 주요 단계—고대, 중세, 현대—에서 역사를 되돌아본다. (여기에서 "현대"란 21세기의 최신의 것이 아니라 18세기의 최신의 것을 의미한다.)

15~16세기에 르네상스 인문주의라고 불리는 새 학문이 일어나면서, 스콜라주의라는 신학적 방법은 점차 세력을 잃었다. 개신교의 발흥과 더불어 유럽 문화권에서 가톨릭교회의 지배가 종식되었다. 문예부흥의 세속적인 관심 때문에 영적인 것이 독립 영역에 놓였다.

그러나 문예부흥의 완전한 의미는 1600년대 말과 1700년대에 로크(Locke), 뉴튼(Newton), 볼테르(Voltaire), 칸트(Kant), 프랭클린(Franklin) 등 합리주의 사상가들이 대표하는 새로운 운동이 등장하면서 비로소 인식되었다. 후일 계몽주의라고 불린 이 운동은 자체를 중세 시대라는 오랜 밤이 지나가고 새날을 밝혀주는 새벽으로 이해했다. 그 운동의 주제는 미신의 시대가 사라지고, 인간이 진리라고 주장하는 모든 전제를 시험하기 위해 이성의 명석한 안내를 사용할 수 있게 되었다는 것이었다. 영국, 프랑스, 미합중국에서 이 운동이 자체를 표현한 방식은 각기 달랐지만, 기본 주제들은 같았다.

"이성"이란 가변적인 용어이다. 어느 때 이성적이라고 생각되는 것은 다른 때의 것과 매우 다르다. 13세기에 아퀴나스는 이성을 계시에 동반되면서 동시에 계시의 기초를 제공해주는 신의 선물로 여겨 환영했다. 그는 이성과 계시, 자연과 은혜를 종합했는데, 그것은 서방 교회의 위대한 지적 업적 중 하나였다. 계몽주의 사상가들은 계시가 진리라고 주장하지 못하며 합리적이라고 생각되는 것의 판단에 복종해야 한다고 주장하면서 아퀴나스의 체계를 해체했다. 예를 들어 기적은 합리적이라고 생각되지 않았고, 이성적인 창조주 하나님은 매우 합리적인 분으로 간주되었다. 이윽고 하나님의 실존에 대한 지배적인 증거들이 도전을 받았다.

현대 신학자 대럴 조덕(Darrell Jodock)은 "현대"를 다음과 같은 주제들로 요약한다: (1) 자율적인 이성, (2) 진전과 반(反)전통, (3) 객관성과 과학에의 심취, (4) 낙관주의, (5) 개인주의, (6) 매커니즘.[1] 이 자세에서 큰 오만을 발견할 수 있다. 인간은 이제 모든 것을 설명할 수 있다고 생각하기 시작했다. 그러나 그것은 시작에 불과했으며, 현재 우리는 새로운 발견이 새로운 신비로 이어질 뿐임을 알고 있다.

현대의 세계관은 하나님이 우주를 큰 시계처럼 움직이게 해놓고는 제멋대로 움직이도록 내버려 두는 멀리 떨어져 있는 총명한 고안자(designer)로 보았다. 종교는 감성적 영성(affective spirituality)을 위한 여지를 남겨두지 않는 도덕이 되었다. 하나님과의 합일은 모순으로 간주되었고, 성육신, 변모, 구속, 부활 등은 무의힌 것으로 여겨졌다. 종교는 인간적인 차원에서 이성적인 도덕으로 이해되었다.

많은 사람은 우리가 다시 새 시대에 들어가고 있으며, 과학과 철학의 현대적 패러다임이 우리의 경험에 맞지 않는다고 믿는다. 많은 저술가들은 포스트모던 시대를 이야기하면서도 새 시대에 이름을 붙이지 않으며, 17세기부터 19세기까지를 형성해온 가정들이 퇴물이 되

---

1) Darrell Jodock, *The Church's Bible: Its Commentary Authority* (Minneapolis: Fortress, 1989), 16-19.

고 있음을 지적한다. 새로운 패러다임들은 새로운 신학과 새로운 영적 방식을 요구한다.

그러나 유럽과 북미의 사고방식은 대체로 여전히 그러한 가정들을 지향하고 있다. 우리는 여전히 "현실 세상"에서 영성을 분리하는 세속주의자들이다. 우리는 지금도 과학을 현실 세상의 조종자라고 생각하며, 여전히 기술적 발전에 대해 낙관하며, 여전히 개인주의자들이다.

나는 계몽주의 시대에 서방 세계의 문화와 나머지 세계의 문화가 분리되었다고 확신한다. 계몽주의의 가정들과 지속적인 효과는 유럽과 북미의 기독교인들과 나머지 지역 형제자매들 사이에 틈을 만들었다. 계몽주의는 천사, 귀신, 영, 유령, 조상, 하나님을 제외한 모든 거룩한 세력 등 영적 존재에 대한 믿음을 제거했다. 이것들은 성경 시대에 실체였으며, 오늘날도 비 서구 세계에는 존재한다.

이 시대가 기독교 영성에 어떤 영향을 미쳤는지 알아야 한다. 이 장에서는 18세기 계몽주의 시대 이전, 그 기간, 그리고 그 후에 발달한 영성들을 살펴보려 한다.

2. 개신교 영성

종교개혁 시대가 지난 후 다수의 개신교 운동의 발달은 세 시대를 거쳤다. 첫째는 신앙고백의 시대였는데, 이 시대의 지도자들은 교파를 지적으로 정의하고 옹호하는 데 중점을 두었다. 둘째는 경건주의 시대인데, 특히 영성 생활의 감성적인 차원에서 일반인들의 욕구에 관심을 기울일 것을 요구했다. 마지막은 이성주의 시대 또는 계몽주의 시대인데, 이 시대에 자율적 이성에 대한 비판이 성경과 교회의 관습에 영향을 미쳤다. 합리주의는 종교의 역할을 우주의 윤리적 규범을 가르치는 것으로 축소했으며, 하나님에 대한 개인적인 관계나 예수님의 죽음과 부활을 거의 강조하지 않았다.

영어를 사용하는 지역에서 경건주의 시대와 합리주의 시대가 겹쳤음에 유의해야 한다. 이 두 시대는 서로 경쟁하면서 어느 정도 서로 영향을 주었다. 예를 들면, 존 웨슬리는 존 로크의 책을 읽었고, 경험적 검증에 많은 관심을 가졌다. 벤자민 프랭클린은 복음 전도자 조지 휫필드(George Whitefield)의 설교를 듣기 위해 대서양을 건너갔고, 휫필트의 고아원 사업에 모든 돈을 기부했다.

(1) 청교도, 퀘이커교도, 경건주의자

청교도 운동은 1500년대에 영국 국교회에서 시작되었으며, 1700년대에 "최후의 청교도"인 조나단 에드워즈 때까지 계속되었다. 이 운동의 목적은 개혁주의 개신교 계통에 따라 영국 국교회를 정화하려는 것이었다. 따라서 이 운동은 취리히의 츠빙글리와 제네바의 칼빈에게서 감화를 받았다.

청교도 운동을 연구하는 학자들은 청교도에 대한 대중의 견해가 불공정하며 정보가 불충분하다고 생각한다. 청교도들은 일반적으로 인정되는 것보다 더 인간의 행위, 연극, 성욕 등을 인정했다.

그들은 강림절과 사순절을 지키는 가톨릭 교회력을 버렸다. 청교도의 교회력에서는 안식일이 중심이 되었다. 안식일에 말씀을 듣는 일과 성찬을 받는 것이 강조되었고, 종교적인 일에 헌신해야 했다.

청교도들은 가톨릭 신비주의자들의 황홀경에 비교될 만한 황홀경을 경험했다. 그들은 이 강력한 경험을 표현하기 위해 에로틱한 비유를 거리낌 없이 사용했고, 그리스도와 영혼이 연인으로 표현된 아가서나 버나드의 저서를 자주 인용했다.

청교도 신학은 인간이 구원받도록 예정되었다는 확신으로 인도하려는 의도를 가졌다. 다른 형태의 기독교 영성들과 마찬가지로, 청교도들은 하나님 안에 있는 자기들의 삶이 대단히 중요하므로 어중간한 수단이 있을 수 없다고 생각했다. 기독교는 개인 생활과 사회생활 전체를 요구했다.

탁월한 청교도인 존 오웬(John Owen, 1616-83)은 옥스퍼드 대학과 올리버 크롬웰과 밀접한 관계가 있는 신학자이다. 오웬의 신학, 특히 삼위일체를 다룬 부분에는 경험적인 관점이 포함되었다. 그는 삼위일체 교리가 모호하고 무익한 교리가 아니라 신자의 삶과 관련이 있는 교리임을 증명했다. 그는 그리스도와의 합일에 대한 칼빈의 가르침에 기초를 두고, 그것이 그가 말하는 필수조건이 하나님의 은사라고 말했다.

우리와 하나님의 교감은 그분 자신이 우리와 교제하시는 것, 그분이 요구하고 받으시는 것, 우리가 예수 그리스도 안에서 그분과 함께 하는 합일에서 흘러나오는 것…하나님의 행위가 먼저이며, 그

리스도의 합일은 그 결과요, 인간의 반응은 바라던 결과이다.[2]

오웬은 신자는 그리스도와 교제할 뿐만 아니라 성부와 성령과도 교제한다고 가르쳤다. 성부는 멀리 떨어져 있으면서 판단하는 인물로 생각되고 종종 두려움의 대상이다. 그러나 오웬은 성부가 사랑의 샘이라는 확신을 준다. 그의 글은 이 책의 제목에 잘 어울린다. 왜냐하면 그는 모든 사람이 그 샘을 사모한다고 믿기 때문이다.

그가 삼위일체를 나타내기 위해 즐겨 사용한 세 가지 용어는 사랑(아버지), 은혜(아들), 그리고 위로(성령)이지만, 그는 하나님이 한 분이시며, 삼위가 그분 중 한 분의 행위에 임재한다고 주장한다.[3] 오웬은 아들은 기쁨, 평가, 동정심과 연민, 그리고 너그러움으로 사랑하며, 신자에 대한 아들의 기쁨이 신자가 아들을 즐거워하는 기초라고 말한다.[4]

존 번연(John Bunyan, 1628-1688)은 가장 영향력 있는 기독교 고전인 『천로역정』(Pilgrim's Progress)을 감옥에서 저술했다. 『천로역정』은 기독교인의 삶을 묘사한 풍유 소설이다. 천성을 향해 여행하는 '기독도'라는 주인공은 허영의 광장, 절망의 구렁텅이, 기쁨의 산 등으로

---

2) A. G. Mattews, ed. *The Savoy Declaration of Faith and Order,* 1658 (London: Independent, 1959), 79.

3) Ibid., 147-205.

4) Ibid., 182-86.

비유되는 시련과 유혹을 만난다. 인생을 여정으로 비유하는 것은 훌륭한 비유이다. 이 이야기로 보건대 번연을 비롯한 청교도들은 기독교 영성을 하는 일 없이 뒹구는 사람을 위한 취미로 본 것이 아니라, 세상 및 자신의 욕망을 상대로 하는 도전적인 싸움으로 보았다. 번연의 풍유는 수 세기 동안 개신교인들의 영성에 영향을 미쳤다.

자칭 프렌드 파(Society of Friends)라고 칭한 퀘이커 교도들은 청교도들과 같은 시대의 사람으로서 종종 그들과 충돌했으며, 오늘날까지 평화의 증인으로 활동하고 있다. 영국 내의 프렌드 교도들은 독일 내 종교개혁의 급진 진영에 버금간다. 독일과 영국에서 새로운 분파들은 종교적 가르침을 저해하고 공적 질서의 토대를 위협한다는 이유로 두려움과 박해의 대상이 되었다.

퀘이커파의 창시자 조지 폭스(George Fox, 1621-1691)는 성령이 사람을 통해 직접 말씀하신다고 믿었다. 그는 그것을 "모든 사람의 내면에 있는 하나님의 영"이라고 불렀다. 이러한 영감을 성경보다 우위에 두는 듯이 보였기 때문에 국교회의 반대를 받았다. 성직자도 없고 성례도 없는 초기의 카리스마적 예배 때에 참석자들은 침묵 중에 성령의 감동하심을 기다리고, 사람들이 성령의 인도하심을 받아 말하는 것에 귀를 기울였다.

아메리카의 퀘이커 교도들은 평화를 증언하고 모든 민족을 공평하게 다룬 점에서 다른 기독교인들과 구분되었다. 펜실바니아 주를 세운 윌리엄 펜(William Penn)은 초기의 다른 식민지 개척자들보다 훨씬 공평하게 인디언들을 다루었다. 퀘이커 교도인 그의 신앙이 다른 사람들과는 달리 원주민들을 존중하게 한 것이다.

퀘이커파는 노예제도에 공적으로 반대한 최초의 기독교 교파였다. 그들은 존 울먼(John Woolman, 1720-1772)의 예민한 양심 때문에 이러한 방향으로 기울었다. 울먼은 노예제도를 혐오했으며, 생의 대부분을 개인적으로 노예 소유자들을 대적하는 일과 퀘이커 교도들의 집회에서 강연하는 일로 보냈다. 그의 『일지』(Journal)는 널리 읽히는 영감의 책이다. 퀘이커 교도들은 단순하고 전체론적인 영성을 나타낸다. 그들은 사회정의 활동과 성령의 말씀에 귀를 기울이는 것을 분리하지 않는다. 관리를 대할 때 모자를 벗거나 정중한 언어를 사용하기를 거부하여 도전적인 행동을 한 것과 같은 원리에서 퀘이커 교도들은 전쟁에 반대하며 인디언들과 아프리카 노예들의 권리를 옹호했다. 그들의 영성은 그들로 하여금 모든 차원에서 사회적 관습에 반대하게 했다. 초기의 많은 퀘이커 교도들이 담대한 제자도 때문에 투옥되고 사형에 처해졌다.

독일의 루터파 경건주의 운동은 아른트의 영향을 받은 필립 야곱 스페너(Philip Jacob Spener, 1635-1705)가 시작한 교회 개혁 운동이었다. 스페너도 아른트처럼 교회를 복음서에 기록된 참 기독교를 알지 못하는 수동적이고 무관심한 교회로 보았다. 그도 아른트처럼 자기 성찰, 회개, 그리고 회심을 요구했고, 루터교의 설교를 지배하는 듯한 논쟁에 싫증을 느꼈다.

스페너가 아른트보다 앞선 점은 교회 개혁 프로그램을 출판하고, 그것을 성취할 집단을 조직한 점이다. 그는 『경건한 소원』(Pia Desidiria)을 저술했는데, 그 책은 제목과는 달리 구체적인 제안들을 제시한다. 오늘날에는 이러한 제안이 그리 과격하게 보이지 않을 것이다. 예를 들면, 그는 주중 성경 공부, 교회 내의 평신도 활동, 다른 설교자들과 논쟁을 벌이거나 고전 학문에 대한 지식을 나타내 보이려는 설교보다는 청취자들의 덕을 세워주는 설교, 목회적 돌봄을 가르치는 신학교 등을 요구했다. 그러나 그 시대에는 이러한 제안들이 과격한 것으로 간주되었기 때문에, 그는 배척을 받았다. 심지어 그의 교구인 프랑크푸르트를 떠나야 했다(지도 5를 보라).

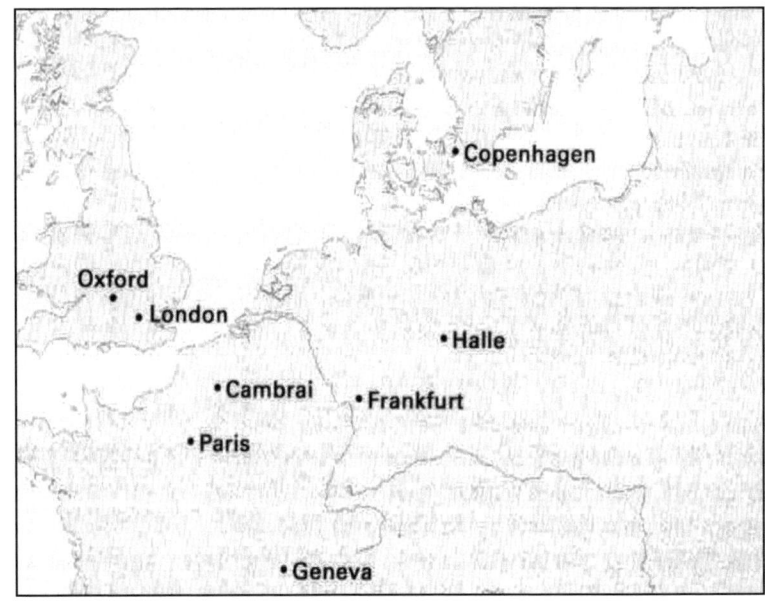

지도 5: 종교개혁 시대의 유럽

경건주의 개혁의 사회적 측면은 아우구스트 헤르만 프란케(August Herman Francke, 1663-1727)가 발달시켰다. 그는 할레 대학 신학 교수였고, 사회적 구제 기관을 설립한 사람이기도 하다. 프란케는 고아원, 학교, 도서관 등을 시작했다. 또 유럽 최초로 개신교 선교사들을 훈련하여 파송했다. 1706년에는 지겐발크(B. wl, 1682-1719)와 플루차우(H. vmffn)가 덴마크의 지원으로 인도에 갔다. 그들은 인도어로 서적을 출판했고, 인도의 종교와 문화를 연구했다. 경건주의는 전 세계에서 루터교 선교의 동기부여 요인이었고, 그 유산은 세계에서 가장 큰 개신교 교파인 루터교의 세계적인 교제이다.

이 시기에 가장 위대한 작곡가요 연주자인 요한 세바스티안 바흐(Johann Sebastian Bach, 1675-1750)가 지금까지도 신자들의 영혼을 자극하는 음악을 작곡했다. 교회사가 야로슬라프 펠리칸(Jaroslav Pelikan)이 지적한 대로, 바흐는 루터교의 세 가지 운동—신앙고백주의, 경건주의, 합리주의—의 영향을 받았다.

바흐 시대나 우리 시대에 바흐를 신학적으로 자기 파의 구성원이라고 주장하려는 정통 루터파 고백주의자들의 시도는 경건주의 정신이 스며있는 많은 칸타타와 수난곡의 본문을 산산조각 낼 것이나. 무엇보나 레치타비보(낭독하듯 노래하는 부분)와 아리아(선율적인 독창 부분)에는…18세기 경건주의의 모든 주제와 변화가 가득하다. 강력한 주관성, 도덕적 진지함, 그리고 경건주의 설교자들과 신앙과 시 등의 로코코식 비유…그러나 그것은 바흐를 루터교 일파의 방침을 따르는 경건주의자로 해석하기 위한 무분별하고 지나친 단순화일 수 있다. 왜냐하면 그는 그러한 본문들의 음악적 배경에 의해서, 그리고 그것들을 개정함으로써 거듭 자신이 경건주의의 범주에 얽매인 것이 아니며, 합리주의와 신앙고백적 정통주

제6장 현대 235

의에 얽매인 것도 아님을 나타냈기 때문이다.[5]

학자들은 바흐를 세속 음악 작곡가로 해석할 것인지, 아니면 교회 음악 작곡자로 해석할 것인지를 두고 논란을 벌인다. 펠리칸은 우리가 바흐의 내면의 동기를 알 수 없으며, 다만 그가 *Jesu Juva*(예수여, 도우소서)를 저술함으로써 작곡을 시작했고, *Soli Deo Gloria*(오직 하나님께 영광)을 저술함으로써 마쳤다는 것을 알 수 있다고 주장한다.[6] 게다가 바흐는 자기가 소장한 성경 여백에 그리스도에 대한 개인적인 신앙을 나타내는 생각을 기록했다. 그러나 바흐가 경건한 사람이었든지 경건하지 못한 사람이었든지, 그의 작품의 약 25퍼센트를 대변하는바 세속적인 작품을 대하는 그의 태도는 성속(聖俗)이 구분되지 않는 세계관을 보여준다.

이 장인 정신에 반영된 태도는 하나님이 기뻐하시는 소명의 실행은 비록 합창곡 공연으로 이어지지 않더라도 하나님을 섬기는 것이라는 루터와 개혁자들의 확신을 보여준다. 바흐의 소작농 칸타타(Peasant Cantata), 변주곡(partitas), 협주곡 등은 지나치게 세속적이지 않았다. 그것들은 통합된 세계관의 표현으로서, 그 안에서는 세속적인 아름다움을 포함하여 모든 아름다움이 신성하다. 왜

---

5) Jaroslav Pelikan, *Bach among the Theologians* (Philadelpphia: Fortress, 1986), 57-58.

6) Ibid., 140.

냐하면 하나님은 한 분, 창조주요 구속자이시기 때문이다.[7]

후일 북유럽에 전파된 경건주의의 지도자는 노르웨이에서는 한스 닐슨 헤이그(Hans Neilsen Hauge, 1771-1824), 스웨덴에서는 칼 올로프 로세니우스(Carl Olof Rosenius, 1816-1868)였다. 헤이그는 1796년 4월 5일 농장에서 일하다가 노르웨이와 덴마크 전역에 복음을 전하고 가르치라는 하나님의 부르심을 느끼는 몰아적이고 신비한 경험을 했는데, 그 후 그의 삶은 극적이었다. 그렇게 생활함으로써 그는 목회자로 임명되지 않은 평신도가 종교 집회를 주도하는 것을 금지한 1741년의 비밀집회법(Conventicle Act)을 범했다. 헤이그는 노르웨이 전역을 여행하면서 집회를 주도했고, 약 10년을 덴마크 감옥에서 보냈다. 실질적이고 지적인 헤이그는 추종자들에게 성공적인 경제 활동을 하라고 자극했다. 그는 독학했고, 노르웨이 교회의 합리주의에 반대했으므로, 성직자들과 국가의 박해를 받았다. 그러나 그의 운동은 노르웨이 최초의 국가적 민중운동이라고 불린다. 그는 19세기에 미합중국으로 이주한 노르웨이인들에게 영향을 미쳤다.

헤이그와는 달리 로세니우스는 목사의 아들이었고, 성직에 임명되지는 않았지만, 고등교육을 받았다. 그는 삶의 대부분을 스톡홀름에서 자기의 멘토인 영국인 감리교도 조지 스코트(George Scott)가 창간한 『경건주의자』(The Piest)라는 정기간행물의 편집장으로 일했다. 로

---

7) Ibid., 139.

세니우스는 회개와 회심을 가르치고 설교했고, 세상의 쾌락을 피하고, 삶의 모든 상황의 배후에 하나님이 계시다고 신뢰했으며, 찬송가를 작곡했다. 이 두 경건주의 지도자들은 정통 신학의 내용에 동의하지 않은 것이 아니라, 정통주의 목사들과 그들의 사회가 정통신학에 반응하는 방식에 동의하지 않았다. 그들은 그 시대를 냉담의 시대로 보았고, 노르웨이 루터교에 신앙의 불을 밝히려 했다.

이처럼 경건주의 운동은 새로워진 삶을 기대하면서 개인의 회심, 내적 거듭남에서 오는 외적인 변화를 강조했다. 이 운동은 평신도 성경 공부, 사회제도, 해외 선교 등을 위한 신기원을 열었다. 경건주의자들은 신앙고백과 행동의 일치를 강조했다. 기독교는 단순히 정신적 믿음이 아닌 실제의 삶이라고 주장했다.

경건주의 영성에는 독선적인 경향, 모든 쾌락을 세상적인 것으로 여기는 율법주의 등 어두운 측면도 있었다. 그 시대의 합리주의라는 상황에서 경건주의자들에게는 반(反)지성주의를 향하는 경향이 있었다. 두뇌가 아닌 마음이 그들의 영성의 중심이었다. 경건주의자들도 청교도들처럼 끊임없이 자기의 영적 체온을 잼으로써 이웃과 세상과 하나님 대신 자신에게 초점을 두는 위험에 처해 있었다.

2) 복음주의와 메도디스트

경건주의자들은 다음 세기에 잉글랜드와 뉴잉글랜드에서 출현한 복음주의자들에게 영향을 미쳤다. 1700년대는 합리주의와 복음주의가 발달한 시대였다. 복음주의는 합리주의를 저지하는 듯이 보이지만, 합리주의의 많은 가정을 공유한다. 복음주의는 탐구적인 실질적인 경향이 있었다. 존 웨슬리가 영적인 영역에서 어떤 종교 경험이 타당하고 어떤 것이 무익한지 알기를 기다리면서 과학적 탐구를 하려 했다고 말하는 사람도 있을 것이다.

초기 복음주의자들을 성공회, 메도디스트 운동, 그리고 뉴잉글랜드의 회중교회라는 세 가지 상황에서 묘사할 수 있다. 이 세 부류의 복음주의자들의 공통점은 회개를 촉구하는 설교, 회심 이후의 변화된 삶에 대한 기대, 그리고 이전의 교파들이 용납하지 않던 감정 표현의 여유 등이었다.[8]

이 운동 중 성공회는 한 사람이 이끈 것이 아니다. 북아메리카에서 가장 잘 알려진 사람은 존 뉴턴(John Newton, 1725-1807)이다. 그는 많은 사람이 사랑하는 찬송 "나 같은 죄인 살리신"(Amazing Grace)을 지은 사람이다. 뉴턴은 원래 노예선 선장이었는데, 극적으로 회심하고 성공회 사제가 되었다. 그는 설교를 사랑했고, 강단에서 숨을 거두었다. 그도 다른 복음주의자처럼 아침 일찍 기도하는 것, 성경 읽는 것, 그룹 기도를 위한 가정 모임 등이 경건 생활에 필요하다고 여겼다.

이 운동의 제2세대에 영국 복음주의는 현대의 탁월한 사회 개혁자 중 하나인 윌리엄 윌버포스(William Wilberforce, 1759-1833)를 배

---

8) Schwanda, Tom, editor. *The Emergence of Evangelical Spirituality: The Age of Edwards, Newton, and Whitefield* (New York: Paulist, 2016).

출했다. 1800년대 초반에 그는 영국 국회에서 노예무역 폐지를 주장했다. 그의 기도 생활이 그에게 수십 년 동안 이 법안의 통과를 기다릴 수 있게 해주었다고 한다. 부유한 복음주의자 단체인 클래펌(Clapham)파의 주도적 인물이었던 그는 『진정한 기독교와 비교한 이 국가의 상류층과 중산층 기독교인들의 체계에 대한 실질적인 고찰』(*A Practical View of the Prevailing System of Professed Christians in the Higher and Middle Classes in This Country Contrasted with Real Christianity*) 이라는 책을 저술했다. 또 그는 동물을 인간적으로 다루는 것을 지지했다.

복음주의 운동의 제3세대의 인물인 헨리 벤(Henry Venn, 1799-1873)은 교회선교회(Church Mission Society)의 사무총장으로서 아프리카와 아시아의 교회들이 선교사들을 의지하지 않고 "자치(自治)하고 자립(自助)하며 자전(自傳)하는 교회"가 되어야 한다고 주장했다.[9] 그의 개념은 기독교 영성의 토착화 실천의 기초가 되었다. 벤은 나이지리아인 사무엘 아자이 크로우더(Samuel Ajayi Crowther)를 성공회 최초의 아프리카인 감독으로 승진시켰다. 크로우더가 사망한 후 그의 자리에 유럽인 감독이 임명되었는데, 나이지리아인들은 이 조처에 분개했다. 원주민 지도자를 세우려는 벤의 정책 후퇴로 말미암아 최초의 아프리카 토착 교회들이 세워졌는데, 그들의 영성은 훨씬 아프리카

---

9) Wilbert R. Shenk, *Henry Venn-Missionary Stateman*(Maryknoll, NY: Orbis, 1983).

적이었다.

1700년대의 메도디스트 역사에는 극적인 사건과 반대가 가득하다. 존 웨슬리(John Wesley, 1703-1791)와 동생 찰스가 헌신적인 기독교인이 된 데는 『그리스도를 본받아』와 영국의 경건 서적을 읽은 것이 부분적으로 작용했다. 웨슬리 형제는 옥스퍼드 대학에서 몇 명의 학생들과 함께 정규적인 기도, 성찬, 교도소 방문 등을 위한 모임을 만들었다. 사람들은 그들을 조롱하려고 "신성 클럽"(Holy Club), "메도디스트"(Methodists) 등의 이름을 붙였다. 그들의 매일의 일정과 엄격한 요구 조건들 때문에 "방법론"(Method-ism)이라는 비난을 받았다. 여러 해 후에 메도디스트들은 하나의 교파로 등장했다.

존 웨슬리는 열심이 있었지만 평화를 얻지 못하다가, 런던의 올더스게이트 거리 집회에 참여하면서 비로소 그리스도에 대한 개인적인 신앙과 마음의 평화를 얻었다. 그는 이때의 경험을 1738년 5월 24일의 일지에 기록했다. 그날 집회에서 어떤 사람이 루터의 로마서 서문을 읽었다.

> 9시 15분 전쯤 그 사람이 하나님께서 그리스도 안에서 믿음을 통해 마음에서 역사하시는 변화에 대해 묘사하는 동안 나는 마음이 이상하게 뜨거워졌다. 내가 정말로 그리스도를 신뢰하고 있다고 느꼈다. 구원을 위해 그리스도만 신뢰하고 있다고 느꼈다. 그리스도께서 내 죄를 제거하셨고, 나를 죄와 사망의 법에서 구하셨다는

확신이 주어졌다.[10]

이 일이 있은 후 웨슬리의 영성은 뜨거운 마음의 영성이라고 알려졌다. 그가 새로 강조하는 것 때문에 그는 점차 국교회에서 환영받지 못하게 되었다. 배척을 받았기 때문에 웨슬리는 교회 건물 밖에서, 들판이나 거리에서 전도하기 시작했다. 그의 말에 의하면 온 세상이 그의 교구였다. 그는 끊임없이 여행했으며, 어떤 때는 하루에 다섯 번 설교했다. 그는 온 땅에 성경적인 거룩함을 전파하고 싶다고 말했다. 다시 말해서 그는 회심한 사람들의 삶에서 실질적인 변화를 기대했다. 그러한 변화 중 하나가 술을 끊는 것이었다. 술 때문에 많은 가정이 파멸하고 있었다. 그는 술에 돈을 쓰지 않고, "절제회"에 저축할 것을 장려했으며, 건강 증진에 관한 소책자를 썼다. 많은 메도디스트들이 이 관습을 채택하여 가난에서 벗어났고, 영국 사회가 변화되었다.

웨슬리의 논쟁의 초점이 된 가르침은 기독교인의 완전과 관련된 것이었다. 웨슬리는 완전에 관한 성경 말씀을(마 5:48; 요일 3:4-10) 칭의 다음에 성화의 역사가 오고, 완전한 사랑으로 이어질 수 있다는 의미로 이해했다. 더욱이 그는 어떤 사람들이 "제2의 복"인 "완전한 성화"를 즉각적으로 경험한다고 가르쳤다. 웨슬리는 자신이 이것을

---

10) John Wesley, *The Journal of John Wesley: A Selection*, ed. Elisabeth Jay (New York: Oxford University Press, 1987), 34-35.

경험했다고 주장하지 않았고, 일부 그의 추종자들이 경험했다고 알렸다.

존 웨슬리의 영성은 추종자들의 영성과 달랐다. 그는 성공회 안에서 교육받았고, 성공회에 충실했다. 그는 그리스어 신약성경을 즐겨 읽었고, 동방정교회와 가톨릭 신비가들의 저서를 비판적인 태도로 읽었다. 그는 성찬을 자주 행하는 것을 중요시했다. 그러나 초기의 많은 메도디스트들은 그리 교육을 받지 못했으며, 영성의 역사에 거의 관심을 두지 않았다. 그들은 상류층 문화에 안주하는 성공회가 자기들에게 우호적이 아님을 경험했다. 그들은 성찬에 참여하는 것보다 말씀 읽는 것을 더 중요하게 여겼다. 그리하여 웨슬리 사후에 메도디스트들은 웨슬리의 소원과는 달리 독립 교단을 세웠다.

찰스 웨슬리(Charles Wesley, 1707-1788)는 존 웨슬리처럼 여행하지 않았다. 그는 집에 머물면서 가족을 양육했고, 5,000개의 찬송가를 작곡했다. 그는 영국 최고의 찬송가 작가로서 성경의 언어와 정서적인 능력과 시적인 아름다움을 결합한 사람이었다. 영성은 찬송으로 표현될 수 있다. 찰스의 찬송가들은 메도디스트 경건 형성뿐만 아니라 전 세계적으로 영어를 사용하는 곳에서의 개신교 신앙 형성과 관련이 있다. 루터의 신앙이든 웨슬리 형제들의 신앙이든 복음주의 신앙은 구세주를 찬양하기를 사모한다. 다음은 웨슬리의 히트곡 중 일부이다:

> 만 입이 내게 있으면, 그 입 다 가지고
> 내 구주 주신 은총을 늘 찬송하겠네!

내 은혜로신 하나님 날 도와주시고,
그 크신 영광 널리 펴 다 알게 하소서.

천사 찬송하기를 거룩하신 구주께
영광 돌려보내세 구주 오늘 나셨네
오늘 나신 예수는 하늘에서 내려와
세상 빛이 되시며 우리 생명되시네.

만유의 주 앞에 다 경배드리고,
다 경배하면서 찬송을 부르세.
네 맘 열어 한 소리로 기뻐 주를 찬양하라.
참 놀랍도다 주 크신 이름 온 세상 중에 다 전파하라.

오래 동안 기다리던 주님 강림하셔서
죄에 매인 백성들을 자유 얻게 하시네.
주는 우리 소망이요 힘과 위로 되시니
오래 기다리던 백성 많은 복을 받겠네.

웨슬리 전통은 미국의 대형 감리교회들뿐만 아니라 1800년대에 구성된 작은 규모의 신성 그룹들, 예를 들면 구세군과 나사렛교회를 배출했다. 전자는 도시 빈곤층의 복음화를 중시했고, 후자는 완전한 성화의 교리 발달을 중시했다.

복음주의 신앙부흥의 셋째 유형은 대서양 건너편에 뿌리를 내렸다. 아메리카에서 조나단 에드워즈(Jonathan Edwards, 1703-58)와 조지 휫필드(George Whitefield, 1714-70)는 후일 대각성운동(Great Awakening)이라 불린 영적 운동을 이끈 탁월한 지도자였다. 에드워즈는 매사추세츠주 노샘프턴의 회중교회 목사로 시무한 탁월한 철학자요 신학자였다. 생기가 없고 형식적이던 회중이 그의 놀라운 비유의 영향을 받아 회개와 믿음으로 깨어났는데, 여기에 논란이 된 행동이 수반되었다. 그는 『하나님의 놀라운 사역에 대한 충실한 이야기』(Faithful Narrative of the Surprising Work of God, 1737)에서 신앙부흥을 알리고 옹호했다. 그 글은 관찰 가능한 사실을 토대로 추론하고 측정하는 데 대한 그의 계몽주의적 관심을 증명한다. 에드워즈의 신앙부흥에 대한 분석이 1746년에 저술한 『종교 감정에 관한 논문』(Treatise Concerning Religious Affections)이다. 존 스미스(John E. Smith)는 에드워즈에 대하여 다음과 같이 기록한다: "그의 사상 전체를 '참 종교란 무엇인가?'라는 질문에 대한 답변으로 여길 수 있다."[11]

에드워즈는 대각성운동 안에서만 아니라 전반적인 상황에서 참된 영적 열정과 가짜 열정을 분류하려 했다. 그의 분석은 모든 종류의 영적 경험에 관련된다. 그는 히스테리, 과도한 육체적 영향, 또는 열광 등을 진실이나 거짓과 관련된 징후로 여기지 않았다. 그는 우선 갈라디아서 5장 22절에 열거된 성령의 열매를 감정(affection)과 동일시한다. 그다음에 진정한 종교나 영성의 표식인 열두 가지 감정을 열거한다.[12] 영적 행위의 진위를 에드워즈만큼 아름다움에 대한 사랑

---

11) Jonathan Edwards, *Religious Affections*, ed. John Smitn (New Haven: Yale University Press, 1959), 2.

12) Edwards, *Religious Affections*, 197, 240, 253, 266, 291, 311, 340, 344, 357, 365, 376, 383.

과 학식을 가지고 철저하고 진지하게 탐구한 작가는 없을 것이다.

휫필드는 에드워즈와는 달리 청중을 자유자재로 좌우할 수 있는 천부적인 연설가였다. 그는 식민주들을 여행하면서 자신을 환영하는 곳이라면 어느 교회에서든지 설교했다. 그는 여행 사역을 하면서 회심을 촉구하는 미국식 종교 생활 형식을 수립했다. 그의 사역에는 사회적인 면도 있어, 조지아에 고아원을 설립했다.

다시 복음주의자들에 대해 다루겠다. 한 세기 후에 영국에서 일부 지도자들이 "고교회파"(high church)라고 불릴 운동을 시작했다.

3. 옥스퍼드 운동

영국 국교회는 1830년경 옥스퍼드에서 시작된 운동으로부터 옛 영성을 지향하는 자극을 받았다. 국가가 교회사에 개입하는 것, 그리고 계몽주의 시대에 교회에 침투한 합리주의로 말미암아 불안해진 일부 성공회 지도자들은 새로운 방침에 따른 영성생활의 쇄신을 제안했다. 개별적 회심을 강조하는 복음주의 신앙부흥은 그들이 필요하다고 여기는 교회 내의 욕구를 충족시키지 못했다.

그 운동의 지도자들은 교회 교부들의 가르침, 그리고 유기적인 신앙 공동체로서 사도 전승에 의해 유지되어온 거룩한 제도인 교회의 중요성을 강조했다. 따라서 그들은 주교직, 성례전, 그리고 전례의 중요성에 대한 인식을 높였다. 그들은 신자의 신학으로서의 신화에 대한 견해를 지향하는 그리스 교부들의 영향을 받았다. 이러한 견해들이 『시대를 위한 소논문』(Tracts for the Times, 1833-41)에 표현되었고, 이 소책자들 때문에 그 집단은 "소책자파"(Tractarians)라고 불렸다.

옥스퍼드 운동을 이끈 중요 지도자는 존 키블(John Keble, 1792-1866), 존 헨리 뉴먼(John Henry Newman, 1801-90), 그리고 에드워드 퓨지(Edward Pusey, 1800-82)이다. 키블은 『기독교 교회력』(The Christian Year, 1827)이라는 시집의 저자로 알려져 있다. 옥스퍼드 대학 교수로서 시를 가르친 그는 뉴먼에게 큰 영향을 주었다. 복음주의자였던 뉴먼은 고교회 지지자가 되었고, 1845년에 성공회를 떠나 가톨릭 신자가 되었다. 그는 영국 가톨릭교회의 사제가 되었고, 추기경이 되었다. 그러나 위대한 학자인 그는 기도 훈련에 대해서는 매우 실용적이었다. 퓨지는 히브리어 교수였다. 그도 다른 사람들처럼 종종 그리스와 라틴 교부들을 인용했지만, 에프렘(Ephrem) 같은 시리아 작가들도 읽고 있었다. 그는 이 책에서 논의된 영적 작가들을 잘 알았고, 일련의 교부들의 글 역본을 편집했다. 그는 성공회 내에 고해성사 관습을 회복시켰고, 영적 지도자로서 많은 사람을 이끌었다. 또 그는 가톨릭교회의 베네딕트회에 버금가는 수도회를 세웠다. 옥스퍼드 운동의 추종자들은 종종 "퓨지파"(Puseyites)라고 불린다.

4. 프랑스 가톨릭교회

현대 프랑스의 많은 가톨릭 영적 작가들은 프랑스와 가톨릭교회

너머에까지 영향을 미쳤다. 그중 으뜸이 되는 인물은 예수 중심의 감성적 우정을 교류했으며 살레지오 전통을 창시한 프란치스코 살레시오(Francis de Sales, 1567-1622)와 샹탈(Jane de Chantal, 1572-1641)이다. 두 사람은 함께 성모의 방문수도회(Visitiation of Holy Mary)를 설립했고, 샹탈이 이 수도회의 원장이 되었다. 살레시오는 스위스의 제네바에서 활동한 가톨릭 주교로서 트리엔트 공의회에서부터 가톨릭교회의 개혁을 외치고 개인을 영적으로 지도하는 일에 관여했다. 그는 샹탈(Jane de Chantal)을 비롯하여 혼자 힘으로 영적 지도자가 된 여러 사람과 서신을 주고받았다.[13] 그는 샹탈 부인 및 많은 사람의 마음을 움직이기 위한 수단으로 『신애론』(Treatise on the Love of God)과 『신앙생활 입문』(Introduction to the Devout Life)을 저술했다. 그가 사용한 분명한 문체와 많은 예화는 성직자나 수도사들만을 위한 것이 아니라 모든 사람을 위한 것이라는 그의 의도를 나타냈다. 살레시오의 가르침의 논조는 적극적이고 낙관적이지만, 그 밑에 깔린 의도는 진지했다. 그는 의지와 감정을 분명하게 구분했다. 그는 감정적으로 분심될 수 있지만, 하나님의 뜻에 단호하게 헌신해야 한다고 여겼다.

피에르 드 베륄(Cardinal Pierre de Berulle, 1575-1629) 추기경은 프랑스 영성 학파의 창시자라고 불린다. 그는 살레시오와의 개인적인 접

---

13) Saint Francis de Sales, *Francis de Sales, Jane de Chantal: Letters of Spiritual Direction*, trans. Perome Marie Thibert(New YorkL Paulist, 1988).

촉을 통해서, 그리고 교부들과 뤼스브로에크와 아빌라의 테레사 등의 글의 영향을 받았다. 그는 테레사의 맨발의 카르멜회를 프랑스에 도입하는 데 도움을 주었다. 그의 영성의 중요한 특징은 그리스도 중심주의, 즉 예수 그리스도에 초점을 둔 것이다. 그리스도의 성육신과 성찬에의 임재가 중심이었다. 그러나 베륄과 프랑스 학파는 살레시오와는 달리 인간의 본성에 대해 염세적인 경향을 지녔으며, 엄격하게 금욕적 관습을 실천했다.

프랑스 학파가 대중 신앙에 미친 큰 영향은 요한 에우데스(St. John Eudes, 1601-80)가 발달시킨 예수와 마리아의 성심회(Sacred Hearts of Jesus and Mary)에 대한 헌신이었다. 이것은 이 탁월한 인물들의 인성을 강조하는 신앙 운동이었다. 마음이라는 주제는 십자가의 수난에 의해서 신자들을 향하는 예수와 마리아의 사랑을 언급했다.

부활의 로렌스(Lawrence of the Resurrection, 1611-1691)라고 알려진 니콜라스 하르몬(Nicholas Harmon)은 카르멜 수도회에서 생활한 평수사이다. 그는 평생 사람들의 관심에서 벗어나 부엌에서 일했다. 그가 임종할 때 수도원장이 그의 영성에 관해 대담했다. 이 대담과 그의 사후에 발견된 서신들을 모은 것이 『하나님의 임재 연습』(The Practice of the Presence of God)이라고 알려진 경건 서적이다. 로렌스 수사는 조용히 기도할 때뿐만 아니라 설거지 등 일상생활을 하면서도 하나님께 초점을 맞춘 방법을 묘사했다.

단순하게 집중하며 사랑의 시선으로 하나님을 응시하는 것이 나의 일상적인 상태이다. 나는 종종 아기가 유모의 젖을 먹으면서 느끼는 것보다 훨씬 더 큰 만족과 포근함을 느끼면서 이 상태에 매달린다. 감히 이 상태를 표현해야 한다면 "하나님의 품"이라 하겠다. 왜냐하면 나는 그 안에서 말로 표현할 수 없이 큰 포근함을 맛보고 경험하기 때문이다.[14]

후일 프랑스에서 전개된 현상들로 말미암아 가톨릭교회는 하나님께 대한 복종을 주창하는 정적주의(Quietism)와 어거스틴의 예정론을 지향하는 경향의 얀센주의(Jansenism)를 맹렬히 비난했다. 이 두 운동은 매우 복잡하므로 이 책에서 두 운동을 설명하는 것이 불가능하다.

정적주의의 기원은 몰리노스(Miguel de Molinos)에게로 올라간다. 그는 분명하지 않은 이유로 교황 이노센트 11세로부터 정죄 되었다. 몰리노스는 하나님께 자신을 맡김으로써 영혼이 자신의 구원 문제를 포함하여 모든 일에 무관심하게 된다는 것, 궁극적으로 하나님께 대한 영혼의 관계에도 초연하게 된다는 것, 따라서 하나님의 사랑이 역설적으로 하나님께 대한 무관심을 만들어 낸다는 것을 가르쳤다. 이것이 정적주의라고 정죄된 견해이다.

기용 부인(Jeanne Marie Bouvier de la Mothe Guyon, 1648-1717)과 그녀의 조언자인 캄브라이의 대주교 프랑소와 페넬론(Francois Fenelon, 1651-1715)도 비슷한 견해를 가르친다고 고발되었다(지도 5를 보라). 페넬론은 프랑스 사회의 최고위 계층의 환영을 받았으며, 루이 14세

---

14) Brother Lawrence of the Resurrection, *The Practice of the Presence of God* (Westminster, Md.: Newman Press, 1952), 107.

의 손자들의 교육을 맡았다. 그는 기용 부인을 이 계층에 소개했다. 그녀의 저술이 정죄 되었을 때, 그는 그녀의 인품에 대한 공격에 가담하기를 거부하여 궁에서 추방되었다. 기용 부인은 4년 동안 바스티유 감옥에서 지냈고, 페넬론은 궁벽한 곳으로 추방되었다.[15] 그는 담대하게 루이 14세에게 편지를 보내어 왕의 개인적인 영광 때문에 많은 사람에게 고난을 가져온 전쟁 정책을 비난했다.

페넬론은 그가 존경한 프란치스코 살레시오처럼 서신으로 영적 지도를 했다. 말로 하는 충고는 사라지지만 서신으로 하는 충고는 보존되므로, 그의 충고는 21세기의 기독교인들에게도 전해지고 있다. 그는 특히 자신을 지나치게 엄하게 다루는 사람들에게 도움을 준다.

> 당신 자신의 선한 판단과는 달리 종종 정죄 되어온 이러한 자기 성찰을 해야 한다고 주장할 때마다, 당신은 당황하고 건조해져서 기도할 수 없게 되고 하나님에게서 멀어집니다. …당신은 거의 완전히 자신에게 사로잡혀 있습니다. 이것이 과연 하나님이 하시는 일이겠습니까?[16]

페넬론은 하나님께 완전히 자신을 맡기는 것에 대해 할 말이 많았다. 그는 다음과 같이 설명한다: "진실로 하나님께 자신을 맡기는 것

---

15) Thomas Merton, "Reflection of the Character and Genius of Fenelon," in *Fenelon's Letters of Love and Counsel* (New York: Harcourt, Brace, and World, 1964), 9-30.

16) Ibid., 216-18.

은 어린아이가 어머니의 팔에 안기듯이 하나님의 팔에 자신을 맡기는 것을 의미한다."[17]

기용 부인은 신학 교육을 받지 않았지만, 영적 감수성이 뛰어났다. 그 시대와 그 후 시대에 많은 작가가 그녀를 이단이라고 비난했지만, 이러한 판단에는 절대적인 여성 차별주의가 작용했을 수 있다. 그녀는 자신이 느낀 것을 모조리 기록으로 남기려 했는데, 그것이 그녀 자신을 변호하는 데 좋지 않은 영향을 미쳤다. 결국 그녀와 페넬론은 정적주의자로 유죄 선고되었다.

정적주의자로 정죄된 사람들은 하나님의 섭리에 완전히 내어 맡김, 즉 수동적으로 하나님의 은혜를 받아들이는 것에 초점을 두었다. 한편 정적주의자들을 정죄하는 일에 관여했던 얀센주의자들은 구원을 위해 적극적으로 행하는 것에 초점을 두었다. 어거스틴의 예정론을 다시 가르치게 되었음에도 불구하고, 그들은 기독교적 삶의 도덕적 목적을 강조했다. 궁극적으로 예정은 얀센주의자들의 정죄로 이어졌다. 종교개혁 시대 이후로 강력한 자유의지의 옹호자인 예수회가 얀센주의를 강력하게 반대했다. 이러한 얀센주의를 배경으로 유명한 프랑스의 저술가 파스칼이 등장했다.

---

17) Ibid., 289.

5. 파스칼과 키르케고르

블레즈 파스칼과 쇠렌 키르케고르는 자기들의 전통과 거리를 두었으며, 위에서 언급했던 집단 중 어느 것에도 쉽게 어울리지 않은 듯하다. 두 사람은 20세기 실존주의 운동의 유력한 창시자로 간주되어 왔지만, 21세기 실존주의자들의 견해를 공유하지 않는다.

프랑스에서 살았던 블레즈 파스칼(Blaise Pascal, 1623-1662)은 탁월한 과학자요 수학자였다. 파스칼도 키르케고르처럼 탁월한 문학 능력을 발휘했다. 그의 『시골 친구에게 부치는 편지』(*Provincial Letters*)는 지금도 프랑스 문체의 본보기로 연구된다. 그는 기독교 신앙을 합리적으로 옹호하기 위해서 단편적인 사상들을 모았는데, 그것들이 그의 사후에 『팡세』(*Pensées*)라는 제목으로 출판되었다. 이 저술에서 그는 우주의 경이에 압도되어 기독교의 메시지를 신뢰할 것인지 아닌지를 결정하려는 사람의 자세를 취했다. 그는 모든 인간이 해야 하는 내기, 신앙의 진리에 목숨을 거는 것에 대해 저술했다. 그는 무신론자로 살다가 결국 잘못되기보다는 기독교인으로서 살다가 죽은 후에 실망하는 편이 낫다고 주장했다.

파스칼은 "마음에는 이성이 알지 못하는 이성이 담겨 있다"(『팡세』 423)라는 말로 유명하다. 그는 이렇게 말함으로써 이성에 대한 계몽주의 견해를 거부하고 있다. 파스칼은 신학 공부를 하지 않은 평신도였고, 그 시대에는 널리 영향을 미치지 못했지만, 그의 논평은 프랑스뿐만 아니라 전체 기독교계에서 소중히 여겨져 왔다.

19세기 덴마크의 어느 개신교인은 기독교 영성에 관해 비슷하지만 특이한 자세를 취한다. 키르케고르(Soren Kierkegaard, 1813-1855)는 젊어서부터 혼자 지냈다. 그는 코펜하겐에서 신학과 철학을 공부한 후 헤겔의 철학과 지배적인 기독교 형태인 루터교회를 거부했다. 그는 지식인들이나 경건주의자들과 의견을 같이할 수 없었다. 그는 레지나 올슨과의 약혼을 파기한 후 15년 동안 약 40권의 책을 저술했다. 그는 그 책들을 통해서 당시의 정설을 공격하고 자기 나름의 새로운 철학을 제시했고, 신자들 개개인의 "덕을 세워주는 담론"을 전개했다. 키르케고르는 독자들에게 진정한 자아가 될 것을 요구한다. 그는 자아를 주어진 것으로 보지 않으며, 당연한 것으로 여기지도 않는다. 그는 "나"는 내가 행하는 선택들을 통해서 자아가 되어야 한다고 주장한다.

키르케고르는 지성인이었으며, 그의 철학 서적 다수는 이해하기 어렵다. 그러나 사람들의 덕을 함양하기 위한 담화들은 단순하고 직접적으로 기록되었다. 그것들은 사용된 용어 때문에 어려운 것이 아니라, 의지와 감정에 관한 요구 때문에 어렵다.

키르케고르에게는 기독교 신앙의 공동체적 특징에 대한 인식이 부족했다. 그는 자신의 인생 경험 때문에 극단적으로 개인주의적인 기독교 영성을 묘사했다. 게다가 그가 다룬 문제에는 인간 이외의 피조물에 대한 관계가 포함되지 않았다. 그는 하나님에 대한 관계와 자아에 대한 관계에만 초점을 두었다.

키르케고르의 특징은 영성의 표면을 꿰뚫는 능력이다. 영성을 연구하는 사람들이 빠지기 쉬운 위험은 자신이 영성을 실천하고 있다고 생각하는 것이다. 키르케고르는 돈벌이를 위해서 예복을 입고 예수님이 십자가에 달리신 것에 대해 설교하는 설교자들을 경멸했고, 영성을 취미 생활로 간주하는 심미가들도 경멸했다. 그는 예수의 제자와 예수를 찬미하는 사람을 구분하며, 예수를 배반한 가룟 유다를 예수를 찬미하는 사람의 예로 제시한다.

6. 정교회

동방 정교회의 영성은 세월이 흐르면서 계속 갱신되는 거룩한 전통에 접근하는 방법을 가지고 있다. 비잔틴 제국이 멸망하고 오랜 후 회교도인 투르크족의 지배 아래 있던 그리스 정교회는 성산의 니코데무스(Nicodemus of the Holy Mountain, 1749-1809)와 코린트의 마카리우스(Macarius of Corinth, 1731-1805)가 수집한 글 모음집을 읽음으로써 새로워졌다. 『필로칼리아』(Philokalia)라는 제목의 이 모음집은 4세기부터 5세기까지의 동방 기독교계의 저술가들의 글을 수록하고 있다. 이 책의 주제는 예수기도, 개인적인 영적 지도의 필요성, 그리고 수도사뿐만 아니라 하나님과의 합일을 알고자 하는 평신도에게도 덕이 필요하다는 것 등이다. 이 책은 1782년에 초판이 출판되었으며, 곧 슬라브어와 러시아어로 번역되었고, 최근에는 영어(한국어 역본; 역자 주)로 번역되었다. 이 책은 오늘날까지 정교회 영성에서 가장 영향력 있는 책이다. 이 책의 가르침은 에바그리우스(Evagrius)를 따르지만, 카파도키아 교부들이나 위-디오니시우스의 글을 포함하고 있지 않다.

여러 권으로 이루어진 이 책은 값이 비싸서 쉽게 구매할 수 없었다. 대부분의 러시아인은 그 책을 살 여유가 없었다. 그런데 어느 익명의 저자가 그 책의 메시지를 간추려『순례자의 길』(The Way of a Pilgrim)이라는 제목으로 펴냈다. 이 책은 1884년에 출판된 이후로 예수기도에 대한 가장 대중적인 접근방식으로 남아 있다.『순례자의 길』은 바울이 데살로니가전서 5장 17절에서 "쉬지 말고 기도하라"라고 말한 의미를 알려 한 러시아인 순례자에 대해 말한다. 그 책은 이야기인데, 이야기가 진행되는 동안 독자는 다음에 어떤 일이 일어날 것인지에 관심을 둔다. 일 년이 넘도록 도움을 구하던 순례자는 마침내 어느 노인을 만나 자신이 구하던 것을 발견한다. 노인은 다음과 같이 말한다:

> 끊임없이 내면으로 드리는 예수기도는 입술과 영과 마음으로 예수의 거룩한 이름을 중단 없이 계속 부르는 것입니다. 언제 어디서나, 무슨 일을 하든지, 심지어 잠자는 동안에도 주님의 은혜를 구하며 예수의 끊임없는 임재를 머리 속에 그립니다. 이러한 호소가 "주 예수 그리스도시여, 나를 불쌍히 여기옵소서"라는 말에 표현되어 있습니다. 이 호소에 익숙해진 사람은 그 결과로서 깊은 위로 및 항상 기도해야 할 필요성을 느끼므로, 그 기도를 하지 않고서는 살 수 없게 됩니다. 그의 내면에서 저절로 그 기도가 계속될 것입니다. 이제 쉬지 않고 기도하는 것이 무엇인지 이해되셨습니까?[18]

---

18) *The Way of a Pilgrim: and the Pilgrim Continues His Way*, trans. R. M. French (New York: Harper, 1952), 6-9.

끊임없이 기도하면서 진행되는 순례자의 모험이 기도의 의미에 관한 다른 작가들의 장황한 신학적 논의보다 훨씬 흥미롭다.

7. 작은 꽃

이 시대가 끝날 무렵 가톨릭교회의 사랑받는 성녀 리지외의 테레사(Thérèse de Lisieux, 1873-97)가 등장한다. 테레사는 24년이라는 짧은 삶에서 단순한 영성생활 방식을 발견했다. 이것은 그녀가 사망하고 1년 후에 출판된 자서전 『어느 영혼의 이야기』(Story of a Soul)를 통해서 독자들에게 영향을 주어왔다. 후일 캘커타의 테레사는 이 프랑스인 성녀의 이름을 취했다.

테레사 마르탱은 프랑스 북서부의 경건한 부르주아 가정에서 자랐다. 그 시대의 많은 가톨릭 가정이 그렇듯이, 그들은 100년 전 프랑스 혁명으로 말미암아 프랑스 문화가 극적으로 변했으므로 신앙을 육성하기 위해서는 내면을 향해야 한다고 믿었다. 그러므로 테레사는 외부 세상과 접촉이 그리 없었다. 그녀에게는 공립학교에 가는 것이 트라우마였다. 그녀는 열네 살 때 리지외의 카르멜 수녀원에 들어가기로 했고, 많은 장애를 극복하고 그곳에서 지내는 세 명의 언니들과 합류했다. 그녀는 "아기 예수와 성면의 테레사"(Thérèse of the Child Jesus and of the Holy Face)라는 이름을 택했다. 그녀는 프랑스의 애국 소녀인 잔 다르크에 대한 몇 편의 연극, 그리고 어려움을 당하는 사람들을 격려하는 편지를 썼다. 살인자를 위해 드린 그녀의 기도로 말미암아 살인자가 처형 직전에 회개한 듯하다. 그녀는 친언니인 수녀원장의 요청으로 『어느 영혼의 이야기』(Story of a Soul)라는 자서전 원고를 썼다. 테레사는 말년에 결핵에 걸렸는데, 마지막 순간까지 진통제를 복용하지 않고 육체적으로나 영적으로 많은 고통을 겪었다. 마지막 18개월 동안 그녀는 영혼의 어두운 밤을 겪었다.

테레사는 1925년에 성인으로 시성되었고, 1997년에 요한 바오로 2세는 그녀를 가톨릭교회의 박사로 선포했다. 메리 프뢸리히(Mary Frohlich)는 테레사의 국제적이고 다문화적인 호소 안에 있는 세 가지 요인을 열거한다: 어린애 같은 순진함, 고난을 사랑으로 전환함, 그리고 자매 같음.

흔히 "작은 꽃"(litter flower)이라고 알려진 테레사의 글에는 그녀의 삶의 태도가 반영되어 있다.

> 예수님은 나에게 이 신비를 가르쳐주셨다. 그분은 내 앞에 자연의 책을 놓으셨다. 나는 그분이 지으신 꽃들이 어떻게 아름다운지, 장미의 찬란함과 백합의 흰색이 어떻게 작은 제비꽃의 향기나 들국화의 단순함을 무색하게 하지 않는지 이해했다. 나는 만일 꽃들이 모두 장미가 되기를 원한다면, 자연은 봄날의 아름다움을 잃을 것이며, 들판은 작은 야생화로 장식되지 못한 것임을 이해했다.
> 예수님의 정원인 영혼의 세계도 마찬가지이다. 주님은 백합이나 장미에 비교할 만한 위대한 영혼들을 지으시기를 원하셨지만, 작은 꽃 같은 영혼들을 지으셨다. 이것들은 하나님께 즐거움을 드려야 하는 들국화나 제비꽃이 되는 데 만족해야 한다. 완전함은 그분의 뜻 안에, 그분이 원하시는 존재가 되는 데 있다. 나는 예수님이

꺾으신 작은 꽃의 이야기를 쓰고 있다.[19]

테레사는 깊은 사랑, 그리고 성모 마리아에 대한 헌신으로 알려져 있다. 이 두 가지를 보여주는 짧은 기도문으로 그녀의 이야기를 마치려 한다:

마리아여, 만일 내가 천국의 여왕이고 당신이 테레사라 해도, 당신이 천국의 여왕이 될 수 있도록 내가 테레사가 되기를 원하렵니다.

8. 선교 영성

16세기와 17세기의 가톨릭 선교는 여러 가지 이유로 오래 존속하는 교회들을 세우지 못했다. 예수회가 이루어낸 몇 가지 예외가 있지만, 종종 선교 사역 준비니 훈련이 되이 있지 않고 교단의 지원을 받지 못하는 자격 없는 인물들이 선교 기지에서 일했다. 게다가 선교 사역이 민족주의적 제국주의의 보조 부문이었으므로, 스페인이나 포르투갈의 지배, 또는 금이나 노예에 의해 부를 획득하는 것이 구세주를 선포하는 것보다 우선했다. 금에 대한 욕심과 비인간적 행위가 선교 사역의 기초를 잠식했다. 따라서 16세기 아프리카와 아메리카의

---

19) *St. Therese of Lisieux: Essential Writings*, sel. Mary Frohlich (Maryknoll, NY: Orbis, 2003), 34-36.

교회들은 대부분 존속하지 못하고 사라졌다.

바르톨로메오 데 라스 카사스(Bartholomew de las Casas, 1484-1566) 같은 훌륭한 선교사들이 군인들과 상인들의 악습을 반대하는 발언을 했다. 그의 글은 스페인 사람들이 아메리카 인디언을 어떻게 다루었는지를 고발한 문서로 남아 있다. 구스타보 구티에레스(Gustavo Gutierrez)는 라스 카사스가 중앙아메리카와 남아메리카 인디언들을 위한 정의에 헌신했음을 증명한다.[20] 초기 가톨릭 선교사들이 확신을 가질 수 있었던 것, 그리고 유럽과 북미를 중심으로 한 선교 사역의 기초는 십자가의 말씀을 듣고 그 메시지를 믿으며 세례를 받아 교회의 일부가 되어야 세상 사람들이 구원받을 수 있다는 확신이었다. 이것 때문에 대부분의 선교사들은 유럽인들이 토착 문화에 가한 피해를 간과했다.

선교사들과 그들이 사역한 지역의 민족들은 종교와 문화가 밀접하게 붙어 있으므로 기독교인이 되려면 유럽인이 되어야 한다고 추정했다. 이러한 추정은 이방인이 기독교인이 되려면 먼저 개종하여 유대인이 되어야 한다고 주장한 초대 시대의 유대 기독교인들의 생각과 흡사하다. 바울은 이러한 생각에 동의하지 않았다. 어느 문화에서든지 진정으로 기독교인이 될 수 있다.

선교사들이 항상 원주민 문화를 파괴한 것은 아니며, 오히려 장기

---

20) Gustavo Gutierrez, *Las Casas: In Search of the Poor of Christ*(Maryknoll, NY: Orbis, 1993).

적으로 원주민 문화의 표현을 자극해왔다. 성경을 비롯한 기독교 자료를 토착 문화의 중심인 토착어로 번역함으로써 토착어를 현대 언어 제국주의의 횡포로부터 보존해왔다. 자체의 성경을 소유한 토착어는 많은 소규모 집단의 언어처럼 사라지지 않았다.[21]

동방정교회의 선교사들은 지중해에서 슬라브족의 땅으로 신앙을 전했었다. 그들은 이제 시베리아 동쪽 지방을 선교 대상으로 삼았고, 1700년대에는 알래스카를 그 대상으로 삼았다.

개신교인들은 종교개혁 이후 100년이 넘도록 해외 선교에 관여하지 않았다. 1700년대에 경건주의 운동이 출현하면서 유럽 대륙의 모라비아 교도들과 루터교인들이 선교사들을 파송하기 시작했다. 1706년에 할레에서 프랑케(Francke)에게 교육받은 바르톨로메우스 치겐발크(Bartholomaus Ziegenbalg, 1682-1719)와 하인리히 플뤼차우(Heinrich Plutchau, 1677-1752)가 인도 동남부에 도착했다. 그들은 토착 문화에 대해 우월한 태도를 취하지 않았고, 타민족과 함께 살면서 그들의 언어와 종교를 공부했다. 그들은 토착어를 통달했고, 원주민들의 존경을 받았다.

영국에서는 윌리엄 캐리(William Carey, 1761-1834)가 선교 사역을 시작했다. 그는 치겐발크와 플뤼차우보다 약 1세기 뒤에 인도에 도착했음에도 불구하고 "현대 선교의 아버지"로 알려져 있다. 침례교인

---

21) Lamin, Sanneh, *Translating the Message: The Missionary Impact on Culture*(Maryknoll, NY: Orbis, 1989).

으로서 제화공이었던 그는 젊었을 때 자신이 그리스도의 메시지를 가지고 인도에 갈 것을 하나님이 원하신다고 확신했다. 그가 속한 교회의 장로들은 그것은 이룰 수 없는 일이며, 혹시 하나님께서 그 일을 원하시더라도 "당신을 선택하지 않으실 거야!"라고 말했다. 그러나 캐리는 자기의 확신을 고집하여 인도를 향해 떠났다. 그는 토착어를 공부하고, 성경을 인쇄하고, 세람포어에 인도 최초의 학위 수여 대학을 세웠다. 그는 성경을 여섯 개 언어로 번역하고 인쇄했다.

인도에서 사역한 이 세 선교사는 그들의 영성 때문에 이 책에서 다룰 가치가 있다. 그들은 많은 유럽인과 인도인들의 반대에도 불구하고 쉽게 낙심하지 않은 기도의 사람들이었다. 그들은 자기들과 매우 다른 사람들을 사랑했고, 모든 사람에게 교육을 제공하고, 여성들에게 자유를 주기 위해서 열심히 일했다. 캐리는 남편이 죽으면 아내를 함께 태워 죽이는 풍습 사티(sati)에 반대했기 때문에 박해를 받았다. 초기 선교사들의 가장 큰 덕목은 용기일 것이다.

선교사들이 불편과 위험을 무릅쓰고 선교지로 떠난 이유는 무엇일까? 모든 인간적인 결정이 모호한 것이듯이, 거기에는 합당하지 못한 이유가 있었다. 그러나 긍정적인 면에서 선교사들의 영성에는 선교지 사람들에 대한 사랑, 미지의 것을 대면하는 용기, 인간의 도움이 미치지 못할 때 하나님께서 섭리하신다는 확신, 그리고 다양한 관습과 언어 때문에 엉클어진 인간의 상태에 대한 유머 감각 등이 포함되어 있다.

선교 영성에는 선교사들의 영성과 고국에서 그들을 지원하는 사람들의 영성이 포함된다. 특정 세계적인 관점이 그러한 영성의 일면이다. 많은 사람은 먼저 자신의 "선교지"를 묘사하는 선교사들의 말을 들음으로써 자기 나라 밖의 세상을 의식하게 되었다. 또 다른 일면은 뜨거운 기도, 특히 중보기도이다. 고국의 많은 사람은 자기들의 청원이 세상 중간쯤에서 변화를 가져올 것으로 믿는데, 그 결과를 보여주는 입증되지 않은 증거가 많다.

선교 영성과 유사한 것이 선교사들의 노력으로 기독교인이 된 민족들의 영성이다. 안타깝게도 그들의 영성에 대해서는 알려진 것이 거의 없다. 20세기와 21세기에 여러 대륙에서 토착 기독교 운동들이 나름의 발언을 하게 되었다.

9. 성결 영성

1800년대에 성결운동의 두 주류가 있었다. 하나는 주로 성공회 운동으로서 영국에서 개최된 케직 사경회(Keswick Convention)가 대변한다. 이 흐름이 1871년에 위대한 복음주의자 무디(Dwight L. Moody)에게 영향을 주었고, 그를 통해서 시카고 무디성경학교(Moody Bible Institute)에 영향을 미쳤다. 이 파의 특징적인 표현은 "더 높은 삶"(the Higher Life)이다. 이 파에서는 죄 없는 완전(sinless perfection)을 가르치지 않는다.

둘째 분파는 웨슬리의 완전 성화의 가르침을 따르는데, 당시 감리교회는 이 가르침에 대한 관심을 상실한 상태였다. 많은 복음주의자들은 회심할 때 경험한 은혜로 말미암는 칭의 이상의 것을 사모했다.

그들은 세상 즐거움을 피하고 복음주의와 사회개혁에 헌신하면서 이 집단들이 기대한 새로운 삶, 즉 거룩한 삶을 살 수 있는 능력을 발견했다. 그들은 하나님께 완전히 복종하는 경험 및 그 후의 감리교 교리에 따른 죄 없는 완전의 삶 속에서 능력을 발견했다.

이 성결 전통 분파의 선구자는 피비 파머(Phoebe Palmer, 1807-1874)이다. 웨슬리파 가정에서 성장한 그녀는 완전 성화를 사모했는데, 그것은 그녀의 자녀 셋이 어려서 죽은 후에 이루어졌다. 그녀는 설교, 조직, 그리고 저술 사역에 전념했다. 그녀의 첫 저서는 『성결의 길』(The Way of Holiness), 그다음에는 여성 사역을 옹호한 『아버지의 약속』(The Promise of the Father)이다. 찬송가 "예수로 나의 구주 삼고"는 그녀가 작곡한 500편의 찬송 중 하나이다. 그녀는 시각장애인 친구인 작사가 파니 크로스비(Fanny Crosby)와 협업했다. 그녀의 "제단 신학"(altar theology)으로 말미암아 나사렛교회(Church of the Nazarene), 구세군, 하나님의 교회(Church of God), 오순절 성결교회(Pentecostal-Holiness Church) 등이 출현했다. "제단 신학"은 다음과 같이 묘사된다:

> 이렇게 제단 위에 봉헌되는 순간 경험이 완전해지며, 개인은 성화를 주장할 수 있다. 그는 공식적으로 모든 타고난 죄로부터 영구히 정화되고, 그럼으로써 사랑 안에서 완전해진다.

복음주의자들 사회에서 인기 있는 많은 작가가 이 성결 분파 출신이었다. 한나 스미스(Hannah Whitall Smith, 1832-1911)의 『기독교인의 행복한 삶의 비밀』(The Christian's Secret of a Happy Life)에서 삶이 순탄하든지 그렇지 않든지 개인적으로 그리스도께 복종하는 것은 비밀이다. 이 점에서 1600년대의 프랑스인 기욘 부인과 비슷한 점이 있다. 성결운동에서 배출한 경건 서적은 오스월드 챔버스(Osward Chambers, 1874-1917)의 『주님은 나의 최고봉』(My Utmost for His Highest)이다. 챔버스의 아내 거트루드(Gertrude)는 그가 런던의 성경훈련대학(Bible Training College)에서 강의한 것을 모아 책으로 펴냈는데, 거기에는 일 년 동안 매일 묵상할 내용이 담겨 있다. 그의 핵심 주장의 예를 들면 다음과 같다:

영적으로 필요한 것은 죄의 성향에 대한 사형집행 영장에 서명하는 것, 모든 정서적 느낌과 지적 신념을 죄의 성향에 대한 도덕적 평결, 즉 나 자신에 대한 권리 주장으로 전환하는 것이다. 바울은 "내가 그리스도와 함께 십자가에 못 박혔나니"라고 말한다. 그는 "나는 예수 그리스도를 본받기로 했다"라거나 "나는 그분을 따르려고 노력하겠다"라고 말한 것이 아니라 " 우리가 그의 죽으심과 같은 모양으로 연합한 자가 되었으면 또한 그의 부활과 같은 모양으로 연합한 자도 되리라"라고 말한다. …당신 자신을 끌어올리며, 홀로 하나님과 시간을 보내며, 도덕적인 결정을 하며, "주님, 내 안에서 죄가 죽었다는 것을 알 때까지 나를 주님의 죽음과 연합하게 해주십시오"라고 말하라. 당신 안에 있는 죄를 죽여야 한다고 도덕적으로 결정하라. …그것은 단순히 죄를 포기하는 문제가 아니라 본성적인 독립성과 자기주장을 포기하는 것이며, 이곳이 전쟁을 벌여야 하는 곳이다. 본성적인 관점에서 옳고 고결하고 선한 것이 우리를 하나님의 가장 좋은 것으로부터 막는다. …당신 자신의 독

립성의 장례식에 참여하기를 거부하지 말라.[22]

성결운동의 다른 경건 서적들은 더 후대의 것들이다. 레티 카우먼(Lettie Cowman, 1870-1960)은 성경과 다른 자료들을 모아 『광야의 시내』(Streams in the Desert)와 『골짜기의 샘』(Springs in the Valley)을 펴냈다. 그녀는 남편과 함께 1907년에 동양선교회(Oriental Mission Society)의 설립을 도왔다.

심슨(A. B. Simpson, 1843-1919)은 성결운동에서 오순절주의로 넘어가는 전환기의 인물이다. 그는 C&MA(Christian & Missionary Alliance, 그리스도인과 선교사의 연합체)를 설립했다. 그는 많은 저술을 통해서 오순절주의자들을 포함하여 여러 교파의 복음주의자들에게 영향을 미쳤다. 그의 한 가지 주제는 사중복음—구원자 그리스도, 거룩하게 하시는 그리스도, 치유자 그리스도, 다시 오시는 왕이신 그리스도—이었다.

후일 토저(A. W. Tozer, 1897-1963)가 이 교파의 가장 탁월한 대표자가 되었다. 그는 목사요, *Alliance Weekly*라는 잡지의 편집장이요, 『거룩한 것에 대한 지식』(The Knowledge of the Holy)을 비롯하여 많은 책을 저술한 작가이다. 그는 이 책에서 논의되는 다수의 기독교 고전을 복음주의 독자들에게 추천한다. 그는 보수적인 복음주의자였지

---

22) Oswald Chambers, "The Relinquished Life," In *My Utmost for His Highest* (New York: Dodd, Mead, 1935; Oswald Chambers Publication Association, 1963).

만, 가톨릭 성인들의 저술을 소중히 여겼다.

이 성결 운동 지도자들은 오순절주의가 등장한 후에도 방언 등 오순절주의 현상을 인정하지 않았지만, 제2의 축복(회심 후에 성령의 강림을 경험하기), 또는 "완전 성화"라는 제2의 경험을 믿었다.

영성훈련

1. 17-18세기 기독교인들은 일지를 충실하게 작성했다. 그들은 삶의 외적 사건들만 아니라 내면의 생각과 느낌도 기록했다. 론 클럭(Ron Klug)은 일지를 쓰는 옳지 않은 방식이란 없다고 말한다: 자신에게 가장 좋은 방법은 당신 자신이 가장 잘 발견할 수 있다. 그는 일지가 이룰 수 있는 여러 종류의 기능을 열거한다. 그것은 결정을 내리는 일, 우리의 관계를 분류하는 일, 자신의 이야기를 보존하는 일, 그리고 듣고 보는 능력을 계발하는 일 등에 도움이 될 수 있다.

    느낌을 종이에 기록하는 것은 그것을 다룰 수 있는 곳으로 꺼내는 방법이다. 하나의 문제를 자세히 기록하면, 그 문제는 나에게 전과 같은 힘을 발휘하지 못한다. 특히 기도문을 자세히 기록하는 것이 도움이 될 수 있다. 마음으로 사모하는 것들을 하나님께 드리는 기도로 기록하라. 그렇게 하려면 말로 하는 것보다 더 많은 시간이 필요하지만, 그것은 깊이 생각할 시간을 제공해준다. 당신은 마음 가장 깊은 곳에서 말하고자 하는 것을 말할 수 있다.

2. 영적 멘토나 지도자가 영적 여정에 도움이 될 수 있다. 외부의 지혜로운 경청자는 당신의 이야기를 들어주면서 당신 혼자의 힘으로 이룰 수 없는 균형과 판단을 제공한다. 이러한 관계는 자신의 영성훈련에 대한 책임감을 느끼는 데 도움을 준다. 우리가 감추려 하는 죄의식과 수치심이 용납되고 논의되며, 때로는 신뢰와 개방의 상황에서 치유될 수 있다. 우리가 의식하지 못하는 은사와 가능성을 지적해줄 수 있다. 삶이 고될 때 격려가 중요할 수 있다. 무엇보다 우리가 거듭 망각하는 하나님의 은혜가 관통하여 흐른다.

영적 지도는 치료가 아니다. 그것은 심리 상담이나 목회 상담과 다르다. 그것의 목표는 문제 해결이 아니라 우리를 다루시는 하나님의 방식을 보고 하나님의 음성을 듣도록 돕는 데 있다. 영적 지도자는 삶의 영적 여정을 함께 걸어가는 동반자이다. 영적 멘토의 주된 활동은 들어주는 것이며, 종종 우리는 단지 상황에 대해 자세히 이야기함으로써 분명하게 이해하게 된다. 그러나 영적 멘토는 질문함으로써 특정 상황에서 전에 보지 못했던 요소들을 보게 해준다. 멘토는 이 책에 묘사된 영성훈련 중 일부를 의식하게 함으로써 가르치기도 한다.

특별 교육을 받은 상담자나 비공식적으로 존경하는 친구가 "영적 친구"(soul friend)나 영적 지도자가 될 수 있다. 어떤 영적 지도자는 삼 주에 한 번 내담자를 만난다. 상담 비용을 받는 지도자가 있고, 받지 않는 지도자도 있다. 다른 여행자의 동반자로 봉사하는 것은 거룩한 일이며, 특히 하나님의 은혜로운 이끄심에 대한 분별이 열매를 맺을 때 보람이 있다.

3. 경건주의와 메도디즘의 한 가지 특별한 관습은 성경 공부와 기도를 위한 소그룹 모임이다. 소그룹에는 대그룹이나 홀로 활동할 때 느

낄 수 없는 특별한 활력이 있다. 성경 공부, 기도, 그리고 당신의 경험을 나누기 위해서 누군가의 거실에서 몇 명이 모이는 데 동의하라. 이것은 학습하면서 당신의 기도 관심사를 더 깊이 있게 하고 우정을 기르는 방식이다. 이러한 모임을 위해 사용할 수 있는 지침서가 많다.

4. 안식일을 지키라. 개혁주의 전통에 속한 사람들, 특히 청교도들은 안식임 엄수주의자로 알려져 있다. 당신은 그들처럼 주일을 지키려 하지 않을 것이다. 그러나 일주일에 하루를 안식하는 유대교 전통의 지혜를 고찰하는 것은 가치 있는 일이다. 이것은 임의법이 아니라 건전한 관습이다. 혹자는 십계명 가운데 안식일 계명을 최초의 노동 입법으로 여길 수 있다. 주인이 하인과 짐승들을 쉬는 날이 없이 매주, 매일 일 시키는 것이 금지되었다.

하루를 쉬면 어떻겠는가? 중요한 일과 긴급하지 않은 일을 하기 위해 하루를 떼어놓는 것이 어떻겠는가? 당신은 휴식하며, 대인관계를 살피며, 기도하며, 예배를 드리며, 궁핍한 사람들을 돕고 싶지 않은가? 잠시 불안감이 커지는 상황에서 물러나고 싶지 않은가? 당신이 학생이나 교사라면, 잠시 휴식한 후에 다시 도전하기 위해서 의도적으로 당신의 머리를 짓누르는 학습 활동을 멀리하는 시간을 가진다면 기분이 상쾌하지 않겠는가? 휴식한 후에 훈련을 다시 시작하는 것은 삶의 압박을 줄이는 데 도움이 될 수 있다. 그리하면 더 오래 살 것이다.

시간 선택은 당신에게 달려 있다. 반나절에서부터 시작하려 할 수 있다. 유대교 안식일 전통을 택하여 금요일 해진 후부터 토요일 해질 때까지의 시간을 선택할 수도 있다.

5. 찬송하라. 스마트폰이나 MP3는 우리를 음악에 대해 소극적이 되게 하는 경향이 있다. 찬송하는 것은 정서적으로나 영적으로, 그리고 심리적으로 대단한 일이다. 우리가 하나님을 찬양할 때, 찬양은 문제가 있는 자기중심의 세계에서 우리를 끌어올려 준다. 그것은 실체에 대한 우리의 견해를 넓혀주고, 우리 자신에 대한 거짓말, 즉 우리가 쓸모없다는 생각을 멈추는 데 도움을 준다. 찬양은 우리를 비롯하여 모든 것을 선하게 지으신 하나님을 찬미한다. (당신은 불쌍한 죄인이겠지만, 하나님은 존재하는 모든 것보다 위대하시며 우리를 구원하셨다.) 목욕할 때나 걸어갈 때, 특히 교회의 예배 때 찬송하라.

6. 바흐의 음악을 듣거나 연주하거나 노래하라. 바흐의 곡의 가사를 알아보라. 나는 성가대에서 노래한 다음과 같은 부활절 찬송을 잊지 못한다.

예수 그리스도께서 우리 죄 때문에
사망의 강한 군대 속에 누우셨다.
그러나 이제 그분은 하나님 오른편에 서서 우리를 천국으로 올려 주시니
기뻐하고 감사하며 큰소리로 하나님께 할렐루야 찬양하세, 할렐루야. [23]

---

23) *Lutheran Book of Worship*, hymn 134.

7. 여러 영적 전통에 복종의 기도(prayer of surrender)가 있다. 키르케고르의 주장에 의하면, 복종의 기도가 가능하게 되려면 먼저 자아를 복종시켜야 한다. 진정한 자아가 된다는 것은 군중의 피동적 부분이 되는 것이 아니고 세상에 의해 형성되는 것이 아니라, 자신의 참 자아가 되는 것을 의미한다. 자아를 하나님께 복종시키는 것이 그렇듯이, 참 자아를 발견하는 것은 평생 추구해야 하는 일이다. 평생은 현재 안에 실재하며, 거듭 반복되어야 한다. 가장 고귀한 예배 형태 중 하나는 하나님께 우리의 자아를 바치는 것이다:

> "그러므로 형제들아 내가 하나님의 모든 자비하심으로 너희를 권하노니 너희 몸을 하나님이 기뻐하시는 거룩한 산 제물로 드리라 이는 너희가 드릴 영적 예배니라 너희는 이 세대를 본받지 말고 오직 마음을 새롭게 함으로 변화를 받아 하나님의 선하시고 기뻐하시고 온전하신 뜻이 무엇인지 분별하도록 하라"(롬 12:1-2)

> "자비하신 아버지, 아버지께서 주신 것, 아버지의 사랑의 표식인 우리의 자아와 시간과 수유 등을 기쁨으로 감사하며 아버지께 드립니다."

> "만물을 지으신 우리 주 하나님, 당신을 찬양합니다. 당신은 선하심으로 말미암아 우리에게 이 선물을 주셨습니다. 우리는 그 선물로 당신을 섬기며, 당신이 지으신 모든 것을 대속하고 돌보는 데 삶을 바칩니다. 우리를 위해 자신을 주신 주 예수 그리스도를 위하여. 아멘."[24]

성결운동 지도자들은 하나님께 바쳐진 제물로 제단 위에 있을 때 가장 심오한 행복을 발견했다. 이런 식으로 자기 의지를 하나님

---

24) *Lutheran Book of Worship* (Minneapolis: Augusburg, 1978), 67-68.

께 복종시키는 일은 지어내어 할 수 있는 일이 아니다. 삶을 돌이켜보면서, 계획적으로 하나님을 향한 것이 아니라 자발적으로 하나님을 향한 시기, 당신의 뜻을 포기하고 하나님께 맡긴 시기, 전적으로 자원하면서 "제가 여기 있습니다"라고 대답한 때를 기억할 수 있는지 알아보라. 그때의 느낌을 기록하라. 만일 그런 경험이 없다면 지금 하나님께서 당신에게 원하시는 것이 무엇인지, 당신이 어떤 두려움을 느끼며 저항할 것인지, 하나님께 복종하도록 잡아당기는 것이 무엇인지 기록하라.

매일 이 일을 행한다는 것은 무엇을 의미하는가? 나는 이 훈련에 위험이 있음을 발견한다: 나를 위해 그리스도께서 죽으신 것을 받아들이기보다는 나 자신을 바침으로써 의롭다함을 받고, 하나님과 화목해졌다고 생각할 위험이 있다. 영성생활의 기초를 하나님께서 나를 위해 하시는 것에 두지 않고 내가 하는 것에 둘 위험이 있다. 하나님의 사랑과 하나님을 향한 사랑에서 우러나 나 자신을 포기하는 자유를 느끼지 않고 율법주의적으로 자아를 대할 위험이 있다. 모든 영성 훈련에 이러한 위험이 있지만, 여기에는 특별하고 교묘한 위험이 있는 듯하다.

영성훈련을 위한 참고 서적

Bakke, Jeannette, *Holy Invitation: Exploring Spiritual Direction*. Grand Rapids, MI: Baker, 2000.

Baldwin, Christina, *Life's Companion: Journal Writing as a Spiritual Quest*. New York: Bantam, 1990.

Barry, William A. and William J. Connolly. *The Practice of Spiritual Direction*. New York: Seabury, 1982).

Edwards, Tilden. *Spiritual Director, Spiritual Companion: Guide to Tending the Soul.* New York: Paulist, 2001.

Edwards, Tilden. *Spiritual Friend.* New York: Paulist, 1980.

Guenter, Margaret. *Holy Listening: The Art of Spiritual Direction.* Cambridge, MA: Cowley, 1992.

Klug, Ronald. *How to Keep a Spiritual Journal.* Minneapolis: Augusburg, 2002.

Leech, Kenneth. *Soul Friend: The Practice of Christian Spirituality.* San Francisco: Harper, 1980.

Moon, Gary W. and David Benner, eds. *Spiritual Direction and the Care of Souls: A Guide to Christian Approaches and Practices.* Downers Grove, Ill: Intervasity, 2004.

Reiser, William E. *Seeking God in All Things: Theology and Spiritual Direction.* Collegeville, MN: Liturgical, 2004.

Sellner, Edward C. *Mentoring: The Ministry of Spiritual Kinship.* Cambridge, MA: Cowley, 2002.

권장 도서

Anonymous. *The Way of a Pilgrim and The Pilgrim Continues His Way.* Trans. R. M. French. New York: Seabury, 1952.

Bosch, David J. *Transforming Mission: Paradigm Shifts in Theology of Mission.* Maryknoll, N. Y.: Orbis, 1991.

Erb, Peter C., ed. *The Pietists: Selected Writings. Classics of Western Spirituality Series.* New York: Paulist, 1983.

Francis de Sales. *Introduction to the Devout Life.* Garden City, N. Y.: Image Books, 1972.

Fremantle, Anne, ed. *The Protestant Mystics.* New York: New

American Library, 1964.

Guyon, Jeanne-Marie Bouvier de la Mothe. *Madame Guyon: An Autobiography*. Chicago: Moody, n.d.

Kierkegaard, Soren. *Provocations: Spiritual Writings of Kierkegaard*. Complied and deited by Charles E. Moore. Farmington, PA: Plogh, 1999.

Schwanda, Tom. *Soul Recreation: The Contemplative-mystical Piety of Puritanism*. Eugene, OR: Pickwick, 2012.

Spener, Philip Jacob. *Pia Desideria*. Minneapolis: Fortress, 1989 (1964).

Steere, Douglas V., ed. *Quaker Spirituality: Selected Writings*. Classics of Western Spirituality Series. New York: Paulist, 1984.

Tomkins, Stephen. *John Wesley: A Biography*. Grand Rapids: Eerdmans, 2003.

제7장

1900년 이후의 서방

21세기에 볼 때 20세기는 까마득한 과거처럼 보인다. 유럽과 아메리카에서는 낙관주의에서 절망으로, 다시 낙관주의로의 변화가 여러 차례 있었다. 1900년대 초기는 낙관주의 시대였다. 그다음에는 두 차례의 세계 대전과 대공황 때문에 환멸을 느꼈다. 아우슈비츠 수용소의 대학살과 히로시마 원폭 투하 등 엄청나게 두려운 일들을 겪었고, 스탈린이 우크라이나에서 자행한 집단 살인도 있었다. 베트남과 이라크에서 벌어진 전쟁으로 말미암아 많은 사람이 환멸을 느꼈고, 테러가 성행했다. 우리는 원자폭탄의 구름 아래 살아왔고, 소련 연방의 발흥과 몰락도 목격했다. 놀랍게도 남아프리카는 평화롭게 인종차별정책에서 벗어났다. 우리는 달로 여행하여 우주에서 지구의 아름다움을 보았다. 이 아름다움이 생태학적 재앙의 위협을 받고 있다. 지구의 인구가 6배로 증가했으며, 아울러 기아, 영양 부족, 가난 등도 증가했다. 기독교는 세계 인구의 약 3분의 1에게 전파되었으며, 유럽에서는 쇠퇴하고 있지만, 아프리카에서 가장 크게 성장하고 있다.

20세기에 새로운 의식이 등장했다. 우리는 이성과 과학을 더욱 미묘하게 평가한다. 우리는 사회의 성별 균형을 새롭게 이해하려 하며,

프로이트와 융 등 심리학자들이 소개한 바 있는 인간의 깊은 것들에 대한 심리학적 이해를 발견하려고 노력하고 있다.

세계의 교회들은 1910년에 에든버러에서 개최된 선교사 대회 이후 세계교회적인 관계들을 발달시켜 왔다. 1948년에 설립된 세계교회협의회(W.C.C)의 역사는 50년이 넘는다. 가톨릭교회는 1960년대에 있었던 제2차 바티칸 공의회 이후 변화되어 획일적인 고립에서 벗어나 다른 기독교인들, 현대 사회, 타 종교들과의 대화를 시도하고 있다. 이러한 조처들은 역사상 가장 오래 재임한 교황 요한 바오로 2세에 의해 완화되었다가, 최근 프란치스코 교황에 의해 부활했다.

우리는 매스컴과 경제적 상호 의존 덕분에 20세기 초보다 훨씬 더 긴밀하게 연결된 세상에 살고 있다. 그러나 전쟁이나 빈곤을 제거하는 일에서는 그리 진보하지 못했다. 아랍과 이스라엘의 분쟁은 지금도 계속되고 있다. 거의 50년 동안 독재 정부의 통치를 받아온 아프리카 대륙의 주민들은 민주주의를 동경하고 있다.

과거 기독교 진영으로 간주되던 유럽 대륙은 20세기에 어려운 시기에 직면했다. 제1차 세계대전으로 20세기 처음 10년 동안 낙관주의가 부서졌고, 대공황과 제2차 세계대전은 20세기 중반을 황폐화했다. 홀로코스트의 공포, 마르크스주의 무신론의 성장, 세속주의, 기독교의 진리에 대한 지적 도전 등으로 말미암아 유럽 대륙은 명목상으로만 기독교 대륙일 뿐 기독교 영성에 대해 진지하게 남아 있는 사람들은 소수에 불과하다. 그러나 이 남은 자들은 혁신적인 동시에 학문과 전통의 관습에 몰두했다.

이 장에서는 유럽과 북아메리카에서 정교회, 가톨릭교회, 그리고 개신교 전통에서 발달한 현상들을 다룰 것이다. 먼저 교회나 교파에 속한 작가들을 다룰 것이다: 오순절운동, 에큐메니즘, 성공회, 루터교, 복음주의, 장로교, 퀘이커파, 가톨릭교회, 정교회 등. 그다음에 교파적 경계에 속하지 않는 주제들을 다룰 것이다: 긍정적 사고, 여성 영성, 그리고 12단계 영성.

1. 오순절운동과 카리스마운동

20세기에 등장한 새 운동들은 성령 하나님께 관심을 두었다. 오순절주의는 1900년대에 등장한 가장 중요한 운동이었다. 그것은 무에서 출발하여 세계에서 가장 급속히 성장하는 유형의 기독교가 되었다. 그것은 사도행전에 기록된 원시 기독교의 감화를 받았다. 초대교회의 경험은 20세기 교회에서 관찰되는 것과 매우 대조되는 듯하다.

오순절운동은 다양한 성결운동에서 발달해 나왔지만, 새로운 양식의 기독교 영성 발달에서 중요한 것은 1906년 LA의 아주사 거리에 세워진 스토어프론트 교회(storefront church)였다(지도6을 보라). 당시 흑인 복음전도자 윌리엄 시무어(William Seymour, 1870-1922)가 흑인이나 백인 구도자들에게 성령 세례와 방언으로 말하는 것을 가르쳤다. 이 운동은 아메리카 대륙 전체와 유럽에 신속하게 전파되고 급속도로 성장했다.

###원서 175쪽 (지도6. 북아메리카)

후기 오순절운동 지도자는 전 세계를 여행한 영국인 복음전도자 스미스 위글스워스(Smith Wigglesworth, 1859-1947), 그리고 20세기 중반 에큐메니컬 사회에서 오순절운동을 대표한 데이비드 두 플레시스(David Du Plessis, 1905-1987)이다.

성결운동에서 오순절운동으로의 변화를 미리 알려주는 힌트들이 있었지만, 오순절운동의 새로운 점은 웨슬리의 "제2의 축복"을 성경에 기록된 "성령 세례"로 대체한 것이다(눅 3:16; 행 1:5 참조). 이 세례의 표면적인 표식이 방언이고, 그다음에 바울이 고린도전서 12장에 열거한 "신령한 은사들"이 따른다고 주장한다. 이 신령한 은사에는 예언과 병 고치는 은사가 포함된다. 오늘날 오순절파는 세계에서 가장 빨리 성장하는 기독교 교파이며, 그들의 영성이 많은 다른 교파에 받아들여지고 있다고 주장된다.

초기의 오순절운동은 다민족적이었지만, 아메리카에서 그 운동이 널리 전파되어 교파들이 생겨나면서 흑인 조직과 백인 조직이 분리되었다. 그들은 대부분 가난하고 무식한 사람들이었기 때문에 기성 교회로부터 멸시와 배척을 받았다. 오순절파는 교회가 성령의 능력을 상실했다고 비난했다. 웨슬리의 추종자들이 많은 유익을 얻었던 것처럼, 수십 년 동안 오순절파 신도들이 많은 유익을 얻음에 따라 이 운동은 더 온건해졌다. 그들은 대학을 세우고 훌륭한 교회들을 건축했다. 예배에서의 극단적인 감정 분출도 그리 자주 나타나지 않게 되었다.

1960년대와 70년대에 많은 개신교도와 가톨릭교도, 심지어 일부 정교회 신자들도 신오순절운동, 혹은 카리스마운동에 이끌려 "고전적" 오순절 운동에서 경험하는 것과 같은 경험을 했다. 금세기 초 몇 십 년 동안 영향을 미친 사람들과는 달리, 이 은사주의자들은 새 교파를 만들지 않고 역사적인 교파들 안에 머물렀다. 그들은 근본주의와 원래 오순절파에서 금한 행동 목록을 그대로 받아들이지는 않았지만, 복음주의, 치유, 찬양 등을 진지하게 채택했다.

이 운동은 놀랍게도 가톨릭교회에서 성공을 거두었다. 이 분파의 기원은 꾸르실로 운동인데, 그 운동은 교회에 정치적 압박이 가해지고 갱신의 필요성이 대두했던 1940년대 말 스페인에서 발달했다. 꾸르실로(cursillo)는 신중하게 계획된 주말 소그룹 모임이다. 그것은 피정자를 의식적으로 예수 그리스도의 제자로 회심시키려 한다. 꾸르실로 운동은 많은 국가에 전파되었을 뿐만 아니라 미국 가톨릭교도들을 포함하여 다른 종파에도 전파되었다. 이 중 일부가 1960년대 말에 성령세례와 방언을 추구하기 시작했다. 교회는 사제들이 카리스마적 부흥을 지도하게 했다. 레오 요제프 수에넨스(Leo Jozef Suenens, 1904-1996) 추기경이 최고위 계층 지지자였고, 교황 바오로 6세(1897-1978)는 그 운동을 축복했다. 킬리언 맥도널(zlffl McDonnel, OSB, 1921-)은 신중하게 연구하여 성령 쇄신에 대한 책을 출판했고, 바티칸을 대신하여 오순절파와 대화했다.

개신교는 더 신중하게 반응했고, 때로는 적대감을 나타냈다. 보수적인 교회들이 가장 비판적이었다. 근본주의자들은 그 운동에 철저히 반대했다.

오순절 영성, 또는 카리스마 영성이란 무엇인가? 그것은 현존하시고 활동하시는 하나님의 사랑에 초점을 둔다. 방언하는 것은 하나님의 사랑을 보증해 주는 경험이다. 성령께 우리 입의 발성을 인도하시도록 맡기는 것은 하나님께 복종하는 태도이다. 육체 문제나 감정 문제의 치유를 구하는 기도에 대한 응답도 하나님의 현존과 능력을 강조한다. 이 운동에서는 성령이 중시되지만, 우리의 구주요 예배자의 친구이신 그리스도가 더 중요하게 여겨진다. 이 집단은 성경과 예언을 통해서 하나님의 말씀을 듣는다. 예언은 종종 "내 백성아 들으라" 처럼 성경의 예언자들이 사용한 형태로 행해진다. 하나님이 성경의 표준과 지도자들의 판단에 종속되는 임의적인 메시지를 통해서 그 집단과 적극적으로 의사소통을 하신다고 이해된다. 이런 면에서 이 운동은 퀘이커파 예배 형태와 흡사하다. 초기 오순절운동의 교육과 지적인 노력에 대한 의심은 사라졌지만, 여전히 지도자에게는 학위보다 성령세례가 중요하다는 인식이 있었다.

가톨릭교회와 개신교의 성령 쇄신 운동이 쇠퇴하고, 특정 교파와 관계가 없는 카리스마 영성이 등장했다. 포도원운동(Vinyard movement)과 독립 회중들이 전통적인 복음주의에 카리스마적인 경향을 추가했다. 그런데 "토론토 블레씽"(Toronto Blessing) 운동으로 말미암아 초기 오순절운동의 드라마와 논란이 재개되었다. 이 운동에는 춤추고 짐승 소리를 내고 성령 안에서 죽는 것뿐만 아니라 소리내어 웃는 것(holy laughter) 등이 포함되었다. 이 운동은 1994년에 토론토 공항 빈야드교회에서 시작되었고, 신속히 전 세계의 특정 회중에 전파되었다.

2. 에큐메니컬 영성

　기독교 일치를 위한 운동인 에큐메니즘(세계교회주의)이 20세기에 시작된 것은 아니다. 교회가 분열된 이후 재결합을 위해 기도하는 사람들이 있었다. 예를 들어, 루터의 젊은 동료인 필립 멜란히톤(Philip Melanchthon)은 루터파 사람들을 다른 사람들과 화해시키려고 노력했다. 그러나 20세기에 에큐메니즘은 주요 기구로 발달했을 뿐만 아니라 여러 교파의 기도 관습으로 발달했다. 그 예로 오순절/은사 운동, 센터링 기도 운동, 미로 걷기 등이 있다.

　특별히 관심을 끄는 것은 기독교 일치를 위한 기도 운동의 성장이다. 1908년에 이 운동을 위한 특별 주간이 제정되었으며, 1909년에 교황 비오 10세가 그것을 승인했다. 당시 많은 개신교인은 가톨릭교회의 에큐메니즘은 개신교인들이 가톨릭교회로 돌아와야 한다는 의미라고 이해했다. 그러나 프랑스의 가톨릭교회와 개혁교회 사이에 이해를 구축한 경험이 있는 폴 쿠테리에(Paul Couterier, 1881-1953)는 개신교회가 가톨릭교회처럼 1월 18일부터 25일까지 한 주간을 교회 일치를 위해 기도하는 주간으로 정하게 했다. 1966년 이후 바티칸 공의회와 세계교회협의회는 함께 기독교의 일치를 위한 기도 주간을 계획하고 추진해 왔다.

　에큐메니컬 영성에 기여한 가장 중요한 인물은 교황이었다. 안젤로 주세페 론칼리라는 본명의 교황 요한 23세(Saint John XXIII, 1881-1963)는 20세기에 가장 인기 있는 교황 중 하나였다. 뚱뚱한 몸매를 부끄러워하지 않은 그는 모든 사람에게 호의를 보였다.

안젤로 론칼리는 터키와 프랑스 주재 바티칸 외교관이었고, 후에는 베네치아의 총대주교였으며, 언제나 평민 편에 섰다. 언젠가 그는 "오늘 아침에는 추기경들과 왕자들과 정부의 중요한 대표자들을 만나야 합니다. 그러나 오후에는 인간이요 하나님의 자녀라는 것 외에 다른 호칭이 없는 일반인들과 함께 잠시 시간을 보내고 싶습니다"라고 말했다.[1] 소작농의 아들이었던 그는 자신의 출생 신분을 잊지 않았고, 그것으로 인해 사과하지 않았다.

요한 23세는 1962년 가을에 시작된 제2차 바티칸공의회를 소집했다. 교황은 이 공의회를 통해서 과거 가톨릭교회에서 표면화되는 것이 허락되지 않았던 운동과 의견들이 공식적으로 인정되는 것을 허락했다. 이 운동들에는 성경 운동, 예배 갱신 운동, 그리고 에큐메니컬 운동이 포함되었다. 어느 책에 다음과 같은 일화가 기록되어 있다: "교황은 창가에 가서 문을 여는 몸짓을 하면서 '공의회요? 나는 거기서 신선한 것을 기대하지 않아요. …우리는 콘스탄티누스 황제 이후 베드로의 보좌에 쌓여온 제국적 먼지를 털어내야 합니다'라고 말했다."[2] 그는 또 "우리가 세상에 있는 것은 박물관을 지키려는 것이 아니라 생명이 가득하며 영광스러운 미래가 약속된 정원을 가꾸

---

1) Henri Fesquet, ed., *Wit and Wisdom of Good Pope John*, trans. Salvator Attanasio (New York: P. J. Kenedy, 1964), 110.

2) Ibid.

기 위해서입니다"라고 말했다.[3]

 그후 정교회와 가톨릭교회와 개신교회가 여러 차원의 집회와 협의회와 피정에서 함께 기도하는 법을 배우고 있다. 많은 사람은 그 운동이 많은 장애에도 불구하고 지금까지 지속되는 것이 기도 때문이라고 믿는다. 지금까지는 다른 종파 교도의 성찬식이 인정되지 않았지만, 비공식적으로는 많은 교제가 있었다.

미로

 20세기 말 미로 운동(labyrinth movement)은 여러 교파에 영향을 주

---

3) Ibid., 161-62.

었으므로 에큐메니컬 현상으로 볼 수 있다. 프랑스에 있는 샤르트르 대성당 바닥에는 원래 걷기 묵상을 위해 사용된 돌로 새겨넣은 미로가 있다. 이 잊혀진 특징적 디자인이 샌프란시스코에 있는 그레이스 에피스코팔 대성당(Grace Episcopal Cathedral)에 다시 등장했다. 그 대성당은 로렌(Lauren Artres)이 주도한 것으로서 두 개의 미로가 있으며, 국제적으로 미로 사용을 촉진하는 중심지가 되었으며, 미로를 건축하고 가르치는 방법에 관해 조언해주고 있다.[4]

미로를 가르치는 질 제프리온(Jill Geoffrion, 1958-)은 샤르트르 대성당과 긴밀한 관련이 있다. 그녀는 여러 대륙에서, 특히 미얀마와 콩고 민주공화국에서 미로를 가르쳤다. 그녀의 저서 『미로 기도』(Praying the Labyrinth)라는 책의 제목은 그녀의 개인적인 강조점을 가리킨다. 그녀의 주장에 의하면, 가장 좋은 훈련 방법은 개인 기도라는 영적 관습이다.

미로는 종잡을 수 없이 복잡하여 걷는 사람을 혼란스럽게 하는 것이 아니라, 주변에서 중심으로 들어갔다가 다시 나오는 분명한 길이다. 음악과 함께, 또는 침묵 속에서 한 무리의 사람들이 미로를 걸으면서 도중에 서로 만날 수 있으며, 혼자서 걸을 수도 있다. 그것은 묵상하면서 몸을 사용하는 실질적인 방식이다. 삶의 여정을 나타내는 은유로 여길 때 걷기에 중요함이 더해진다. 내면으로의 걷기는 정화

---

4) Lauren Artress, *Walking a Sacred Path: Rediscovering the Labyrinth as a Spiritual Tool* (New York: Riverhead, 1995),

의 여정이 되며, 중심에서의 묵상은 조명에 비유되며, 바깥으로의 여정은 합일, 걷는 묵상자가 기운을 얻고 치유되어 세상에서의 봉사로 복귀하는 것이 된다.

1993년 캐슬린 노리스(Kathleen Norris, 1947-)가 저술한 『다코타: 영적 지리』(Dakota: A Spiritual Geography)[5]가 출판되기 전에는 거의 알려지지 않았던 사우스다코타의 렘몬에서 신선한 주장이 제기되었다. 노리스는 그레이트 플레인스(Great Plains)로 이주하여, 그곳에서 기독교 신앙을 재발견했다. 그 책은 영성에 장소가 중요하다고 제안하며, 그레이트 플레인스의 기후, 풍경, 주민 등에 대해 상세히 묘사한다. 또 이 타락한 장로교인이 특히 베네딕트회 수도사들로 말미암아 신앙을 회복한 경위도 묘사한다. 노리스는 기독교 신앙의 일치를 보았고, 그 신앙을 자기의 신앙으로 선택하여 받아들였다. 다음은 미합중국의 현재 상황에 대한 자신의 관찰을 기록한 것이다:

> 17세기부터 오늘날에 이르기까지 종교를 향한 인간의 욕구는 사라지지 않았다. 정서적이고 지적인 업무의 존중되는 형태로 그것을 억제하는 것은 종교의 어두운 면이 극적으로 분출하는 결과를 낳았다. 즉 아메리카는 어떤 사람들이 주장하는 것처럼 세속 사회가 아니라, 관습적으로 종교적인 것, 교회 참석 및 기독교 신앙의 전통적 관습들과 관련된 것들을 멸시한다는 점에서 대체로 개인적

---

5) Kathleen Norris, *Dakota: A Spiritual Geography* (Boston: Houghton Mifflin, 1993).

이고 세속적인 모호한 영성의 땅이 되었다.[6]

노리스는 『놀라운 은혜』(Amazing Grace: A Vocabrary of Faith)에서 그녀 나름의 솔직한 박식함으로 중요한 종교 용어를 다루며, 자신의 이야기의 여러 부분을 통합하여 용어에 대한 새로운 이해를 작성한다:

> 기독교적 의미에서 완전함이란 자신을 다른 사람에게 줄 수 있을 만큼 성숙해지는 것을 의미한다…이런 종류의 완전함을 이루려면 하나님이 원하시는 만큼 완전한 자아가 되어야 한다: 성숙하고, 장성하고, 완전하고, 자기에게 닥치는 모든 것에 대한 준비가 되어야 한다. 이런 의미에서 완전함을 생각할 때, 나는 지인 캐서린 라쿠나(Catherine LaCugna)를 생각한다…나는 "주께서 우리에게 평화로운 밤과 완전한 죽음을 주시기를"이라는 말로 끝나는 기도문을 낭송할 때마다 그녀의 죽음을 생각한다. 완전한 죽음, 이웃을 위해 완전히 인정되고 실현되고 제공된 죽음이었다.[7]

개신교인인 노리스가 가톨릭 영성을 재발견했다. 그녀는 자기의 경험을 묘사함으로써 이 두 전통이 기독교 영성 가족 안에서 서로를 인정하는 것을 허락함으로써 개인적인 방식으로 두 전통 사이에 양방향의 도로를 개설했다.

---

6) Kathleen Norris, *Amazing Grace: A Vocabulary of Faith* (New York: Riverhead, 1998), 239.

7) Ibid., 84-85.

에큐메니컬 영성의 특별한 표현은 프랑스에 있는 떼제 공동체이다. 로제 슈츠(Roger Schutz, 1915-2005)와 막스 투리앙(Max Thurien, 1921-96)이 세운 떼제 공동체는 가톨릭 전통의 회원들과 개신교 전통의 회원들이 활동하는 수도 공동체이다. 정교회도 나름대로 기여해왔다. 필자는 에든버러에 있는 감독교회에서 로제 수사가 인도하는 예배 때 정교회 신자가 아닌 사람들이 러시아 교회의 일치를 위한 기도로 교회 전면 중앙에 놓여 있는 큰 십자가 형태의 이콘에 입 맞추는 것을 보았다.

3. 성공회와 감독교회

신비주의를 연구한 20세기의 저술가 중에서 영어권에서 가장 영향력 있는 사람은 에블린 언더힐(Evelyn Underhill, 1875-1941)일 것이다. 그녀는 장성하여 기독교인으로서 세례받기 전에 이미 철학적이고 플라톤주의적 의미에서 신비가였다. 프리드리히 폰 휘겔(Friedrich von Hugel, 1852-1925) 남작이 그녀의 영적 지도자였다. 그는 가톨릭교회의 모더니즘 평신도 신학자요 종교철학자로서 영국에서 살았다.[8] 휘겔의 『조카에게 쓴 편지』(*Letters to a Niece*)는 영적 지도 과정에서

---

8) Ellen M. Leonard, *Creative Tension: The Spiritual Legacy of Friedrich von Huge*l (Scranton, PA: University of Scranton Press, 1997).

의 그의 마음을 보여준다. 그는 언더힐에게 그녀의 신비주의를 구체적인 교회 공동체 안에 두고, 런던 동부의 가난한 사람들을 섬기라고 권했다. 그녀는 그의 조언대로 했고, 그로 인해 그녀는 인도적인 사람이 되었다.

언더힐은 1911년에 초판이 발행된 『신비주의』(Mysticism)와 1936년에 출판된 『예배』(Worship)라는 책으로 유명하다. 그녀는 많은 사람의 관심을 고전적 신비주의 서적으로 이끌었다. 그녀는 가정에서 개인적으로, 그리고 런던 북동부의 프레시 마을에서 피정을 통해서 영적 지도 사역에 헌신했다. 최근 그녀의 피정 강의를 통해서 그녀의 영성이 열매를 맺고 있다.[9] 영성과 신비주의에 대한 에블린의 관심은 학구적인 것만은 아니었다. 그녀는 사람들의 실질적인 문제에 적극적으로 관여했다.

영적 저술가들은 문화 발달에 반응한다. 20세기의 특징은 심리학과 정신분석 분야의 발달이다. 20세기 중반 일반 대중은 심리학 용어로 생각하고 심리학 연구의 결과를 존중하며 경청했다. 영성은 인간, 심지어 영혼과 관련이 있으므로, 영성과 "영혼 연구"인 심리학의 관심사는 서로 겹친다. 1900년대 초 두 분야 사이에 큰 균열이 발생했는데, 그것은 지금도 완전히 극복되지 않고 있다. 심리학자들과 정신분석학자들은 빈번히 종교가 비과학적이고 신경증적이며, 일반적으

---

9) Evelyn Underhill, *The Way of the Spirit*, ed. Grace Adolphson Brame (New York: Crossroad, 1994).

로 인간의 복지에 해롭다고 비난했다. 기독교인들은 치료 전문가를 신뢰하지 않았다. 오늘날 상황은 개선되었다. 심리학자들은 과학으로서의 자기들의 학문에 대해 덜 방어적이며, 기독교인들은 심리학 개념과 치료요법의 가치를 이해한다.

심리학 분야의 학자 중 기독교 영성에 가장 영향을 미친 사람은 칼 융(Carl G. Jung, 1875-1961)이다. 융은 목사의 아들로서 스위스에서 태어나 거의 일생을 그곳에서 살았다. 1909년에 그는 "이른바 오컬트 현상의 심리 및 병리학에 관한 연구"(On the Psychology and Pathology of So-Called Occult Phenomena)라는 박사학위 논문을 저술했는데, 그것은 기독교 안팎의 영적 실체들에 대한 관심을 반영했다. MBTI(Meyers-Briggs Type Indicator)는 융의 이론에 기초한 것이다. 인격 유형에 대한 이해가 기도 같은 영적 훈련을 선택하고 실천하는 데 유익하다고 간주되어왔다. 수피 전통에 기초한 더 오래된 유형 분류 체계로서 9가지 유형을 구분하는 에니어그램(Enneagram)도 영적 지도에 널리 사용된다.

성공회 사제요 노트르담 대학의 교수였던 모튼 켈시(Morton Kelsey, 1917-2001)는 미국의 중요한 영적 작가이다. 그는 심리학, 특히 융에게서 많은 것을 얻었다고 진술했다. 그는 묵상에 관해 저술하면서 다른 작가들이 심리학자들의 가치를 이해하지 못했었다는 데 대한 좌절감을 표현했다:

> 나는 심층심리학이 95년 동안 활동하면서 인간 영혼에 대해 발견한 것들을 고려하여 저술한 기도와 묵상에 대한 글이 거의 없음

을 발견했다. 기도에 관한 대부분의 작가들, 즉 프로이트, 아들러(Adler), 융, 매슬로(Maslow), 칼 로저스(Carl Rogers), 그리고 롤로 메이(Rollo May)가 존재하지 않았으면 어떠했을까? 경건생활의 대가들과 심층심리학자들은 서로를 필요로 한다. 그들은 인간 영혼의 실체에 대해 무엇인가 발견해왔으며, 서로 상대 학문에 말할 중요한 것을 가지고 있다. 이 새로운 관점에서 묵상을 이해해야 한다.[10]

켈시의 묵상에서는 심상(이미지)을 사용하는데, 그는 그것이 센터링 기도와 다르다고 말한다. 켈시는 자기의 방법이 모든 사람에게 유익한 것은 아니라고 밝힌다. 그는 자기 아내는 센터링 기도를 사용하는데, 그것이 아내에게 더 호소력이 있다고 말한다.

켈시는 40권 이상의 책을 저술했는데, 대부분 다른 사람들이 다루지 않는 주제에 관한 것이다. 꿈에 관한 그의 저술들은 기독교적 관점이나 융의 관점에서 그 주제를 다룬 소수의 저술에 속한다. 그는 방언에 대해서도 저술했는데, 그것은 심리학자와 은사주의자들 사이의 무르익은 대화의 주제이다. 나는 개인적으로 『치유와 기독교』(*Healing and Christianity*)를 좋아한다. 그 글은 그가 육체적이고 정서적인 치유에 기독교적으로 개입한 데 대한 간단한 이야기이다.

실질적으로 모든 기독교인이 어느 때 어떤 방식으로든 치유를 구

---

10) Morton Kelsey, *The Other Side of Silence: Meditation for the Twenty-first Century*, rev. ed. (New York: Paulist, 1997), 13-14.

하며 기도한다. 20세기에 그러한 기도를 위한 자극의 근원은 많지만, 성령쇄신 운동만큼 널리 퍼진 것은 없다. 미합중국에서 많은 사람에게 영향을 미친 사람은 아그네스 샌포드(Agnes Sanford, 1897-1976)였다. 그녀는 부모가 선교사로 활동하던 중국에서 태어났고, 감독교회 성직자인 남편과 함께 "목회 돌봄의 학교"(Schools of Pastoral Care)를 설립했다. 『치유의 빛』(Healing Light)을 비롯한 그녀의 초기 저술들은 성령쇄신 운동 이전의 것이지만, 그 안에 있는 많은 사람에게 영향을 미쳤다. 그녀는 말년에 그 운동에 합류했다. 그녀의 저술에는 『성경의 치유력』(The Healing Power of the Bible), 『성령의 치유하는 은사』(The Healing Gifts of the Spirit)를 비롯한 저술 외에 『잃어버린 목자』(The Lost Shepherd)라는 소설이 있다. 샌포드는 치유하시려는 하나님의 의지, 그리고 육체적 치유 뿐만 아니라 정서적 치유의 필요성을 강조했다. 그녀는 내담자에게 치유가 이루어지는 장소, 그리고 하나님의 사랑 안에 싸이는 사람을 마음속에 그려보라고 권했다. 그녀는 예수님의 현존 안에서 사건을 다시 상상함으로써 과거의 상처에서 정서적으로 놓여나기 위한 "기억 치유"(healing of memories)라는 용어를 만들었다. 그녀의 사랑의 접근 방식은 텔레비전 전도사 오럴 로버츠(Oral Roberts)의 방식과 달랐다.

    1930-1940년대에 옥스퍼드의 어느 술집에 한 무리의 문학인들이 모여 서로의 소설을 읽곤 했다. 그들은 스스로 "잉클링스"(Inklings)라고 불렀다. 교파는 달랐지만, 루이스(C. W. Lewis, 1998-1963), 톨킨(J. R. R. Tolkien), 도로시 세이어즈(Dorothy L. Sayers, 1893-1957), 찰스 윌리엄스(Charles Williams, 1886-1945) 등이 그 회원이었다. 체스터턴(G. K.

Chesterton, 1874-1936)은 루이스에게 강력한 영향을 미쳤다. 이 그룹은 영적 영역을 진지하게 다룬 작품들을 배출했지만, 각기 다른 방식을 취했다. 루이스는 그 중에서 가장 잘 알려졌는데, 이는 나르니아에 대한 일곱 아이의 이야기, 우주 삼부작, 그리고 기독교적 주제들에 대한 다수의 논문 때문이다. 그는 『예기치 못한 기쁨』(Surprised by Joy)에 자신의 회심을 묘사했고, 두목 마귀와 졸개가 주고받은 허구적 서신집인 『마귀의 지령』(Screwtape Letters)에서는 귀신의 세계를 신학적 논문보다 더 훌륭히 묘사했다. 루이스의 상상력 덕분에 20세기에 많은 사람이 기독교의 메시지를 신뢰하게 되었다.

틸든 에드워즈(Tilden Edwards, 1935-)와 제럴드 메이(Gerald May, 1940-2005)는 영성 지도자 훈련학교인 살렘 영성훈련원에서 가르쳤다. 이들은 각기 경청 사역(ministry of listening)에 관한 책을 출판했다.

케네스 리치(Kenneth Leech, 1939-2015)는 교외나 대학에서 사역하지 않고, 기독교 사역이 절실히 필요한 런던 동부에서 사역한 성공회 사제이다. 리치의 삼부작 중 첫 권 『소울 프렌드』(Soul Friend)는 영적 지도에 대한 기본서이다. 두 번째 책 『참 기도』(True Prayer)는 기독교의 훈련 중 가장 기본적인 것에 초점을 둔다. 세 번째 책 『하나님 경험하기: 영성으로서의 신학』(Experiencing God: Theology as Spirituality)은 영성생활의 주체요 객체인 하나님에 대한 문제를 언급한다. 그는 "하나님의 죽음에 대한 증거가 아니라, 그분의 부재 및 많은 사람의 광적

인 하나님 현존 추구에 대한 증거가 많다"라고 기록한다.[11]

영성에 관한 관심이 급증하고 있다. 긴급하게 필요한 것은 영적 분별, 가짜와 진짜의 구별, 거짓 신과 참 하나님 분별이다. 1960년대에 세속화를 비판 없이 받아들인 것은 잘못된 일이다.[12]

캔터베리 대주교를 역임한(2002-2012) 로완 윌리엄스(Rowan Williams, 1950-)는 케네스 리치의 동료였으며, 『기독교 영성 입문』(The Wound of Knowledge)을 시작으로 기독교 영성의 역사에 관한 몇 권의 책을 출판했다. 그는 사막 교부들과 교모들, 아빌라의 테레사, 도스토옙스키, 그리고 이콘으로 기도하기 등에 관해서 저술했다. 윌리엄스는 성공회 연합이 여성 감독과 동성애 윤리에 관한 분쟁에 휩쓸려 있는 어려운 시기에 대주교로 활동했다.

4. 루터교

유럽 대륙의 탁월한 기독교 신학자요 순교자는 디트리히 본회퍼(Dietrich Bonheoffer, 1906-1945)이다. 그는 20세기 전반 독일 역사상 격동의 시대에 활동했다.

---

11) Kenneth Leech, *Experiencing God: Theology as Spiritualit*y(San Francisco: Harper, 1989), 7.

12) Ibid., 23-24.

본회퍼는 지적인 가정에서 성장했는데, 가족들은 그가 신학을 공부하려는 것을 이해하지 못했다. 그는 1930년부터 1931년까지 뉴욕 유니온 신학교에서 공부했고, 할렘의 흑인 예배를 이해했다. 런던에서 사역한 중 인도에서 간디와 함께 공부한 계획을 세웠지만, 이루어지지 못했다. 나치가 독일 정부와 교회를 장악했다. 본회퍼는 그들에게 저항했고, 핀켄발데에 있는 작은 비밀 신학교에서 가르치기 위해 귀국했다(지도 7을 보라). 본회퍼는 학생들의 교수요 영적 지도자였다.

본회퍼는 독일에 있는 동안 산상수훈에 관한 도발적인 주석서인 『제자도의 대가』(The Cost of Discipleship)를 저술했다. 약 1세기 전의 인물인 키르케고르처럼 그도 자신이 속한 루터교 전통을 "싸구려 은혜", 안일한 기독교라고 혹평했다. 그는 전 국민이 예수의 제자가 된다는 것의 의미를 인식하지 못한 채 세례를 받아 왔다고 말했다. 그는 "그리스도께서 우리를 부르실 때마다 그의 부르심은 우리를 죽음으로 이끈다"라고 말했다.

게슈타포는 핀켄발데 신학교를 폐쇄했고, 본회퍼는 그곳에서의 가르침을 『함께 하는 삶』(Life Together)이라는 책에 묘사했다. 이 책은 기독교 공동체의 기초를 분석한 책이다. 그는 그 책에서 자신이 학생들에게 가르친 영적 관습을 묘사한다: 짧은 성경 구절을 깊이 생각하고 암기하며, 묵상하는 것.

본회퍼는 1939년에 유니온 신학교의 교수로 초빙되었다. 그것은 나치 통치의 공포에서 벗어난 안전한 항구였다. 그러나 그는 공포를 직접 경험하며 살지 않으면 전후 독일 재건에서 진정한 역할을 할 수 없다고 생각하여 한 달 후에 뉴욕을 떠났다. 그는 다른 기독교인들과

지도 7(현대 유럽)

함께 히틀러를 암살하여 나치 정권을 전복하려는 음모에 개입했다가 체포되었다. 그는 감옥에서 죄수들을 영적으로 보살폈으며, 미국인들이 그를 감옥에서 해방하기 며칠 전 나치에 의해 처형되었다.

사람들은 본회퍼의 사후에 친구 에버하르트 베트게(Everhard Bethge)가 출판한 『옥중 서신』(Letters and papers from Prison)을 읽고 본회퍼를 알게 되었다. 그 서신들은 1960년대의 신학에서 널리 사용되던 표현들, "종교 없는 기독교"(religionless Christianity), "세속적인 거룩"(secular holiness), "성년이 된 사람"(man come of age) 등의 용어를 소개했다. 그는 살아 계신 하나님의 자리를 차지하고 있는 종교를 비판했고, "틈새의 하나님"(God of the gaps), 다시 말해서 과학이 설명하지 못하는 것을 설명하기 위해서만 사용되는 하나님을 묘사했다. 이것은 삶의 중심에 속해 계시는 하나님을 삶의 변두리로 몰아냈다. 본회퍼의 견해에 따르면, 그리스도 안에서 하나님이 세상과 함께 고난을 당하셨고, 기독교인들은 발언권 없는 사람들과 함께 고난받으라는 부름을 받았다. 그는 티겔 형무소에서 날마다 독서와 찬송을 계속하던 중 1944년 7월 21일에 다음과 같이 기록했다:

> 작년에 나는 기독교의 현세성(this-worldliness)을 더 알고 이해하게 되었다. 기독교인은 종교적 인간(homo religious)이 아니라, 예수님이 세례 요한과 대조적으로 인간이셨던 것처럼 인간일 뿐이다. … 이 말은 훈련, 그리고 죽음과 부활에 대한 지식을 특징으로 하는 심오한 현세성을 의미한다. 나는 루터가 이런 의미에서 이 세속적인 삶을 살았다고 생각한다. …
>
> 나는 후에 우리는 오로지 이 세상에서 완벽하게 살아감으로써 신앙을 갖는 법을 배운다는 것을 발견했고, 지금 이 순간에도 발견하고 있다. 성인이든지 회심한 죄인이든지, 소위 사제 유형의 교인이든지, 의인이나 불의한 사람이든지, 병자나 건강한 사람이든지 스스로 무엇인가를 이루려는 시도를 버려야 한다. 현세성이란 삶의 의무, 문제, 성공과 실패, 경험과 당혹스러운 것 등 안에서 거리낌없이 사는 것을 의미한다. 우리는 이렇게 행동하면서 자신을 철저히 하나님의 품에 맡기며, 우리의 고난이 아니라 세상에서의 하나님의 고난을 진지하게 취한다. 즉 겟세마네 동산의 그리스도와 함께 지켜본다. 그것이 믿음이라고 생각한다. 그것이 회개이며, 우리가 인간이요 그리스도인이 되는 방법이다(렘 15장 참고)…
>
> 자비하신 하나님이 이 어려운 시기에 우리를 인도해 주시며, 특히

우리를 하나님께로 인도해 주시기를.[13)]

본회퍼는 루터의 십자가 신학을 반향하며, 두 사람 모두 하나님의 고난과 무력함을 강조한다. 본회퍼는 이 세상에 개입하거나 활동함이 없이 자신 안에 사로잡히도록 이끄는 영성에 대해 비판적이다. 영성은 감상적이지 않으며, 그림의 떡이 되지 않을 것이다.

리사 다힐(Lisa Dahill)은 특히 영성에 관심을 두고 본회퍼를 해석한 최근의 인물이다. 그녀의 저서 『자아의 밑면 해석: 본회퍼와 영성 형성』(Reading from the Underside of Selfhood: Bonherffer and Spiritual Formation)은 본회퍼가 많은 중요한 신학자들처럼 중요한 영적 작가였음을 보여준다. 그녀는 루터교도로서 기독교 영성학자이다. 그녀는 루터교 창조회복협회(Lutherans Restoring Creation)에서 활동하고 있으며, 노리지의 줄리안에 대한 안내서를 저술했다.

5. 침례교도

빌리 그레이엄(William Franklin Graham Jr. 1918-2018)은 20세기 복음주의의 가장 위대한 인물이었다. 그레이엄은 성경, 불지옥, 돌연한 회심 강조 등에 대한 근본주의적 견해를 버린 온건한 인물이다. 사람

---

13) Dietrich Bonhoeffer, *Letters and Papers from Prison* (New York: Collier, 1972), 369-70.

들은 그가 보수적인 교회만 아니라 모든 교회와 협력한다고 비판했다. 그는 복음전도자-설교자요, 『크리스천 투데이』(Christian Today)의 설립자요, "나의 답변"(My Answer)이라는 신문 상담란의 칼럼니스트요, 1984년 로잔에 개최된 국제회의에 영향을 미친 인물이다.

어느 기자는 "1982년 모스크바의 교구 성당에서 그레이엄은 자신이 살면서 세 차례 회심했다고 말했다: 그리스도로의 회심, 인종과 관련한 정의로의 회심, 그리고 핵 군축으로의 회심."[14] 가장 중요한 것은 영적 저술가로서의 그의 영향이다. 그는 영성생활을 다룬 다수의 책을 저술했다. 그의 주된 주제는 복음주의자들에게 친숙하다: "성경의 권위, 하나님의 주권, 인간의 죄, 그리스도의 구원의 죽음과 부활과 재림, 거듭남의 필요성, 영적이고 도덕적인 성장, 선교, 그리고 최종 운명."[15] 『하나님과의 화평』(Peace with God, 1953, 1984), 『일곱 대죄로부터의 자유』(Freedom from the Seven Deadly Sins, 1955), 『행복의 비결』(The Secret of Happiness, 1955, 1985) 등은 그의 베스트셀러이다. 그레이엄은 성 문제나 금전 문제에서 깨끗했기 때문에 다른 텔레비전 복음 전도자들과 같은 운명에 빠지지 않았다. 그는 20세기에 가장 존경받은 인물 중 하나이다.

미국 흑인들은 대부분 기독교인이며, 수 세기 동안 인내와 해방과

---

14) Grant Wacker, "The Remarkable Mr. Graham," *Christianity Today* (November 7, 2016).

15) Ibid.

축제의 영성으로 양육되어왔다. 그들은 노예제도와 인종차별로 말미암아 고난을 겪어왔다. 이 고난이 마음을 울리는 예배 안에서 단결하는 공동체를 만들어냈다.

20세기 말 하워드 서먼(Howard Thurman, 1899-1981)은 사후에 더 유명해진 인물이다. 그는 하버드 대학과 보스턴 대학에서 영성훈련 교수요 주임사제로 활동했다. 그는 샌프란시스코에 만민교회(Church for the Fellowship of All Peoples)를 설립했다. 오늘날 개인적으로 서먼을 알지 못하던 사람들이 서먼의 저술을 다시 찾고 있다. 마틴 루터 킹은 서류 가방에 서먼의 『예수와 상속권을 박탈당한 자들』(Jesus and the Disinherited)을 넣고 다녔다고 한다. 서먼은 영성 훈련과 인종 통합을 결합했다.

마틴 루터 킹(Martin Luther King Jr., 1929-1968)은 세계적으로 유명한 미국 흑인이다. 이 민권운동 지도자가 침례교 목사인 것은 우연이 아니다. 그가 죽기 전날 밤에 본 산에 대한 환상은 비폭력 저항을 통한 정의 추구를 지탱해준 영적 뿌리에 대해 증언해준다. 그가 감옥에서 쓴 편지(Letter from a Birmingham Jail)는 그가 정의를 위해 법을 위반한 이유를 설명해주며, 장기적인 투쟁의 영적 기초를 가리키는 『사랑할 힘』(Strength to Love)과 함께 그의 대중 활동으로 표현된 영성을 증언한다. 킹은 다음과 같이 기록했다:

> 내 인생의 처음 24년은 성공의 시기였다. 나에게는 기본적인 문제도 없고 부담도 없었다. …그런데 몽고메리 버스 시위를 주도하면서 나는 삶의 시련에 직면했다. …우리는 위협하는 전화와 편지를

받기 시작했다…

이렇게 탈진한 상태에서 용기를 거의 잃은 나는 문제를 하나님께 가져가기로 했다. 나는 식탁에서 두 손으로 머리를 감싸고 고개를 숙인 채 기도했다. 그날 밤 내가 하나님께 드린 기도가 지금도 기억에 생생하다. "나는 옳다고 믿는 것을 위한 태도를 취하려 합니다. 그러나 두렵습니다…힘이 바닥났습니다. 나에게 남은 것이 없습니다. 나 혼자서는 대면할 수 없는 지경에 이르렀습니다."

그때 나는 전에 경험한 적이 없는 하나님의 임재를 경험했다. 마치 "내면에서 의를 위해 일어나라. 진리를 위해 일어나라. 하나님은 영원히 네 편이 되실 것이다"라는 고요한 확신의 음성이 들리는 듯했다. 거의 동시에 두려움이 사라지기 시작했다. 나의 반신반의함이 사라졌다. 나는 무엇이든 대면할 준비가 되었다. 외부 상황을 바꾸지 않고 그대로였지만, 하나님은 나에게 내면의 평온함을 주셨다.

사흘 후 우리 집이 폭격을 받았다. 이상하게도 나는 폭격을 받았다는 소식을 평온하게 받아들였다. 나의 하나님 임재 경험은 새 힘과 신뢰를 주었다. 이제 나는 하나님이 삶의 폭풍과 문제를 대면할 수 있는 내면의 힘을 주실 수 있다는 것을 안다.[16]

킹 목사는 국가적 영웅이 되었지만, 살아있을 때는 논란의 대상이었다. 우리는 그의 영적 뿌리, 그리고 세속적인 주류 지도자로 재형성된 지금 도전하는 사회 규범 안에서의 담대함을 잊지 말아야 한다.

---

16) Martin Luther King Jr., *Strength to Love* (PhiladelphiaL Fortress, 1981 [1963]), 112-14.

제임스 콘(James Cone, 1938-2018)은 흑인 감리교 목사이며, 북아메리카의 해방신학을 저술한 후 1969년에 출판한 『흑인 신학과 블랙파워』(Black Theology and Black Power)의 저자이다. 그는 후일 흑인교회 영성 분석을 시도했다. 그는 기독교 공동체의 음악과 설교에서 미국의 흑인들을 지탱해주어온 가치관의 핵심을 보았다. 그는 20세기 흑인 지도자들을 돌이켜보면서 『마틴 & 맬콤 & 아메리카』(Martin & Malcolm & America)를 저술했다.

미합중국의 대통령이었던 지미 카터(Jimmy Carter, 1924-)는 널리 영향을 미치고 있는 남침례교인이지만 영적 작가로서는 즉각적으로 떠오르지 않는 인물이다. 카터는 2003년에 노벨 평화상을 수상했다. 그는 해비타트에서 벌이는 사랑의 집짓기 운동을 위해 집을 짓고, 분쟁 해결을 위해 외교적으로 노력하며, 아프리카의 질병 극복을 돕고 있으며, 『살아있는 믿음』(Living Faith), 『힘의 근원』(Sources of Strength), 『성경 묵상』(Meditation on Scripture for a Living Faith), 『늙음의 장점』(The Virtues of Aging) 등의 책을 저술했다.

『소저너스』(Sojourners)라는 잡지의 발행인인 짐 월리스(Jim Wallis, 1948-)는 급진적인 기독교인으로서 복음주의 신자들을 보수적인 기독교 연합과는 거리가 먼 정치 헌신을 요구한다. 월리스는 제자도에 가난한 사람들과 함께 하며 가난한 사람들을 위한 행동이 포함되기를 기대한다. 그는 칼럼니스트요, Call to Renewal이라는 교회 네트워크의 설립자요, 『아메리카의 원죄』(America's Original Sin: Racism, White Privilege, and the Bridge to a New America)를 비롯하여 다수의 책을 저술한 작가이다.

6. 장로교인

많은 영적 작가들이 하나님의 계시로서의 성경의 중요성을 강조했다. 21세기에 가장 광범위하게 출판한 사람은 유진 피터슨(Eugene H. Peterson, 1932-2018)일 것이다. 그는 장로교인으로서 2006년까지 캐나다 리젠트 대학 영성신학과 교수로 활동한 영성 작가이다. 그는 벨 에어에 소재한 크라이스트 아워 킹 장로교회(Christ our King Presbyterian Church)에서 29년 동안 목회했다. 피터슨의 영적 저서는 『지구와 제단』(Earth and Altar: The Community of Prayer in a Self-Bound Society), 『한 길 가는 순례자』(A Long Obedience in the Same Direction), 『움직이는 빛』(Traveling Light), 『들고 읽으라』(Take and Read), 『영적 독서』(Spiritual Reading, An Annotated List), 『관상적 목회자』(The Contemplative Pastor) 등이 있다.

그의 저서 『하나님의 신비에 눈뜨는 영성』(Subversive Spirituality)은 그가 다룬 주요 주제들을 예증하는 단편들을 모아놓은 것이다. 종종 피터슨의 글은 성경과 직접 관련된다. 예를 들어, "그는 마가: 기독교 영성을 위한 기본 텍스트"와 "금욕적 신학자 예레미야"에 관해 저술한다. 예를 들면 다음과 같다:

> 영성에는 자기 몰두(self-absorption), 영혼의 문제에 지나치게 관심을 둠으로써 하나님이 자기 경험의 액세서리로 전락할 위험이 있다. 영성에는 경계가 필요하다. 무엇보다 영성신학은 이 경계를 발휘하는 것이다. 영성신학은 예수님의 이야기에 완전하고 충분히 참여하게 해주는 훈련인 동시에 이야기를 넘겨받지 않도록 막아주

는 훈련이요 예술이다.[17]

피터슨은 자신의 성경적 관점에서 논쟁적으로 담대하게 발언했다. 예를 들면, 그는 다음과 같이 기록한다:

> 나는 많은 동료 목사들의 장사꾼 정신을 보고 어쩔 줄 몰랐고, 그 다음에는 매우 분개했다. 나는 자신의 삶에 하나님-경청과 하나님-반응을 확립할 필요를 느꼈고, 종교적 마케팅을 거부한다. …나는 목회자는 세속 문화든지 교회 문화든지 문화에 의해 형성되는 것을 거부하며, 예배 공동체 내에서 기도의 사람이 되는 것을 강조해야 한다고 확신한다. 이것이 우리에게 주어진 책무이다. 그렇지 않은 것은 모두 배임 행위이다.[18]

피터슨은 『메시지』(The Message)라는 제목으로 성경을 출판했는데, 거기서 기독교 영성에 대한 핵심 본문인 로마서 12장 1-2절을 다음과 같이 번역한다:

> 그러므로 여러분이 하나님의 도우심으로 다음과 같이 행하기를 바랍니다: 여러분의 일상생활—잠자는 것, 음식 먹는 것, 직장생활, 삶을 검토하는 것—을 제물로 하나님 앞에 두십시오. 하나

---

17) Eugene Peterson, *Subversive Spirituality* (Grand RapidsL Eerdmans, 1997 [1994]), 15.

18) Eugene Peterson, *Take and Read: Spiritual Reading, An Annotated List* (Grand Rapies: Eerdmans, 1996), 109.

님이 여러분을 위해 행하시는 것을 받아들이는 것이 여러분이 하나님을 위해 할 수 있는 가장 좋은 일이라고 여기십시오. 생각 없이 여러분의 문화에 적응하여 어울리지 마십시오. 그보다 하나님께 집중하십시오. 여러분은 속속들이 변화될 것입니다. 하나님이 여러분에게 원하시는 것을 기꺼이 인정하고, 신속하게 응답하십시오. 여러분을 성숙하지 못한 차원으로 끌어내리는 주위 문화와는 달리, 하나님은 여러분에게서 가장 좋은 것을 끌어내며, 여러분 안에 잘 형성된 성숙함을 발달시키십니다. [19]

피터슨의 성경은 20세기 말에 출판된 많은 새로운 성경 중 하나이다. 새로운 번역 성경들뿐만 아니라 상이한 통계 집단에 초점을 둔 스터디 바이블들은 많은 독자를 혼란하게 했지만, 많은 사람에게 도움을 주었다.

7. 가톨릭 교인

토머스 머튼(Thomas Merton, 1915-1968)은 20세기 가장 위대한 가톨릭 영성 작가이다. 그는 세 대륙에 속한 사람이었다. 그는 소년 시절

---

[19] Eugene H. Peterson, *The Message: The Bible in Contemporary Language* (Colorado Springs: Navpress, 1002), 2054.

과 청년 시절을 유럽에서 보냈고, 성년 시절 대부분을 북아메리카에서 지냈고, 인생의 마지막 몇 주를 아시아에서 보내다가 그곳에서 사망했다. 그는 뉴질랜드인 아버지와 미합중국인 어머니의 아들로 프랑스 남부 피레네산맥 근처의 작은 마을 프라드에서 태어났다. 그는 처음에는 프랑스 학교, 그다음에는 영국 학교에 다녔고, 콜롬비아 대학에 진학했다.

머튼은 뉴욕의 컬럼비아 대학에서 영문학을 전공한 후 캠퍼스 근처의 작은 가톨릭교회에서 세례를 받으려 했다. 제2차 세계대전이 발발할 즈음의 세상에 절망한 그는 엄격한 봉쇄수도원인 트라피스트회에 들어갔다. 그는 피정 때 켄터키주에 있는 트라피스트회의 겟세마니 수도원을 방문한 적이 있었다(지도 6을 보라). 1941년 12월 10일에 그 수도원에 들어가면서 그는 평안과 행복을 느꼈다.

수도원장은 그에게 많은 성인에 대한 글을 쓰라고 요구했고, 그의 특별한 재능을 알고서 그의 의사와는 달리 전기를 쓰라고 요청했다. 그리하여 저술한 『칠층산』(Seven Storey Mountain)은 1948년에 베스트셀러가 되었고, 머튼은 미합중국뿐만 아니라 전세계에 알려졌다. 그 책은 어거스틴의 『고백록』(Confessions)과 같은 20세기의 『고백록』인 듯했다. 그 책은 삶의 방향을 전환하여 세상을 버리고 하나님께 헌신한 젊은이의 이야기이다.

『칠층산』으로 말미암아 1950년대에 많은 사람이 머튼에게 관심을 두었지만, 그 시기에 세상에 대한 그의 관점이 변했다:

루이빌의 상점가 중심에서 갑자기 내가 사람들 모두를 사랑한다는 의식, 그들이 내 것이고 내가 그들의 것이라는 의식, 우리가 서로 알지 못하는 사람들이지만 서로 소원할 수 없다는 의식에 압도되었다. 마치 고독의 꿈, 특별한 세계, 포기와 성결의 세계 안에서의 그럴싸한 자기 고립의 꿈에서 깨어나오는 것 같았다. 분리된 거룩한 실존에 대한 망상은 꿈이다…이 환상에 불과한 불화로부터의 해방 의식이 안도감과 기쁨을 주었으므로 나는 소리내 웃었다. 내가 느끼는 행복을 다음과 같은 말로 표현할 수 있다고 생각했다: "내가 16-17년 동안 수도적 사고 안에 내포된 이 순수한 망상을 진지하게 다루어왔다니!"[20]

세상, 그리고 세상과 수도원의 관계에 대한 견해가 근본적으로 변했기 때문에, 그는 『칠층산』(Seven Storey Mountain)의 저자로 알려지는 것이 즐겁지 않았다. 그 책은 실천되지 않는 영성을 표현하고 있었다. 그는 자신이 수도사로서 여전히 세상에 있는 것을 보았다: 그는 세상에서 도망치지 않았고, 세상에서 자기의 책임이 세상을 위한 기도보다 더 넓다는 것을 보았다:

영성생활이란 고요한 침잠 생활, 평범한 삶을 사는 사람에게 불가능하며 인위적인 금욕 훈련의 온실 성장이 아니다. 기독교인은 삶의 일상적인 의무와 노동 속에서 하나님과의 영적 합일을 발달시킬 수 있으며, 또 그리해야 한다. …우리 시대에 기독교의 성결이란 인류를 위한 하나님의 신비한 계획에 협력해야 하는 책임을 의

---

20) Thomas Merton, *Conjectures of a Guilty Bystander* (Garden City, NY: Doubleday, 1966), 140-41.

식하는 것 이상을 의미한다. 하나님 은혜의 조명을 받고 관대한 노력으로 강화되며 교회 당국자들뿐만 아니라 인류의 현세적이고 영적인 유익을 위해 일하는 선한 의지를 가진 모든 사람과 협력하면서 추구되지 않는 한 이러한 의식은 망상일 것이다.[21]

머튼은 세상에 참여하는 자로서 자신의 견해를 표현해야 한다는 소명을 느꼈는데, 그의 견해는 미국 사회에 역행하는 것이었다. 머튼은 많은 책을 저술했는데, 약 40권의 책, 논문과 시, 영감 있는 저서들, 특히 일지와 기고문 등을 출판했다. 그의 일지는 삶에 대해 심오하면서도 때로는 유머러스하고 풍자적인 통찰을 동반한 면밀하고 폭넓은 지성을 드러내 준다. 그것들은 머튼이 하나님과 함께한 친밀한 삶에 대해 많은 것을 말해주지 않지만, 삶의 아이러니에 대한 안목을 드러내 준다.

그의 기고문들은 그 시대의 주요 사회 문제를 다룬다. 이것은 머튼의 발달 과정에서의 새로운 단계였다. 그는 냉선, 핵무기, 그리고 월남전 등에 반대하며 민권운동에 나섰다. 이것들은 모두 고독하고 인기가 없는 일이었고, 가톨릭교회는 교회의 대표적인 인물이 교회를 배반했다고 느꼈다. 그의 발언을 저지하기 위해 검열을 시도했지만, 그는 기고문을 프린트하여 여러 계층의 친구들에게 보급했다.

머튼은 기독교와 타 종교의 대화를 옹호했다. 그는 철저한 기독교

---

21) Thomas Merton, *Life and Holiness* (Garden City: Doubleday Image, 1964[1963]), 9-10.

인이었지만, 불교와 힌두교와 유대교와 이슬람교에서 영성생활에 대해 배울 수 있는 것을 탐구했다.

머튼은 처음에는 수도회 회원이었고, 그다음에 사제로 서임되었고, 그다음에는 수련수사 교육을 맡았다. 그의 가르침을 받은 사람 중에는 그의 글을 읽고 수도회에 입회한 사람들도 있었다. 그는 점차 수도회 내에서 은수사가 되기를 원했는데, 마침내 원장으로부터 날마다 일곱 차례의 기도에 참석하면서 수도원 경내에 있는 작은 수도처에서 홀로 생활해도 좋다는 허락을 받았다.

머튼은 1950년대부터 아시아에 관심을 두었다. 그는 선불교. 도교, 그리고 힌두교를 연구하기 시작했다. 이 종교 전통에 속한 수도승들은 서구 사회의 가치관, 부와 권력과 쾌락의 목표를 거부했지만, 머튼은 그들과 깊이 교제했다. 머튼은 마지막으로 수도원을 떠나 장거리 여행을 하면서 캘리포니아, 알래스카, 인도, 실론(오늘날의 스리랑카), 태국 등을 방문했다. 그는 방콕 근처에서 감전 사고로 사망했다(지도 8을 보라). 그는 수도원에 입회한 지 27년이 되는 해에 사망했다. 머튼이 1968년 12월 10일에 사망한 후에 다수의 그의 저술이 출판되었다.

머튼에 대한 책을 출판한 초기 작가인 헨리 나우엔(Henri Nouwen, 1932-1996)은 널리 알려진 영적 작가이다. 그는 네덜란드에서 태어났고, 미국에서 목회 돌봄 교육을 받았다. 그는 심리학에 의존하는 그 분야가 영적 돌봄에 대한 이해로 변화하도록 글로써 도왔다.

나우엔은 네이께르끄에서 경건한 가정에서 태어났다. 그는 여섯 살 때부터 사제 놀이를 했다. 그는 안정된 가톨릭 가정에서 자라면서

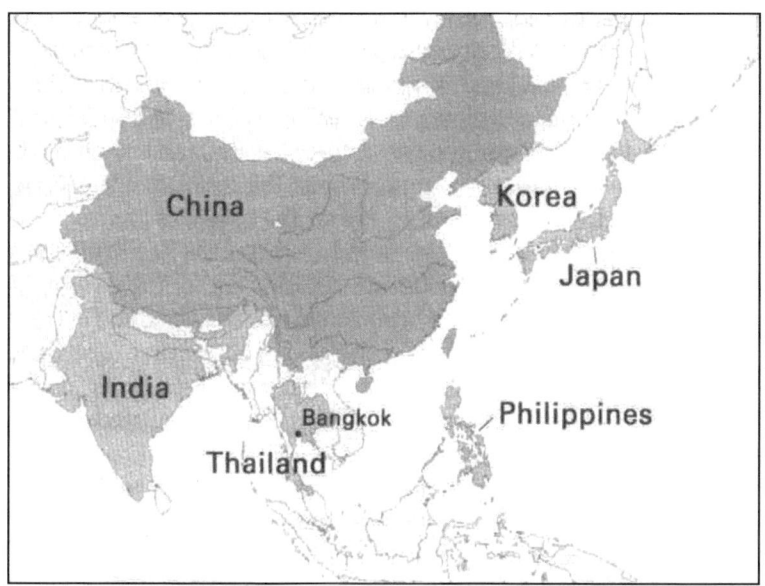

지도 8. 아시아

일찍이 사제로의 소명을 느꼈다. 그는 네덜란드와 미국에서 신학과 심리학을 공부했다. 그는 1972년에 목회 돌봄에 대해 출판한 네 번째 저서 『상처 입은 치유자』(*Wounded Healer*)로 유명해졌다. 같은 해에 그의 두 번째 저서인 『토머스 머튼: 관상적 비평가』(*Thomas Merton: Contemplative Critic*)가 미국에서 출판되었다.

나우엔의 영적 일지 세 권은 주요 사역 시기를 묘사한다. 『제네시 일기』(*Genesee Diary*)는 그가 뉴욕에 소재한 제네시 수도원에서 안식년을 보내면서 뱀버거(John Eudes Bamburger) 신부에게 영적 지도를 받으려 했던 것에 관심을 둔다. 『주님, 감사합니다』(*Gracias!*)는 그가 라틴아메리카의 가난한 사람들과 구스타보 구티에레스를 만난 일에 대해 묘사한다. 『새벽으로 가는 길』(*The Way to Daybreak*)은 정신 장애자들을 자신이 섬김의 소명을 받은 가난한 자로 인식하게 된 것을 언급한다.

나우엔의 영적 여정에서 두 가지 주요 변화에 주목해야 한다. 첫째, 그는 1965년에 앨라배마 주 셀마에서 마틴 루터 킹 목사와 함께 시위에 참여하면서 처음으로 사회 운동에 참여했다. 둘째, 그는 1970년대 중반에 저술의 길에 들어섰다. 그는 영적 원리나 관습을 추상적으로 묘사하려 하지 않았고, 자기의 경험에 비추어 구체적으로 저술하기 시작했다. 나우엔이 작가로서 성공한 것은 일반적인 감정과 경험을 숨김없이 정직하게 언급하는 능력 때문이었다. 그는 사교적이고 쾌활했지만, 머튼의 지적 총명함을 좋아할 수 없었다. 상담자 나우엔의 솔직함 때문에 상처 입고 비틀거리는 사람과 공감할 수 있었다.

우리가 하나님에게 관계를 강요할 수 없다. 하나님이 주도하여 우리에게 오신다. 훈련이나 노력이나 금욕 훈련으로 하나님을 우리에게 오시게 할 수 없다. 신비가들은 한결같이 기도가 은혜라고, 즉 하나님이 값없이 주시는 은사이며, 우리가 할 수 있는 것은 다만 감사함으로 응답하는 것이라고 강조한다. 그러나 신비가들은 이 귀한 은사가 우리가 닿을 수 있는 범위 안에 있다고 덧붙인다. 예수 그리스도 안에서 하나님이 매우 친밀한 방식으로 우리 삶에 들어오셨으므로, 우리는 성령을 통해서 그분의 생명 안에 들어갈 수 있다. …
그러므로 기도는 오로지 은사로 받을 수 있지만, 진지한 노력이 필요하다는 것이 기도의 역설이다. 우리는 하나님을 계획하거나 체계화하거나 조종할 수 없으며, 신중한 훈련을 받지 않고서는 그분을 영접할 수 없다. 이러한 기도의 역설은 우리로 하여금 유한한 실존의 한계 너머를 보게 한다.
―헨리 J. 나우엔, *Reaching Out*

제2차 바티칸 공의회에 영향을 미친 신학자들도 영성에 대한 글을 썼다. 유럽의 가톨릭 신자인 카를 라너(Karl Rahner, 1904-84)와 한스 우르스 폰 발타사르(Hans Urs von Balthasar)가 그중에 속한다. 카를 라너는 21세기에 가장 많은 글을 저술한 작가인 동시에 위대한 신학자이다. 그의 이름으로 저술된 책이 4천 권이 넘는다고 한다. 그는 중요한 영성 작가이기도 하다.[22]

라너는 예수회 수사였지만, 예수회 교사들의 엄격한 신학이 억압적임을 발견했다. 라너는 중세 시대의 전통을 철저히 연구했으므로, 그가 진보적인 면을 보였을 때 그를 비방하는 사람 중 누구도 전통적인 전거 사용에서 그를 능가할 수 없었다. 그는 제2차 바티칸 공의회에서 큰 영향력을 발휘했지만, 교회는 그가 반대 발언을 하지 못하도록 짐묵시키려 했다. 다행히 교황 요한 23세가 특별 청원을 받아들여 그 명령은 시행되지 않았다.

라너는 학문적으로 성공적인 경력을 소유했다. 그는 1936년에 박사학위를 취득한 후 인스브르크, 비엔나, 뮌헨, 뮌스터 등지에서 가르쳤다. 그는 세계에서 중요한 여러 대학으로부터 강의 초빙을 받았

---

22) Kahl Rahner, *The Content of Faith: The Best of Karl Rahner's Theological Writings* (New York: Crossroad, 1992); Harvey D. Egan, *What Are They Saying about Mysticism?* (New York: Paulist, 1982), 98.

다. 그의 "기도에 관하여"라는 논문은 1946년에 폭격으로 파괴된 뮌헨에서 발표한 것이다. 후일 그 논문은 독일에서 십만 부 이상 판매되었다. 다음은 라너의 글에서 발췌한 것이다:

> 웃으라. 웃음은 당신이 인간임을 인정하는 것, 그 자체가 하나님 인정의 시작이다. 자기 삶 안에서 자기 삶에 의해서 자신이 하나님이 아니라 울어야 할 때와 웃어야 할 때를 지닌 피조물, 개성을 가진 피조물이라는 것을 인정하지 않고서 어떻게 하나님을 인정할 수 있겠는가? 웃음은 하나님 찬양이다. 왜냐하면, 웃음은 인간을 인간답게 하기 때문이다.[23]

> 하루하루가 기도가 되게 하라. 기독교인의 삶의 위대한 기술, 본질적으로 단순하면서도 마스터하기 어려운 이 기술을 위해 기도하라. 일상생활에서 기도함으로써 일상생활을 기도로 만들라. 수고하며 일상적인 것을 추구하면서 단조롭고 따분하게 지나가는 슬프고 덧없는 나날이 하나님의 날, 해가 지지 않는 위대한 날과 융합할 것이다.[24]

한스 우르스 폰 발타사르(Hans Urs von Baltasar, 1905-88)는 지명도에서 라너에 버금가지만, 진보적이기보다 보수적인 신학자이다. 그는 라너처럼 방대한 신학 작품을 저술했지만, 기도와 일상적인 영성생

---

23) Rahner, *The Content of Faith*, 149.

24) Ibid,, 513.

활의 현실성에 대해서도 다루었다. 그는 주로 미의 중요성, 그리고 하나님의 아름다움을 보는 것을 강조한다. 그는 진리와 선과 미라는 세 가지 중 가치 안에서 진리와 선이 미 안에만 존재하며, 선은 참되다고 주장했다. 만일 사랑이 기독교 영성의 중심이라면, 그것은 진리와 미와 선 안에 존재한다. 발타사르는 카를 바르트의 친구였고, 스위스인 의사요 작가인 아드리엔 폰 슈파이어(Adrienne von Speyr, 1902-67)의 영적 지도자였다. 그는 일천 권 이상의 책과 기사를 썼지만, 영어권 독자들에게는 잘 알려지지 않았다.

여러 지역에서 센터링 기도(centering Prayer)가 친숙한 영적 관습이 되었다. 미국인 수도사 바실 페닝턴(Basil Pennington, 1931-2005)과 토머스 키팅(Thomas Keating, 1923-)은 센터링 기도에 관해 방대하게 저술해왔다. 센터링 기도는 심상 없이 하는 부정의(apophatic) 묵상 유형을 말한다. 따라서 전통적으로 이 기도의 선조는 『무지의 구름』(Cloud of Unknowing), 그리고 십자가의 요한의 저술이다.

페닝턴과 키팅은 하나님의 현존 안에 청원 없이 고요히 존재함으로써 집중하는 방법을 서적과 학회 회의를 통해서 가르친다. 그들이 가르치는바 생각에서 벗어나 단순히 하나님 앞에 있는 것은 어려운 정신 훈련이다. 그들은 자신이 선택한 특별한 단어를 만다라가 아니라 자동유도 장치로 사용하라고 가르친다. 분심될 때 이 특별한 단어를 기억함으로써 하나님의 현존으로 돌아간다.

존 메인(John Main, 1926-1982)은 영국 외교관 협회(British Foreign Service), 더블린에 있는 트리니티 대학 등지에서 일하다가 베네딕트 수도회에 들어갔다. 후일 그는 몬트리올 베네딕트 수도회(Benedictine

Priory of Mentreal)를 세웠다. 그곳에서 특히 로렌스 프리먼(Lawrence Freeman)을 비롯한 그의 추종자들이 세계 기독교 묵상 공동체(World Community for Christian Meditation)를 시작했다.

메인이 영성에 접근하는 방식은 만다라를 사용하는 묵상에 초점을 둔다. 그는 묵상에서 반복하여 사용하기 위해 "주님, 오십시오, 주 예수여 오십시오"를 의미하는 아람어 "마라나다"(Maranatha)를 제안한다. 그의 가르침은 단순하다. 그는 제자들에게 어린아이 같은 단순함이 필요하다고 역설한다. 매일 아침저녁 30분 동안 묵상하면서 침묵한다. 그렇게 훈련이 되면 더 오랫동안 침묵할 수 있을 것이다. 그 시간은 우리가 하나님의 마음을 경험하는 시간일 것이다.

존 메인은 몬트리올에서 음악, 유머, 그리고 교육을 과정의 보조 도구로 사용하면서 여러 번 그룹 묵상을 인도했다. 그는 음향기기 옆에 앉아 마음을 편하게 해주는 음악을 틀어주다가 음악을 끄고 짧은 가르침을 준다. 그의 말년의 가르침을 모은 것이 『그리스도의 순간: 묵상의 길』(Moment of Christ: The Path of Meditation)이다.[25] 그는 『창조의 중심』(The Heart of Creation), 『침묵에 들어가는 말』(Word into Silence), 그리고 『육신이 되신 말씀』(Word Made Flesh)도 출판했다.

사도신경은 "성도들의 교제"에 대한 믿음을 확인한다. 바울의 편지에서처럼 개신교 해석자들은 "성도들"이라는 단어가 모든 신자를 포

---

25) John Main, *Moment of Christ: The Path of Meditation*(London: Darton, Longman, and Todd, 1984).

함한다고 이해한다. 예를 들어 바울은 고린도 교회의 공동체 생활이 전혀 거룩하지 않았음에도 불구하고 고린도 교회의 교인들 모두를 성도들이라고 부른다. 그러나 그들의 죄가 용서되었기 때문에 그들은 거룩하다. 루터에서부터 시작하여 개신교인들은 성도들을 존중하지만, 지금 살아있는 사람들이 죽은 사람들과 어떻게 관련되는지는 분명하지 않다.

정교회 신자들과 가톨릭교회 신자들은 "성도들의 교제"가 지금 살아있는 우리가 앞서간 사람들, 특히 영웅적으로 거룩하다고 인정된 사람들과 연합한다는 의미라고 이해한다. 가톨릭교회의 경우에 이 성인들은 바티칸에서 선발하는데, 이들은 하나님께 중보함으로써 기도 응답에 도움을 줄 수 있다. 가장 인기 있는 성인은 성모 마리아이다. 기독교 전통의 일부인 성모 마리아에 대한 신앙은 매우 깊으며, 시대적으로 문화에 따라 달리 발달했다. 성모 마리아는 신의 여성 얼굴을 제공한다. 야로슬라프 펠리칸(Jaroslav Pelikan)은 *Mary through the Centuries*에서 예수의 모친에 대한 신앙의 지속성과 다양성을 증명한다.[26] 마리아는 가장 빈번하게 묘사되어온 여성이다. 마리아의 호칭에는 둘째 이브, 테오토코스(Theotokos), 슬픔의 성모(Mater Dolorosa), 중재자이신 마리아(Mediatrix), 천국의 여왕 등이 있다. 펠리칸은 가톨릭교회의 마리아 교리가 신학을 주도하는 영성의 예라고

---

26) Jaroslav Pelikan, *Mary through the Centuries: Her Place in the History of Culture*(New Haven: Yale University Press, 1996).

지적한다. 그것은 공식적인 교의 이전의 대중 신앙이었다. 교황들은 1854년에 성모무염시태 교리, 1950년에 마리아 몽소승천 교리를 선포했다.

마리아에 대한 신앙이 이 책 다른 곳에서도 발견되지만, 여기서는 21세기의 발달 현상에 초점을 두려 한다. 그러한 현상 중 하나는 성모 마리아가 나타났던 장소로의 순례이다. 성모 마리아는 1531년에 멕시코의 과달루페에서 후앙 디에고에게 나타났고, 1858년에 프랑스의 루르드에서 베르나데타 수비루(Bernadette Soubiroux)에게 나타났다. 성모가 발현한 이 장소들은 많은 순례자가 찾는 곳이 되었다.[27]

20세기에 성모가 여러 번 발현했다. 1917년에 포르투갈의 파티마에서 루치아와 프란치스코와 히야친타에게 나타났고, 1981년에 크로아티아 메주고리예에서 여섯 어린이에게 나타났다. 가톨릭교회는 메주고리예의 발현을 인정하지 않지만, 모든 대륙의 사람들이 이곳을 찾고 있다.

교황 요한 바오로 2세(Karol Jozef Wojtyla, 1920-2005)는 역사상 가장 오래 교황직을 수행한 사람 중 하나이다. 요한 바오로 2세는 제2차 바티칸 공의회에 참석했지만, 그의 정책은 요한 23세의 정책 방향과 매우 달랐다. 그는 여러 차례의 세계 여행, 1981년의 암살 미수, 2003년에 이라크 전쟁을 반대한 것, 그리고 성 문제에 대한 보수적

---

27) Janette Rodriguez, *"Contemporary Encounters with Guadalupe," Journal of Hispanic/Latino Theology* 5, no. a (August 1997): 48-60.

인 견해 등으로 가장 잘 알려졌다.

요한 바오로 2세는 제2차 바티칸공의회 이후 쇠퇴하던 마리아 숭배를 회복시켰다:

> 몽포르의 성 루이 덕분에 나는 성모 마리아 존숭이 그리스도 중심이라는 것을 이해하게 되었다. 그것은 삼위일체의 신비, 그리고 성육신의 신비와 구속의 신비에 뿌리를 두고 있다. 그러므로 나는 더 깊이 이해하면서 마리아 신앙을 재발견했다.[28]

러시아의 귀족 도허티(Catherine de Hueck Doherty, 1896-1985)는 무일푼의 난민이 되어 가난한 사람들을 돌보고 러시아의 은둔생활 전통을 보존하려는 열정을 캐나다와 미국에 가져왔다. 22권에 달하는 그녀의 저서 중 『광야: 침묵과 독거와 기도 안에서 하나님을 만남』 (Poustinia: Encountering God in Silence, Solitude and Prayer)은 개인 피정을 묘사한다. 그 책은 오직 하나님과 함께 시간을 보내는 것을 목표로 하는 은수사로서 지내는 데 대한 탁월한 안내서이다. 도허티는 1920년에 영국에서 가톨릭 신자가 되었다. 그녀는 뉴욕시의 할렘에서 일한 후에 온타리오주에 마돈나 하우스(Madonna House)를 세웠다. 이 단체는 전 세계 23개 공동체에 200명 이상이 활동하고 있는 평신도 수도회이다.

---

[28] John Paul II, *Crossing the Threshold of Hpoe*, ed. Vittorio Messori (New York: Knoph, 1994), 212-13.

도허티는 같은 시대의 도로시 데이(Doprothy Day, 1897-1980)와 많은 유사점이 있다. 두 사람 모두 성인 시성 과정을 거치고 있다. 미국에서 데이는 가톨릭 노동자 운동(Catholic Worker Movement)의 설립자로 더 잘 알려져 있다. 그녀는 어려서부터 가난한 사람들과 공감했지만, 점차 그 시대의 가톨릭 예언자가 되었다. 그녀는 저널리즘을 공부했고, 대공황이 한창이던 1932년에 피터 모린과 함께 『가톨릭 노동자』(Catholic Worker)라는 신문을 창간했다. 그 신문은 『코뮤니스트 데일리 워커』(Communist Daily Worker)와 경쟁했으며, 노동을 호의적으로 다루며, 종교적으로 급진적인 관점을 나타냈고, 전쟁에 반대했다. 그 신문은 전국에 많은 환대의 집(hospitality house)을 열었다. 데이는 전쟁에 반대하여 여러 번 체포되었다. 그녀의 자서전 『고백』의 원제목은 The Long Loneliness이다.

데이의 영성에는 중산층 가톨릭 신자나 사제와 주교들이 불편하게 여긴 평화와 정의에 대한 헌신이 포함되었다. 후일 사회운동가 다니엘 버리건(Daniel Berrigan)은 다음과 같이 썼다:

> 도로시는 다음과 같은 사람에 대해 저술하고 옹호하고 설명했다: 목화 따는 사람들과 멕시코인 계절 농장 노동자들과 전과자들, 여러 상황에 부닥친 가정들, 해고자들, 사제들과 수녀들, 학자들, 아메리카 원주민들, 수도사들, 알코올 중독자들, 마약 중독자들, 빈민가의 주민들, 자동차 업체 근로자들, 광부들. 그녀는 특히 그들

의 편에 섰다.29)

데이는 자서전에 "우리 모두가 고독을 안다. 그것을 해소하는 유일한 해결책이 사랑이며, 그 사랑이 공동체와 함께 온다는 것을 배웠다"라고 썼다.30)

캘커타의 마더 테레사(Mother Teresa of Calcutta, 1910-97)는 자신을 다음과 같이 소개했다: "나는 혈통으로는 알바니아인이지만, 인도 시민이며, 가톨릭 수녀이다. 나는 소명과 관련해서는 온 세상에 속한다. 내 마음은 예수의 마음에 속한다."31)

20세기에 가장 널리 알려진 기독교인 중 하나인 테레사의 본명은 아그네스 곤자 보야지우로 혈통으로는 알바니아인이었지만, 후일 인도 국적을 취했다. 그녀는 피정을 위해 다르질링에 가던 중 사랑의 선교 수녀회를 설립하라는 "부르심 속의 부르심"을 받았다.

그녀는 1946년 9월 10일에 기차 안에서 두 번째 부르심, "부르심

---

29) Daniel Berrigan, forword to *The Long Loneliness: An Autobiography* by Dorothy Day (San Francisco: Harper, 1981), xxii.

30) Dorothy Day, *The Long Loneliness: An Autobiography* (San Francisco: Harper, 1981 [1952]), 285-86.

31) Mother Teresa, *A Simple Path*, comp. Lucinda Vardey (New York: Ballentine, 1995; quoted in Eileen Egan, *Such a Vision of the Street: Mother Teresa—The Spirit and the Work*(Garden City, NY: Doubleday, 1985), 357.

속의 부르심"을 받았다. 그녀는 다음과 같이 말한다: "그런 일이 일어날 때 해야 할 일은 '예'라고 대답하는 것이다. 메시지는 매우 분명했다. 나는 모든 것을 포기하고 예수님을 따라 빈민가로 가야 했다. 가장 가난한 사람들 가운데서 주님을 섬겨야 했다. 나는 그것이 주님의 뜻이라는 것, 그리고 그분을 따라야 한다는 것을 알았다. 그것은 의심 없이 주님의 일이었다. 나는 수녀원을 떠나 가난한 사람들 가운데 살면서 그들과 함께 일해야 했다. 그것은 명령이었다. 나는 어디에 소속되어 있는지 알았지만, 그곳에 도착하는 방법을 알지 못했다. [32]

테레사는 순결, 가난, 순명 외에 네 번째 서원을 해야 하는 수도회를 계획했다. 그것은 "가장 가난한 사람을 전심으로 값없이 섬기는 것"이었다. 그녀는 예수님이 십자가에 달리셔서 하신 말씀인 "내가 목마르다"라는 말씀에 관한 피정을 이끌었다: 그것은 무엇보다 우리를 향한 예수님의 갈증, 그다음에는 주님을 향한 우리의 갈증을 의미한다.

테레사는 책을 저술하지 않았지만, 그녀의 다수의 연설과 짧은 글들이 편집되어 서적으로 출판되었다. 다음은 하나의 예이다:

오늘날 서구 세계의 가장 큰 병은 결핵이나 문둥병이 아니다. 그것

---

32) Mother Teresa, *A Simple Path*, 25.

은 사랑받지 못하는 것, 돌봄 받지 못하는 것, 원치 않는 대상이 되는 것이다. 고독과 절망과 낙심의 유일한 치료법은 사랑이다. 세상에 빵 한 조각이 없어 죽어가는 사람이 많지만, 작은 사랑이 없어 죽어가는 사람들이 더 많다. 서구 세계의 가난은 종류가 다르다. 그것은 고독의 가난일 뿐만 아니라 영성의 가난이다. 하나님을 향한 굶주림이 있듯이 사랑을 향한 굶주림이 있다.[33]

테레사의 사후에 출판된 일기와 일지들은 그녀가 여러 해 동안 의심과 "영혼의 어두운 밤"에 시달렸음을 지적한다. 그녀는 하나님과의 관계에 따뜻함이 없고 침묵만 있을 때도 계속 기도하고 봉사했다. 어떤 사람들은 그녀를 위선자라고 공격했지만, 가톨릭교회는 그녀의 한결같음을 칭송했다.

테레사는 1979년에 노벨 평화상을 수상했고, 1997년 9월에 사망했다. 그녀의 시신은 마하트마 간디와 네루 수상의 시신을 운구했던 것과 같은 포가 마차에 실려 캘커타 거리로 운구되었다. 2016년에 교황 프란치스코는 그녀를 성인으로 선포했다.

장 바니에(Jean Vanier, 1928-2019)는 라르슈(l'Arche)의 설립자로 알려져 있다. 1964년에 시작된 라르슈는 국제 장애인 복지 단체이다. 헨리 나우엔은 말년에 이 공동체에서 사제로 봉사했다. 바니에는 사회 안에 있는 공동체와 개인에 초점을 둔 영성을 강조했다. 그는 1998년에 람베스에서 개최된 세계 성공회 주교 모임의 주요 연사로 초빙

---

[33] Ibid., 79.

될 정도로 유명했다:

> 내가 말하는 것은 내가 거의 25년 동안 살고 있는 공동체 라르슈에서의 생활 경험에서 나온 것입니다. …발달 장애인들과 함께하는 공동체 안에서 살려고 노력한다는 점에서 라르슈는 특별합니다. 우리는 그들이 성장하여 가능한 최대한의 독립에 이르기를 원합니다. 우리는 그들을 위해 행동하기 전에 그들과 함께하기를 원합니다. 발달 장애인이 느끼는 특별한 어려움은 자기가 소외되고 무가치하고 사랑받지 못한다는 느낌입니다. 이 장애인들은 공동체에서의 일상생활과 그 안에서 구현되어야 하는 사랑으로 말미암아 자신에게 가치가 있다는 것, 자신이 사랑받으며 사랑스럽다는 것을 발견할 수 있습니다.[34]

세자르 차베스(Cesar Chavez, 1927-1993)는 연합 농장 노동자 조합(United Farm Workers)을 조직한 가톨릭 사회운동가이다. 그는 비폭력적 지도자이며, 매우 영적인 사람이다. 그는 자기의 주장에 관심을 끌기 위해서 자주 금식했다. 차베스는 역사상 가장 위대한 라틴계 미국인 지도자로 간주된다.

많은 북아메리카인이 기독교와 북아메리카의 토착 문화나 종교와 관계에 대해 질문한다. 많은 아메리카 인디언들과 인디언이 아닌 사람들은 기독교와 토착 종교의 관계에 대해 깊이 있게 생각한다. 많은

---

34) Jean Vanier, *Community and Growth*, rev. ed. (New York: Paulist, 1989[1979]), 11.

사람은 이 종교들의 공통점들이 간과되어온 것이 아닌지 질문한다. 어떤 사람들은 기독교 내에 토착 영성을 요구한다. 특히 생물 및 자연계의 모든 사물에 대한 인디언의 전통 신앙, 그리고 이러한 종교에서 여성의 존중받는 역할이 관심을 끌고 있다. 아메리카 원주민 기독교인들은 자기들의 전통과 예수의 복음을 결합할 영성을 찾고 있다.

아메리카 원주민 추장 노아 시애틀(Chief Noah Seattle, 1786-1886)의 연설은 21세기에 영향을 끼쳤다. 그는 1830년대에 세례를 받고 가톨릭 신자가 되었다. 그 후 시애틀 추장은 종종 기도로 사람들을 이끌었다. 시애틀은 토착 기독교 영성의 본보기이다.

리처드 로어(Richard Rohr, 1943-)는 20세기 말부터 21세기 초까지의 유력한 가톨릭 저술가에 속한다. 그는 프란치스코회 수사로서 뉴멕시코에 정착하여 행동과 관상 센터(Center for Action and Contemplation)를 설립했다. 로어는 24권 이상의 책을 저술했는데, 그중 일부는 오디오 테이프를 편집한 것이다. 그의 책들의 주제는 에니어그램, 단순한 삶, 성 프란치스코, 12단계 영성 등 다양하다. 그의 주요 관심사는 남성 영성인데, 거기서 그는 새로운 입문식을 제안한다. 그는 교회 생활에 동성애자들을 포함하는 데 찬성하며, 소울포스(Soulforce)라는 압력 단체의 지지자이다.

로어의 가르침은 진보적이다. 현대 신학자들처럼 그는 원죄와 대속에 대한 전통적인 가르침에 의문을 제기한다. 그는 도미니코 수도회인 토마스 아퀴나스의 전통 안에 있지 않으며, 신학에서 지성의 역할에 반대되는 것으로서 정서와 경험의 역할을 강조하므로 프란치스코회원인 둔스 스코투스의 전통 안에 있다. 그는 기독교인들에게 평화와 정의를 위하여 사회에 참여하며, 소속 교회에 대한 비판을 두려워하지 말라고 권한다.

그는 "영원한 전통"(Perennial Tradition)에 찬성하며, 다음과 같이 세 가지를 주장한다:

- 물질세계 아래 신적 실재가 내재하여 있다.
- 인간 영혼 안에 본성적 능력, 신적 실재와의 유사성, 이 실재에 대한 동경심이 있다.
- 실존의 최종 목표는 이 신적 실재와의 연합이다.

그는 이러한 입장을 택함으로써 모든 종교 안에서 동일한 본질을 보며, 원래의 자아인 참 자아(True Self)와 신적인 것에 대한 본성적 능력을 동일시한다. 따라서 보수 가톨릭 신자들과 개신교인들은 그의 저술에 대해 비판적이다. 로어는 미국 문화 안에서 많은 일반적인 신념을 강력하게 표현한다.

8. 정교회 신자

20세기에 정교회 신자들은 볼셰비키 정권, 특히 스탈린 정권 아래 큰 고난을 겪었다. 20세기 말에 소련연방이 붕괴하면서 제한적이지만 영적 추구의 자유가 주어졌다. 러시아인으로서 영국에서 가장 잘 알려진 작가는 안소니 블룸(Anthony Bloom, 1914-2003)이다. 그는 수로즈의 안소니 총대주교로 알려져 있다. 그는 러시아와 페르시아에서 무신론자로 성장했다. 15세 때 마가복음을 읽다가 그리스도를 직접 경험했는데, 그 일이 그의 삶을 영구히 바꾸어놓았다. 그는 의학 교육을 받고 일하다가 영국에서 러시아정교회 사제가 되었고, 그 후 대주교, 마지막에는 총대주교가 되었다. 가장 잘 알려진 그의 저서 『기도 학교』(School for Prayer, 1970)는 초심자를 위한 기도 안내서로 추천된다.

프레데리카 매튜스-그린(Frederica Mathewes-Green, 1952-)은 동방정교회에 대해 알려주는 가장 친근한 인물일 것이다. 그녀는 성공회 교인이었지만, 장성한 후에 남편 및 친구들과 함께 안디옥 정교회에 귀의했다. 이 교회는 방문객들에게 친근하며 종종 영어로 예배한다. 그녀는 『열린 문』(Open Door)이라는 책에서 많은 축일과 금식일, 그리고 이콘이 가득한 교회의 특별한 용어와 구조를 분명하게 설명한다.[35]

9. 퀘이커 교도

더글라스 스티어(Dgs Van Steere, 1901-1995)와 도로시 스티어(Dorothy M. Styeere, 1908-2003)는 퀘이커파의 피정과 연구 센터인 펜덴 힐

---

35) Frederica Mathewes-Green, *The Open Door: Entering the Sacntuary of Icons and Prayer*(Brewster, MA: Paraclete, 2003). *At the Corner of East and Now: A Modern Life in Ancient Christian Orthodoxy* (New York: Jeremy P. Tarcher/Putnam, 1999). *Facing East: A Pilgrim's Journey into the Mysteries of Orthodoxy* (San Francisco: Harper-SanFrancisco, 1997).

(Penden Hill)의 설립자이다. 더글라스는 하버포드 칼리지의 철학 교수였고, 많은 유명한 기관의 초빙교수였다. 두 사람은 여러 대륙, 특히 전후 유럽의 미국 퀘이커 봉사 위원회(American Friends Service Committee)에서 봉사했다. 더글라스는 1943년에 『내면에서의 시작』(On Beginning from Within)을 시작으로 1955년에 『경청에 관하여』(On Listening to Another), 1957년에 『일과 관상』(Work and Contemplation), 1963년에 『기도의 능력』(Dimension of Prayer) 등 영성에 관한 다수의 책을 저술했다. 도로시 스티어는 마틴 루터 킹 목사와 서신을 주고받으며 민권운동에 참여했고, 평화와 정의에 대한 퀘이커파의 입장에 관한 팸플릿을 작성했다.

루퍼스 존스(Rufus Jones, 1863-1948)는 20세기에 가장 영향력 있는 미국인 퀘이커 교도였다. 그는 위대한 퀘이커 교도들에 대한 연구서 뿐만 아니라 신비주의에 대한 연구서를 출판했다. 그는 하워드 서먼에게 영향을 주었다.

영성 훈련의 가치는 리처드 포스터(Richard J. Foster, 1942-)의 저술에 나타난다. 포스터는 1978년에 출판된 『영적 훈련과 성장』(Celebration of Discipline)으로 말미암아 처음으로 유명해졌다.[36] 그는 이 책에서 열두 가지 영성 훈련을 세 가지 유형으로 나누어 묘사한다: 내적인 훈련, 외적인 훈련, 그리고 단체 훈련. 영성 훈련에 관한 첫 장에서는

---

36) Richard J. Foster, *Celebration of Discipline: The Path to Spiritual Growth* (San Francisco: Harper, 1978; rev. ed., 1988).

훈련에 관한 신학뿐만 아니라 훈련의 필요성을 제시한다. 포스터는 하나님의 은혜로만 신앙생활을 할 수 있다고 믿으며, 기독교 여정에 필요한 은혜를 지속해서 받으려면 훈련이 필요하다고 주장한다.

> 길고 좁은 산마루 양편에 가파른 절벽이 있다고 상상해보라. 오른쪽의 깊은 틈은 의를 위한 인간적 노력으로 말미암은 도덕적 파산의 길이다. 역사적으로 이것은 도덕주의 이단이라고 불려왔다. 왼편의 틈은 인간적 노력 부재로 인한 도덕적 파산이다. 이것은 도덕 폐기론이라고 불려왔다. 산마루에는 길, 영성생활의 훈련이 있다. 이 길은 우리가 추구하는 내면의 변화와 치유로 이어진다. …그 길이 변화를 만들어내는 것이 아님을 기억해야 한다. 그것은 우리를 변화가 일어날 수 있는 곳에 둘 뿐이다. 이것은 훈련된 은혜의 길이다.[37]

이 베스트셀러의 가치는 공동체와 세계가 훈련에 포함된다는 것을 증명한 것이다. 영성은 사람들 가운데서의 일상생활에서 작용하는 것을 의도한다.

포스터는 1988년에 캔자스주 위치토에 레노바레(Renovare)를 설립했는데, 현재 여러 국가에 지부가 있다. 레노바레는 지역 회중 내에서의 영성생활에 대한 가르침을 장려한다. 포스터는 베스트셀러 작가로서만 아니라, 교구 교회에서, 그리고 성적으로 불의를 당하는 일

---

37) Ibid., 8.

반인들에게 초점을 둔 기관의 설립자로 기억될 것이다.

10. 여성 영성

몇 가지 예외가 있지만, 기독교 영성은 대체로 남성이 다루고 발달시켜왔다. 여성의 관심사가 다루어질 수 있도록 초점의 변화가 필요하다. 영성에서 남성과 여성의 관계에 대한 신선한 견해가 등장하고 있는데, 하나님의 남성성뿐만 아니라 여성성이 인정되며, 남성의 재능과 병행하여 여성의 재능도 인정된다.

서구 교회는 여성들의 새로운 의식에 맞추어 자체의 영적 뿌리를 진지하게 재평가해야 했다. 1970년대에 미합중국의 교회 안에서 소수의 급진 여성주의가 광범위한 여성 운동으로 발달했는데, 그것은 인사 정책, 찬송에 사용하는 언어, 심지어 하나님에 대해 생각하는 방식에까지 영향을 미쳤다. 여성의 기독교 영성이 주요 발달 현상이 되었다.

극단적인 입장을 취하는 사람들이 등장하면서 "페미니즘"은 논란이 많은 단어가 되었다. 이 책에서는 하나님의 지혜를 추구함에서 여성을 남성과 동등한 파트너로 존중하며, 인간 공동체의 지도자로서의 동등함, 불이익을 당하는 사람들과 접촉하며 그들의 편에 서기 위해 필요한 자아 육성(self-nurture), 그리고 피조세계 안에서의 책임감 있고 배려하는 지배 등을 존중하는 영성을 지칭하기 위해 그 용어를 사용한다. 남성이나 여성을 막론하고 페미니스트들은 성경의 여인들, 특히 예수님의 여성 제자들을 포함한 과거 여성들, 그리고 역사적으로 영성에 공헌한 여성들이 기여한 점을 찾아내는 데 전념해왔다. 여성들은 인간 공동체와 기독교 공동체의 교사, 지도자, 지지자로서 진지하게 다루어져야 한다.

페미니스트 영성을 다룬 두 부류의 작가가 등장했다. 하나는 기독교 전통 안에 머물면서 이원론과 성직계급제도를 피하고 경험, 특히 다른 문화권의 여성을 포함한 모든 여성의 경험을 존중하면서 그 전통을 개혁하기를 원한다. 이것은 성경을 다른 관점에서 읽으면서 여성들을 찾고, 자신의 관점에서 사건들을 어떻게 보아야 하는지를 질문하는 것을 의미한다. 그것은 기독교 전통 전체에 대해 회의적인 태도를 취하며, 남성들이 "남자나 여자나 다 그리스도 예수 안에서 하나이니라"(갈 3:28)라는 바울의 주장을 약화시켜온 분명한 방식과 그리 분명하지 않은 방식을 찾으려 한다.

오늘날 페미니스트 영성에 속한 유명한 작가는 베네딕트회 수녀요 컬럼니스트요 평화운동가요, 베넷비전(Bnentvision)의 설립자요 20권 이상의 책을 저술한 조앤 치티스터(Joan Chittister, 1936-)이다. 그녀는 성 베네딕트의 규칙, 매일의 영적 성경 묵상, 사막교부들과 교모들, 사도신경, 개인적인 갈등, 가톨릭교회 내에서 여성의 역할, 영성에 대한 페미니스트의 접근 방법 등에 관해 저술해왔다. 페미니스트라는 용어는 작가들에 따라 다양하게 사용되므로, 그 주제에 관한 치티스터의 예리한 논평 일부를 인용한다:

중요한 것은 여성스러움이 아니라 페미니즘이다. 즉 여성과 남성

모두에게서 감정과 동정심과 마음과 섬김 등을 이성과 힘과 법과 능력만큼 중요하게 해주는 특성들이다.[38]

페미니즘은 성에만 기초한 결정, 역할, 범주 등을 거부하는 사회 창조에 대비하도록 구성되어 있다. 페미니즘은 인류를 양성으로 구성된 한 인류로 간주하며, 남성과 여성 모두가 활용할 수 있는 인간성의 충만을 이루려 한다.[39]

페미니즘은 보는 방식이다. 그것은 새로운 세계관이다. 그것은 삶을 향한 태도이다. 그것은 사물의 가치를 과거와는 다르게 판단한다. 그것은 오랫동안 존중되지 않았던 곳을 존중한다. 그것은 전통적으로 여성이 지녀왔거나 여성적이라고 간주되어온 가치관을 새롭게 존중하며 다룬다. …여성적이라는 이유로 문화적으로 조롱되거나 무시되는 자질들…오늘날 사회에 부족한 자질들, 문화가 멸망할 위기에 서 있는 이유이다.[40]

치티스터는 영성이 도피에 대한 것이 아니라 실제 삶에 대한 것임을 상기시킨다.

진정한 영성인은 영성이 공허한 삶이 아닌 충만한 삶을 사는 방법

---

38) Joan Chittister, *Gospel Days: Reflections for Every Day of the Year* (Maryknoll, NY: Orbis, 1999), February 20.

39) Joan Chittister, *Heart of Flesh: A Feminist Spirituality for Women and Men* (Grand Rapiods: Eerdmans, 1998), 3-4.

40) Ibid., 5.

에 관한 것임을 안다고 전통은 가르친다. 진정한 영성은 온전함의 추구로 말미암아 조명되는 삶이다. 그것은 혼돈의 눈을 관조하는 것이다. 그것은 최대한으로 영위된 삶이다.[41]

그 밖에 많은 여성 학자들이 교회 안에서 페미니즘 경향에 따라 내부 개혁을 추구했다. 이런 학자 중 가장 많은 책을 저술하고 잘 알려진 인물은 로즈메리 래드포드 류터(Rosemary Radford Reuther, 1936-)이다. 그녀는 세 자녀를 둔 가톨릭 평신도 신학자이다. 류터는 감리교 계통의 개릿 신학교에서 가르치고 있으며, 대체로 가톨릭교회의 통제를 받지 않는다. 그녀는 "영성"이라는 제목으로 글을 쓰지 않지만, 영성이 신학에 포함되며, 신학에서 분리되어서는 안 된다고 주장한다.

류터는 기독교 페미니스트들의 공통된 윤리적 관점, 모든 사람, 특히 유색인, 성 소수자들, 그리고 경제적으로 빈곤한 사람들을 위한 관심을 자신의 페미니스트 입장에 도입했다. 그녀는 라틴아메리카의 해방신학을 북아메리카의 모든 민족에 적용한다. 그녀는 이스라엘의 팔레스타인 억압을 공공연히 비판해왔고, 미합중국의 중요한 흑인 신학교인 하워드 신학교(Howard School of Religion)에서 10년 동안 강의했다. 널리 알려진 그녀의 저서 *Sexism and God-Talk*에 수록된 다음과 같은 진술에서 그녀의 폭넓은 비전을 볼 수 있다:

---

41) Joan Chittister, *Illumined Life: Monastic Wisdom for Seekers of Light* (Maryknoll, NY: Orbis, 2000), 13-14.

여성은 남성중심주의를 거부할 때 서구의 백인을 인류의 표준으로 삼는 것, 기독교인을 인류의 표준으로 삼는 것, 특권층을 인류의 표준으로 삼는 것 등 모든 형태의 쇼비니즘(chauvinism)을 비판해야 한다. 또 여성은 창조 공동체 내의 다른 존재들을 감소시키는 방식으로 인간을 창조의 표준이요 왕으로 삼는 인간 중심주의(humanocentrism)를 비판해야 한다.[42]

류터는 기독교 페미니즘의 사회적-예언적 진영을 대표한다. 그녀는 국민을 탄압하는 정권을 두려움 없이 비판하는데, 예언자들과 달리 성적 억압에 초점을 둔다는 점 외에는 그녀의 행위는 예언자들과 일치한다.

다른 관점을 취하는 페미니스트 작가들이 있다. 20세기 말의 영향력 있는 작가로 『변화시키는 은혜』(Transforming Grace: Christian Tradition and Women's Experience)의 저자인 앤 카(Anne Carr, 1934-2008), 『여성 하나님』(She Who Is: The Mystery of God in Feminist Theological Discourse)의 저자인 엘리자베스 존슨(Elizabeth Johnson, 1951-)을 들 수 있다. 두 사람 모두 남성 하나님이라는 이미지를 해체하므로, 영성에서 논란이 많은 중요한 인물이다. 샌드라 슈나이더즈(Sandra Schneiders, 1936-)는 『등잔에 기름을 준비하고』(With Oil in Their Lamps: Faith, Feminism, and the Future)를 비롯하여 영성 분야에서 더 직접적인

---

42) Rosemary Radford Reuther, *Sexism and God-Talk: Toward a Feminist Theology* (Boston: Beacon, 1983), 20.

글을 저술했다.

둘째 형태의 여성 영성은 기독교를 버리고 떠났다. 성경과 교회의 신학적 전통이 지나치게 가부장적임을 깨달은 다수의 여성이 나름의 영적 집단을 형성했다. 이렇게 기독교를 떠난 급진적 여성들의 선구자는 메리 데일리(Mary Daly-1928-2010)였다. 그녀가 가톨릭교회를 떠나기 전의 초기 작품은 『교회와 제2의 성』(The Church and the Second Sex, 1968)과 『아버지 하나님을 넘어』(Beyond God the Father: Toward a Philosophy of Women's Liberation)이다. 일부에서는 그녀가 나중에 취한 남성 거부 입장을 페미니즘으로 생각하는 듯하다. 데일리의 전통에 속하는 일부 페미니스트들은 현대판 마법인바 과거 종교의 어머니 신(Mother Goddess)을 숭배하며, 어떤 사람들은 단지 뉴에이지 의식을 포함한 치유 관습을 찾는다.

교회 안팎의 페미니즘은 세계적인 현상이다. 유색인 여성들은 해방을 위한 노력의 특징을 백인이 아닌 유색인 여성인 것으로 표현하기 위해서 페미니즘이라는 용어를 사용하지 않고 여성 신학(흑인)이라는 용어를 사용한다. 아프리카와 아시아 여성들은 영성과 신학과 교회 생활에서 여성의 새로운 지위를 요구함에서 아메리카와 유럽의 여성들과 합류해왔다.

많은 남성이 여성운동을 거부했고, 또 다른 남성들은 인정했다. 일부 남성들은 여성운동을 모방하여 남성운동을 구성했다. 남성 해방에는 의식 고취, 단체 모임, 사회적 고정 관념에 대한 비판, 본질적으로 남성적인 것을 재발견하려는 시도 등이 포함된다. 그 운동은 우리 문화 안에 있는 일반적인 남성적 이미지에 만족하지 않는다. 남성이

행하는 해로운 것들은 때때로 소년들의 심리 훈련 및 아버지-상처, 즉 소년의 삶에 아버지가 부재하는 것과 관련된다. 어휘 사전에서 여성 혐오(misogyny)에 버금가는 새 단어는 남성 혐오(misandry)이다.

샘 킨(Sam Keen, 1931-)은 남성이 여성의 힘—그는 이 힘을 WOMAN이라는 단어로 표현한다—의 지배에서 해방되어야 할 필요성을 설명할 수 있는 작가이다. 그는 다양한 페미니즘의 입장을 소개한다. 그의 책 『내적 열망』(Fire in the Belly: On Being a Man)에는 "예언적 페미니즘이 아닌 이데올로기적 페미니즘"이라는 항목이 있다. 그는 "예언적 페미니즘은 남성이 경험하기 시작한 변화의 모델이다. 이데올로기적 페미니즘은 남성이 전통적으로 여성에게 가해온 일반적인 증오와 희생양 삼기 패턴의 답습이다"라고 설명한다.[43]

이러한 관점들이 기독교 영성을 위해 계획하는 것은 무엇인가? 많은 작가들이 이에 관련된 질문들과 복음주의 진영에서 등장한 주요 운동을 탐구해왔다. 페미니스트 영성에서 다루는 한 가지 문제는 하나님의 이미지이다. 하나님을 언급할 때 가부장제에 대한 비판을 고려하여 전통적으로 전례와 영성에서 사용되어온 언어를 버려야 하는가? 이 질문에 대한 사려 깊은 반응이 브라이언 렌(Brian Wren)의 『어떤 언어를 사용할 것인가?』(What Language Shall I Borrow? God-Talk in

---

43) Sam Keen, *Fire in the Belly: On Being a Man*(New York: Bantam, 1991), 195-96.

Worship: A Male Response to Feminist Theology)에서 주어진다.[44]

데이비드 제임스(David James)는 렌을 비롯한 여러 사람의 주장에 기초하여 다음과 같이 질문하고 대답한다: "남성 영성에 남성 하나님이 필요한가? 그 대답은 긍정이다. …결론은 남성형 하나님 이미지들은 남성이 자신을 돌아보는 반성의 풍성한 원천이라는 것이다. 그러한 이미지들을 종교 의식에서 제거하는 것은 가부장제로 말미암아 영속화되는 것만큼 큰 성폭력 행위일 것이다."[45]

보수적인 작가들과 프라미스 키퍼즈 운동(Promise Keepers)이 하나의 대안을 제시했다. 콜로라도 대학 풋볼 코치인 빌 매카트니(Bill McCartney)의 주도로 형성된 프라미스 키퍼즈 운동은 1990년 3월 20일에 처음 출현했다. 그 형태는 사람들을 예수 그리스도에 대한 신앙과 가정 내에서의 책임으로 이끌기 위한 대형 경기장 집회였다. 프라미스 키퍼즈의 정점은 1997년 10월 워싱턴의 내셔널 몰에서 개최된 집회(Stand in the Gap: A Sacred Assembly of Men)였다.

프라미스 키퍼즈 운동을 남성의 힘 인정으로 여긴 페미니스트들, 그들의 이상을 인정하지 않는 진보적인 개신교인들, 그리고 자유분방하고 표현이 풍부한 예배 형식을 좋아하지 않는 남성들은 이 운동

---

44) Brian Wren, *What Lnguage Shall I Borrow? God-Talk in Worship: A Male Response to Feminist Theology* (New York: Crossroad, 1989).

45) Rosemary Radford Ruether, *Sexism and God-Talk: Toward a Feminist Theology*(Boston: Beacon, 1983), 20.

을 비판했다. 프라미스 키퍼즈와 페미니즘의 관계는 공식적으로 적대적이지는 않았지만, 일부 대변인들은 여성의 지위를 열등하게 여기는 듯한 진술을 함으로써 그 집단의 공식적인 정책에서 벗어났다.

성에 대한 논란이 20세기와 더불어 종식되지 않았지만, 서구에서 성적 역할에 대한 관념이 변화되었다는 것, 이전 문화로 돌아가지 않으리라는 것에는 의심의 여지가 없다. 과거와 오늘의 여성들이 제공한 혁명적인 통찰과 함께 사회 전반만 아니라 영성을 실천하는 사람들도 인류에 대한 우리의 견해를 더 평등하게 하는 재정리와 사고 과정에 들어섰다.

11. 중독 현상에 대한 언급

1930년대에 미국에서 윌리엄 윌슨(William Wilson, 1895-1971)과 로버트 스미스(Robert Smith, 1879-1950)가 알코올중독자 모임(Alcoholics Anonymous: AA)을 설립했다. 두 사람은 기독교의 원리를 취한 도덕재무장 운동이라고 알려진 옥스퍼드 그룹(Oxford Group)의 영향을 받았다.[46] 알코올중독자 모임 구성에 작용한 요인에 대한 철저한 논의

---

46) Dennis C. Morreim, *Changed Lives: The Story of Alcoholics Anonymous* (Minneapolis: Aubusburg, 1992).

는 기독교 운동과 세속 운동을 지적한다.[47] 두 사람은 복음의 메시지를 믿었지만, 그들 및 알코올중독자들은 전통적인 기독교와 교회에서 도움을 발견하지 못했다. 그들은 교회가 하지 못하는바 모든 사람을 받아들이는 알코올중독자들의 모임을 발전시켰다. 다음은 그들이 옥스퍼드 그룹의 여덟 가지 원리에 기초하여 발달시킨 12단계이다:

1. 우리는 알코올에 무력했으며, 우리의 삶을 수습할 수 없게 되었다는 것을 시인했다.
2. 우리보다 위대하신 힘이 우리를 본 정신으로 돌아오게 해주실 수 있다는 것을 믿게 되었다.
3. 우리가 이해하게 된 대로, 하나님의 돌보심에 우리의 의지와 생명을 맡기기로 했다.
4. 두려움 없이 우리 자신에 대한 도덕적 검토를 했다.
5. 우리의 잘못의 정확한 본질을 하나님과 자신에게, 그리고 다른 사람에게 시인했다.
6. 하나님께서 모든 성격상 결점을 제거해 주시도록 완전히 준비했다.
7. 겸손하게 하나님께 우리의 단점을 없애 주시기를 간청했다.
8. 우리가 해를 끼친 사람의 명단을 작성하고, 그들 모두에게 기꺼이 보상할 용의를 갖게 되었다.
9. 누구에게든 해가 되지 않는 한 할 수 있는 데까지 어디서나 직접

---

47) Ernest Kurtz, *Not-God: A History of Alcololics Anonymous* (Center City, MN: Hazeldon, 1979).

보상했다.

10. 인격적인 검토를 계속하여 잘못이 있을 때마다 즉시 시인했다.
11. 기도와 명상을 통해서 우리가 이해하게 된 대로의 신과 의식적인 접촉을 증진하려고 노력했다. 그리고 우리를 위한 그분의 뜻을 알게 해주시고, 그것을 이행할 힘을 달라고 간청했다.
12. 이런 단계들의 결과 우리는 영적으로 각성하였고, 알코올 중독자들에게 이 메시지를 전하려고 노력했으며, 우리 일상의 모든 면에서 이러한 원칙을 실천하려 했다.⁴⁸⁾

12단계에는 기독교 영성의 전통에서 나온 지혜가 포함되어 있다. 어떤 사람들은 성경에서,⁴⁹⁾ 어떤 사람들은 산상수훈(마 5장)의 팔복에서 이 단계 전체를 발견했다. 그럼에도 불구하고 알코올중독자 다수가 하나님에 대한 전통적인 묘사를 이해하지 못하므로, 작가들은 하나님이라는 개념을 흔히 "더 고등한 힘"(Higher Power)이라고 불리는 것으로 확대해야 할 필요가 있다고 느꼈다.

세월이 흐르면서 원래의 12 단계에 문학을 종합하는 기본 태도들, 기도, 그리고 묵상이 보완되었다. 알코올중독자 모임의 영성에서 가장 널리 사용되는 본문은 평온을 비는 기도(Serenity Prayer)이다. 그것은 신학자 라인홀트 니버(Neinhold Niebuhr, 1892-1971)가 쓴 기도문

---

48) *Alcoholics Anonymous*, 3rd ed. (New York: AA World Services), 59-60.

49) Dennis C. Morreim, *The Road to Recovery: Bridges betgween the Bible and the Twelve Step*s (Minneapolis: Augusburg, 1990).

의 첫 부분이다: "주여, 우리에게 우리가 바꿀 수 없는 것을 평온하게 받아들이는 은혜와 바꿔야 할 것을 바꿀 수 있는 용기, 그리고 이 둘을 분별하는 지혜를 허락하소서."[50] 최근 수십 년 동안 이 문헌에 대한 기독교 영성 지도자와 목사들의 관심이 증가하고 있다. 교회와 알코올중독자 모임 간에 더 큰 협력이 이루어질 가능성이 있다. 이러한 관심에 작용하는 한 가지 요소는 중독의 본질에 대한 통찰, 즉 한 가지 중독을 치유하기 위해 알코올 중독자 모임이 개척해낸 것이 다른 중독에도 적절하며, 마약, 도박, 폭식 등 분명한 중독에만 적절한 것이 아니라는 것이다.[51] 우리의 내면에서 발견하는 강박 행동은 우리가 의식적으로 선택하는 것이 아니다. 그것은 로마서에 기록된바 "내가 원하는 바 선은 행하지 아니하고 도리어 원하지 아니하는 바 악을 행하는도다"(롬 7:19)라는 바울의 탄식을 술회한다.

12단계는 영적 친구(soul friend), 매일 성찰(daily examen), 손해 배상(restitution), 하나님께 복종함, 자신의 경험을 사람들과 나눔 등 과거 기독교 영성의 몇 가지 특징을 포함하는 프로그램이다. 그것은 근저에서 "내가 하나님이다"라고 주장하는 비이성적이고 해로운 습관들을 발견하고 극복하는 데 초점을 둔다. 중독의 뿌리는 영적인 것으로

---

50) Reinhold Niebuhr, "Written for a Service in the Congregational Church of Heath, Massachusetts," in John Bartlett, *Familiar Quotations,* 15th ed. (Boston: Little, Brown, 1980), 823.

51) Gerald May, *Addiction and Grace* (San Francisco: Harper, 1988).

간주되며, 하나님의 선물인 은혜에 복종함으로써 치유가 시작된다. 그러므로 그것의 회복 프로그램은 약물 중독에만 아니라 모든 사람에게 유익하다.

12. 긍정적 사고와 자부심

아메리카 영성에서 논란이 되는 하나의 운동은 노먼 빈센트 필(Norman Vincent Peale, 1898-1993)이 계발한 긍정적 사고라는 학설이다. 뉴욕에 있는 영향력이 큰 교회의 목사였던 그는 1952년에 『긍정적 사고의 힘』(The Power of Positive Thinking)을 저술했다. 그 책은 2천만 부 이상이 팔렸고, 우리가 자기의 목표를 달성하려면 긍정적인 생각이 필요하다는 사상을 증진했다. 후일 그는 『가이드 포스트』(Guideposts)라는 잡지를 창간했다. 도널드 트럼프(Donald J. Trump)는 필 박사의 초기 집회 참석자였다.

이 학설은 서점에서 판매되는 성공 지향적 서적에서 다루는 접근 방식과 비슷하다. 그것은 분명하게 기독교적인 듯이 보이지 않으며, 초점은 예수의 십자가와 은혜라는 개념과 직접 상충하는 듯하다. 그것은 많은 사람이 추구하는 상업적이고 물질적인 보상에 초점을 둔다. 그러나 이 사상을 옹호하는 기독교인들은 미국인들에게 감동과 영향을 미쳤다.

로버트 슐러(Robert H. Schuller, 1926-2015)는 "능력의 시간"(The Hour of Power)이라는 텔레비전 프로그램과 캘리포니아주 가든 그로브에 있는 수정교회 담임목사이다. 개혁교회 목사인 그는 캘리포니아 문화와 교감하는 능력을 증명했다. 그는 많은 책을 저술했고, 유명 인사들과 교류했다.

슐러는 긍정적 사고(positive thinking)보다 가능성 사고(possibility thinking)라는 용어를 선호했고, 심리학자들이 자부심이라고 말하는 것에 초점을 두었다. 슐러는 교회의 사고방식에 개혁이 필요하며, 그렇지 않으면 교회는 길가로 떨어질 것이라고 여겼다:

> 자부심, 또는 인간임을 자랑스럽게 여기는 것이 오늘날 인류에게 가장 필요한 일이다.[52]
>
> 교회는 인류에게 지금까지 발생한 것 중에 가장 좋은 것이 될 때까지 자체를 개조해야 한다. 인간의 자부심을 자극하고 유지해주는 바 믿음과 소망과 사랑의 복음을 선포할 때 교회는 모든 사람의 참된 친구가 된다.[53]

1990년대에 인기 문집인 *Chicken Soup*은 1억 5천만 부 이상 판매되었다. 그 시리즈는 짧으면서도 희망을 주는 것을 원하는 미국인을 대상으로 하는 대중 영성으로 이루어진다. 이 시리즈의 판매, 그리고 텔레비전으로의 진출은 성령에 대한 갈급함만큼 간절한 성공과 자부

---

52) Robert H. Schuller, *Self-Exteem: The New Reformation*(Waco, TX: Word, 1982), 19.

53) Ibid., 21.

심에 대한 미국인들의 욕구를 지적한다.

필, 슐러, 그리고 *Chicken Soup*은 북아메리카에서의 지나친 상황화의 본보기로 볼 수 있다.

영성훈련

1. 당신이 방언의 은사를 받았으면, 기도할 때 방언을 사용하라. 중보기도 방법을 알지 못할 때나 마음에 찬양이 가득하여 평범한 말로 표현할 수 없을 때 이 은사를 사용하라. 남아프리카인 한 사람과 인도인 한 사람은 나에게 종일 침묵으로 기도하기 위해 방언을 사용하는 방법을 말해 주었다. 이것은 쉬지 않고 기도하는 데 대한 바울의 말을 이행하는 또 하나의 방법이다.

2. 센터링 기도(centering prayer)나 존 메인의 만다라 기도(mantra prayer)를 시도해보라. 구송기도 외에 다른 기도 방법을 알지 못하던 많은 신자가 이것이 유익한 기도 방법임을 발견했다. 먼저 마음을 가다듬은 후에 "예수", "성령", "사랑", "평화" 등 당신에게 영적으로 강력하게 작용하는 단어를 선택하라. 하나님께 말하려 하지 말고, 사랑으로 하나님께 집중하라. 그저 하나님의 임재 안에 머물라. 분심될 때면 당신이 선택한 특별한 단어를 기억하라. 이 방법이 어려운 사람에게는 존 메인의 방법이 더 쉬울 수 있다. "마라나다"라는 단어를 네 음절로 나누어 끊임없이 되풀이하라. 단순하고 반복적인 곡조의 성가는 정신 집중에 도움을 줄 수 있다. 다시 말하건대 당신의 목표는 하나님의 현존 안에 함께 함으로써 하나님

의 치유하심이 당신의 영혼 안에서 더욱 깊어지는 데 있다.

3. 알코올중독자 모임(AA)에서 사용하는 12단계를 연구하라. 당신이 알콜 중독자이든지 아니든지, 그것을 당신에게 적용하는 방법을 생각해보라. 누구도 중독자보다 우월하지 않다. 중독은 도덕적인 허물이 아니라 병이다. 12단계를 따르는 사람들은 자신이 치료받는다고 생각하지 않는다. 그들은 회복되는 중독자가 아니라 회복 중인 중독자이다. 마찬가지로 기독교인은 죄를 짓는 것과 범죄의 대상이 되는 것으로부터 회복하는 과정에 있다. 당신에게 나름의 중독 증상이 있을 수 있다. 당신의 행동에 대해 생각하고, 포르노, 쇼핑, 도박, 음식 등에 중독되어 있는지 관찰해보라. 12단계를 묵상하며 기도하고, 그것이 행동으로 이어지게 하라.

4. 이 장에서 다루어진 사람들처럼 사회정의를 위해 행동하라. 당신의 영성이 내면적이고 사적인 것에 머물지 않게 하라. 옳은 것을 위해 일어나라! 이 책에서 언급된 여러 가지 관습은 당신이 가정이나 학교나 직장이나 정치 분야에서의 불의를 대적할 수 있을 만큼 강하게 해줄 수 있다. 옷, 구두, 가정에서 사용하는 물건 등을 구매할 때 그것을 제작하는 사람들에게 공정한 임금이 지급되는 회사의 물건을 택하라. 당신이 거주하는 지역의 농산물을 구입하라. 그렇게 하려면 더 노력해야 하지만, 대형 매장에서 편리하게 구매할 때보다 기분이 좋을 것이다. 당신이 구입하는 모든 것은 그것이 생산되는 방식을 지원하는 것이 된다.

국민이 국가 정책에 영향을 미치는 이 시대에 편지를 쓰는 것은 중요한 영성훈련이 될 수 있다. 거부당한 사람들의 권리를 옹호하는 것은 일종의 예방적인 선한 사마리아인이 되는 것이다. 예를 들어, 브레드포월드(Bread for the World)는 미합중국과 전 세계의 굶주린 사람들을 옹호한다. 국제 엠네스티(Amnesty International)는 고문 당하거나 실종된 양심수들을 옹호한다. 어린이 보호기금(Children's Defense Fund)은 어린이들의 권리를 옹호한다. 편지 쓰기는 가난, 난민, 죄수 등이 존재하는 우리 세계에서 정의와 사랑을 옹호하는 효과적인 방식이다.

5. 남성 또는 여성으로서의 당신의 존재를 이해하기 위해서 연구하고 기도하고 글을 쓰라. 당신의 영성생활에서 여성 또는 남성이라는 것은 어떤 의미를 지니는가? 남성 하나님 또는 여성 하나님을 어떻게 묘사하는가? 여성적 표현으로 하나님께 말하는 것이 당신에게 어떤 의미인지에 관해 기도하고 묵상하라. 그것이 불편한가? 그 이유는 무엇인가? 그것이 당신을 자유롭게 하는가? 그 이유는 무엇인가? 남성과 여성 모두 하나님의 형상으로 지어졌다면, 남성과 여성 모두 하나님의 본성 안에 있는 것을 반영해야 한다. 우리의 문화적인 고정 관념은 여성은 약하고 부드럽고 감정적이고 모성적이며, 남성은 강하고 거칠고 목표 지향적이고 이성적이라고 말한다. 하나님은 우리의 문화적 고정 관념에 예속되지 않으며, 우리도 그렇다.

훈련에 도움이 되는 도서

Bondi, Roberta C. *Nick the Cat: Christian Reflections on the Stranger*, Nashville: Abingdon, 2001.

Keating, Thomas. *Foundations for Centering Prayer and the Christian Contemplative Life: Open Mind, Open Heart; Invitation to Love; The Mystery of Christ*. New York: Continuum,

2002.

Main, John. *John Main: Essential Writings*. Ed. Laurence Freeman, Maryknoll, NY: Orbis, 2002.

권장 도서

Allchin, A. M. *The Kingdom of Love and Knowledge:The Encounter between Orthodoxy and the West*. New York: Seabury, 1982.

Brown, Robert McAfee. *Spirituality and Liberation: Overcoming the Great Fallacy*. Louisville: Westminster, 1988.

Cummings, Charles. *Eco-Spirituality: Toward a Reverent Life*. New York: Paulist, 1991.

Dyrness, William A. *Learning about Theology from the Third World*. Grand Rapids: Zondervan, 1990.

Elie, Paul. *The Life You Save May Be Your Own: An American Pilgrimage*. New York: Farrar, Straus and Giroux, 2003.

Ferguson, Duncan, ed. *New Age Spirituality: An Assessment*. Louisville, Ky.: Westminster/John Knox, 1993.

Merriman, Birgid O;Shea. *Seearching for Christ: The Sprituality of Dorothy Day*. Notre Dame, IN: University of Notre Dame, 1994.

Timmerman, Joan H. *Sexuality and Spiritual Growth*. New York: Crossroad, 1992.

제8장

1900년 이후의 비서구 세계

이 장에서는 유럽 대륙이 아닌 대륙들을 다루면서, 소위 제1세계라는 서구 세계가 활력이 넘치는 진정한 영성을 발달시키려면 제3세계가 필요하다는 나의 신념을 강조하려 한다. 이 과정에 대한 일반적 지침서는 윌리엄 더니스(William Dyrness)의 『제3세계 신학 배우기』(*Learning about Theology from the Third World*)이다.[1] 더니스는 흑인 신학이 기독교와 문화에 초점을 두며, 라틴아메리카 신학은 정치 환경에, 아시아의 신학은 초월자를 주요 주제로 삼는다고 묘사한다. 더니스도 인정하는 대로 이것은 과도한 일반화이다. 그러나 그의 요지는 서구의 기독교인들은 이 대륙들 출신 기독교인들의 도전과 공헌, 즉 이 지역의 기독교들인이 자체의 문화적 배경에서 제공하는 선물들, 그리고 서구의 풍족한 기독교인들에게 제기하는 어려운 질문들을 고려하지 않을 수 없다는 것이다.

---

1) William A. Dyrness, *Learning about Theology from the Third World*(Grand Rapids: Zondedrvan, 1990).

기독교와 문화의 상호작용을 구분하는 유익한 방법에는 다음과 같은 네 가지 유형의 상호작용이 포함된다: 횡문화적(transcultural)인 것, 상황적인(contextual) 것, 반문화적(countercultural)인 것, 교차문화적(cross-cultural)인 것. 기독교 전통의 횡문화적인 측면은 모든 문화적 표현, 예를 들면 사랑의 윤리, 예수를 주요 구주로 믿는 믿음, 예배 안에 하나님의 임재 등에서 발견된다. 상황적 요소는 기독교의 관습 중에서 토착 문화로부터 흡수된 것들이다. 예를 들면, 예배에서의 아프리카 춤, 아시아식 건물 구조, 미국식 찬송 등이다. 반문화적 요소란 모든 문화가 십자가의 메시지를 불쾌하게 여기듯이, 지역 문화를 불쾌하게 하는 것들이다. 전 세계 교회들은 소비자 중심주의, 인종차별주의, 성차별 등 토착 문화의 가치관에 쉽게 적응해왔다. 마지막으로 교차문화적 요소란 공감을 위해서 다른 문화에서 차용한 것들이다. 예를 들면 미국인들이 흑인 찬송을 부르는것, 니제리아인들이 유럽의 기도문을 사용하는것, 태국의 기독교인들이 서양 악기를 사용하는 것 등이다.

 사람은 자신의 제한된 경험에 비추어 현실을 보는 경향이 있다. 그러한 경험은 각 사람의 조국, 교파, 소속 교회, 가정, 또는 이웃에 한정될 것이다. 중요한 것은 모두가 더 넓은 견해를 취하는 것이다. 기독교 영성과 관련하여 우리는 자신의 경험과는 거리가 멀지만 가장 중요한 발달 현상을 잃고 있을 가능성이 있다. 서구 세계, 즉 북아메리카나 유럽인은 서구 이외의 세계, 또는 세계의 2/3를 차지하는 지역, 즉 개발도상국, 또는 남반부에서 일어나고 있는 것을 알지 못할 가능성이 있다. 남반부에 사는 사람은 북반부, 이 책에서 서구 세계라고 부르는 지역에 대한 글을 읽고 놀랄 것이다.

남반부에서의 발달 현상들 때문에 기독교는 수적으로 계속 성장하고 있다. 1900년에 기독교인이 약 5억 명이었는데, 2000년에는 20억 명이 되었고, 지금은 매년 2천 5백만 명씩 증가하고 있다.[2]

한편 이슬람교도는 수적으로만 아니라 비율에서도 증가하여 1900년에 약 2억 명(12.3%)이었는데, 2000년에는 12억 명(19.6%)으로 증가했다. 이 비율은 21세기에도 증가하여 2025년에는 22.8%, 2050년에는 25%가 될 것으로 예상된다.[3]

세속적인 사고방식에 직면한 유럽에서는 기독교 신앙이 매우 저하되었다. 미합중국에서는 주요 교파들의 쇠퇴에도 불구하고 기독교가 여전히 강력하다.[4]

유럽인을 조상으로 하는 미국인들이 교회를 떠나는 현상에 대응하여 이민들이 새로 유입될 것이다. 기독교가 아닌 종교에 속한 사람들이 이주함으로써 아메리카는 종교적으로 더 다양해질 것이다. 미국의 기독교인들은 다른 신앙을 가진 이주자들을 환대하고 환영해야 한다. 이 분석에는 진실이 있지만, 이주자들 다수가 기독교인임을 망각하는 경향이 있다. 미국으로 이주하는 많은 이민자가 라틴아메리

---

2) Ibid., 1: 3. 12.

3) Ibid.

4) Ibid., 1:782.

카인들인데, 라틴아메리카의 주민 50%가 기독교 신앙을 고백한다. 많은 흑인 이민자들도 기독교인들이다. 아랍계 미국인들 대부분이 기독교인임은 그리 알려져 있지 않다.

실제로 기독교가 성장하고 있는 지역은 아프리카, 라틴아메리카, 그리고 아시아이다. 과거 수 세기 동안 이 지역에 심어진 교회들은 20세기 말 원주민들이 점진적으로 교회의 지도권을 확보함에 따라 성장이 가속되었다. 장차 이 지역 출신 선교사들이 유럽을 다시 복음화할 수도 있다. 남반부에서는 개종 또는 기독교 가정에서의 출생으로 말미암아 기독교인이 급속히 증가하고 있다. 필립 젠킨스(Philip Jenkins)의 책 *The Next Christendom*은 이 사실을 밝혔다. 그의 책은 이 책 제1장에서 살펴본 모래시계 이미지를 지원하면서도 비판했다. 동방정교회, 가톨릭교회, 그리고 개신교의 발달은 모래시계 형태를 취한다. 그것은 정교회의 동방 기독교를 고려하지 않았다. 이에 대해서 이 장에서 간단히 다룰 것이다.

서구권이 아닌 지역의 기독교 영성을 묘사한 글을 찾아보면, 원주민 작가들이 매우 적고, 그러한 책이 매우 적음을 발견한다. 여기에는 몇 가지 이유가 있다. 첫째는 남반부가 부유하지 못하다는 것이다. 책을 구입할 여유가 있는 사람들이 많지 않다. 그러므로 작가와 출판사가 드물다. 통화 가치의 차이와 우체국에서의 비리는 서구에서 출판된 책들이 지나치게 비싸다는 것, 또는 우편물이 쉽게 도난당한다는 것을 의미할 수 있다.

1. 라틴아메리카

가톨릭교회는 스페인 정복자(conqustador)들과 함께 라틴아메리카에 상륙했고, 그 후 명목상으로는 대다수의 주민에게 전파되었다. 그것은 정복자들의 특별한 스페인 영성이었다. 그들은 예수가 추종자들에게 고난의 삶의 본보기인바 고난받는 불쌍한 사람이라고 여겼다. 원주민에게 신앙이 강요된 방식은 최악의 종교적 제국주의의 예이다.

여러 국가의 일반인들은 신앙을 이해하지 못했으며, 그것은 그들이 이전의 신념에 덧씌운 것이었다. 전통적인 신들과 관습들이 가톨릭교회의 영성과 뒤섞여 무계획한 신앙의 상황화라는 결과를 초래한 일종의 이원론이 발달했다.

멕시코에서 1531년에 후앙 디에게에게 발현했다고 알려진 과달루페의 성모 마리아는 토착 영성과 제국적 영성이 결합한 예이다. 전통적으로 달과 관련된 신들의 어머니 여신 토난친(Tonantzin)의 신전이 있던 세로 데 테페약(Cerro de Tepeyac) 언덕에서 디에고에게 성모 마리아가 나타났다. 성모는 디에고에게 그 지방 주교에게 이 거룩한 언덕에 성당을 세우라고 요청하라고 지시했는데, 주교는 이에 회의적이었지만 결국 기적을 보고 확신을 얻었다. 후앙은 한겨울에 장미가 자라는 것을 발견하여 장미꽃을 외투에 넣어 주교에게 가져갔는데, 그의 외투에 성모의 형상이 그려져 있었다. 이 외투는 세월이 흐른 오늘날도 멕시코 시 북부에 있는 과달루페 성당에 원형대로 보존되어 있다(지도 9를 보라). 매년 약 천만 명이 이곳을 방문하는데, 약 절반은 과달루페 축일인 12월 12일 즈음에 찾는다. 최근 어떤 사람이 성모에게 바친 서원을 이행하기 위해 피를 흘리면서 기어서 성당에 오는 것을 보았다.

과달루페/토난친은 토착 여신과 예수의 모친이다. 라틴아메리카와 멕시코 전역에서 발견되는 그녀의 형상은 아기 예수를 품지 않은 채 달에 서 있다. 그녀는 멕시코의 수호성인이며, 많은 사람이 그녀를 존숭한다.

지도9. 남아메리카

(1) 해방 영성

라틴아메리카 교회는 과거부터 지금까지 토지와 경제력을 쥐고 있는 유럽인 주민들을 지원하는 요새이다. 일부 국가에서는 국민의 2%가 토지의 90%를 소유하고 있다. 사회정의 문제가 교회 위계의 문화적 억류로 말미암아 약화되었다.

그러나 20세기 중반에 소수의 사제들이 "기독교 기초 공동체"(base Christian communities)를 시작했다. 이 공동체들은 성경에 기초한 모임에 가난한 사람들을 참여시켰는데, 이 모임이 신앙을 소생시키고 경제 질서에 대한 질문을 제기했다. 농민들은 글을 배우고, 자신의 삶을 비판적으로 생각하는 법을 배웠다. 이 민중운동이 해방신학을 탄생시켰다.

초기 지도자는 브라질 레시페의 주교요 『살아야 할 천 가지 이유』(*A Thousand Reasons for Living*) 등 다수의 책을 저술한 헬더 카마라(Dom Helder Camara, 1909-1999)이다. 가난한 자들을 위한 카마라의 열정은 바티칸의 비난을 받았지만, 대륙의 많은 사람에게 감화를 주었다. 그는 "내가 가난한 사람들에게 음식을 주면 사람들은 나를 성자라고 부르지만, 왜 가난한 사람들이 그토록 많은지를 물으면 사람들은 나를 공산주의자라고 부른다"라고 말했다.[5] 결국, 전문 신학자들이 해방신학을 채택했고, 지금은 전 세계에 알려져 있다. 그것은 신학을 하는 새로운 방식, 즉 가난한 자의 관점에서, 상향식의 방식을 옹호한다. 그것은 인간 상황 안의 불의와 갈등을 드러내기 위해 마르크스주의 분석을 사용하며, 역사적 미래에 억압에서 해방된다는 희

---

5) www.research.att.com/-jrex/faves/quotes/cociety.honl.

망을 약속하기 위해 기독교의 복음을 채택한다. 이 신학은 몇 가지 이유로 가톨릭교회와 개신교 보수 진영의 비판을 받고 있다. 그것이 초월적·영적인 내용이 없는 사회적·경제적 혁명을 다루는 세속 신학으로 기울고 있다고 보는 사람들도 있었다.

구스타보 구티에레스(Gustavo Gutierrez)는 『우리의 우물에서 생수를 마시련다』(We Drink from Our Own Wells)라는 책에서 비판자들의 비판을 중지시켜야 하는 해방 영성에 관해 기술했다. 그의 책에는 해방 신학의 문제가 되는 요소들이 거의 등장하지 않는다. 마르크스주의 분석도 등장하지 않는다. 영성은 정치 개혁을 위한 것이 아니라 하나님과의 개인적이며 공동적인 관계를 위한 것이다. 구티에레스는 페루 사람들과 함께 살면서 자신이 글로 옹호하는 것을 실천한 신학자로 알려진다.

그의 저서는 여러 면에서 귀중하다. 그는 라틴아메리카의 가난한 사람들의 관점에서 전통적인 가톨릭 영성이 두 가지 면에서 부족하다는 것을 발견한다. 전통적인 가톨릭 영성은 소수 집단, 즉 교단들과 맞물려 있으며, 지나치게 개인주의적이고 내면적이다. 구티에레스는 공동 차원에서 해방을 위한 실질적인 행동을 포함하며 모든 사람을 대상으로 하는 영성을 요구한다. 구티에레스는 성경 및 유럽의 영성사에서 선정한 인물들을 묘사하면서 "주님과의 만남, 성령 안에서 행함, 아버지를 향한 여정"이라는 세 가지로 구성된 기독교적 삶에 대한 전체론적인 견해를 요구한다.

『우리의 우물에서 생수를 마시련다』에 제시된바 해방 영성의 특별한 표식은 회심(과거와의 단절로서 반복하여 발생한다), 무상의 은혜(값없이 주어지는 하나님의 은혜), 고난과 순교 안에 있는 기쁨(해방을 위한 투쟁에서 온다), 영적 아동기((구티에레스는 가난한 사람들에게 헌신하기 위해서 이것이 필요하다고 여긴다), 그리고 독거에 알맞은 환경으로서의 공동체이다.

그 책의 매력적인 특징은 구티에레스가 성경을 대하는 진지함이다. 그는 논의 과정에서 육과 영과 몸에 대한 바울의 이해를 상세히 다룬다. 그는 바울이 신플라톤주의자들처럼 몸을 멸시하지 않았고, "육"이라는 용어를 다른 의미로 사용했음을 증명한다. "육"은 "몸"과 같지 않으며, 하나님을 대적하는 영적인 힘이다. 이 부분은 영성에 관한 많은 저서에 도움이 될 것이다. 이전 시대에 이처럼 단어 연구를 통해 발견한 중요한 사실을 활용하지 못했음은 안타까운 일이다.

거의 비슷한 특성을 가진 책이 존 소브리노(John Sobrino)의 『해방영성』(Spirituality of Liberation)[6]이다. 이 책은 성경적이고 해방주의적인 노선에서 영성을 다시 생각하려는 진지한 도전이다.

앞에서 언급했듯이, 해방신학의 주요 도구는 기초 공동체(base community)이다. 가난한 농민들이 그 공동체 안에 모여 성경을 논한다. 에르네스토 카르데날(Ernesto Cardenal, 1925-2020)의 『솔렌티나메 복음』(The Gospel in Solentiname)은 그러한 논의에 관한 훌륭한 문서이다. 카르데날은 토마스 머튼의 제자였다. 네 권으로 이루어진 그 책

---

6) Jon Sobrino, *Spirituality of Liberation: Toward Political Holiness* (Maryknoll, N.Y.: Orbis, 1988).

은 그가 엘살바도르의 어느 마을에서 사제로서 경험한 것들을 재구성한 것이다. 그는 거기서 성경 본문 및 그것들에 대한 사람들의 논평을 이야기한다.[7] 다음은 누가복음 2장에 기록된 성탄 이야기에 대한 논평이다:

> 펠릭스가 다시 말했다: "한 가지를 말하겠다. 베드로야, 내 말을 들어라. 부자는 결코 고난을 받지 않는다. 정부는 5%의 사업세를 부과한다. 그것을 누가 지불하는가? 가난한 사람들이다…"
> "그는 가난한 사람들의 운명에 동참하러 왔다. 요셉과 마리아는 가난했기 때문에 여관에 묵지 못했다. 만일 그들이 부자였다면, 여관에서 그들을 환영했을 것이다."
> "하나님은 자기 아들이 지저분한 마구간에서 태어나기를 원하셨다. …그분은 아들이 빈곤 계층에 속하기를 원하셨다. 만일 하나님께서 아들이 부자 여인에게서 태어나기를 원하셨다면, 그 여인은 호텔에 방을 예약했을 것이다. 특히 그녀의 상태에 맞추었을 것이다."
> "나는 여기서 하나님의 겸손을 본다. 이는 아기가 그분의 아들이었기 때문이다. 예수는 지금도 존재하는 불의에서 세상을 해방하기 위해 오셨다. 그분은 우리가 불의에 맞서 연합하여 싸우게 하려고 오셨다. …오늘날 복음에 따르면, 멸시당한다고 느끼는 가난이 없어야 한다. 내 생각에 부자보다 가난한 사람이 더 중요한 듯하다. 그리스도는 가난한 우리와 함께하신다. 하나님께는 우리가 더 가

---

7) Ernesto Cardenal, *The Gospel in Solentiname*, trans. Donald D. Walsh (Maryknoll, NY: Orbis, 1976), 10, 46-49.

치 있다고 생각된다. 우리는 부자들에게 가치가 없으며, 단지 그들을 위해 일하는 데 유익할 뿐이다. …예수님은 가난하셨기 때문에 베들레헴에서 배척받으셨고, 같은 이유로 세상에서 계속 배척당하신다. 우리 사회 구조에서 가난한 사람은 항상 배척받는다."[8]

1980년에 엘살바도르에서 오스카 로메로(Oscar Romero) 주교가 암살되고 네 명의 수녀가 살해된 것, 1989년에 여섯 명의 예수회 수도사와 가정부 및 15세인 그녀의 딸이 살해된 일로 말미암아 해방 사상에 대한 세상의 관심이 고조되었다. 많은 사람은 1981년에 평민들을 옹호하다가 과테말라의 산티아고 아티트란에서 잠자던 중에 살해된 바 파드레 아플라스(Padre Aplas)라 불리는 스탠 로터 신부(Stan Rother)의 침실을 방문한다.

교황 요한 바오로 2세 때 그의 반대로 말미암아 라틴아메리카에서 해방신학의 영향이 감소했다. 폴란드에서 공산주의 반대 경향을 지녔던 교황은 교회 안에 마르크스주의를 좋아하는 사람이 없기를 바랐다. 그러나 교황은 자본주의 및 세계 경제의 세계화와 관련된 경제적 불의에 대한 비판을 요구했다. 교황 프란치스코는 해방신학에 우호적이다.

해방 영성은 북아메리카인들에게 여러 가지 도전을 제기한다: 우리의 영성은 너무 개인화되고 심리학적으로 고찰되기 때문에 정의와

---

8) Ibid., 46-49.

관련된 문제를 배제하고 있는가? 우리 특권층은 사회나 세계의 3분의 2 안에 있는 무력한 집단들에게 권력을 나누어줄 준비가 되어 있는가? 여성, 유색인, 장애인들에게 해방신학이 미치는 영향은 무엇인가?

이러한 질문에 대한 전형적인 대답은 결속이다. 중산층 사람들은 경제적인 선택이나 정치적인 선택을 할 때 누구와 공감할 것인가? 중요하지 않은 사람들과 함께 성경공부에 참여할 수 있는가? 계층과 상관없이 우정을 나눌 수 있을까? 우리는 서로의 고통에 귀 기울일 수 있을까?

(2) 오순절주의

라틴아메리카 개신교인의 대다수는 오순절파 신자들이다. 서반구에서 오순절파는 극적으로 성장했다. 오순절파 영성은 학식이나 부에 의존하지 않는다. 그것은 단순하고 경험적이다. 세계적으로 오순절주의는 신도 수가 1900년에 거의 없던 상태에서 2000년에 5억 이상으로 성장했으며, 21세기에 수적으로나 비율에서 성장할 것으로 예상된다.[9]

다음은 미국 신학자 하비 콕스(Harvey Cox)가 오순절파 예배에 대해 일인칭으로 묘사한 것이다:

---

9) Barrett, et al., eds., *World Christian Encyclopedia*, 1:4.

리우데자네이루의 황폐하여 슬럼이 되고 있는 중하류층 공동주택들이 있는 빈민 지역 두 채의 아파트 사이 넓은 마당에서 오순절 교회가 하나님 사랑 집회를 개최했다. 6월의 어느 일요일, 약 600명이 모였는데, 대부분은 접이식 의자와 장의자에 앉았고, 서 있는 사람도 많았다. 기타 연주자가 활기차게 연주를 시작했다. …
베네디그타의 간증은 처음에는 특별한 것이 아니었다. …
그녀가 26살 때…하나님이 그녀에게 말씀하셨고, 성령이 그녀의 삶 속에 들어오셨으며, 그녀는 구원의 기쁨을 느꼈다.
할렐루야.
그런데 그다음에 베네디타는 브라질 사회가 가난한 사람들을 다루는 잔인한 방법에 대해 관찰한 것을 이야기하기 시작했다. 그녀는 부패한 정치인들과 대기업을 언급했다.[10]

이 이야기에서 콕스는 라틴아메리카 오순절주의의 몇 가지 특징—관련된 사람들의 비참한 경제 상태, 도시 환경, 그리고 찬양, 방언 및 방언 통역, 그리고 간증이 포함되는 오순절파 예배에서의 전형적인 행위 등을 언급했다. 콕스를 놀라게 한 것은 베네디타의 간증의 사회적 의식, 즉 성령 충만한 예배와 경제적 비판의 결합이었다. 라틴아메리카의 많은 오순절 교회는 가난한 노동자들을 붙잡아두는 그림의 떡이 아니다. 그 교회들은 부자들의 억압에 반대할 힘을 주는 현재의

---

10) Harvey Cox, *Free from Heaven: The Rise of Pentecostal Spirituality and the Reshaping of Religion in the Twenty-first Century* (Reading, MA: Addison-Wesley, 1995), 161-64.

하나님 경험과 관련이 있다. 발터 홀렌베거(Walter Hollenweger)는 20년 전에 *Pentecost in Black and White*에서 오순절교회의 인종차별주의 극복에 대해 증언하면서 콕스의 발언을 뒷받침했다.[11]

반면에 과테말라의 오순절주의는 매우 내향적인 듯하며, 1980년대에 오순절파 신자인 리오스 몬트(Rios Montt) 장군이 자행한 잔혹 행위 때문에 좋지 않은 이름을 얻었다. 라틴아메리카 오순절 영성의 기질은 지역에 따라 차이가 있다. 어떤 것은 해방신학의 기초 공동체와 비슷한 듯하며, 사회적 양심과 상관없이 개인적인 성령 체험에 초점을 둔 것도 있다.

2. 아프리카

아프리카의 영성에서 고려해야 할 것이 다섯 가지이다. (1) 고대 아프리카 교회의 영성, (2) 아프리카 환경에서 해방이라는 개념, (3) 여성 해방, (4) 아프리카 기독교를 상황화하려는 운동, (5) 아프리카인이 주도하는 교회의 영성.

---

11) Hollenweger, Walter J., *Pentecost between Black and White: Five Case Studies on Pentecost and Politics*(Belfast: Christian Journals, 1974).

(1) 고대 아프리카 교회

고대 아프리카 교회 중에서 이집트의 콥트 교회와 에티오피아의 테와헤도 정교회(Tewahedo Orthodox church)가 오늘날도 존속하고 있다. 이 두 교회는 밀접하게 연관되어 있으며, 오랜 박해와 고립의 시기를 거쳐왔다. 필자는 카이로에 있는 성 마가 콥트 교회에서 교황 쉐노우다 3세(Pope Shenoudah III, 1923-2012)가 주재하는 2주간의 성경공부에 참석했었다. 참석자 수천 명이 박수를 치며 그를 맞이했다. 그는 다양한 주제에 관해 제기되는 질문에 마치 인생 상담을 하듯이 참을성 있게 대답했다. 그다음에 그는 참석자들에게 우리 시대에 성경이 어떤 의미를 갖는지 신중하게 생각해보도록 했다. 그는 콥트 교회를 갱신한 사람이요, 영성과 신학에 관한 많은 책을 저술했고, 에큐메니컬 관련 행동주의자였다. 그는 그리스도에 대한 새로운 진술을 작성함으로써 451년 칼케돈 공의회로 말미암아 야기된 분리를 극복하는 데 도움을 주었다. 그는 대략 1500년 만에 로마 교황을 방문한 최초의 콥트 교황이다.

콥트 교도들의 가장 놀라운 영적 관습은 금식일 것이다. 그들은 초대 교인들이 했듯이 매주 수요일과 금요일을 포함하여 일 년에 200일 이상 금식한다. 오늘날 콥트 교회의 활동은 사막의 수도원에 의존하는데, 평신도들은 예배와 축복을 위해 그곳에 간다. 이집트 신자들은 요셉과 마리아가 아기 예수를 데리고 이집트로 도피한 이야기를 소중히 여긴다(마 2:13-23). 나일강 상부의 성지를 포함하여 많은 장소가 이들이 피난하면서 쉰 곳으로 지정되어 있다. 그곳은 해외 여행자들의 방문지요, 순례와 기도의 장소이다.

에티오피아 테와헤도(tewahedo란 고대 에티오피아의 전례 용어로서 "하나가 되다"를 의미한다) 정교회는 이집트 콥트 교회와 매우 흡사하다. 그것은 4세기에

그곳을 방문한 프루멘티우스(Frumentius, 383년 사망)에 의해 설립되었다. 에티오피아 교회의 영성에는 빈번한 금식, 중요한 수도원들, 그리고 인상적인 전례가 포함된다. 교회 음악 지도자들을 위한 특별한 춤이 발달했다. 필자는 고대 이스라엘의 언약궤를 보지 못했지만, 에티오피아인들이 언약궤가 안치되어 있다고 주장하는 건물을 보았다. 관리인 외에는 그것을 볼 수 없다.

(2) 해방 영성

바콜 와 일룽가(Bakole Wa Illunga) 대주교의 『해방에 이르는 길: 제3세계 영성』(Paths of Liberation: A Third World Spirituality)에 두 번째 현상인 해방 영성에 대한 구티에레스의 표현과 비슷한 표현이 있다. 두 사람 모두 제2차 바티칸 공의회 이후 성경에 주의를 기울인 가톨릭 작가들이다. 두 사람 모두 압제, 그리고 자유를 향한 동경이라는 경험을 기초로 하여 조국을 위해 진지한 도전을 제기한다. 일룽가는 아프리카 전통에 속한 많은 이야기의 중심 주제인 삶을 향상시키는 것이 자유의 본질이라고 표현한다.

일룽가는 책의 전반부에서 대담하게 콩고민주공화국의 문제를 논한다. 그는 식민지로 있으면서 소외되어온 것과 현재 진행되고 있는

외국의 조종으로 말미암아 자기 민족에게 가해진 피해를 이야기하며, 오늘날 콩고의 빈곤 타파를 위해 국민이 져야 할 책임에 관해서도 이야기한다. 그는 모부투 대통령의 정책이 진정한 아프리카의 뿌리로 이끌어 가는 것이 아니라 국민을 속이려는 계획이 성공할 수 있는 배경의 정치 구호가 되고 있다고 비난한다. 일룽가는 정부의 부패가 증가하여 경제가 마비 상태에 이른 것도 다루었다. 일룽가의 결론에 의하면, 근원적인 문제는 인간의 죄이다. 즉 죄가 "작용하지 않는 모든 일의 근저에 깔린 원인"이다.[12]

성경에 대한 장황한 논의에 근거한 일룽가의 처방은 개인의 해방과 사회적·정치적 해방이 병행되어야 한다는 것이다. 개인이 죄에서 해방되지 않는다면, 아무리 공의로운 체계도 가난한 사람들을 해방하지 못할 것이다. 불의한 체계는 그 밑에서 고난받는 사람들을 노예로 삼는 악한 체계이다.

남아프리카에서는 흑인신학이라는 기치 아래 해방이라는 주제가 발달했다. 흑인신학과 흑인의식운동이 미국의 유사한 운동들과 제휴하여 인종차별 체계에 대한 신학적인 반대를 제기했다. 인종차별 정책을 의미하는 Apartheid라는 단어는 "분리"를 의미하는 아프리카어이다. 이 인종차별체계의 기원은 1652년 유럽인들이 남아프리카로 이주한 데 있다. 1648년 국민당이 승리한 후 이 정책이 입법화되

---

12) Bukole Wa Illunga, *Paths of Liberation: A Third World Spirituality* (Maryknoll, N.Y.: Orbis, 1985), 36.

었다. 그 정책은 남아프리카의 네덜란드 개혁교회의 지지를 받았지만, 다른 사람들, 특히 그 체재 아래 고난당하는 유색인들의 입장에서는 불의하고 부도덕하고 악한 것이었다. 영국을 배경으로 하는 교회들은 처음부터 인종차별정책에 반대했지만, 그것을 저지하기 위해 단호한 조처를 취하지 못했다. 이러한 교회의 교인들은 대체로 흑인들이었지만, 경제적 이해관계 때문에 교회 안에서는 그 정책을 정죄하면서도 투표할 때는 그 정책을 지지한 영국 혈통의 백인들도 많았다.[13]

앨런 페이턴(Alan Paton, 1903-1988)같은 용감한 백인들은 그 정책에 반대했다. 『비성』(Cry, the Beloved Country)이라는 그의 소설은 그 정책 때문에 야기된 고통과 고난을 묘사한다. 신실한 기독교인인 페이턴의 이상은 모든 진영에 대한 깊은 연민을 나타낸다. 페이턴은 영국 혈통의 백인이었다. 아프리카 혈통인 비에르스 나우데(Beyers q, 1915-2004)는 네덜란드 개혁교회에서 배척을 받았고, 남아프리카 정부에 의해 가택 연금되었다.

존 드 그루시(John de Gruchy, 1939-)는 디트리히 본회퍼의 유산을 이어받은 신학자요 학자로서 인종차별정책에 반대한 용감한 아프리카너(Africaner: 남아프리카의 네덜란드, 프랑스, 독일계 백인)이다. 존 드 그루시(John de Gruchy)는 남아프리카의 영적 글들을 모아 『정의를 외치

---

13) Charles Villa-Vicentio, *Trapped in Apartheid* (Grand Rapids: Eerdmans, 1989).

라』(Cry Justice!)¹⁴⁾는 제목으로 펴냈다.¹⁵⁾ 매일 경건생활을 위한 이 지침서의 특징은 남아프리카 기독교인들의 기도와 묵상뿐만 아니라 노래와 삽화도 포함하고 있다는 것이다. 이 책에는 남아프리카 전역에서 애창되는 "신이여, 아프리카를 축복하소서"(Nkosi Sikelele I Africa)라는 찬송이 수록되어 있다. 그 노래는 1897년 어느 감리교 계통 학교에서 에녹 손통가(Enoch Sontonga, 1873-1905)가 지은 것인데, 1925년에 아프리카 민족의회의 공식 국가로 채택되었고, 후일 남아프리카 국가로 채택되었다. 그 노래는 다음과 같다:

주여 아프리카를 구원하소서.
그 뿔을 높이 들어 올리소서.
또한, 우리 기도를 들으소서.
주여, 우리에게 복을 주소서. 우리는 그의 자녀라네.
성령이여. 오셔서 우리를 축복하소서.
성령이여. 오셔서 우리를 축복하소서.
아버지여, 아프리카를 굽어보시고 축복하소서.
아버지여, 우리를 보시며, 당신의 가족들을 축복하소서.¹⁶⁾

---

14) John W. De Gruchy, ed., *Cry Justice! Prayers, Meditations and Readings from South Africa* (Maryknoll, N.Y.: Orbis, 1986).

15) John de Gruchy, ed., *Cry Justice! Prayers, Meditations and Readings from Suoth Africa* (Maryknoll, NY: Orbis,, 1986).

16) Ibid., 64-66.

오늘날 남아프리카 국가에는 이 찬송의 일부가 포함되어 있고, 다른 네 가지 언어에서 유래된 부분도 포함되어 있다.

인종차별정책을 반대한 가장 유명한 기독교인은 요하네스버그의 대주교이며 노벨평화상 수상자인 데스몬드 투투(Desmond Tutu, 1931-)이다. 투투는 정의와 화해를 호소하는 설교와 묵상을 수록한 많은 소책자를 저술했다. 그는 인종차별정책의 희생자들을 위한 대중 장례식을 집례하고 행진을 이끈 것뿐만 아니라 영적 지도력으로도 유명하다. 그는 매일 아침 일찍 한 시간 이상 하나님과 함께 보내는 기도의 사람으로 알려져 있다. 그는 아프리카 기도집도 출판했다.

데스몬드 투투는 흑백연합 정부가 수립된 후 인종차별 시대의 상처를 치유하려는 시도인 진실과 화해위원회(TRC) 위원장으로 활동했다. 완벽하지는 못했지만, 그것은 분열된 나라에 고백과 용서를 가져오려는 대담한 시도였다. 투투가 『용서 없이 미래 없다』(No Future without Forgiveness)에서 묘사한 것처럼, 영적인 원리가 사회정의와 관련된 사건의 기초였다.[17]

1994년에 29년 동안 투옥되어 있던 넬슨 만델라(Nelson Mandela, 1918-2013)가 석방된 후 인종차별정책은 종식되었다. 1950년대에 인종차별을 정당화했던 법이 폐지되었고, 흑인들도 참가한 선거에서 만델라가 수상으로 선출되었다. 그는 아프리카의 가장 위대한 통치

---

17) Desmond Mpilo Tutu, *No Future without Forgiveness* (New York: Doubleday, 2000).

자로 기억된다. 에이브러햄 링컨의 경우처럼 교회와의 연합이 확실하지 않았지만, 만델라는 수백만 명을 해방했고, 과거의 적들을 다루면서 기독교의 원리를 증명했다.

(3) 여성 영성

아프리카 여성들이 교회와 사회에서 여성 해방의 필요성을 주장하기 시작했다. 그들은 자기들이 알고 있는 기독교가 여성을 가부장제에서 해방하지 않았다는 것을 발견했지만, 복음에서 여성의 자유를 지지하는 자료를 본다. 많은 경우에 그들의 전통은 가부장적이었고, 그들은 변화를 이루기 위해서 새로운 방식으로 말하고 행동해야 한다.

가장 유명한 아프리카인 여성 신학자는 가나 출신의 메르시 암바 오두요예(Mercy Amba Oduyoye, 1934-)이다. 그녀는 많은 책을 저술했다. 그녀는 다음과 같이 기록한다:

> 예수님은 여성 혐오 문화에 반대하심으로써 우리의 해방자가 되셨다. 결국, 예수님의 인성은 여성의 인성이다. 인간 아버지는 기여하지 않았다. 혈우병을 앓는 여인이 예수님을 만진 것은 중요한 치유의 이미지일 뿐만 아니라 문화적으로 여성을 억압하는 모든 것으로부터의 완전한 해방의 이미지이며, 예수를 탁월한 구주로 만든다. …여성이 자기의 인성을 존중하며, 모든 사람 안에 예수 안에서처럼 인간적인 것과 신적인 것이 연결되어 있음을 주장하려면 그리스도의 완전한 인성에 매달린다. 그러므로 교회에서 여성을 하찮은 존재로 표현하는 예수의 형상화는 비성경적이다. …아프리

카 여성 기독론의 예수는 성경의 예수이며, 이 예수와 그가 세상에 살 때 처했던 상황을 확인하는 데 도움을 주는 학문의 예수이다.[18]

그녀는 아프리카 여성은 예수를 친구, 고난받는 종, 그리고 치유자로 여기는 것을 좋아한다고 말한다. 다음의 시는 사탄과 악령들에 대한 일반적인 아프리카인들의 관심에 반대하는 이미지를 제시한다:

사탄아 나를 내버려 두어라. 나는 예수님과 결혼했다.
나를 영원한 사랑 안에 데려가려고 내 남편이 오고 계시다.[19]

오두요예는 아프리카 여성 신학자 모임(Circle of Concerned African Women Theologians)의 공동 창시자이다.

(4) 상황화

아프리카 기독교 영성의 네 번째 주제는 상황화이다. 완전히 아프리카적인 기독교의 모습은 어떤 것일까? 기독교의 토착 문화적 표현 추구로 말미암아 신학자들은 원시종교들을 재평가하고, 고대 이집트와 에티오피아의 종교에 관심을 기울이며, 아프리카 토착교회를 신

---

18) Mercy Amba Oduyoye, "Jesus Christ," in Elizabeth A. Johnson, ed., *The Strength of Her Witness: Jesus Christ in the Global Voices of Women*(Maryknoll, NY: Orbis, 2016), 148-49.

19) Ibid., 155.

중하게 연구하게 되었다.

　북대서양 국가 출신 선교사들은 일반적으로 자기들의 계몽주의적이고 현대적인 가정의 기초 위에서 기독교를 가르쳤고, 고국에서 친숙하던 종류의 질문을 다루었다. 기독교는 많은 사람에게 "교실 종교"(classroom religion)가 되었다. 가톨릭교회나 개혁교회나 루터교회 모두 읽기와 쓰기, 요리문답에 수록된 질문에 대한 답을 가르쳤지만, 종종 아프리카인들이 명시적으로든지 암묵적으로든지 제기했고 지금도 제기하고 있는 문제들을 다루지 않았다.

　아프리카인들은 성경의 권위, 창조주의 사랑을 확신할 수 있다는 가능성, 그리고 죽은 후에 안전하고 영생을 누린다는 약속 때문에 기독교에 매력을 느꼈다. 그러나 계몽주의 이후 선교에 치중한 기독교는 일상생활의 관심사, 즉 조상들의 지위, 영들과 이교 신들의 역할, 환상이나 꿈이나 동물을 통해 보이지 않는 세계와 접촉하는 것, 특히 건강과 다산(多産) 문제에 대해서 그리 언급하지 않았다. 유럽과 북아메리카에서는 이러한 문제들이 세속화되어 있었으며, 아프리카 선교사들은 고의로든 무의식적으로든 세속화의 대리인이 되었다.

　이러한 차이가 윌리엄 웨이드 해리스(William Wade Harris, 1866-1929)[20]의 사역에 분명하게 나타났다. 라이베리아인 해리스는 47세

---

20) Gordon Mackay Hailgurton, *The Prophet Harris: A Study of an African Prophet and His Mass-Movement in the Ivory and the Gold Coast 1913-1915* (New York: Oxford University Press, 1973).

때 감옥에서 예언자로 부름을 받았다. 그는 서양식 옷을 벗어버리고, 아이보리코스트를 건너 대서양 인근 지역을 걸어 다니면서 원주민들에게 그들의 신을 버리고 성부와 성자와 성령의 이름으로 세례를 받으라고 설교했다. 그는 1913년부터 1915년까지 라이베리아에서 아이보리코스트를 건너 아골드코스트(오늘날의 가나)까지 걸어 다녔다. 십만 명 이상이 대나무 십자가를 들고 터번과 긴 옷을 입고 조롱박 딸랑이와 세례용 그릇을 들고 다니는 이 아프리카인 선지자에게 반응했다고 한다.

약 20년 동안 아이보리코스트에서 몇 명의 선교사가 활동했지만, 주민들에게 현대적 세계관을 이해시키지 못했었다. 그러나 해리스는 원주민들의 세계관 안에서 복음을 전했다. 그는 원주민이 믿는 신이나 영들의 능력, 그리고 기적의 가능성을 믿었다. 그가 사도행전에 기록된 것과 같은 "표적과 기사"를 행하는 것을 보고서 많은 사람이 우상과 부적을 태워 버리고 세례를 받았다. 그는 다른 선교사들과는 달리 세례받기 전에 교리 공부를 요구하지 않았다. 원주민들은 세례를 받음으로써 즉시 자기들을 사랑하시는 하나님의 영적 능력이 자기들이 버린 신들의 보복으로부터 보호하신다고 느꼈다.

해리스는 교파에 관심이 없었다. 그에게 세례받은 사람 중 일부는 가톨릭 신자가 되고, 어떤 사람은 감리교 신자가 되고, 또 어떤 사람은 아프리카 토착교회를 시작했다. 그는 아이보리코스트 선교사들처럼 회심한 사람들을 분리하지 않고 지역 공동체 안에 두었다. 그는 아프리카의 전통적인 일부다처제를 허락하고 실천했다.

해리스는 오랫동안 서방 선교사들에게 알려지지 않았다. 후일 선교사들과 아프리카인들은 해리스를 아프리카에서 기독교 신학의 토착화 운동을 시작한 본보기로 언급했다. 20세기 후반에 가톨릭 교인들과 개신교인들은 자기들이 받은 복음을 싸고 있던 유럽의 형식을 제거하고, 예배, 건축, 예술, 철학, 그리고 영성에 아프리카 형식을 도입했다. 주로 교수들과 목사들이 주도한 이 시도의 결과로 많은 서적이 출판되었고, 일부는 지역 회중에 영향을 주었다.

예를 들면, 필자는 나이지리아에서 사역할 때 예배에 드럼과 춤을 점진적으로 받아들였지만, 보수적인 사람들은 달갑게 여기지 않았다. 내 시대의 선교사들은 아프리카의 문화적 표현을 지지했지만, 보수적인 교회 지도자들은 변화를 반기지 않았다. 어느 목사의 결혼식에서 신랑과 신부와 아프리카인 하객들은 서구식 옷차림을 했고, 선교사 하객들은 아프리카식 의복을 입었던 일이 있었다.

상황화에 초점을 둔 대표적인 아프리카인 신학자는 케냐의 존 음비티(John Samuel Mbiti, 1931-2019)이다. 그는 아프리카 철학과 전통 종교를 연구함으로써 아프리카 신학의 기초를 놓았다. 그밖에 나이지리아의 볼라지 이다운(Bolaki Idown, 1913-1993)과 가나의 케시 아봇시아 딕슨(Kwesi Abotsia Dickson, 1929-2005)이 있다.

기독교뿐만 아니라 이슬람을 연구하는 학자 라민 산네(Lamin Sanneh, 1942-)는 다른 접근 방식을 취한다. 그는 아프리카 토착 문화가 가치가 있다고 생각되는 기독교의 요소들을 창조적으로 선택하는 방식을 강조한다. 그는 아프리카 선교에 대하여 앤드류 월스(Andrew Walls)처럼 지역 문화를 죽이지 않고 긍정적인 방식으로 확대한다고 주장하는 일반적인 가정에 반대한다. 감비아 출신의 학자 산네는 세계 기독교를 연구하는 사람들 사이에서 영향력이 크다.

(5) 아프리카인 주도의 교회

아프리카 영성의 다섯째 특징은 아프리카 토착교회의 등장이다. 1800년대 말부터 일부 기독교인들이 선교사가 주도하는 교파와 결별하고 자기들 나름의 다양한 종류의 교회를 형성하기 시작했다. 어떤 교회는 거의 완전히 원래의 교회를 모델로 하지만 흑인 지도자가 이끄는 형태를 취했다. 어떤 교회는 아프리카의 전통 종교와 조화를 이루는 새로운 영성을 발전시켰다. 그것은 의식적인 것이 아니었고, 그 추종자들은 전통 종교의 관습을 유지하는 데 반대했다. 그들은 서방 의학과 전통 의학 사용을 금하고 기도에만 의존하게 하는 등 제3의 방법을 추구했다. 이러한 교회들은 매우 다양했다. 1968년 데이비드 배럿(David Barret)은 그러한 교회가 대략 6만 교회에 달한다고 추정했다.[21] 오늘날 그 수는 기하급수적으로 증가했다. 예를 들어 나이지리아의 이바덴에서는 한 블록만 걸으면 20개 이상의 독립교회를 볼 수 있는데, 그 교회들의 대부분은 자체의 복음 전도자/치유자를 지도자로 둔 단일 회중이다. 그러나 독립교회들의 다수는 주요 예언자들이 개척한 큰 규모의 조직이다.

---

21) David Barret, *Schism and Renewal in Africa: An Analysis of Six Thousand Contemporary Religious Movements* (Nairobi: Oxford Press, 1968).

예언자 해리스의 예는 특이한 것이 아니다. 20세기에 아프리카에 여러 예언자가 출현하여 주요 교회를 세웠다. 나이지리아의 교회 개척자들은 거의 모두 성공회 출신이며, 그들의 교회는 일반적으로 알라두라(Aladura) 교회, 즉 기도자들의 교회라고 불린다. 개릭 브레이드(Garrick Braide, 1882-1918)는 니제르 델타에 Christ Army Church를 세웠다. 1930년대에 중장비 기사인 조지프 바바롤라(Joseph Babalola, 1904-1959)가 치유 사역자가 되어 요루바 민족의 부흥을 주도함으로써 많은 교회가 생겨났다. 바바 알라두라(기도하는 아버지)라고 불린 모세 오리몰라데(Moses Orimolade, 1879-1933)와 크리스티아나 아비오둔 아킨소완(Christiana Abiodun Akinsowan, 1907-1994)은 1925년에 그룹과 스랍(Cherubim and Seraphim)이라는 교회를 시작했다. 수천 개의 환상을 본 조시아 오시텔루(Josiah Ositelu, 1902-1966)는 나이지리아에 주님의 교회(Church of Lord)를 세웠다.

치유의 기적을 행한 후 수십 년 동안 감옥에 갇혀 지낸 콩고의 시몬 킴반구(Simon Kimbangu, 1889-1952)는 Church of Christ on Earth by Simon Kimbangu를 세웠는데, 그 교회는 신도가 5백만 명 이상으로 성장했고, 세계교회협의회(WCC) 회원 자격을 확보했다. 남아프리카의 줄루족인 이사야 셈베(Isaiah Shembe, 1867-1935)는 나실인 교회(Nazarite Church)를 세웠다.

그 밖에도 많은 교회와 창시자들이 있다. 그들 모두 의도적으로 기독교를 아프리카 문화에 맞추려 하지 않았고, 서방 기독교 사상을 교묘히 피했다. 그들은 성경과 성령에 충실하면서 아프리카 고유의 기독교, 상황화된 신앙을 만들어 냈다. 이 예언자들을 비롯하여 여러 사람이 세운 교회들은 "아프리카 토착교회"라고 불리며, 선교 사역에 기초한 교회 안에서 영성을 상황화하는 데 대한 단서들을 제공한다고 여겨진다.

아프리카 토착교회들은 유럽 문화의 개인주의적이고 합리주의적인 영성과는 다른 형태의 영성을 주장하며, 그들의 주요 주제는 내세와 현세의 긍정, 성도들의 교제 안에 있는 자들의 역할, 병 고치는 일의 중요성, 성령이 임재하여 능력있게 역사한다는 것 등이다. 이것 중 일부는 전 세계의 오순절파 기독교에서 발견되며, 나머지는 아프리카 특유의 주제이다. 안타깝게도 최근 가난한 사람들에게 부를 약속하는 기복 신앙 교회가 번성하고 있다.

아프리카 기독교는 제1세계 기독교인들에게 선물과 도전을 제시한다. 선물은 (1) 만물 안에 하나님이 임재하신다는 의식, (2) 삶의 도전에 대처하는 능력을 주시는 성령 경험, (3) 공동체 강조, (4) 노래하고 춤추면서 하나님의 영광을 찬양하는 것 등이다. 도전은 간과되어 온 아프리카 대륙을 위해 일어서며, 이 대륙이 가난과 질병과 무지와 부패와 내란을 극복할 수 있는 정책을 세우라는 것이다. 세기가 바뀐 이후 아프리카 민족들은 큰 고난을 겪었다. 단호하고 장기적인 노력이 있으면 아프리카인들은 자기들의 문제를 해결할 수 있을 것이며, 서구인들이 아프리카 영성으로부터 배울 수 있을 것이다.

3. 아시아

아시아는 세계에서 가장 큰 대륙이요 인구가 가장 많지만, 기독교인의 비율은 세계에서 가장 적다. 기독교는 아시아에서 시작되었음에도, 그 사상의 형태는 고대 인도 문명과 중국 문명의 사상 형태와 판이한 듯하다. 아시아 대륙에는 토착 기독교 영성에 대한 가장 어려운 문화적 도전 중 일부가 놓여 있다. 다른 대륙에 대한 논의에서처럼, 여기서도 몇 가지 중요한 것만 논의하려 한다.

피터 플랜(Peter Plan, 1943-)은 상호문화화(interculturation)의 필요성을 이렇게 묘사한다: "기독교는 화분에 심겨 서방에서 아시아로 운송되었지만, 화분에서 뽑아 아시아의 토양에 심겨져서 그 지방의 꽃과 열매를 내지 못한 나무와 같다."[22] 그는 아시아에 알맞은 형태의 영성을 발견하는 이 과정의 상호 이익을 강조한다. 그는 아시아의 기독교 영성은 아시아 민족들의 삼중 대화의 필요성에 응답해야 한다는 아시아 주교 연합회(Federation of Asian Bishop's Conference)의 주장을 인용한다: 민족들과의 대화, 특히 가난한 사람들과 하찮은 사람들과의 대화(해방) ;그 민족들의 문화와의 대화(상호문화화); 그 민족들의 종교와의 대화(종교 간의 대화)[23]

---

22) Peter C. Plan, "Asian Christian Spirituality," 514, in *The Oxford Handbook of Christianity in Asia*, Felix Willford, ed. (New York: Oxford, 2014).

23) Ibid., 516.

(1) 고대 교회

팔레스타인/이스라엘, 인도, 시리아, 이라크, 이란, 그리고 레바논에는 지금도 고대 교회들이 소수 집단으로 존속하고 있다. 오순절 사건 때 그곳에 있던 사람 중에 아랍인들이 있었고(행 2:11), 많은 아랍계 미국인이 기독교인이다. 오늘날 다수의 교회가 중동교회 협의회(Middle East Council of Churches) 소속이다. 수 세기 동안 박해받으면서 연마된 그들의 영성은 매우 심오하다. 그들의 영성은 예배 때의 기도와 성찬에 의해 형성된 전례 영성이다.

미국 기독교인들에 가장 알려지지 않은 것은 정교회 교인과 가톨릭 교인과 개신교인을 포함하는 팔레스타인의 기독교인들일 것이다. 그들은 베들레헴, 나사렛, 그리고 예루살렘의 고대 교회 등 많은 지역의 예배를 유지하고 있다. 이 기독교인들은 이스라엘의 점령으로 고난을 받아왔으며, 주위의 이슬람교도들은 그들을 손님으로 간주한다. 그 중 일부는 담대하게 이스라엘과 팔레스타인 사이의 평화에 찬성한다.[24] 인도의 케랄라(Kerala)주에는 말라바르 교회(Thomas Christians)가 번성하고 있다. 그들은 땅에 엎드려 기도하며, 양초와 이콘을 사용한다. 그들이 성찬식 때 부르는 찬송은 예수님 시대의 아람어와 흡사하다. 그들은 세계교회협의회에서 학식과 에큐메니컬한 지도력으로 명성을 얻었다.

---

[24] Munib Younan, *Witnessing for Peace: In Jerusalem and the World* (Minneapolis: Fortress, 2003).

(2) 일본

코스께 코야마(Kosuke Koyama, 1929-2010)의 신학적 아시아 유람기인 『물소 신학』(Waterbuffalo Theology)을 읽어본 사람은 각기 다른 문화와 기후를 가진 민족들의 다양성을 인정해야 한다. 코야마는 싱가포르, 태국, 중국, 홍콩, 필리핀, 인도네시아, 미얀마, 월남, 일본, 대만 등지의 각기 다른 상황을 묘사한다. 그는 자신이 그 책을 저술하던 태국 북부의 "계절풍"을 "서두르지 않고 논쟁하지도 않으면서 순환하는 우주적인 규칙성과 신뢰성(dependability)"이라고 말한다.[25] 그의 조국 일본을 포함하여 선진 공업국들의 정신과 얼마나 다른가! 이러한 차이점이 『시속 3마일 하나님』(Three Mile an Hour God)[26]이라는 묵상집에 지적되어 있다. 코야마는 아시아와 서방 세계의 문화적 차이뿐만 아니라 아시아 내의 문화적 차이도 예리하게 인식했다. 그가 거리낌 없이 대화체로 쓴 재치있는 글은 실제적인 영성을 보여준다.

코야마는 라틴아메리카나 아프리카와는 다른 방향의 영성을 요구한다. 이것은 사회정의나 상황화의 영성이 아니라, 역사의 하나님이 인간의 죄에 대한 진노를 표현하시는 십자가의 영성이다. 코야마는 아시아의 종교들과 기독교를 혼합하려 하지 않고, 바울이 말한 걸

---

25) Kosuke Koyama, *Waterbuffalo Theology* (Maryknoll, NY: Orbis, 1974).

26) Kosuke Koyama, *Three Mile an Hour God* (Maryknoll, N.Y.: Orbis Books, 1980).

림돌, 즉 십자가에 초점을 둔다. 그는 『십자가에는 핸들이 없다』(No Handle on the Cross)라는 책에서 예수의 십자가를 강조하지 않음으로써 기독교 메시지의 공격성을 감소시키거나 하나님을 통제하려는 인간적인 시도를 배격한다.

코야마의 말은 루터가 "영광의 신학"의 반대 개념으로 말한 "십자가의 신학"과 흡사한 듯하다. 그는 역시 일본인으로서 1946년에 『하나님 아픔의 신학』(Theology of the Pain of God)을 저술한 기타모리 가조(Kazoh Kitamori, 1916-1998)의 영향을 받았을 것이다. 제2차 세계대전이 끝난 후 기타모리는 하나님의 사랑과 하나님의 진노를 포함하는 삼인조의 셋째 요소로 하나님의 아픔을 제안했다. 그는 이런 식으로 저술하면서 하나님은 고통받으실 수 없다고 주장한 그리스 교부들의 신학에 반대했다. 기타모리는 고난의 신비주의에 대해 다음과 같이 기록한다: "우리는 자신의 고통을 통해서 하나님의 고통과 연합한다. 그리고 고통을 함께함으로써 하나님과 연합한다."[27]

기타모리는 현대 일본의 기독교 저술 중 가장 영향력이 있는 책의 저자에게 영향을 주었다. 가톨릭 신자인 엔도 슈사쿠(Shusaki Endo, 1923-1996)의 소설 『침묵』(Silence)의 배경은 17세기 일본, 1549년 프란시스 사비에르의 방문 이후 약 35만 명으로 증가한 기독교인들이 1614년 이후 갑자기 박해받던 시기이다. 소설의 주인공인 포르투갈

---

27) Kazho Kitamori, *Theology of the Pain of God* (Richmond, VA: John Knox, 1958), 79.

예수회원 세바스티안 로드리게스는 십자가에 달린 그리스도의 형상을 짓밟음으로써 믿음을 부인하라는 정부의 요구를 받았다. 만일 그가 배교한다면, 고문받고 있는 기독교인 소작농들이 석방될 것이었다. 이 시점에 박해받는 로드리게스를 괴롭혀온 하나님의 침묵이 깨진다. 그리스도의 얼굴이 나타나서 그가 소작농들을 구하기 위해서 그리스도의 얼굴을 짓밟는 것을 허락하신다. 어느 해석자는 이 일이 함축하는 의미를 다음과 같이 설명한다:

> 지금까지 로드리게스의 마음을 지배해온바 서방의 승리하시는 그리스도가 자기를 비우시는 그리스도로 바뀌었다. 그때 승리의 나팔 소리나 하나님의 힘의 과시가 없이 하나님의 고난의 신비와 역설 속에서 하나님의 침묵이 깨진다. 하나님과 얼굴을 맞대고 만나는 일이 뒤집힌다. 소위 배교를 장려하시는 고난의 그리스도는 하나님에 대한 근본적 이미지를 구현한다.[28]

20세기 일본의 또 다른 지도자는 가가와 도요히코(Toyohiki Kagawa, 1888-1960)이다. 그는 부유한 가문 출신이었지만, 고베의 빈민 지역에서 가난한 사람들을 섬기며 살기로 했다. 그곳에서의 첫날 그는 자신의 좁은 거처에 병든 남자를 맞아들였는데, 다른 노숙자들도 따라 들어왔다. 가가와는 사회행동가일 뿐만 아니라 시인이었다:

---

28) Brett R. Deway, "Suffering the Patient Victory of God: Shusaku Endo and the Lessons of a Japanese Catholic," *Quodibet Journal* 6, no. 1, January-March 2004), http//w.w.w.Quodibdt.net.

오래전 군중들은 자기들을 구하러 온 인간이 자기를 구하지 못한
다고 욕했다.
흔쾌히 그분을 따르려 하는 나는 기진했다.
이는 빈민가를 위한 희망을 볼 수 없기 때문이다.
잘못된 것은 사람들이 부족함과 어둠과 더러움 속에 모여있기 때
문이다…
불쌍하다, 불쌍하다!
내 백성은 도시에 머물러야 한다.
나에게 쉴 곳을 제공하는 이 좁은 판잣집이 내가 거처하고자 하는
유일한 장소이다.[29]

가가와는 노동자와 농민의 삶을 개선하기 위해 노동농민조합을 결성했다. 그는 1940년대에 평화선전을 추진한다는 혐의로 여러 번 일본 정부에 체포되었다. 제2차 세계대전으로 말미암아 그가 추진하는 일이 모두 파괴된 듯했지만, 그는 일본을 재건하는 일을 도왔고, 정치적으로 고위직을 제안받았지만, 설교자로 남았다. 그는 일본인의 복음화, 그리고 그가 세상에서의 하나님 나라라고 여긴 공정한 사회 건설에 헌신했다. 그는 다음과 같이 물었다: "기독교인들이 이런 식으로 봉사하려 하지 않는다면, 누가 경제 체계의 재건을 이룰 것인가? 기독교의 중심인 사랑과 우애의 정신이 새로운 질서를 위한 희망

---

29) Toyohiko Kagawa, *Brotherhood Economics* (London: Scm Press, 1973); quoted in Jess M. Trout, *Kagawa, Japanese Prophet: His Witness in Life and Word* (New York: Association Press, 1959), 63.

의 약속이다."³⁰⁾

가가와의 영성을 한 단어로 요약하자면, "사랑"일 것이다:

> 사랑만이 하나님을 내게 소개한다. 공장에서, 들판에서, 도시의 거리에서, 침실에서, 사무실에서, 부엌에서, 병실에서, 사랑은 나의 성소이다. 우주 안 내가 가는 모든 곳에 나의 성소가 있다. 사랑이 있는 곳에 하나님이 계시다. …사랑은 궁극적인 종교이다. 나를 신조에 따라 분류하지 말라: 나는 오직 사랑에 속해 있다. 그것을 가르쳐 주신 분은 예수님이다. 예수님은 신조에 따라서 사람들을 피해야 한다고 말씀하시지 않았다. 사랑은 궁극적인 계시, 마지막 성소이다.³¹⁾

(3) 중국

중국 기독교 영성의 역사는 오래고 다양하다. 653년부터 845년까지 당나라 시대에 이란의 동방 교회가 시안에 교회를 세웠는데, 당시에는 철저히 억압되었다. 후일 프란치스코회와 예수회의 수사들이 황실을 방문했는데, 그중에 마테오 리치(Matteo Ricci)가 있었다. 1800년대에 개신교인들이 처음으로 중국에 도착했다. 1807년에 로버트

---

30) Toyohiko Kagawa, *Brotherhood Economics* (London: SCM, 1937); quoted in Trout, *Kagawa, Japanese Prophet*, 63.

31) Toyohiko Kagawa, Love, The Law of Life (London: SCM, 1930); quoted in Trout, *Kagawa, Japanese Prophet*, 28.

모리슨(Robert Morrison)이 도착하여, 여러 해 동안 인내하며 연구하여 성경을 중국어로 번역했다. 1860년 이후, 그리고 일종의 경제적 강탈이었던 두 차례의 아편 전쟁 이후 서방 강대국들은 중국에 선교사들을 받아들이도록 강요했다. 중국에서의 선교 사역은 이러한 사건들로 얼룩졌다. 많은 외국인 선교사들이 선의 의도를 품고 도착하여, 학교와 병원과 교회를 세웠다. 그들이 개종시킨 사람 중 손문(Sun Yar-Sen, 1866-1925)은 중국 황제 통치의 종말을 보았고, 1912년에 중국 공화국의 초대 대통령이요 국부가 되었다.

1920년대 초에 반 기독교 운동인 신문화운동부터 시작하여 1949년에 공산주의 정권과 1966년에 문화혁명을 비롯한 다양한 운동들로 말미암아 초기 선교사들이 이룬 것이 뿌리째 뽑혔다. 기독교는 자본주의 제국주의자들의 도구로 간주되었고, 종교는 과학적 원리에 의존해야 하는 국가의 발전을 위해 제거해야 할 미신으로 간주되었다.

그러므로 20세기 내내 중국 기독교인들은 적대적인 정부를 대해야 했고, 많은 사람이 신앙 때문에 투옥되고 고문과 치욕을 당하고 죽임을 당했다. 그러나 박해 속에서도 신앙은 지속되었다. 1976년에 모택동이 죽으면서 문화혁명이 종식되었으므로, 기독교인들은 신속하게 재조직하고 성장할 수 있었다. 베이징 교회의 서점 관리인은 전달에 일만 부 이상의 성경이 팔렸다고 말해주었다.

공산 정권은 교회를 규제할 것을 주장해왔으며, 삼자 애국 운동에 속한 개신교만이 공개 예배를 진행하고 목사들을 훈련하는 것을 허용한다. 도시의 이러한 개방 교회 참석자 수는 압도적이다. 가톨릭교인들은 가톨릭 애국연합에 가입해야 하는데, 이 단체는 로마와의 유대를 단절하려 한다. 가정에서 예배하는 개신교인들은 여전히 박해받으며, 비밀리에 모여야 한다.

상황이 이러므로 오늘날 중국 기독교인이 얼마인지 알지 못한다. 어림잡아 5백만 명에서 1억 명으로 추정하는데, 5천만 명에서 6천만 명이 근접치인 듯하다. 중국 기독교인들은 외국 기독교인들과 접촉에 신중해야 한다. 그들은 중국 기독교가 토착 기독교이며 서방에 의존하지 않음을 입증하고 있다. 그들은 심한 박해를 견디면서 기독교 영성에 꼭 필요하지 않은 것들을 버렸다: 교회 건물, 교회 기관, 대중 인식 등. 이것들은 대체로 문화혁명 기간에 파괴되었다. 외국의 지원을 떠나서 본질적인 것은 그대로 남아 성장한다: 성경, 공동체, 가정 등. 중국인들을 예수 그리스도에 대한 믿음으로 이끄는 것은 무엇인가? 많은 사람은 그것이 기쁨이라고 말한다. 대중 설교가 허락되지 않지만, 새로 기독교인이 된 사람들은 공산주의 이데올로기의 암울하고 기쁨이 없는 것과 대조되는 기쁨을 기독교인들의 생활에서 발견했다고 말한다.

중국의 예는 세계 모든 곳의 부유한 기독교인들에게 도전이 된다. 그들은 십자가의 영성을 따라왔다: 고난, 인내, 참고 견딤, 가난 등. 상처 입은 그들은 서방 교파들을 버렸다. 어느 북아메리카인은 이 도전을 다음과 같이 해석한다:

> 우리 문화 안에 상업주의, 소비 중심주의, 탐욕, 쾌락주의적 가치관 등 기독교에 맞지 않는 요소들이 있을 수 있지만, 위협은 한

층 더 교묘하고 다루기 어렵다. 기독교를 해석할 때 기독교적인 것과 문화적인 것을 구분하는 것이 중요하다. 이 일이 항상 가능하지는 않지만, 시도해야 한다. 기독교는 동방이나 서양, 자본주의나 공산주의 등 어느 문화의 노예가 되어서는 안 된다.[32]

한편, 중국의 예는 전 세계 신앙인들과의 접촉의 중요성에 대한 질문을 제기한다. 중국 정부 내의 비판자들 때문에 일시적인 고립이 필요하겠지만, 기독교 영성은 격려와 전 세계 에큐메니컬 공동체와의 상호교환이 필요하다.

(4) 인도

인도의 기독교는 표면적으로는 아프리카의 상황화와 비슷하지만, 내용상으로는 매우 다르게 발달했다. 힌두교와 기독교의 우호적 관계의 발달은 아프리카의 특성이 아닌 신비주의 방향으로 가고 있다. 아파사미(A. J. Appasamy)는 라마누자(Ramahuja, 1017-1137), 사두 선다 싱(Sadhu Sundar Singh, 1889-1929, 크리슈나 필라이(Krishna Pillai, 1911-1948) 등의 자료들을 사용하여 힌두교의 박티(bhakti) 전통 안에서 기독교의 영성이 발달했다. 박티는 힌두교의 구원 방법인 지식과 도덕적 성취가 아닌 헌신에 의해 구원에 이르는 방법을 말한다. 그것은

---

32) G, Thompson Brown, *Christianity in the People's Republic of China* (Atlanta: John Knox, 1983), 200.

은혜로 말미암는 구원이라는 기독교의 관념에 가장 가까운 듯이 보이는 길이다. 아파사미는 옥스퍼드 대학에 제출한 박사 학위 논문에서 요한복음의 메시지를 인도의 신비주의와 연결했다. 그는 힌두교 용어와 관습 사용에 호의적이었다.

최근의 인도 기독교인들의 저술 선집에 인도 기독교 영성의 방향을 가리키는 다음과 같은 단락이 포함되어 있다:

> 자의식과 개성이 인격을 의미한다고 강조하는 것은 인도의 형이상학과 더 일치하는 고대 가톨릭 신학에 속하는 것이 아니라 현대 개신교의 변형이다. 우리는 자신의 의식과 자의식에 지나치게 짓눌려 있다. 나는 이러한 자아의 병적 성장을 제거하고 싶다. 그리스도의 생명의 바다에서 나의 비정상적인 자의식과 합리성을 잃고 그리스도와 하나가 되기를 원한다.…우리는 불멸의 그리스도를 분리된 개별적인 영으로서가 아니라 사랑과 아름다움과 진리의 보편적인 영으로 받아들여야 한다.[33]

스탠리 사마르타(Stanley Samartha, 1920-)는 어떤 사람의 기독교식 장례식과 힌두교식의 장례식 목격담을 묘사한다:

> 기독교 예식은 예복을 입은 목사가 집례했는데, 공식적이고 질서 있고 짜임새가 있었다. 그것은 분명 공식적인 예식이었다. 대조적

---

33) Vengal, Chakkaraj, "The Historical Jesus and the Christ of Experience," in *Reading in Indian Christian Theology*, vol. 1, ed. R. S. Sugirtharajal and Cecil Hargreaves (London: SCM, 1993), 82.

으로 힌두교 장례식은 비공식적이며 그리 엄격하지 않았고, 사제가 참석하지 않았고, 말이 거의 없었다. 무리 전체가 의식에 참여했다.

힌두교 의식을 지배한 것은 침묵이었다. 말하지 않고, 만다라를 낭송하지 않았으며, 노래도 부르지 않았다. 반면에 기독교인들은 침묵의 순간에 대해 매우 불안한 것처럼 보였다. …

십자성호와 꽃 외에는 기독교식 장례의 의미에 더해줄 수 있는 가시적 상징이 없었다. 힌두교인들은 모두 자연계에서 꺾은 꽃, 코코넛, 툴시 잎, 강가 강물, 대나무 틀, 바나나 잎, 그리고 불을 준비했다.[34]

사마르타는 토착 기독교 영성을 선호했을 것이다.

(5) 한국

한국에 처음 도래한 기독교는 가톨릭교회였지만, 최근 개신교인들이 수적으로 엄청나게 증가하고 있다. 한국에서는 오순절파와 개신교의 영성은 강력한데, 새벽기도, 밤기도, 그리고 기도원에서 드리는 며칠 동안의 기도 등이 포함된다. 만 명을 수용할 수 있는 기도원도 있다. 기독교는 역사적으로 심한 박해를 받았지만, 현재 기독교 인구가 전 국민의 30%를 차지한다. 세계에서 제일 큰 교회는 조용기 목

---

[34] S. J. Samartha, "A Hindu Christian Funeral," in *Readings in Indian Christian Theology*, vol. 1, ed. R. S. Sugirtharajah and Cecil Hargreaves, 160.

사가 세운 여의도 순복음교회이다. 이 교회의 신도는 백만 명에 달한다. 이 교회는 서울 주변에 흩어져 있으면서 매주 모이는 소그룹 덕분에 성장했다. 1958년에 창립된 이 교회는 구원과 건강과 번영을 설교한다. 이 교회도 다른 교회들처럼 통성기도를 포함하는 공동 기도를 실천한다. 한국에는 많은 대형교회가 있으며, 끊임없이 교회가 생겨나고 있다.

이러한 교회에서 실천되는 영성과 전혀 다른 것이 1970년대의 민중신학의 발흥이다. 그것은 한국판 해방신학이다. 민중신학은 한국의 대기업과 정부에 매우 비판적이며, 다른 대륙에서 살펴본 것과 비슷한 방식을 따르지만, 추종자가 많지 않다.

영성훈련

1. 이웃에 사는 외국인을 만나보라. 일상생활에서 최근에 이주해온 사람에 관심을 두라. 기회가 생기면 그를 적절한 방식으로 환대하라. 미소를 지어주는 것도 의미가 있다. 그 사람이 본국에서 어떤 종교를 믿었는지 질문할 정도로 안면이 있는지 알아보라. 아프리카나 아시아 사람들은 신앙에 대해서 대체로 미국인들처럼 부끄러워하거나 불쾌해하지 않고 개방적이다. 만일 당신이 기독교인이라는 것을 밝히고 그 사람도 밝힌다면, 그 사람의 문화에서의 기독교 신앙생활에 대해 배울 것이 있는지 알아보라. 만일 그 사람의 종교가 기독교가 아니라면, 그것을 그 종교에 대해 배울 기회로 여

기라. 대화를 강요하지 말고, 적절한 때가 되면 당신의 신앙을 나타내라.

2. 관심 있는 국가에 대해 책이나 인터넷으로 연구하라. 그 국가의 문화, 역사, 그리고 종교적 상황을 배우라. 당신의 교회가 그곳과 관계를 맺고 있는지 알아보라. 교회 생활과 사람들의 생활을 직접 경험하기 위해 그 국가로 여행할 것을 고려해 보라.

3. 기독교인이 아닌 사람들과 관계하는 방식을 고려하기 위해 연구하고 기도하라. 당신의 결정에 따라 당신이 진보적이거나 보수적일 수 있지만, 신중하게 대안들을 고려하라. 미국 원주민들은 자연계를 존중한다. 그들은 자연을 훼손하려 하지 않으며 무관심하지도 않다. 기독교인들은 예수에 대한 믿음으로 자신의 전통에 충실하면서도 다른 전통에서 영성 훈련에 도움이 될 것을 배울 수 있다고 생각된다.

4. 해방신학과 영성이 당신에게 어떻게 적용될 것인지 고찰하기 위해서 연구하고 기도하고 기록하라. 당신의 삶과 세계의 삶에서 억압이 벌어지고 있는 곳은 어디인가? 억압받는 사람들을 해방해줄 예수의 메시지가 있는가? 경제적 특혜를 누리지 못하는 사람에게 예수님은 어떤 모습일지 생각해보라. 초대시대부터 21세기에 이르기까지 세상의 많은 기독교인이 가난한 사람이었던 이유는 무엇인가? 예수님이 사랑하신 사람들, 가난하고 병들고 배척당하는 사람들에게 당신은 어떻게 봉사할 수 있는가?

5. 기독교가 상황화되거나 거짓으로 당신의 문화를 수용한 방식을 알

기 위해 연구하고 기도하고 기록하라. 기독교는 당신이 이해할 수 있도록 고대 유대교 상황에서 벗어나 상황화되었고, 그러므로 기독교인이 되기 위해 당신의 문화를 버릴 필요가 없다. 그러나 만일 기독교가 당신의 문화 안에 있는 사람들에게 받아들여지게 하려고 기독교의 기본 가치관이나 신념들이 망각되거나 절충된다면, 기독교는 거짓으로 당신의 문화에 수용된 것일 수 있다. 기독교를 당신이 사용하는 언어와 문화에 상황화하는 것을 생각해보라. 당신의 개인주의, 소비중심주의, 이국적인 것을 대하는 태도 등을 고찰해보라. 평화와 사랑과 삶에서 중요한 것에 대한 예수님의 가치관을 고찰해보라. 이러한 문제에 대해 판단하고, 당신의 나라의 기독교적 하위 문화를 따르지 말고 당신의 신념에 따라 살라.

권장도서

Browm G. Thompson, *Christianity in the People's Republic of China.* Atlantia: John Knox, 1983.

Chao, Jonathan, ed. *The China Mission Handbook: A Portrait of China and Its Church.* Hong Kong: Chinese Church Research Center, 1989.

Costa, Ruy O., ed. *One Faith, Many Cultures: Inculturation, Indigenization, and Contextualization*, Mary Knoll, NY: Orbis, 1988,

Cox, Harvey, *Fire From Heaven: The Rise of Pentacostal Spirituality and the Reshaping of Religion in the Twenty-first Century.* Reading, MA: Addison-Wesley, 1995.

Donovan, Vincent J. *Christianity Resciscovered: An Epistle from the Masai.* Notre Dame, IN: Fides/Claretian, 1987.

Dryness, William. *Learning about Theology from the Third World*. Grand Rapids, MI: Zondervan, 1990.

Fung, Raymond, comp. and trans. *Households of God on China's Soil*. Geneva: World Council of Churches, 1982.

Gutierrez, Gustavo. *We Drink from Our Own Wells: The Spiritual Journer of a People*. Maryknoll, NT: Orbis, 1984.

Hollenweger, Walter J. *Pentecost Between Black and White: Five Case Studies on Pentecost and Politics*. Belfast: Christian Journals Ltd., 1974.

Hollenweger, Walter J. *Pentecostalism: Origins and Developments Worldwide*. Peabody, MA: Hendrickson, 1997.

Ilunga, Bakole Wa. *Paths of Liberation: A Third World Spirituality*. Maryknoll, NY: Orbis, 1984.

Kim, Sebastian c. H., ed. *Christian Theology in Asia*. New York: Cambridge University Press, 2008.

Easley, Eun Young Lee. " Talking Jesus Public: The Neoliberal Transformation of Korean Megachurches." In *Encountering Modernity: Christianity in East Asia and Asian America*, edited by Albert L. Park and David K. Yoo, 47-70. Honolulu: University of Hawaii, 2014.

Kitamori, Kazoh. *Theology of the Pains of God*. Richmond, VA: John Knox, 1958.

Koyama, Kosuke. *Waterbuffalo Theology*. London: SCM, 1974.

Koyama, Kosuke. *Three Mile an Hour God*. London: SCM, 1979.

Neal, Marie Augusta, S.N.D. *A Socio-Theology of Letting Go: The Role of a First World Church Facing Third World People*. New York: Paulist, 1977.

Rakoczy, Susan, ed. *Common Journey, Different Paths: Spiritual Direction in Cross-Cultural Perspective*. Maryknoll, NT: Orbis, 1992.

Romero (film). Directed by John Duigan. Los Angeles: August Entertainment, 1989.

Sanneh, Lamin, and Joel A. Carpenter, eds. *The Changing Face of Christianity: Africa, the West, and the World*. New York: Oxford, 2005.

Shorter, Aylward. *African Christian Spirituality*. New Yokr: Macmillan, 1978.

Stauffer, S. Anita, eds. *Christian Worship: Unity in Cultural Diversity*. Geneva: Department for Theology and Studies. The Lutheran World Federation, 1996.

Stoner, John K., and Lois Barrett. *Letters to American Christians*. Scottdale, PA: Herald, 1989.

Trump, G. W., ed. *The Gospel Is Not Western: Black Thrology from the Wouthwest Pacific*. Maryknoll, NY: Orbis, 1987.

Trout, Jesse M. *Kagawa: Japanese Prophet*. New York: Association, 1959.

제9장

기독교인을 위한 초종교 영성

　세계가 점점 더 좁아짐에 따라 기독교인들은 다른 종교적/영적 전통을 더욱 의식하게 되었다. 기독교인이 다른 전통의 영적 작가들의 글을 읽고 영적 관습을 얼마나 많이 활용하는 데서 견해의 범위를 식별할 수 있다. 20세기의 작가 카렌 암스트롱(Karen Armstrong)과 교황 요한 바오로 2세는 서로 반대 견해를 취했다.

　카렌 암스트롱(Karen Armstrong, 1944-)은 오늘날 세계 종교에 관한 가장 탁월한 작가 중 하나이다. 그녀는 수녀였으나, 수도회 내에서의 악습을 경험하고서 25세 때 수도회를 떠났다. 그녀는 옥스퍼드 대학에서 영문학을 전공했다. 그녀는 종교적 배타성을 비판하고, 모든 종교의 유사성을 옹호하며, 종교 비판자들에 맞서 종교의 잠재적인 긍정적 영향을 강조했다. 그녀는 황금률과 동정심 안에서 모든 종교의 일치를 발견한다. "모든 종교적, 윤리적, 영적 전통의 중심에 동정심의 원리가 놓여 있으며, 항상 우리가 대접받고 싶은 대로 남을 대접하라고 요구한다."¹⁾ 그러므로 그녀는 종교를 연구하는 모든 사람, 그리고 모든 종교가 근본적으로 같다고 여기는 이슬람 옹호자들과 합류한다. 그녀는 공공 미디어에서 활동하며, 지식인이요, Charter of Compassion의 설립자이다. 그녀는 예수 세미나(Jesus Seminar)의 회원이며, 복음서의 역사적 신빙성에 대해 회의적이다.

그녀는 기독교인이 타 종교의 영적 관습을 사용하는 데 대한 질문을 언급하지 않지만, 그녀의 기본 입장은 분명하다. 그는 모든 종교의 신봉자들에게 서로를 알고, 세계 평화를 위해 함께 일하라고 권한다. 필자는 이것이 매우 좋은 일이라고 생각한다. 그러나 그녀가 기독교의 독특성, 즉 주요 구세주로서의 예수를 부인하는 듯한 태도는 꺼림칙하다. 만일 예수가 교사에 불과하다면, 다른 교사들과 함께 취급하며, 많은 교사 중 하나로 평가할 수 있을 것이다. 그러나 예수가 육신을 입으신 하나님, 세상 죄를 대속하신 분, 세상을 창조하신 로고스라면, 모든 종교가 같다는 견해는 문제에 부딪힌다. 황금률("무엇이든지 남에게 대접 받고자 하는 대로 너희도 남을 대접하라")이 예수의 메시지의 중심이 아니라는 점에 주목하라. 주님은 하나님 나라를 선포하러 오셨고, 가장 큰 계명은 하나님을 사랑하고 이웃을 내 몸처럼 사랑하라는 것이라고 말씀하셨다. 이 두 계명은 황금률보다 부담을 주는 것이지만, 황금률을 포함한다.

---

1) Karen Armstrong, *Twelve Steps to a Compassionate Life* (New York: Knopf, 2010), 6.

암스트롱의 견해를 지지하는 사람이 있고, 그렇지 않은 사람도 있을 것이다. 중요한 문제는 예수 그리스도가 당신에게 어떤 분이신가에 있다. 당신이 어떤 길을 선택하든지 다음의 논의가 당신에게 유익할 것이다.

신학과 윤리학뿐만 아니라 영성에 대한 교황 요한 바오로 2세의 경고에서 그의 보수주의를 찾아볼 수 있다:

> 이런 까닭에 극동 지방의 종교 전통에서 생겨난 사상, 예를 들면 명상과 금욕수행 기법과 방법 등을 열광적으로 받아들이는 기독교들에게 경고하는 것은 부적절한 일이 아니다. 일부 지역에서 이것들이 유행해왔고, 비판 없이 받아들여진다. 먼저 우리 자신의 영적 유산을 제대로 알고, 그것을 가볍게 버리는 것이 옳은 일인지 생각해야 한다. …또 하나의 문제는 옛 영지주의 사상들이 뉴에이지라는 가면을 쓰고서 복귀하는 것이다. …영지주의는 특징이 있지만 공표된 것이 아니며, 본질에서 기독교적인 모든 것과 충돌한다.[2]

그의 경고는 타 종교 전통의 경계를 탐구하며, 그것들을 차용하는 것이 자신의 영성을 풍요하게 해준다는 것을 발견한 다음의 작가들을 향한 것일 수 있다.

인도에서는 기독교 선교사들이 기독교 영성과 힌두교 영성 사이의

---

2) John Paul II, *Crossing the Threshold of Hpoe*, 89-90.

심오한 교전을 유발했다. 비드 그리피스(Bede Griffiths, 1906-1993)는 영국에서 시작하여 여러 차례의 여행을 인도에서 마쳤다. 그는 1926년에 광산 노동자들의 파업을 지지한 것 때문에 옥스퍼드에서 유명해진 것이 아니다: "그 무렵 나는 살면서 겪은 것들 때문만은 아니지만, 문명 자체에 환멸을 느꼈다. 나는 엘리어트의 『황무지』(Wasteland)와 『공허한 인간』(The Hollow Men)은 문명이 붕괴하고 있다는 의식을 분명히 해주었고 생각한다. 그것이 우리를 시, 예술, 음악, 전혀 다른 세계를 향하게 했다."[3]

그리피스가 옥스퍼드 대학 3학년 때 C. S. 루이스가 그의 지도교수가 되었다. 그리피스는 다음과 같이 기록한다:

> 그는 내가 기독교인이 되는 데 큰 영향을 미쳤다. 우리는 그 일과 관련하여 거의 동년배이다. 우리는 영국 문학의 기독교적 배경을 발견하기 시작했다. …그렇게 하여 우리는 성장했다. 내가 기독교인이 된 데는 그의 영향이 크다. 나는 그것이 호혜적인 것이었다고 여긴다. 우리는 서로 공유했다.[4]

그리피스는 성공회를 떠나 가톨릭 교인이 되어 신앙적으로 성장하면서 1936년에 베네딕트회 수도사가 되어 비드라는 이름을 취했고,

---

3) Bede Griffiths, *A Human Search: Bede Friffiths Reflects on His Life-An Oral History*, ed. John Swindell, (Liguori, MO: Triumph, 1997), 22.

4) Ibid., 30.

1940년에 사제로 서임되었다. 그 후 15년 동안 영국 베네딕트회 소속으로 지냈는데, 이 시기에 자서전을 썼다.[5]

1955년에 인도로 가기로 하면서 그의 삶의 방향이 바뀌었다. 그리피스는 많은 공동체를 방문하고 거기서 일한 후 1958년에 아슈람을 발견하고서 베네딕트회와 가톨릭교회를 떠나 시리아 정교회를 따르는 말리바르교 신자가 되었다. 이에 만족하지 못한 그는 1968년에 두 명의 수도사와 함께 타밀 나두에 있는 샨티바남(Shantivanam)에 갔고, 자신의 아슈람을 세웠다.

그리피스는 여러 해 동안의 경험을 돌이켜보면서, 자신의 초기 삶의 주제 몇 가지를 회고하며, 서구인에게 다음과 같이 권면한다:

> 인도가 내 영혼의 절반을 주었다고 느낀다. 영국에서의 삶은 지성, 이성적 정신의 지배를 받았다. 나는 대학에 다니면서 라틴어와 그리스어 시험을 통과했다. 나는 항상 정신을 초월하기를 추구하고 있었다. …영국에서는 희귀한 것이 인도에서는 표준이요, 정상적인 사회 질서였다. …유럽에서는 남성 주도의 정신이 내 정신을 지배하고 있었기 때문에 나는 여성적인 것을 찾고 있었다고 말할 수 있다. 여성적인 것은 직관적인 것, 민감한 것, 그리고 성적인 정신이다. 어떤 의미에서 전적으로 육적인 삶이다. 기독교는 이것을 죽이는 경향이 있다; 인도는 그것을 전적으로 수용했다. 인도에서는 성적인 것과 영적인 것이 통합되었다. 나는 지금도 내 영혼의 반쪽

---

5) Bede Griffiths, The Golden String (New York: P. J. Kenedy, 1954).

을 찾고 있다.[6]

그리피스는 1992년 9월 캘리포니아에 관상생활 갱신회(Society for the Renewal of Contemplative Life)를 세웠다. 그는 "관상은 인간의 마음, 그리고 우리를 둘러싸고 있는 우주 안에 있는 하나님의 현존에 대한 깨달음이다. 관상은 사랑으로 말미암는 지식이다"라고 말했다. 그는 1993년 5월 자신이 세운 아슈람에서 추종자들에게 둘러싸여 임종했다.

인도에서 활동한 예수회 회원 안소니 드 멜로(Anthony De Mello, 1931-1987)에 대해 살펴보자. 전 세계 사람들이 그의 가르침과 이야기를 좋아한다.

> 많은 사람이 드 멜로라는 인물과 그의 사상에 매료되는 이유는 그가 모든 사람에게 질문하고 탐구하며 이미 형성된 사고 패턴과 행동 패턴에서 벗어나라고, 고정 관념에서 벗어나며, 자신의 참 자아에 충실하라고, 한층 큰 진정성을 찾으라고 도전하기 때문이다.[7]

드 멜로는 다양한 학습지도 단계를 거쳤다. 그는 처음에는 탁월한 이냐시오 영성수련 기획자였다. 그다음에 영성에 접근하는 두 가지

---

6) Ibid., 84-85.

7) Parmananda, R. Dewar kar S.J., foreword to *The Paryer of the Frog: A Book of Story Meditation*, vol. 1, by Anthony de Mello, J.J. (Anad, India" Fuajarst Shithy a Prakash, 1988), xviii..

방법을 계발했는데, 그것들은 각기 사다나(saduhana)라고 불린다. 첫째 방법은 그 시대에 인기 있던 『자타 긍정』(I'm OK, You're OK)이라는 책의 영향을 받았지만, 둘째 방법은 그의 판단을 뒤집었다: "나는 나요, 내 느낌은 내 느낌이다. 만일 당신이 나를 따른다면 내가 괜찮기 위해서 괜찮아야 할 필요가 없다. 나는 괜찮지 않을 수 있으며, 그것은 완벽하게 괜찮은 것이다."[8]

안소니 드 멜로의 업적은 인도 가톨릭교회에 예수기도를 도입한 것이다. 그는 『순례자의 길』(The Way of a Pilgrim)에서 예수기도를 배웠다. 드 멜로는 정교회 영성, 그리고 그의 이야기에 차용한 인도의 지혜를 통해서 기여했다. 그는 이야기에 의한 영적 성장을 믿었다. 다음은 그가 좋아하는 이야기이다.

> 어느 수도사가 여행하다가 귀한 보석을 주워 보관했다. 어느 날 그는 여행자를 만나 자기 양식을 나누어 먹으려고 가방을 열었는데, 보석을 본 여행자는 그것을 달라고 부탁했다. 수도사는 쉽게 그것을 그에게 주었다. 예기치 않게 평생 부와 안전을 줄 수 있는 보석을 받은 여행자는 기뻐하며 떠나갔다. 그런데 며칠 후 그는 수도사를 찾아와 보석을 돌려주면서 "이것보다 더 귀한 것을 주십시오. 당신으로 하여금 그 보석을 줄 수 있게 해준 것을 주십시오"라고 말했다.

---

8) Carkis G. Valles, SJ, *Unencumbered by Baggage: Father Anthony de Mello-A Prophet for Our Times* (Anand, India: Gujarat Sahitya a Parkash, 1987), 27.

윌리엄 존스턴(William Johnston, 1925-2010)은 일본에 거주하면서 기독교와 선불교에 대한 글을 저술했다. 그는 기독교 저술인 『무지의 구름』(The Cloud of Unknowning)의 영성과 선 사이에 연관이 있다고 보았다. 그는 오랫동안 일본에 거주하면서 『기독교적 선』(Christian Zen)과 『사랑의 내적 눈』(The Inner Eye of Love) 등의 책을 저술하면서 이 두 가지 영성의 흐름이 양립할 수 있음을 증명하려 했다.

　20세기 후반에 아메리카와 유럽에서 뉴에이지라는 다양한 영성 운동이 일어났다. 그것은 절충적 운동으로서 점성술, 유럽의 이교, 아메리카 원주민의 관습, 신지학(神智學) 등 옛 요소와 새 요소를 포함했다. 그 운동은 어떤 식으로든 통합되지 않고 자체를 기독교와 구분하면서 영성에 대한 일반인의 의식을 깨우쳤다.

　전 세계 민족들의 운동은 종교의 다양성에 대한 새로운 의식으로 이어졌고, 기독교인이 다른 신앙을 가진 사람들을 환대하는 데 대한 문제를 제기했다. 2015년부터 시작된바 특히 시리아, 아프카니스탄, 이라크 등 중동 민족들의 유럽 이주는 기독교인들에게 이슬람교도 환대에 대한 문제를 제기했다. 다른 종교 전통에 속한 사람들이 세계의 다른 소규모 운동에 접할 수 있다.

　아메리카의 기독교인들은 다른 신앙을 가진 민족들 사이에서 살고 있음을 어느 때보다 더 의식하게 되었다. 과거에 교과서에서만 공부했지만 지금은 이웃의 신앙이 된 종교를 신봉하는 사람들이 미합중국으로 이주하고 있다. 아메리카는 이러한 새로운 일들로 말미암아 변화되어왔으며, 그 문화는 개신교 문화가 아니라 다원적 종교 문화이다.

기독교가 세계적 신앙이라는 사실은 간과되어서는 안 된다. 미합중국에 새로 이주한 사람들은 대부분 기독교인이다. 여기에는 라틴 아메리카 사람, 아프리카 사람, 중동의 기독교인, 특히 아랍인 신자들이 포함된다. 이 중에는 박해를 피해 이주한 사람이 있고, 더 나은 삶을 위해 이주한 사람도 있다.

기독교인들은 다른 신앙을 가진 사람들, 그리고 그들이 대변하는 전통과 어떻게 관계해야 할 것인가? 이 질문과 관련하여 여러 가지 태도와 접근 방식이 사용되어왔다. 스펙트럼의 한쪽 끝에는 다른 종교 신봉자들을 마귀의 도구로 보는 사람들이 있고, 반대편에는 그것들을 철저히 수용함으로써 자신의 기독교를 사라지게 하는 사람들이 있다.

1. 질문에 접근하는 방식

기독교와 다른 종교와의 관계에 관한 질문에 접근하는 방식은 많다. 여기에서는 간단히 세 가지 기본자세, 스펙트럼의 오른편, 왼편, 그리고 중간에 초점을 두고 다루려 한다. 첫째, 오른편에서는 "나는 길이요 진리요 생명이니"라는 예수님의 말씀은 그 외에 다른 길이나 진리나 생명이 없다는 것을 의미한다는 것, 그러므로 기독교인이 심각한 오류를 범하지 않으려면 다른 종교의 가르침에 접촉하지 말아야 한다고 주장한다. 이 견해를 확대하면, 다른 종교들은 마귀에 속한 것, 즉 그것들은 세상에 있는 부정적인 영적 힘이다. 이 입장에서 보면, 기독교인이 다른 종교의 영적 관습을 차용한다는 것은 생각할 수 없는 일이다.

이와 반대되는 두 번째 견해는 모든 종교가 특히 윤리의 내용에서 본질적으로 같으며, 그러므로 기독교인들은 예수의 특성을 고집하지 않고 이해를 상대화하여 모든 종교의 창시자들을 포함해야 한다는 것이다. 이 견해에 따르면, 기독교의 복음주의가 설 자리가 없고, 기독교적 협력만 가능하다. 이러한 관점에서는 경계를 설정하지 않은 채 다른 종교 전통을 빌리는 것이 자연스러운 관습이다.

필자는 중간 견해를 취한다. 즉 기독교인은 사려 깊고 신중하게 타 다른 종교로부터 배우면서도 자기의 신념에 충실하는 방법을 찾아야 한다. 예수와 성령을 통한 하나님의 인류 구원이라는 기독교의 복음이 내 신앙의 중심이다. 한편 나는 다른 종교 전통에도 참되고 귀중한 것이 많다고 여긴다. 내가 공부하는 각 종교로부터 무엇인가를 배울 수 있다. 나는 어떤 가르침이나 관습이 나의 중심 신념과 양립할 수 있는지를 사례별로 결정한다.

예를 들면, 나는 불교 전통에서 나의 영성 훈련에 매우 도움이 되며 기독교의 묵상 전통을 보완해주는 명상법을 발견한다. 그러나 나는 명상을 열반에 이르기 위한 독자적인 훈련으로 이해하지 않는다. "마음 챙김"은 불교의 명상에서 비롯된 최근의 문화적 주제이다. 그것은 내가 하나님과 사람들과 나 자신에 현존하는 데 도움을 줄 수 있다. 그러나 나는 궁극적으로 영성생활은 과거와 미래와 무관하며, 현재의 일에만 관련된다는 주장에 동의할 수 없다. 그러므로 나는 과거를 기억하고 미래를 희망하면서 선택적으로 마음 챙김을 실천한다.

기독교인들이 다른 종교 사람들과 상호작용하는 방식은 다양하다. 그중 하나는 식품점, 정치 모임, 또는 구기 경기 등 공적 생활에서 사람들에게 반응하는 것이다. 더 의도적인 방식은 사람들이 모여 자신의 신앙과 관습에 대해 구체적으로 논하는 것, 다소 공식적인 대화이다. 그러한 대화는 서로를 이해하는 데 도움이 될 수 있다. 세 번째는 위기에 처했을 때 다른 신앙을 가진 사람들이 함께 모여 기도하는 공동 예배를 마련하는 것이다. 네 번째는 가난한 사람들을 돕기 위한 프로젝트 같은 공동 목표를 위해 함께 일하는 것이다. 전반적으로 이것들 모두 합법적이고 유익한 협력 방식이다. 이 장의 초점은 다섯째 방식, 즉 기독교인들이 자신의 개인 영성에 다른 종교의 영성 훈련을 사용하는 것이다.

만일 이 방식에 초점을 둔다면, 기독교인은 관습들을 평가하기 위해서 어떤 질문을 할 수 있을까? 우리는 성령의 인도하심을 따라 영들을 시험할 수 있다. 만일 기독교인이 선한 양심으로 다른 종교의 관습을 이용할 수 있다면, 그것을 적절히 사용하거나 적용하는 데 대한 지침은 무엇인가?

신앙과 경험과 윤리에 관한 일과 관련하여 세 가지 기본적인 질문을 할 수 있을 듯하다. 첫째 질문은 기독교 복음의 근본적인 이해에 대한 것이다. 만일 당신이 기독교의 핵심에 대해 분명한 사상을 가지고 있다면, 이 가르침이나 관습이 복음의 핵심에 위배되거나 흐리게 하는지를 물어야 한다. 필자의 경우에 이 핵심에 한 분 하나님, 하나님이 예수 안에 성육신하신 것의 독특성, 그리고 그분의 삶과 죽음과 부활과 성령 세례로 말미암는 죄와 사망과 악의 세력으로부터의 구원이 포함된다. 이 믿음은 내가 다른 공동체를 연구하거나 참여관찰자가 되는 것을 막지 않는다. 예를 들어, 나는 집에서 엎드린 자세로 기도하지만, 불상 앞에 엎드린다면 편안하지 않을 것이다.

둘째 기준은 경험과 관련된다. 이 관습이 당신의 영성생활에 유익한가? 만일 하나의 관습을 여러 번 시도했으나, 그것이 성령의 열매(사랑·희락·화평·오래 참음·자비·양선·충성·온유·절제)로 이어지지 않는다면, 그것은 헛것이다. 예를 들어, 만일 자기성찰을 실천하면서 자신의 실패로 인해 낙심하며, 용서와 거듭남에 이르지 못한다면, 그것은 무엇인가 잘못되었음을 보여주는 표식이다.

마지막으로, 윤리적 기준은 사람들과 피조세계에 대한 나의 행위와 관련되어야 한다. 그 관습은 사람들의 욕구가 무엇인가에 대한 나의 깨달음을 활발하게 해주는가? 내가 그것들과 공감하는 데 그것이 도움을 주는가? 그것은 내가 단순히 따뜻한 감정을 갖게 하는 것이 아니라 정의를 위해 행동하게 하는가? 예를 들면, 어떤 침묵 묵상 방법을 사용할 때, 내가 이웃에게는 관심을 덜 두고 더 자기중심이 된다면, 다른 방식을 사용해야 한다.

이제 몇 가지 주요 종교 전통을 하나씩 살펴보며, 그것들을 실천할 때 기독교인에게 도움이 되는 것이 무엇일지 물을 것이다. 아프리카와 아시아와 라틴아메리카, 그리고 아메리카 인디언 신자들에게 근본적인 질문은 이러한 세계 종교들을 다루는 것이 아니라 인종에 따라 변하는 토착 종교들을 다룬다. 기독교인이 춤을 추고, 드럼을 연주하고, 닭을 제물로 바치고, 부적을 사용하고, 무당을 찾아가는 것이 옳은가? 이것들은 문화적 정체성을 수반하는 일부 집단에게 중요한 질문이었다. 기독교인들은 종종 자기 부족이나 인종의 전통에 속한 일부 요소들을 자신의 영성생활에 포함시킨다. 자신의 문화적 전통의 중요성에 대한 의식과 더불어 이러한 관습 중 다수가 기독교와 상충하는 것이 아니라 기독교 공동체 내의 인간 문화의 다양성을 표현하는 것으로 여겨 받아들여진다.

각 항목에 그 전통에 대한 간략한 묘사가 포함될 것이며, 독자들은 주에 수록된 전거들로 보완해야 할 것이다. 그 전통에 대한 더 완전한 묘사를 참고하는 것도 다른 전거를 읽는 것만큼 중요하다. 독자가 실천하려 하는 관습이나 가르침과 관련된 제안이 제시되며, 그리고 그 전통에 속한 저자의 사상을 묘사할 것이다. 현명한 영적 지도자의 지도를 받아 신중하게 실험해보아야 한다.

2. 유대교

기독교인들은 시편을 사용하듯이 유대교의 기도와 의식 대부분을 사용할 수 있다. 기독교인과 유대인의 공통점을 알려면 기독교인들 모두가 안식일 예배에 참석해보는 것이 유익할 것이다. 이는 안식일 예배를 기초로 기독교의 주일 예배가 발달하였기 때문이다. 안식일 예배에서 성경, 기도문, 설교, 그리고 찬송을 발견할 것이다. 거기에서 찾을 수 없는 것은 예수에 대한 언급, 성찬이나 주의 만찬에 대한 언급이다.

많은 기독교인이 회당의 유월절 예배, 또는 자기 교회의 유월절 예배에 참석한다. 출애굽은 유대교 전통에서 중요할 뿐만 아니라 기독교 전통에서도 중요하다. 함께 먹고 마시는 것은 가장 초기의 하나님의 구원 행동 기념을 재연한다.

토라 연구는 오경 본문뿐만 아니라 현대 유대인들이 그것을 이해하는 방식에 대한 새로운 통찰을 제공할 수 있다. 성경 연구는 기독교의 영성훈련이며, 토라 연구는 유대교의 핵심 관습이다.

유대교 기도문, 특히 일련의 매일 기도는 기독교인들에게 영감을 줄 수 있다.

잠에서 깨어날 때
영원하시고 살아계신 왕이시여, .
나를 불쌍히 여기사 내 안에 영혼을 돌려주시니 감사합니다.
당신의 신실하심이 큽니다.

누군가 시력을 되찾았을 때
우리 주 하나님, 우주의 왕,
눈먼 자를 보게 해주시는 분을 찬송합니다.

옷을 입을 때
우주의 왕, 우리 주 하나님,
벗은 자를 입히시는 분을 찬양합니다.

저녁에
우주의 왕이신 우리 주 하나님, 낮과 밤을 지으신 분을 찬양합니다.

주님은 어둠 앞에서 빛을 거두시며, 빛 앞에서 어둠을 거두십니다.
황혼을 지으신 주님을 찬양합니다.[9]

영성이라는 주제를 다룬 유대인 작가로 랍비 로렌스 쿠쉬너 (Lawrence Kushner, 1943-)와 해롤드 쿠쉬너(Harold Kushner, 1935) 형제를 들 수 있다. 로렌스 쿠쉬너는 기독교에 관심을 가졌고, 기독교인들과의 대화를 통해 긍정적인 영향을 받았다. 그는 유대인들이 예수의 그의 추종자들과 관련하여 지니는 어려움을 분명히 하지만, 『기독교인을 위한 유대교 영성』(Jewish Spirituality for Christians)이라는 책에서 유대교의 관습을 개방한다.

그는 유대교 영성은 믿음에 관한 것이기보다 행동에 관한 것이라고 설명한다. 그것은 기도, 안식일을 지키는 것, 일상생활에서 하나님을 보는 것, 그리고 유대교 신비주의에 들어가는 것 등에 대한 것이다. 이것들은 모두 기독교 영성과 유사하다. 쿠쉬너는 카발라(Kabbalah: 하나님을 만물과 동일시하는 유대 신비주의)에 대해서도 저술했다. 그는 이 주제에 관하여 『카발라』(Kabbalah: A Love Story)라는 제목의 소설을 썼다. 그 외에 그의 저술들은 유대인들이 이야기하기를 좋아한다는 것을 보여주며, 복잡하지 않고 분명하다.[10]

---

9) W. W. Simpson, *Jewish Prayer and Worship: an Introduction for Christians* (New York: Seabury, 1967), 23-33.

10) Lawrence Kushner, *Jewish Spirituality for Christians* (Woodstock, VT: Jewish Lights Publishing, 2001), *Kabbalah: A Love Story* (New

해롤드 쿠쉬너는 베스트셀러인 『왜 선한 사람에게 나쁜 일이 일어나는가?』(Why Bad Things Happen to Good People)로 잘 알려졌다. 그는 하나님에 대해서 기독교 영성과 밀접하게 관련이 있는 이해를 제공함으로써 많은 기독교인이 유익을 얻을 수 있는 방식으로 악의 문제를 다룬다. 선한 사람에게 나쁜 일이 일어날 때 하나님도 우리처럼 슬퍼하신다.

3. 이슬람

이슬람 근본주의자들이 동료 무슬림과 기독교인들에게 많은 해를 입히고 있음에도 불구하고, 이 위대한 전통을 이해하고 배울 필요가 있다. 무슬림들은 힘든 영성을 실천하며 훈련한다. 그에 비교하면 대부분의 미국 기독교인들은 게으름뱅이처럼 보인다. 그 이유는 부분적으로 코란과 수나(Sunna)가 영적 관습을 상세하게 제시하기 때문이다. 기독교인들은 자유로이 다양한 유형의 영성을 탐구하고 선택하고 버릴 수 있다. 어떤 사람은 어거스틴이 "하나님을 사랑하라. 그리고 당신이 원하는 대로 행하라"라고 말했다고 생각한다. 중요한 것은 동기, 즉 하나님의 사랑이다. 수단은 규정되지 않으며 다양하다.

York: Morgan Road Books, 2006), *Eyes Remade for Wonder: A Lawrence Kushner Reader* (Woodstock, VT: Jewish Lights, 1998),

기독교인과 무슬림의 관계의 특징은 종종 차별화되지 않으며 사실과 현실에 직면할 때 낙심시킬 수 있는 열정적인 공감, 또는 무슬림들에게서 선한 것을 보지 않는 무조건적인 맹렬한 거부이다. 여기에서 내적 자유의 영적 특성이 중요하다. 그것은 기억 치유로 이어질 수 있는 고찰과 교환의 공유 과정을 원하며, 그 안에 들어가 하나님에 대한 개인적 사랑을 분노와 거부로부터의 해방으로 경험할 수 있게 할 것이다. [11]

이슬람의 다섯 기둥을 생각해보라. 다섯 기둥 중 셋은 예수님이 산상수훈에서 가르치신 것이다. 예수님은 자기를 따르는 자들이 구제하고 금식하고 기도할 것이라고 가정하셨다(마 6:1-18 참조). 예수님은 이것을 행하는 정확한 방식을 규정하지 않고, 사람에게 보이려고 하지 말고 하나님을 위해서 행하라고 강조하셨다. 그러나 이슬람은 많은 영적 훈련을 행하는 방식을 규정한다.

예를 들어, 기도 또는 살라트(Salat)는 하루에 다섯 번 특정 자세로 끼블라를 향하여 코란의 짧은 장이나 주요 장의 몇 구절을 낭송해야 한다. 구제에는 재산의 몇 퍼센트를 기부하는 것이 포함된다. 금식은 라마단 달에 행한다.

기독교인들은 여기에서 무엇을 배울 수 있는가? 우리의 영적 관습들을 진지하게 대하고 충실하게 실천해야 한다는 것을 배울 수 있다.

---

11) Christian Troll, "Christian Spirituality and Islam," in Richard Woods and Peter Tyler, eds. *The Bloombury Guide to Christian Spirituality* (London: Bloombury Continuum, 2012), 266.

우리는 기도에 대한 헌신을 강화하기 위해서 무슬림들의 기도 자세를 채택할 수 있다. 몸의 자세는 중요하다. 그것은 우주의 주이신 하나님에 대한 우리의 사랑을 형성하는 데 도움을 준다. 엎드려 부복하는 것은 구약에서 이스라엘 백성이 행하던 것이다. 그것은 우리 전통에 생소한 것이 아니다.

우리의 금식을 전체 공동체에 중요한 것으로 삼을 수 있다. 무슬림들은 라마단 달이면 낮에 금식할 뿐만 아니라 밤에 궁핍한 사람들과 음식을 나눈다.

기독교인들도 이슬람의 다섯 기둥 중 나머지 둘을 실천하지만, 그 방식이 다르다. 첫째 기둥은 샤하다(신앙고백)이다. 무슬림의 신앙고백은 알라 외에 다른 신은 없고 무함마드가 알라의 예언자라는 내용으로 단순하다. 기독교에도 신앙고백이 있는데, 가장 널리 사용되는 것은 사도신경과 니케아 신경인데, 그것들은 다소 길고 복잡하다. 무슬림들이 기도 생활에 샤하다를 사용하듯이, 기독교인들은 기도 생활에 이 신경들을 사용할 수 있다.

마지막 기둥은 하즈(Hajj), 메카 순례이다. 이슬람은 이 관습에 대해 상세히 규정한다. 가능하다면 일생에 한 번 메카와 메디나로 순례 여행하여 다섯 기둥 모두를 포함하는 많은 의식을 행해야 한다. 거기에는 카바 신전을 일곱 차례 도는 것, 사탄을 나타내는 기둥에 돌을 던지는 것, 잠잠 우물(zamzam)에서 물을 마시는 것, 아라파트 평원의 집회에 참석하는 것 등이 포함된다. 기독교의 순례는 그리 조직적이지 않고 다양하다. 초대 시대에 사람들은 예루살렘으로 순례했지만, 기간이 정해진 것이 아니었고, 표준적인 일정이 있었던 것도 아니다.

예루살렘에 가는 데 많은 어려움이 있었기 때문에, 로마, 켄터베리, 산티아고 데 콤포스텔라 등지를 포함한 순례지들이 개발되었다.

우리 시대에 부활한 산티아고 데 콤포스텔라 순례는 먼 거리를 걸어서 여행하는데, 곳곳에 숙박 시설이 갖추어져 있다. 전통적으로 프랑스나 스페인에서 시작하여 야고보의 무덤이 있는 스페인 북서부까지 여행한다.[12]

순례에는 기도와 성지에서의 경험이 포함되므로 기독교인에게 유익한 일일 수 있다. 안타깝게도 매년 개최되는 전 세계 기독교인의 모임, 하즈에 비교할 만한 모임이 없다.

루미(Rumi, 1207-1273)라고 알려진 페르시아의 신비가 잘랄 아드 딘 무함마드 발키(Jalal ad-Din Muhammad Balkhi)는 일부 기독교인들이 사랑하는 작가이다. 존경받는 무슬림 학자인 루미는 장성한 후에는 오늘날의 터키에 해당하는 코냐에서 살았다. 그는 수피즘의 전통 안에서 음악, 시, 춤 등을 사용하면서 하나님과의 연합을 성취하는 데 대한 글을 썼다. 그의 주요 저서 『마트나비』(Masnavi)는 여섯 권으로 이루어져 있으며, 이야기, 코란 인용문, 그리고 인간 생활의 의미에 관한 묵상 등을 담고 있다. 루미는 모든 종교 전통이 같으며, 연인을 찾는 인간 영의 갈망이 그것들 모두를 묘사한다고 믿었다. 루미의 아들은 메블레비 교단(Mevlevi Order)을 조직했는데, 지금도 코냐에서는

---

12) Timothy Geoffrion, *One Step at a Time: A Pilgrim's Guide to Spirit-Led Living* (Herndon, VA: Alban Institute, 2008).

이들의 세마춤(Whirling Dervishes)이 행해진다.

4. 힌두교

힌두교는 중동 지방에서 시작된 일신론 종교들과는 매우 다른 종교이다. 다양한 유형의 힌두교는 카르마와 환생에 대한 믿음을 소유한다. 힌두교도는 각각의 행동이 공정하게 다루어지는데, 상이나 벌은 반드시 현세에서 주어지는 것이 아니라 내세에서도 주어질 수 있다고 여긴다.

힌두 영성에는 신전에서만 아니라 가정에서 드리는 갖가지 제물이 포함된다. 종종 신상에게 꽃이나 열매를 바친다. 출생, 결혼, 장례 등의 의식은 매우 정교하다.

모한다스 간디(Mohandas Ghandi, 1869-1948)는 기독교인들이 존경하는 힌두교도이다. 그는 무저항 불복종(satya graha) 교리를 가르침으로써 인도에서 영국을 몰아냈다. 이 가르침은 압제에 대한 비폭력 저항을 옹호하는데, 마틴 루터 킹 목사에게 영향을 주었다. 간디는 기독교에 대해 잘 알았고, 자신이 예수를 존경하며, 예수도 비폭력을 가르쳤다고 여긴다고 기록했다.

기독교 영성 작가인 스탠리 존스(E. Stanley Jones, 1884-1973)는 간디의 친구이다. 간디에 대한 그의 저서로 말미암아 마틴 루터 킹 목사가 간디에게 관심을 갖게 되었다. 존스의 저서 대부분은 웨슬리 전통 안에 있는 경건 서적이다. 그는 아슈람 운동을 통해서 인도를 비롯한 여러 지역 기독교 복음 토착화의 선구자였다.

기독교 전통이 아닌 것으로서 기독교인들이 흔히 실천하는 것이 요가이다. 이 옛 수행 방법은 힌두적인 것이 아니었지만, 힌두교의 문화적 환경 안에서 성장했다.

1950년대에 프랑스의 베네딕트회 수도사인 장 마리 데카네트(Jean Marie Dechanet, 1906-1992)가 『기독교적 요가』(Christian Yoga)라는 책을 저술했다. 그 자신이 요가를 실천했고, 20년 이상 많은 사람에게 가르쳤다. 요가는 기독교의 기도와 묵상에 육체적인 보완물을 제공한다. 그것은 몸을 튼튼하게 하는 수단일 뿐만 아니라, 기독교인들이 "머리에서" 나와 진정한 세계로 들어가는 길이다. 요가는 일종의 훈련이며, 그렇기 때문에 노력이 필요하다. 그것은 소파에 앉아 TV만 보며 많은 시간을 보내기 쉬운 사람들에게 여러 면으로 건전한 것이다.

요가에 대한 기독교적 방식은 스트레칭만 추구하는 사람의 방식과 다르다. 그것은 하나님과 함께하는 시간에 몰입하며 전인적인 인간이 되는 방식이다. 찬송하거나 성경을 읽을 때 그것을 사용할 수 있다. 이는 정신 안에서 진행되는 것이 몸의 자세만큼 중요하기 때문이다.

5. 불교

불교는 기독교나 이슬람처럼 하나의 인종 집단을 위한 것이 아니라 모든 민족을 위한 세계적인 종교이다. 그것은 붓다라고 알려진 싯달타 고타마(Siddharta Gautama)라는 개인에 초점을 둔다. 힌두교 문화에서 발달해나온 그의 가르침은 처음에는 아시아 남부와 남동부에 퍼졌고, 그다음에 중국, 티베트, 한국, 그리고 일본으로 전파되었다. 오늘날 전 세계 사람들이 불교를 신봉한다.

불교의 교리 일부가 사제(四諦), 즉 이 세상은 고(苦)라고 하는 진리(고제), 고(苦)의 생기(生起)라고 하는 진리(집제), 고(苦)의 지멸(止滅)이라고 하는 진리(멸제), 고(苦)의 지멸로 인도하는 도(道)의 진리(도제)로 요약된다. 이것을 수행하는 방법이 팔정도(八正道)인데, 여기에는 윤리적 요소와 명상적 요소가 포함된다. 기독교인에게 특별히 중요한 것은 누군가가 구해주기를 기대하지 말고 스스로 구해야 한다고 강조하는 것이다. 닐바나에 이르는 길, 애착에서 벗어나는 길은 삼보(三寶)인 불, 법(dharma), 승(sangha)에 피하는 것이다. 불교에는 여러 종파가 있는데, 삼보(三寶)와 사제(四諦)를 달리 해석한다.

베트남의 선승이며 평화운동가인 틱낫한(Thich Nhat Hanh, 1926-)은 100권 이상의 책을 저술했고, 불교와 기독교의 관계를 진지하게 다루었다. 많은 기독교인이 그의 저술을 인정한다. 그는 "참여 불교"라는 개념을 전개했는데, 그것은 사회정의와 평화에 관심을 두는 불교를 의미한다. 그는 자신이 프랑스에 창설한 명상 공동체인 플럼 빌리지(Plum Village)에 거주하고 있다.

21세기에 가장 잘 알려진 불교 승려는 달라이 라마(Dalai Lama, 1935-)이다. 그는 1959년에 티베트를 떠났고, 그 후 티베트인들과 티베트 불교를 위한 지원을 대중에게 호소했다. 그의 저술과 연설의 중심 개념은 그가 개인 생활과 국제 정치에 적용하는 원리인 긍휼이다. 그는 1989년에 노벨 평화상을 수상했다. 달라이 라마는 불교의 명상에 관한 과학적 연구를 고취했고, 꾸준한 실천의 유익을 입증했다. 그의 저서 중 하나는 기독교와 관련된 산상수훈에 관한 주석이다. 『세계평화는 내적 평화를 통해서만 온다』(World Peace Can Only Come Through Inner Peace, 2011), 『긍휼하는 방법』(How to Be Compassionate: A Handbook for Creating Inner Peace and a Happier World, 2015), 『기쁨의 책』(The Book for Joy, 2016) 등의 제목은 그의 영적 가르침을 가리킨다. 달라이 라마의 명랑한 기분, 유머 감각, 다른 종교에 대한 개방적인 논의, 망명 지도자로서의 고난 등이 그를 지혜로운 교사가 되게 했다.

기독교인이 불교의 수행 방법을 선용하는 방법은 무엇인가? 태국과 티베트에서 불교 수행을 하다가 기독교로 돌아왔지만 자신이 여러 해 동안 접했던 불교를 소중히 여기는 어느 미국인의 경험에서 이 문제를 탐구해본다. 법학 교수인 수전 스태빌(Susan tn)은 『사랑과 지혜 안에서 성장』(Growing in Love and Wisdom: Tibetan Buddhist Sources for Christian Meditation)에서 그 이야기를 한다. 이 책은 대체로 불교 전통에서 추출한 실질적 훈련으로 이루어지지만, 특별히 기독교인을 위해 작성한 것이다. 그것은 두 종교의 관계에 대한 지혜로운 이해이다.

> 목표는 우리의 신앙을 깊게 해주면서 종교들 사이의 어떤 차이점이 다른 핵심 원리와 근본진리를 반영하며, 어떤 것이 같은 핵심 원리와 근본진리를 다른 방식으로 표현한 것인지를 서로에게서 배

울 수 있는 영역을 발견하는 것이다.[13]

스태빌은 종교들의 기본적인 유사성과 차이점을 분명히 파악한 논평과 함께 진지한 훈련을 제공한다. 일부 작가들은 유사성만 탐구하려 하며, 어떤 작가들은 차이점만 탐구하려 한다. 스태빌의 접근 방식은 경험적이고 학구적인 지식에 기초를 두며, 균형이 있다.

6. 결론

기독교인들은 다른 종교의 지혜로부터 많은 것을 얻을 수 있다. 동시에 모든 종교가 하나라고 주장함으로써 자기 종교의 중심을 잃을 수 있다. 다른 종교를 존중하고 그 종교의 관습 일부를 기독교 영성에 도입하면서도 예수의 유일함을 보존할 수 있다. 창조, 구속, 그리고 성화에 대한 기독교 가르침의 기초 위에 우리 자신의 독특한 삶의 이야기, 즉 다양한 종류로 이루어진 수행 생활을 세울 수 있다. 기독교인들은 이러한 수행 방법이 구원을 가져온다고 여기지 않을 것이다. 왜냐하면 예수께서 이미 우리를 위해 그 일을 하셨다고 믿기 때문이다. 하나님의 은혜로 충분하다. 그러나 우리는 예배하는 몸과 질문하는 정신과 평화를 찾는 영의 욕구를 충족시켜줄 다른 종교의 수

---

13) Susan J. Stabile, *Growing in Love and Wisdom: Tibetan Sources for Christian Meditation* (New York: Osford University Press, 2013), 21.

행 방식을 찾는다.

권장도서

Introduction to World Religions (Second Edition), General Editor, edited by Christopher Partridge, Second edition revised by Tim Dowley. Minneapolis: Fortress, 2013.

Prothero, Stephen R. *God Is not One: The Eight Rival Religions That Run the World—and Why Their Differences Matter*. New York: HarperOne, 2010.

제10장

기독교 영성과 생태학

　이 책 제1장에서 영성이 네 가지 관계, 즉 하나님과의 관계, 이웃과의 관계, 자신과의 관계, 그리고 피조 세계와의 관계와 관련된다고 말한 바 있다. 이 장에서는 넷째 관계에 대해 논하려 한다. 20세기와 그 이전의 기독교 영적 작가들은 자연 세계에 대해 신중하게 생각했지만(생태학), 21세기에는 복음주의자, 가톨릭 교인, 그리고 개신교 종파들이 이러한 문제에 폭넓게 관심을 기울이고 있다. 우리가 세상에 관심을 둘 때 행동하라는 부름을 받으므로, 이 주제는 뜨거운 감정에 대한 것일 뿐만 아니라 뜨거움을 느끼는 것에 대한 것이다.

　여기서 생태학이란 피조 세계 내의 관계망 전체, 최근에 인식하게 된 관계망이 깨지고, 인간의 행동에서 비롯된 위협을 받는 관계망을 언급한다. 지난 세기에 우리가 생존을 위해 의존하고 있는 땅과 공기와 물의 파괴가 가속화된 듯하다. 현재 많은 종들이 사라질 위협에 처해 있으며, 지구 온난화로 말미암아 서식지들이 변화하며, 바다가 산성화하고, 해수면이 상승하고 있다.

　여기서는 환경과학이나 창조신학, 그리고 그것들이 서로 어떻게 연관되는지 묘사하지 않고, 기독교 영성에 초점을 두고서 우리의 관계들이 실제로 피조계에 어떻게 영향을 미치는지를 언급하려 한다. 그러나 과학과 신학에 대한 관점을 간단히 제공할 필요가 있을 것이다. 필자는 지구의 상태를 묘사하고 관찰하고 측정하고 분석하며, 지구의 미래의 추이를 예고하는 데 알맞은 사람들이 과학자라고 확신한다. 그들의 말에 의하면, 큰 포유동물들이 사라질 위험에 처해 있고, 어류 개체군이 남획되고 있으며, 지구가 온난화하여 빙하가 녹고 홍수와 가뭄이 빈번하게 발생하고, 서식지들이 변화하고 있다. 그들은 인간이 대기 중에 이산화탄소를 증가시키는 화석 연료를 사용함으로써 변화를 초래하고 있다고 말한다. 이산화탄소나 메탄 등의 가스가 태양열을 보유하므로, 지구가 뜨거워지고 있다.

일부 과학자들은 이러한 주장을 거부하는데, 그들은 담배가 건강에 위험하다는 것을 부인하는 사람들에 비유되어왔다. 어떤 학자들은 대체 에너지로 바꿀 때 가장 큰 손해를 입는 기업들의 지원을 받고 있다.

신학적으로 하나님은 인간이 지구를 파괴하지 않고 돌보기를 원하시는 듯하다. 예수 안에 있는 구원에 절대적인 초점을 두는 것은 기독교인들을 피조계에 대한 책임에서 벗어나게 할 수 있다.

더욱이 창조는 먼 과거의 사건일 뿐만 아니라 오늘 우리의 삶을 묘사하는 지속적인 과정이다. 마틴 루터는 다음과 같이 썼다: "나는 하나님이 나와 존재하는 모든 것을 지으셨다는 것, 하나님께서 내 몸과 혼, 눈, 귀, 모든 지체, 그리고 이성과 감각을 주셨고, 지금도 그것들을 돌보신다고 믿는다."[1] 이 고백은 계속되는 창조의 과정뿐만 아니라 우리 몸이 창조의 한 부분이라는 사실을 일깨워준다. 창세기 1장에서 하나님은 이 창조를 긍정하셨다: "하나님이 지으신 그 모든 것을 보시니 보시기에 심히 좋았더라." 시편에도 그 주제가 다루어진다. 그 예로 시편 24편을 들 수 있다: "땅과 거기에 충만한 것과 세계와 그 가운데에 사는 자들은 다 여호와의 것이로다."

20세기 영성의 특이한 현상은 자연계, 그리고 그것을 강화하거나 파괴하는 인간의 역할에 대한 새로운 인식이었다. 핵겨울의 위협, 지구 온난화의 위협, 절종(絶種) 및 땅과 바다와 물의 오염에 대한 의식으로 말미암아 생태학에 관심을 두게 되었다. 기독교를 착취적인 것으로 보는 사람들은 현재 상황에 대한 책임을 기독교에 돌린다. 창세기 1장 28절—"생육하고 번성하여 땅에 충만하라, 땅을 정복하라, 바다의 물고기와 하늘의 새와 땅에 움직이는 모든 생물을 다스리라"—은 많은 비판을 받았다. 그것은 고도로 발달한 경제의 전형인 소비주의 생활방식으로 말미암은 지구 착취를 도덕적으로 정당화해주는가? 아니면 과학과 기술과 상업이 협력하여 우리를 현재의 곤경으로 밀어 넣었는가? 생태 영성은 생태학이 기술적인 것이 아니라 영적인 것이라는 점, 그리고 사람들이 지구의 건강을 위해 행동하려 한다면 세상을 인식하는 방법을 바꾸어야 한다는 것을 분명히 한다.

---

1) Martin Luther, *Samll Catechism in Evangelical Lutheran Worship* (Minneaplois, Augusburg Fortress, 2006), 1062.

헨리 데이비드 소로(Henry David Thoreau, 1817-1862), 존 뮤어(John Muir, 1838-1914), 그리고 알도 레오폴드(Aldo Leopold, 1887-1948)는 아메리카 대중의 의식을 다른 식으로 고취했다. 소로는 단순한 삶을 옹호했고, 뮤어는 하나님의 솜씨인 자연의 아름다움을 드러냈고, 레오폴드는 자연계의 모든 종을 존중할 것을 요구했다.

20세기 초의 신학자 테야르 드 샤르댕(Pierre Teilhard de Chardin, 1881-1955)은 창조, 그리고 과학과 종교의 관계에 관심을 두었다. 테야르 드 샤르댕의 가정은 대가족이었지만, 그는 거의 모든 형제자매의 경험했다. 그는 제1차 세계대전 때 들것을 나르는 사람으로서 심각한 상처와 심리적 외상을 목격했다. 그러나 그의 가르침은 인간의 고통과 죄를 심각하게 다루지 않는 듯하며, 일관성 있게 낙관적이었다. 그의 저술들은 대체로 20세기 전반에 이루어졌지만, 그는 사후인 20세기 후반에 비로소 알려졌다. 이는 가톨릭교회와 예수회 내의 윗사람들이 그의 작업을 비난했기 때문이었다. 그는 일생의 대부분 출판을 금지당했고, 고향 프랑스에서 추방되었다. 그는 중국 북부에 살면서 지리학과 고생물학에 전념했다.

테야르 드 샤르댕은 1924년에 원죄 문제로 수도회의 지도자들과 충돌했고, 그 결과 그의 사상을 출판하지 않는 데 동의했다. 후일 출판된 그의 저서에는 『인간 현상』(The Phenomenon of Man), 『신적 환경』(The Divine Milieu), 『물질의 핵심』(The Heart of Matter), 『우주 찬가』(Hymn of the Universe) 등이 있다. 이 책들의 주제는 그가 초기에 쓴 『물질 찬가』(Hymn to Matter, 1919)에서 발견할 수 있다.

물질이여, 그대를 축복하고 칭송하노라.

그대를 성령이 흔드는 바다처럼, 성육하신 말씀에 의해 형태를 갖추고 생명이 주어지는 진흙처럼 창조력이 가득한 신적 환경으로 칭송하노라…

물질이여, 갈등과 분리와 죽음을 통해서 저 높은 곳으로 들어 올려주게; 나를 들어 올려 마침내 내가 완전한 순결 안에서 우주를 포용할 수 있게 해주게.[2]

『신적 환경』(The Divine Milieu: An Essay for the Interior Life)은 1927년에 저술했지만, 1957년에 출판되었다. 그는 교회의 문턱에서 갈팡질팡하는 사람들에게 그 책을 보낸다:

이 책에서는 실질적인 태도, 또는 보는 방법을 가르치는 방식을 제안한다. …당신이 영혼의 시선을 고정하여 이 장엄함을 감지할 수 기를,…당신이 한 번만이라도 "위대하신 주, 당신의 우주를 한층 더 위대하게 하사 끊임없이 넓어지고 강화된 접촉에 의해 내가 당신을 붙들며, 주께서 나를 붙들게 하여 주십시오"라고 외칠 수 있기를![3]

---

2) Pierre Teilhard de Chardin, *Hymn of the Universe* (London: Collins Fontana, 1970), 64ff.

3) Pierre Teilhard de Chardin, *The Divine Milieu: An Essay for the Interior Life* (New York: Harper and Row, 1969), 15.

테야르는 1955년 4월 10일 부활절에 사망했다. 그는 제2차 바티칸 공의회에서 논란의 대상이었다. 그는 불이라는 중심 이미지와 진화적 변화의 역학에 초점을 두고 세상의 본질에 대한 새로운 비전을 가져왔다. 그것은 매우 사변적이었지만 내면생활의 문제에 친숙했는데, 그것들은 그의 우주 이론과 연결된다.

1990년대에 지구가 지상권(geosphere)과 생물권(biosphere)과 정신권(noosphere)이라는 일련의 동심원으로 이루어져 있다는 테야르의 견해가 관심의 대상이 되었다. 새로운 기술은 사람들 간의 상호 접속을 크게 변화시켰고, 정신권은 새로운 단계의 인간 진화의 놀라움을 설명하기 위한 개념을 제공했다.

20세기에 활동한 두 번째 인물 매튜 폭스(Matthew Fox, 1940-)는 창조 중심 영성, 또는 창조영성을 옹호한다. 그의 학파의 관심사는 생태학보다 광범위하지만, 폭스의 저술에서는 생태학적 주제가 강조된다. 그로 말미암아 빙엔의 힐데가르드(Hildegaard of Bingen)과 마이스터 엑하르트(Meister Eckhart)가 논의의 중심이 되었다. 폭스는 1993년에 도미니크 수도회와 가톨릭 사제직에서 축출되었고, 1994년에 샌프란시스코에서 성공회 사제가 되었다. 폭스는 자신의 『고백록』 (*Confessions: The Making of a Post-Denominational Priest*)에 이러한 사건들을 기록했다.

폭스가 거센 비판을 받아 정통 기독교 신앙을 가르칠 수 없게 된 이유는 무엇인가? 비판한 사람들이 볼 때 그는 기독교 구원의 주된 주제를 제쳐놓은 것 같았는데, 그는 그것을 구속/타락 중심의 영성이라고 부른다. 폭스는 이원론을 거부하고 신학자로 일할 것을 요구하지만, 기독교 신앙을 두 개의 반대되는 측면으로 나누고, 한 편이 다른 편을 이기고 승리할 것을 요구했다. 그는 신조들의 첫 조항(창조에 관한 조항)과 둘째 조항(구속에 관한 조항)을 대조하는 듯하다. 그의 견해는 『우주적 그리스도의 도래』(The Coming of the Cosmic Christ: The Healing of Mother Earth and the Birth of a Global Renaissance)에 표현되어 있다. 그의 초기 저술인 『신비적이고 음악적인 곰이 되는 데 관하여』(On Becoming A Musical Mystical Bear: Spirituality American Style)에서 이 영적 개혁자의 열정을 찾아보자:

> 서방 영성에는 삶을 긍정하는 영성보다 부정하는 영성의 예가 많다. 서구 문명에서 이것들이 예수께서 버리라고 하신 삶을 긍정하는 유대교 영성보다 더 우세하다. (감정 욕구의) 표현 대신에 억압, 즐거움 대신에 죄의식, 현세 대신에 천국, 정의 대신에 감상성, 재능 계발 대신에 금욕이 서구 문명의 특징이다. …플라톤, 어거스틴, 그리고 위 디오니시우스의 영성은 인간적인 염세주의와 삶의 부정으로 이어질 수 있다. 그러나 그것들은 기독교에서 인기와 영향력 있는 영성이었다.[4]

생태 페미니스트인 로즈마리 류터(Rosemary Ruether)는 가부장제와 자연환경 파괴의 관계에 관한 글을 저술했다. 예를 들어, 그녀는 다음과 같이 기록한다: "여성의 지배는 사회적으로나 상징적으로 지구

---

4) Matthew Fox, *On Becoming a Musical Mystical Bear: Sprituality American Style* (New York: Paulist, 1976), xv.

지배 및 가부장 문화에서 여성을 땅과 물질과 자연과 연결하고, 남성을 하늘과 지성과 초월적 영과 동일시하려는 경향과의 연결점을 제공해왔다."5)

류터는 우리의 문제의 영적 근원 및 그에 대해 어떻게 할 수 있는지를 지적한다:

> 사람과의 관계와 지구와의 관계 치유에는 새로운 의식, 새로운 상징적 문화와 영성이 요구된다. 우리는 내적 정신, 그리고 남성과 여성의 상호관계, 인간과 지구, 인간과 신, 신과 지구 등과의 상호관계를 상징하는 방식을 바꾸어야 한다. …생태-정의(eco-justice) 작업과 영성의 작업을 상호 관련된 것, 전환과 변형이라는 과정의 내적인 면과 외적인 면으로 보아야 한다.6)

류터나 매튜 폭스만큼 알려지지 않았지만, 기독교 영성의 전통적 입장에 가까이 머물려 하는 생태학적 작가가 있다. 찰스 커밍스(Charles Cummings)는 『생태 영성』(Eco-Spirituality: Toward a Revenent Life)에서 가톨릭교회의 타락/구속 전통이 아니고 폭스의 창조영성이 아니라, 두 가지의 종합인 새 패러다임을 제안한다.7) 전통에 대한

---

5) Rosemary Radford Reuther, *Gaia and God: An Ecofeminist Theology of Earth Healing* (San Francisco: Harpedr, 1992), 3.

6) Ibid., 4.

7) Charles Cummings, *Eco-Spirituality: Toward a Reverent Life* (New York: Paulist, 1991).

폭스의 비판에 동의하지만, 십자가의 중요성을 거부하는 데는 반박하는 기독교인들은 커밍스의 방식을 받아들일 것이다.

커밍스는 과학적인 발달 현상과 영적인 발달 현상에 대한 유익한 개관을 제공하며, 영성훈련을 위한 제안을 한다. 특히 그는 기독교인들이 삶을 단순화할 것을 요구한다. 여기에는 먹이사슬에서 낮은 단계의 것을 먹고, 개인 승용차 대신에 대중교통을 사용하며, 재활용을 통해서 자원 소비를 줄이는 것이 포함된다. 선진 세계의 사려 깊은 기독교인들은 커밍스의 관심사에 동참하지만, 지구 환경 보호를 영성 훈련으로 실천하는 사람은 극소수에 불과하다.

이 저자들이 제기하는 질문은 다음과 같다: "우리는 이 세계의 일부인가, 아니면 이 세상과 분리되어 있는가?" "인류와 자연의 궁극적인 운명인 미래의 종말에 대해 우리는 무엇을 가르치는가?" 바울은 온 우주가 인류의 부활에 참여한다고, 세상의 새로운 탄생이 있으리라 생각한 듯하다(롬 8:19-23). 이 구절은 인류와 세상이 분리되어 인간은 별들의 세계로 올라가고 지구는 파괴되는 것이 아니라 공동 운명을 소유할 것이라고 암시한다. 미래에 대해 대답 되지 않은 질문이 많지만, 바울의 가르침은 인간들과 인간이 아닌 것들을 포함하는 피조세계 전체가 공동 운명을 소유한다고 여긴다. 그렇다면, 우리의 영성은 인간의 영혼뿐만 아니라 생물과 무생물 전체와 관련되어야 한다.

성경에서 "세상"(그리스어로 *kosmos*)은 여러 가지 의미로 사용된다. 같은 단어가 상황에 따라 다른 것을 의미한다. 신약성경에서 가장 잘 알려진 구절은 "하나님이 세상을 이처럼 사랑하사"(요 3:16)라고 진술한다. 이것은 구약성경에 표현된 세상을 향한 사랑과 일치한다. 그러나 요한복음과 요한서신에서 "세상"의 새로운 의미, 한층 제한된 의미가 등장한다. 여기에서 "세상"은 피조세계 전체를 언급하는 것이 아니라, 우리를 빗나가게 하는 인간 사회의 힘을 언급한다. 정확하게 "세상에 있는 모든 것이 육신의 정욕과 안목의 정욕과 이생의 자랑이다"(요일 2:16). 이 두 구절에서 그 용어는 각기 다른 의미로 사용된다. 하나님이 사랑하시는 세상에는 인류 및 존재하는 모든 것이 포함된다. 요한 서신에서 경고하는 세상은 하나님을 배격하는 사회력(social force)이다. "세상"의 부정적 의미는 악한 인간성의 힘, 우리의 가장 선한 영적 관계들을 공격하는 힘과 관련이 있다. 그것은 또래 압력, 약자 괴롭히기, 언론의 왜곡, 불의한 법, 그리고 탐욕적인 문화적 관습 등의 힘이다. 그것은 하나님을 대적하며 평화를 대적하며 정의를 대적하도록 형성된 인간성이다.

  이 부정적 의미는 성경에서 사소한 주제이며, 성경에서 발견되는 근본적으로 긍정적인 견해와 구분되어야 한다. 창세기와 시편에 따르면, 이것은 하나님이 기뻐하시는 선한 세상이다. 그러므로 유대인과 기독교인과 무슬림에게는 생태학과 기술 안에서 그것을 보존하고 강화해야 할 의무가 있다. 복음적 기독교인들은 환경보호가 하나님의 명령이라는 견해에 접근하고 있다. 교황은 가톨릭 교인들에게 지구온난화를 심각하게 고려하라고 지시해왔다. 바르톨로뮤 총대주교가 이끄는 정교회 신자들은 행동으로 지구의 운명을 고려하게 되었다. 주류 개신교인들은 점차 책임을 의식하고 있다.

  생태 영성에는 자연과 묵상과 기도 안에서의 즐거움뿐만 아니라 우리의 경제적이고 정치적인 선택도 포함된다. 그러한 영성은 에너지 소비를 줄이고 자연계를 포용하며 더 단순하게 살게 하는 생활 방식이다. 이것은 우리의 경제적, 정치적, 영적 관습에 영향을 미칠 것이다.

이 관계 체계 안에서 인간은 얼마나 독특한 피조물이며, 어느 정도까지 피조물 중 하나에 불과한가? 유대 전통과 기독교 전통과 무슬림 전통 모두 인간을 피조세계의 일부이며, 소유자가 아니라 청지기로서 피조세계를 책임져야 한다고 여긴다. 동물 사육은 초기 성경 기자들에게 깊은 인상을 주었다. 이는 그들이 인간이 다른 피조물들을 지배하는 것에 대해 묘사하면서 양, 염소, 그리고 가축을 언급하기 때문이다. 이러한 "지배"는 착취를 의미하지 않는다. 그것은 인간만이 가치가 있다는 것을 의미하지 않는다. 그것은 지구의 목적이 인간의 욕구를 충족시키는 것임을 의미하지 않는다. 피조세계의 각 부분은 나름의 본질적 가치가 있다. 인간은 청지기 역할을 찬탈해서는 안 되며, 각 피조물이 나름의 중요성을 지닌다는 것을 인정해야 한다. 어떤 사람들은 열대 우림을 바라보면서 나무를 베고 땅을 목장으로 만들면, 얼마나 많은 목재를 생산할 것인지, 패스트푸드 회사라면 쇠고기를 얼마나 팔 수 있을지 생각할 것이다. 인간 중심의 견해는 그것이 본질적으로 얼마나 놀라운 것인지를 묻기보다 그것에서 무엇을 얻을 수 있을지를 묻는다.

창조에 대한 기독교적 관심은 세상이 하늘나라 본향으로 가는 영원한 영혼이 사용하고 버리는 마차라는 견해에 반대한다. 이 태도는 우리 몸에도 관련되며, 따라서 지구가 진실로 우리의 본향인지에도 관련된다.

20세기와 21세기에 신학, 그리고 생태학에 대한 기독교적 접근의 영성을 언급한 기독교 작가 몇을 소개한다.

웬델 베리(Wendell Berry, 1934-)는 많은 시와 수필과 소설을 저술한 작가이다. 그는 켄터키 주의 농부이며, 땅의 건강을 잊고 사는 도시의 대중에게 농촌 사람들을 강력하게 변호한다. 켄터키 출신의 에이브러햄 링컨처럼, 베리는 성경적 전통 안에 있지만 교회 안에서 활동하지 않는다. 그는 교회를 비판하지만, 같은 신앙 안에 있는 신자이다.

> 기독교와 생태학의 주제는 성경적 전통과 지구를 옹호하는 일에 몰두한 우리에게도 정치적으로 매력적이다. 왜냐하면 우리는 항상 교회의 지지를 갈망하며, 그것은 논리적으로 우리 조직의 것인 듯하다. 이 매력은 가장 어렵고 두렵지는 않지만 가장 좌절감을 준다. 왜냐하면, 하나님을 하늘과 땅을 지으신 분으로 찬미한다고 주장하는 교회들이 최근에 지구를 존중하려는 경향, 또는 지구를 더럽히려는 사람들로부터 보호하려는 경향을 거의 보이지 않기 때문이다.[8]

대부분의 교회 지도자들이 산업경제가 출하하는 상품에 대한 믿음을 불편하게 하지 않으면서 "그리스도 안에서 거듭나는 능력"은

---

8) Wendell Berry, *What Are People for?* (San Francisco: North Point, 1990), 95.

성경적인 것이 아니다.[9]

베리의 기독교는 급진 기독교이다. 그는 "복음서와 서신서는 혁명적이다. 그것들은 정반대의 혁명을 제안한다"라고 말한다.[10] 그가 뜨거운 감정만 다룰 뿐 의미 있는 실천이 부족한 영성, 즉 자연계의 즐거움과 그것을 하나님의 경륜으로부터 보존하려는 노력을 포함하는 실천이 부족한 영성을 비판한다고 가정할 수 있다. 다음의 시는 이 두 주제를 잘 보여준다:

이제 계절이 따뜻해지고, 숲은 인간 산업의 피해를 물려받는다.
우리의 생산이 하늘을 흔들고, 오염은 대기를 뒤흔든다.
우리는 두려워한다. 우리는 살기 위해 세상을 태운다; 우리의 삶이 잎새를 망친다.

높은 곳에서의 아우성이 그늘진 숲에 들어왔다가 물러나며 잠잠해진다. 그다음에 물개똥지빠귀가 노래하며 기도하기 시작한다. 공중에 형상이 만들어지고, 이곳에 사는 모든 사람이 우리 시대의 안식을 기도한다.[11]

---

9) Ibid., 98.

10) http//:w.w.w. sojo.net/magagine/2004/07/web-exclusive-wendell berry-interview-complete-text.

11) Wendell Berry, *A Timbered Choir: The Sabbath Poems 1979-1997* (Berkeley, CA, Counterpoint, 1998), 58.

베리의 시는 인간의 도덕성, 기도, 자연의 복잡함과 아름다움, 진정한 안식의 필요성 등을 깊이 있게 다루며, 때때로 인간들로 말미암은 대규모 파괴와 관련하여 히브리 예언자처럼 강력하게 발언한다. 그의 견해에 따르면, 교회는 세상을 파괴하는 자본주의에 맞춤으로써 일상생활에서 복음을 추출해왔다. "종교에는 수행이 있어야 한다. 종교가 수행을 버리고 말에 그칠 때 좋지 않은 일이 일어난다. 경제적으로 실천하지 않는 사람은 아무것도 실천하지 않는 사람이다."[12] 그는 지구의 아름다움을 이해하고 보존하는 영성을 촉구하며, 이 중요한 활동을 무시하는 강력한 힘에 대면하기를 두려워하지 않는 사람이다.

생태 페미니스트들, 특히 래드포드 류터와 조안 치테스터(Joan Chittester, 1936-)는 환경에 대한 최근의 인식에 큰 영향을 미쳤다. 그들은 신학 전통과 서방 문화 안에서 여성에 대한 태도와 자연에 대한 태도 사이의 연결고리를 증명할 수 있었다. 그들은 우리의 사고, 기도, 그리고 인간 사회 및 가정이라는 비인간적 상황에 대한 평가와 관련된 관습에서의 혁명을 요구한다.[13]

---

12) http.// w.w.w. sojo.net/magazine/2004/07/web-exclusive-wendell-berry-interview-complete-text.

13) Rosemary R. Reuther, *Gaia and God: An Ecofeminist Theology of Earth Healing* (Harper Collins, 1994); *Integrating Ecofeminism, Globalization, and World Religions* (Lanham: Rowan & Littlefield, 2005).

루터교 신학자요 윤리학자인 래리 라스무센(Larry Rasmussen, 1946)은 『지구 존중 신앙』(Earth-Honoring Faith: Religious Ethics in a New Key, 2012)에서 영성훈련을 옹호했다. 라스무센은 생각과 행위의 변화에 관하여, 금욕주의, 성례주의, 신비주의, 예언적-해방적 관습과 지혜 등을 옹호한다.[14] 초기의 저서인 『지구 공동체, 지구 윤리』(Earth Community Earth Ethics, 1996)는 비슷한 주제에 대한 간략한 입문서이다.

가톨릭 신자인 애니 딜러드(Annie Dillard, 1945)의 저술은 자연을 통한 하나님과의 만남을 증언한다. 그녀는 『팅커 계곡의 순례자』(Pilgrim at Tinker Creek)에서 잔인하다거나 역겹다고 생각할 수 있는 자연의 양상들을 망설임 없이 보고한다. 그녀는 작은 생물들의 생존을 위한 투쟁의 잔인성을 보여줌으로써 동물계의 어두운 측면을 사실적으로 묘사한다.

빌 맥키번(Bill McKibben, 1960-)은 자신이 교회에서 맡은 최고 직분이 감리교회 교회학교 교사직이라고 말한다. 기자인 그는 미국에서 중요한 환경 작가요 활동가가 되었다. 그는 350.org의 설립자로서 지구 온난화와 관련하여 2014년 9월에 뉴욕을 비롯한 여러 도시에서 역사상 가장 대중적인 데모인 인류의 기후 행진(People's Climate March)을 계획한 사람 중 하나이다.

---

14) Rasmussen, Larry L. *Earth-Honoring Faith: Religious Ethics in a New Key* (New York: Oxford University Press, 2013).

그는 초기 저서인 『위로의 폭풍우』(The Comforting Whirlwind: God, Job, and the Scale of Creation)에서 미국의 소비문화에 도전하면서 더 많은 것을 소유하려 하지 말라고 요구한다. 그 책의 대부분은 세상에 대한 새로운 사고의 패러다임을 제시하는 용기에 대해 다루는데, 인간이 창조의 중심이 아니라 일부인 새 패러다임이 필요하다고 주장한다. 다시 말해서 맥키번은 인간중심주의, 피조물은 인간에게 기여하는 한도 내에서만 가치를 지닌다는 사상에 반대한다. 이것은 그가 욥기의 폭풍우 가운데서 하나님에게 들은 메시지이다. 그는 존 뮤어(John Muir)의 글을 인용한다:

> 이기적이고 자만하는 피조물인 우리는 공감하는 데 매우 편협하다. 인간은 자기 이외의 모든 피조물의 권리를 깨닫지 못한다. 우리는 피조물에 대해 불손하게 말한다. 피조물은 타락하지 않고 부패하지 않았으며, 하늘의 천사들과 땅의 성도들에게 주어지는 것과 같은 친절과 사랑으로 보살핌을 받는 하나님의 가족의 일부이다.[15]

맥키번은 기독교인들에게 겸손과 기쁨을 찾으라고 말한다. 물론 이것들은 보통 개인적인 은혜로 이해되지만, 그는 행위로도 이해한다. 우리는 겸손하게 계획하고 지구의 재물을 소비해야 한다. 우리의 하찮음을 깨닫게 해주는 밤하늘을 볼 때 직접 우리를 비추는 낮의 하

---

15) Bill McKibben, *The Comforting Whirlwind: God, Job, and the Scale of Creation*(Cambridge, MA: Cowley, 2005).

늘을 볼 때와는 다르게 기뻐해야 한다. 우리는 들에 나가서 피조물의 아름다움과 정교함과 미묘한 디자인을 감상해야 한다.

이 기쁨은 다른 행동을 결과로 가져올 것이다. 당신은 아름다운 것의 보존을 위해 일할 것이다. 당신은 심각한 위협을 받는 대형 포유류의 보존 이외에 깨끗한 공기와 물에 관심을 둘 것이다. 이것들은 재력에 대한 강한 관심에 반대하도록 이끌 것이다. 이것들은 사람들을 단순히 살게 하기 위해서 단순하게 사는 것으로 이어질 것이다.

루터교 목사요 교수인 폴 샌트마이어(H. Paul Santmire, 1935-)는 수십 년 동안 신앙과 생태학의 문제를 다루었고, 그것들에 대한 글을 자주 썼다. 샌트마이어는 오늘날 우리가 직면한 위기, 기독교 역사의 좋은 점과 남용, 생태학, 전례, 창조 신학 등에 대한 글을 쓴 후에 영성에 관한 책 『자연 앞에서』(*Before Nature: A Christian Spirituality*)라는 책으로 전체 시리즈를 마감한다. 그 책은 문화와 신학과 영성의 밀접한 관계를 보여준다. 우리가 믿는 것은 우리의 느낌과 행동에 영향을 주지만, 우리가 느끼고 행동하는 것 역시 우리가 믿는 것에 영향을 준다.

샌트마이너는 자신이 "삼위일체 기도"(Trinity Prayer)를 받았다고 기록한다:

주 예수 그리스도시여, 나를 불쌍히 여기소서.
아버지와 아들과 성령을 찬양합니다.

성령이여, 오셔서 다스려 주십시오.[16]

이 기도의 첫 줄이 정교회의 "예수기도"임을 알 수 있다. 샌트마이어는 예수께 호소한 후에 삼위일체를 찬양하고, 그다음에 성령께 기도한다. 이것들은 모두 전통적인 기도이지만, 그의 기도에 독특하게 결합하여 있다. 그는 이 기도가 쉬지 않고 드리는 기도가 되는 방식, 즉 무의식적으로 영향을 미치는 잠재적인 리듬이 될 때까지 자주 이 기도를 하라고 제안한다. 그는 자기의 저서의 서두에서 언제 어디서든지 항상 이 기도를 하라고 권한다. 그는 많은 예와 유익한 힌트를 제시한다. 그는 대중 속에 있을 때는 침묵으로 기도하지만, 개인적으로 자연 속에 있을 때는 소리 내 담대하게 기도하라고 권한다. 그는 경청하고 꿈을 꾸기 위해서 침묵하면서 천천히 깊이 사색하며 기도할 것을 제안한다.

샌트마이어의 책은 영성의 자아를 보여주는(self-implicating) 특성을 보여준다. 그의 경험이 세계 위기와 창조신학에 대한 논의에 녹아 들어 있다. 그는 이레내우스처럼 성자와 성령이 "하나님의 두 손"이라고 제안한다. 이 견해에 의하면 세상은 하나님의 말씀(아들)과 지혜(성령)에 의해 지어졌다. 이것들은 만물을 만들고 활기를 부여하기 위해 협력하는 하나님의 두 손이다. 그러므로 아들과 성령은 인간

---

16) H. Paul Statmire, *Before Nature: A Christian Spirituality*(Minneapolis: Fortress, 2014.

의 마음 안에만 아니라 만물 안에 있는 우주적 행위자요 거주자이다. 샌트마이어는 서구의 신학 전통에서 성령과 자연과 여성을 부차적인 것으로 간주되기 때문에 창조가 심각하게 등한시되어왔다고 판단한다.

스티슨 체이스(Steven Chase)는 지금 우리가 논하고 있는 관심사들을 완전하고 충분하게 언급한다. 그는 자연에 대한 즐거움과 자연에 대한 많은 글을 알고 있음을 보여준다. 이는 그가 많은 실질적인 경험을 제안하므로, 그것들을 충분히 묘사하려면 각 분야의 안내서가 필요하기 때문이다. 그는 자연의 책이 성경의 책만큼 중요하다는 세계관을 표현하면서 개혁주의 전통 및 다른 전통들을 탐구한다.[17]

더글라스 크리스티(Douglas Christie)는 사막 교부들과 교모들 시대를 위해 다른 사람들이 다른 시대에 해야 할 일을 했다. 그는 수도원 운동의 선구자들이 증명한 자연 질서를 위한 관상적 배려와 장소에 관심을 두었다. 그는 그들의 감수성을 최근 조심성, 상실에 대한 슬픔, 미에 대한 평가 등의 특징을 지닌 새로운 생활방식 요구와 연결한다. 그의 저술은 깊이 있는 문체와 심미적인 표현으로 그의 자연과의 개인적인 만남을 표현한다.[18]

---

17) Steven Chase, *Nature as Spiritual Practice* (Grand Rapids, MI: Eerdmans, 2011; Steven Chase, *A Field Guide to Nature As Spiritual Practice* (Grand Rapids, MI: Eerdmans, 2011).

18) Douglas E. Christie, *The Blue Sapphire of the Mind: Notes for a Contemplative Ecology* (New YOrk: Oxford, 2013).

콘스탄티노플 대주교이며, 동방정교회의 총대주교인 바르톨로뮤 대주교(Patriarch Bartholomew, 1940-)는 생태학을 다루는 에큐메니컬 회의를 여러 차례 소집했다. 그는 생태학에 관한 과학과 종교 간의 대화에 초점을 두었고, 특히 물에 관심을 기울였다. 그는 자연계를 해치는 것이 죄라고 선언했다. 그는 교황 요한 바오로 2세와 함께 생태학에 관한 공동 성명을 발표했다. 그는 세상을 하나님 사랑의 성례로 여기라고 가르쳤다.[19] 이러한 일들로 말미암아 그는 비공식적으로 "녹색 대주교"(Green Patriarch)라고 불린다.

교황 프란치스코(Jorge Mario Bergoglio, 1936-)는 기독교 영성을 언급하는 가톨릭교회 최고위 환경 운동가이다. 그는 역사상 최초로 "찬미 받으소서: 공동의 집(지구)을 돌보는 것에 관한 회칙"(Laudato Si: Our Care for our Common Home, 2015)에서 역사상 기후 변화를 진지하게 다룸으로써 많은 사람의 상상(그리고 분노)를 사로잡았다. 그는 자신의 견해를 뒷받침하기 위해서 전임 교황들, 특히 요한 바오로 2세를 인용하며, 선한 의지를 가진 사람들에게 단순하게 살고 자연 서식지와 물과 공기와 땅을 보존하기 위해서 소비주의의 가치관과 탐욕의 동기를 배격하라고 호소함으로써 신기원을 이루었다. 그는 화석연료 사용 감소를 요구하는데, 그것을 공급하는 대기업들은 이에 강력하

---

19) John Grim and Mary Evelyn Tucker, "Christianity as Orienting to the Cosmos," in *Ecology and Religion*(Washington: Island Press, 2014), 96-108.

게 반대한다.

교황은 영성도 다루며, 다음과 같이 기록한다:

> 생태 위기는 심오한 내적 회심…생태적 회심을 요구한다. 그것에 의하여 그들과 예수 그리스도와의 만남의 효과가 그들 주위 세계와의 관계에 분명히 드러난다. 하나님의 솜씨를 보호하는 자로서의 소명을 실천하는 것이 덕행의 삶에 필수적이다. 그것은 기독교인으로서의 우리의 경험에 선택적이거나 부차적인 것이 아니다.[20]

그는 이 회심에 두 가지 태도가 필요하다고 말한다: 하나님의 선물인 세상에 대한 감사; 그리고 우리가 피조 세계의 일부이며, 모든 피조물과의 관계도 그러하다는 것. 그는 이 두 가지 태도를 고려하여 두 가지 생활 방식을 옹호한다: 냉철(끊임없이 더 많은 것을 소비하려 하지 않고, 가진 것에 만족하며 사는 것)과 겸손(모든 것을 지배하려 하지 않는 것). 그의 말에 의하면, 이 태도들은 기독교 영성의 핵심 요소인 평화와 기쁨으로 이어진다.

그는 이렇게 말하면서 자신과 같은 이름을 가졌으며 형제자매로서의 피조물과의 관계에서 평화와 기쁨을 발견한 아씨시의 프란치스코의 발자취를 따른다. 교황 프란치스코는 인류를 지구의 본질적 원수로 만들며 기후 변화의 피해를 가장 많이 받는 가난한 사람들에 대한

---

20) *Laudato Si: Our Care for our Common Home* (Huntinton, IN: Our Sunday Visitor, 2015), 141.

관심을 표현하지 않는 형태의 환경론을 명시적으로 배격한다. 그는 자기의 회칙에서 인간의 건강과 복지를 강조한다. 그는 기아, 무주택, 가난 등의 문제 역시 생태계의 일부이므로 관심사라고 주장한다. 그는 개인주의를 배격하며, 생태 변화에 대한 공동체적 접근 방식을 선호한다. 인간이 청지기 직분을 책임감 있게 수행하려면 개인뿐만 아니라 사회도 변화되어야 할 것이다.

결론적으로 서로 다른 배경을 가진 기독교인들이 창조 세계의 청지기로서의 책임에 눈뜨고 있다. 이 책임은 세상을 망각한 채 하나님에게 초점을 두는 영성이 아니라, 창조 세계의 다양성과 아름다움을 즐거워하며, 탐욕과 낭비라는 인간적인 충동으로부터 그것을 보호하는 데 초점을 둔다. 생태 영성은 물질적인 것을 통해서 하나님의 아름다움과 능력의 일부를 보여주시는 하나님을 기뻐하며, 피조물을 위해 기도하며, 단순하게 살며, 소비를 줄이며, 대중 장소에서 우리의 형제자매인 피조물에 친근한 정책을 옹호한다.

영성훈련

1. 영성훈련으로서의 자연에는 많은 창조적 훈련이 있다.

2. 동물을 관찰하라. 만일 애완동물을 기르고 있다면, 그것들에게서 영적으로 배울 수 있는 것이 무엇인지 관찰하라. 그것들은 인간과 다른 종이지만, 당신에게 정을 주고, 당신은 그것들을 환대한다.

당신과 애완동물 모두 하나님의 피조물이다. 당신에게 애완동물은 거의 인간처럼 소중하다. 기도할 때 애완동물에게서 배울 수 있는 점을 생각하면서 그것들을 위해 기도하라. 야생동물을 위해서도 그렇게 하라. 우리는 하나님이 지으신 세상의 청지기가 되어야 한다. 당신이 거주하는 지구에게 야생동물의 존재는 어떤 의미를 지니는가? 하나님은 단지 인간의 유익을 위해서 그것들을 지으셨는가, 아니면 그것들 자체가 본질적으로 의미를 지니는가? 조류, 동물, 나무, 화초, 또는 양서류에 대한 휴대용 도감을 구입하고, 이 피조물들에 대해 상세히 알아보고 그들의 친구가 되라.

3. 결과가 행동으로 나타날 때까지 자연을 즐기라. 아름다운 것의 보존을 위해 일할 수 있다. 현재 심각한 위협을 받는 대형 포유류 보호 외에 깨끗한 대기와 물에 관심을 두어도 좋다. 그것은 부에 대한 관심에 반대하는 행동으로 이어질 것이다. 그것은 사람들이 단순하게 살도록 하기 위한 단순한 삶으로 이어질 것이다.

권장도서

Elizabeth Breuilly and Martin Palmer, eds. *Christianity and Ecology* (New York: Cassell, 1992.

후기

영성과 디지털 과학기술

　기독교 영성의 오랜 역사가 흐른 지금 현재와 미래를 바라볼 때 이전 시대와 달리 특이한 것은 디지털 시대이다. 이 책은 컴퓨터로 편집하고 전송하고, 컴퓨터의 도움을 받아 인쇄되었고, 컴퓨터로 온라인으로 우송한다. 우리는 당연하게 여기지만, 이것은 새로운 일이다.
　기독교 영성 분야에서 소수의 작가들이 이 문화적 변화의 영향에 관해 깊이 생각하기 시작했다. 전반적으로 그들은 이용할 수 있는 도구 사용을 촉구하고, 그들이 목격해온 부정적 결과에 대해 경고한다. 이 후기에서 이 작가 중 몇 사람의 관심사를 이 책 앞부분에서와는 다른 방식으로 다룰 것이다.
　인류 역사에서 디지털 기술의 영향은 산업혁명만큼 중요하게 입증될 것이다. 그것은 중대한 변화이다. 그것은 인류에게 유익을 가져올 큰 잠재력을 지닌다. 그러나 많은 유익을 약속했던 원자 시대처럼, 과학기술 세계에도 불리한 면이 있다. 거기에는 유익을 위한 잠재력만큼 해를 초래할 잠재력이 있다. 그것은 우리가 예견하지 못하는 방식으로 문화에 영향을 미칠 것이다. 컴퓨터 시대는 제조, 운송업, 가전제품, 학술 연구, 의학, 국방, 그리고 영성을 변화시킬 것이다.

과학기술의 역사에는 마차나 토기와 같은 고대의 발명품을 포함하여 인간이 발명해온 모든 장치가 포함된다. 세월이 흐르면서 인간은 똑똑한 도구, 기계, 화학 약품, 그리고 소통을 돕는 것들을 사용하면서 삶을 개선해왔다. 이러한 장치들은 우리의 일상생활 형성에 갈수록 더 많은 영향을 미친다. 매일 아침 주님께 화덕의 불을 피우는 일을 축복하시기를 기도하는 켈트족 여인의 삶은 교통지옥을 통과하여 직장에 늦지 않기를 기도하는 직장 여성의 삶과 종류가 다르다. 산업혁명으로 말미암아 사람들은 집 밖에서 일하게 되었고, 전보다 더 많은 사람이 사용할 수 있도록 더 많은 제품을 생산했다. 디지털 혁명은 수십 억에 달하는 사람들의 삶의 표준을 높일 뿐만 아니라, 소수 억만장자들의 수중에 부를 집중함으로써 대다수의 인간이 가난하게 될 가능성을 지닌다.

영성생활에는 "관심 두기"가 포함된다. 그것은 이 새 시대에 들어서면서 우리가 생각하는 방식에서 발생하는 것을 신중하게 관찰하는 것이다.

새 미디어에는 관심을 둘 가치가 있는 용도와 내용이 있다. 이러한 과학기술의 효용은 고르지 않다. 인류의 일부만이 그것들을 사용할 여유를 지닌다. 전기, 깨끗한 물, 냉난방 시설을 갖춘 주택, 자동차, 의료 혜택, 먼 지역에서 생산한 음식 등을 이용할 만큼 부유한 사람들은 그렇지 못한 사람들보다 훨씬 안락한 삶을 누린다. 이것은 관심을 두어야 할 일이다: 그것은 정의와 관련된 일이다. 그것은 제1장에서 묘사한 네 가지 관계 중 하나인 사람들과의 관계에 영향을 미친다. 세계 인구의 5%에 불과한 부유한 사람들이 하나님과 자신과 이

옷, 그리고 피조 세계에 대한 사랑 안에서 성장하기 위해 디지털 세계를 어떻게 사용할 수 있을까? 이러한 과학기술로 말미암아 우리 중 일부가 누리는 특권 때문에 수입 격차가 벌어지는 것을 어떻게 막을 것인가?

과학기술의 충격은 컴퓨터에서만 오는 것이 아니다. 그것은 구글 등을 통하는 월드와이드웹(world wide web), 페이스북이나 트위터 같은 소셜 미디어, 그리고 스마트폰이라고 불리는 모바일 컴퓨터로부터 온다. 이 세 가지로 말미암아 컴퓨터는 상존하는 강력한 동반자가 된다. 컴퓨터의 작은 화면이 우리의 의식을 침범하고 있다. 이러한 장치에 중독되었으므로, 그것을 포기할 때 금단 증상을 느낀다. 필자는 휴대폰을 잃었을 때 무력함, 그리고 세상과의 접촉에서 벗어난 느낌을 받았다. 그것들을 의존할 때 우리는 함께 있는 사람들로부터 소외될 수 있다. 우리는 정신을 분산시키고 중독시키는 인터넷 서핑과 게임으로 빈 시간을 채울 수 있으며, 우리의 정신은 쉬지 못한다.

영성은 관계 안에 존재하며, 새로운 미디어들은 사람들과 연결하는 방식을 제공하므로 영성 연구에 적절하다. "관계성은 우리를 인간이 되게 해주는 핵심이며, 우리의 인간성을 표현하는 수단이다."[1] 이 책에서는 영성이 사랑의 관계들, 여러 형태의 사랑의 경험에 대한

---

1) Judette Gallares, "The Spirit Hovers Over Cyberpace," in Agnes M. Brazal and Kochurani Abraham, eds., *Feminist Cyberethics in Asia: Religious Discourses on Human Cannectivity* (New York: Palgrave Macmillan, 2014), 175.

것이라고 주장한다. 그것은 사랑 받는 것, 사랑의 부재에 주목하는 것, 그리고 우리 자신을 포함하여 존재하는 모든 것과 사랑을 나누는 것에 대한 것이다.

페이스북은 우리의 관계를 강화해주는가, 아니면 더 피상적으로 만드는가? 트위터로 공유하는 것은 친밀함으로 이어지는가, 아니면 경멸로 이어지는가? 나의 비디오를 유투브에 올리는 것은 내가 하나님의 창조 사역에 참여할 수 있게 해주는가, 아니면 익명으로 나의 죽음을 요구하는 냉소적인 비평가들에게 기회를 제공하는가? 두 가지 가능성 모두 존재한다. 야고보서에서 말하듯이 혀는 축복할 수 있고 저주할 수도 있다.

이 새 시대의 긍정적인 면은 새로운 기회이다:

> 기독교인들은 아래를 내려다보지 않고 위를 바라봄으로써 반문화적 세력이 될 수 있다. ···우리는 헌신적으로 갱신하는 옛 믿음을 실천한다. 우리는 시끄러운 것들에 고요로 대응할 수 있다. 빠른 것을 좋아하는 사람에게 더딤을 제공할 수 있다. 피상적인 것에 더 깊이 들어가는 것으로 대응할 수 있다.[2]

관계적이며 사랑스러운 존재인 우리는 이 컴퓨터화한 세상에서 문화에 의해 형성되지만, 항상 더 나은 쪽으로 형성되지는 않는다. 디지털 미디어는 거의 순간적으로 반응함으로써 우리의 성격을 형성하

---

2) Ibid., 207.

는 경향이 있다. 구글에서는 0.16초 안에 백만 개의 힌트를 얻을 수 있는데, 현실 세계가 탐색을 위한 시간과 노력을 요구할 때 우리는 견디지 못하고 짜증을 낸다. 예수님이 "찾으라 그리하면 찾아낼 것이요"(마 7:7)라고 말씀하시면서 보장하신 결과로 이어질 진정한 탐색이 수고스러운 것일 수 있다. 그것은 잃어버린 동전을 찾는 여인, 잃은 양을 찾는 목자, 그리고 잃었던 아들을 찾는 아버지(눅 15장)의 탐색과 흡사하다.

게다가 이러한 장치들이 항상 약속처럼 작동하지는 않으므로, 그것들이 지체하거나 제대로 작동하지 않을 때 우리는 좌절하여 에너지를 낭비한다. 그것들은 시간을 절약해주는 장치로 판매되지만 수리가 필요하므로, 우리는 시간과 돈과 여행을 추가로 지불해야 한다. 때때로 그것들은 한 가지 일을 하는 데 필요한 시간의 두 배를 소요한다. 우리는 욕하고 짜증을 내면서도 계속 그것들을 구매한다.

우리는 전화나 인터넷으로 먼 곳에 있는 사람과 즉각적으로 접촉할 수 있다. 우리는 전자 게임을 함으로써 어떤 적에게도 순간적으로 반응할 수 있도록 반사작용을 훈련해왔다. 우리에게는 인터넷 백과사전인 위키피디아가 있으므로, 도서관의 참고문헌 코너가 필요하다고 생각하지 않는다. 우리는 같은 방에 있는 사람과 소통할 때도 얼굴을 맞대고 하는 대화 대신에 문자 메시지를 주고받는다. 일부 심리학자들의 견해에 의하면, 이러한 디지털 상호작용이 우리의 두뇌, 분명하고 비판적으로 생각하는 능력, 깊이 생각하는 능력을 방해한다.

또 하나의 관심사는 "앱"(app)이라는 개념이 삶 전체에 적용될 가능성이다.

어플리케이션들의 폭과 접근 가능성은 앱 의식(app consciousnes), 앱 세계관(app worldview)—우리는 성취하고자 하는 모든 것을 성취하며, 운이 좋으면 좋은 앱의 총체를 소유하며, 더 거시적인 차원에서 특정 방식으로 세상에 제공된 특정 생활을 영위하기 위한 슈퍼앱(super-app)에 접근할 수 있는 방식이 있다는 사상—을 심어 준다.[3]

인터넷에 대한 또 하나의 관심사는 내용과 관련된다. 인터넷은 개인적 위협이나 테러 위협, 빌딩 폭파에 관한 정보, 프로노 등을 전달할 수 있다. 인터넷상의 포르노는 지면 상의 포르노보다 중독성이 강하다. 왜냐하면 그것은 다른 방식으로 뇌에 영향을 미치기 때문이다. 그것은 두뇌에 화학적으로 보상하기 때문에, 쉽게 생래적인 중독이 된다.[4]

그러나 인터넷의 내용은 긍정적인 정보도 포함한다. 이는 그것이 우리가 기도 방식을 배우고, 성경공부에 참여하고, 묵상하는 것을 도울 수 있기 때문이다. 다시 말해서, 우리는 영적 대가들을 연구하고, 성경 주석을 찾고, 묵상하는 방법에 관한 가르침을 찾을 수 있다. 게다가 인터넷은 전 세계적으로 비상손실 준비 자금이나 개인적인 격

---

3) Howard Gardner and Katie Davis, *The App Generation: How Today's Youth Navigate Identity, Intimacy, and Imagination in a Digital World* (New Haven, CT: Yale University Press, 2013), 160.

4) http://w.w.w.spychiguides.com/guides/porn-addiction/.

려가 필요한 사람에게 도움을 전할 수 있다.

인터넷의 내용이 긍정적일 수 있듯이, 인터넷 실천도 긍정적일 수 있다. 우리는 시민 기자로서 지도자에게 영향을 미치고, 비디오를 작성하고, 새로운 뉴스를 보낼 수 있다. 또 인권단체인 국제 엠내스티가 입증해온 것처럼 죄 없는 사람을 투옥하고 있는 외국 정부의 행위를 바꿀 수 있다. 우리는 대면 모임에 다른 소통 방식을 제공함으로써 옛 관계를 되살릴 수 있다. 우리는 결코 만나지 못할 사람들과 새롭게 원거리 관계를 이룰 수 있다.

과학기술에는 유익한 가능성이 있지만, 일부 과학기술 전문가들의 믿음이 우상숭배일 가능성이 있다. 문화 해설가인 크레이그 디트웰러(Craig Detweller)는 다음과 같이 말한다: "하나의 참 믿음은 과학기술적 신비주의이다: 과학기술의 보편적 효용에 대한 믿음이다."[5] 이 신비주의는 영지주의, 물질적인 것의 부인에 접근할 수도 있다. 그는 계속해서 "예수의 성육신은 몸을 실제 생활 공간으로 여기며 두뇌만 소중히 여기는 과학기술 전문가들을 모욕한다"라고 말한다.[6]

아이맥이 아이폰과 아이패드를 낳았고, 그것들은 각기 나와 함께 출발한다. 그것들은 연결하고 봉사하는 나의 능력을 강화하지만, 또 온 세상이 나를 중심으로 돌아간다고 믿는 자만심을 만들어낸

---

5) Craig Detweller, *iGods: How Technology Shapes Our Spiritual and Social Lives* (Grand Rapids: Brazos, 2013), 42.

6) Ibid.

다.[7]

컴퓨터 시대는 교회의 전통적인 관습에 경고한다. 다음 논평에 대해 진지하게 생각해보자:

> 우리의 삶이 대체로 그렇듯이, 영성이 온라인을 움직이기를 기대할 수 있다. 우리는 온라인 교회와 신전이 순간적으로 여러 가지 감각에 호소하며 문자보다 더 감각적인 경험에 기초한 영적 자극과의 접속을 제공하기를 기대할 수 있다. 그 결과 성경공부와 예배 참여 같은 전통적인 종교 관습은 쇠퇴할 것이다. …성경책의 하나님은 쇠퇴할 것이다. 우리는 지구에 시간적으로 현존하는 하나님을 되찾을 것이다.[8]

영성훈련을 실천하는 사람들은 인터넷 사용이 자신과 다른 사람에게 축복이 되기를 원할 것이다. 우리는 친구들과 지인들에게 하나님 사랑을 전하기를 원할 것이며, 우리를 노예로 삼지 않는 방식으로 웹을 사용하려 할 것이다. 우리는 그것을 우상으로 여기지 않고, 도구로 여길 것이다. 우리는 감정적으로 인터넷에 몰두하지 않으면서 그것의 유용성을 의식할 것이다. 우리는 그것이 아침부터 저녁까지 우리의 일상을 지배하게 하지 않을 것이며, 아침저녁으로 기도하고 묵

---

7) Ibid., 4.

8) Wulliam Indick, *The Digital God: How Technology Will Reshape Spirituality* (Jefferson, NC: McFarland, 2015), 35.

상함으로써 그리스도 중심의 관점을 유지하려 할 것이다. 어떤 사람들은 이 세상 어디에서나 엄청난 양의 정보에 접근하는 온갖 교육 수준의 사람들에게 낙원을 약속할 것이다. 그러나 텔레비전의 발명이 대중 교육의 새 시대에 대한 꿈으로 이어졌지만, 곧 상업적인 대량 공급의 실체로 말미암아 실망했듯이, 컴퓨터 시대는 많은 스팸, 포르노, 잔인한 위협 등과 함께 도래했다.

다음은 삶에서 디지털 장치와 관계를 맺는 데 대한 실질적인 제안이다:

> 사랑하는 사람들과 접속하라.
> 건강을 증진하라.
> 밖으로 벗어나라.
> 상거래를 피하라.
> 촛불을 켜라.
> 포도주를 마시라.
> 빵을 먹으라.
> 침묵하라.
> 돌려주라.[9]

어떻게 해야 공정하고, 친절하며, 하나님과 더불어 겸손히 행할 것인가? 이것은 이전 시대에 논의된 적이 없는 질문이다. 그러나 근본

---

9) w.w.w.sabbathmanifesto.org.

적인 질문은 미가가 제기한 것과 같다: 하나님과 이웃과 피조물과의 공정하고 사랑스러우며 평화로운 관계를 방해하는 것을 어떻게 극복할 것인가?

 본서에서는 과거의 작가들이 많은 것을 제공했지만, 우리는 새로운 상황에서 그들의 메시지를 받을 수 있어야 한다는 점을 살펴보았다. 우리가 이전 시대 사람들의 말을 되풀이하는 데 그치지 않고 그들의 정신을 받아들이고 그들의 지혜에 접근하며, 그들의 하나님과 동행하려면, 그들과의 진정한 대화가 필요하다. 이 대화는 우리 시 시대에 알맞게 성령 안에서 행하는 새로운 방식으로 이어질 것이다. 우리에게는 참 복음에 기초를 둔 영성훈련이 필요하다. 그렇게 된다면, 그리스도의 영의 생수를 마시고 참 하나님을 향한 우리의 욕구를 충족시킬 수 있다.

연대표

A.D. 1
 (50-130년경) 신약성경
 (35-108) 안디옥의 이그나티우스
A.D. 200
 (250-353) 이집트의 안토니
 (296-373) 아타나시우스
A.D. 300
 (306?-373) 에프렘
 (330-379) 가이사랴의 바실
 (345?-399) 폰투스의 에바그리우스
 (354-430) 어거스틴
 (360?-432) 요한 카시아누스
 (385-461) 패트릭
A.D. 400
 (451-525) 킬데어의 브리지드
 (480-547) 베네딕트
A.D. 500
 (521-597) 콜룸바
A.D. 1000
 (1090-1153) 클레르보의 베르나르
 (1033-1109) 캔터베리의 안셀름
A.D. 1100
 (1170?-1221) 도미니크 구즈만
 (1181/2-1226) 아씨시의 프란시스코
 (1193-1253) 아씨시의 클라라

A.D. 1200

  (1225-1274) 토마스 아퀴나스

  (1260-1328?) 마이스터 에크하르트

  (1293-1381) 얀 반 뤼스브로에크

  (1296-1359) 그레고리 팔라마스

A.D. 1300

  (1353-1416?) 노리지의 줄리안

  (1380-1471) 토마스 아 켐피스

A.D. 1400

  (1483-1546) 마틴 루터

  (1484-1531) 울리히 츠빙글리

  (1491-1556) 로욜라의 이냐시오

  (1496?-1561) 메노 시몬즈

A.D. 1500

  (1509-1564) 존 칼빈

  (1515-1582) 아빌라의 테레사

  (1542-1591) 십자가의 요한

  (1555-1621) 요한 아른트

  (1567-1622) 프란시스 드 살

  (1575-1629) 피에르 드 베륄

  (1593-1633) 조지 허버트

A.D. 1600

  (1611-1691) 부활의 로렌스

  (1623-1662) 블레이즈 파스칼

  (1624-1691) 조지 폭스

  (1628-1688) 존 번연

  (1635-1705) 필립 야곱 스페너

  (1648-1717) 기용 부인

  (1651-1715) 프랑소아 페넬론

(1663-1727) 아우구스트 헤르만 프란케

A.D. 1700

(1703-1791) 존 웨슬리

(1707-1788) 찰스 웨슬리

(1720-1772) 존 울먼

(1725-1807) 존 뉴턴

(1731-1805) 코린트의 마카리우스

(1749-1809) 성산의 니코데무스

(1759-1833) 윌리엄 윌버포스

(1799-1873) 헨리 벤

A.D. 1800

(1813-1855) 죄렌 키르케고르

(1866-1929) 윌리엄 웨이드 해리스

(1870-1922) 윌리엄 시무어

(1875-1941) 에블린 언더힐

(1881-1955) 피에르 테이야드 데 샤르뎅

(1881-1963) 교황 요한 23세

(1886-1968) 카를 바르트

(1888-1960) 가가와 도요히코

(1896-1985) 캐서린 드 도로시

(1897-1980) 도로시 데이

(1898-1963) C. S. 루이스

A.D. 1900

(1904-1984) 칼 라너

(1906-1945) 디트리히 본회퍼

(1910-1997) 마더 테레사

(1915-1968) 토마스 머튼

(1920-2005) 요황 요한 바오로 2세

(1926-1982) 존 메인

(1927-1993) 케사르 차베스
(1929-1968) 마틴 루터 킹
(1929- 2009) 코스께 코야마
(1932-1996) 헨리 나우엔

색인

ㄱ

가가와 도요히코 379, 455
갈멜산의 등정 216
감성적 영성 227
개릭 브레이드 373
거룩한 것에 대한 지식 266
거룩한 죽음 104, 208
거트루드 265
경건주의 15, 31, 73, 170, 194, 200, 201, 204, 228, 229, 233, 234, 235, 237, 238, 254, 261, 268
경건주의자 73, 229, 235, 237, 238, 254
경건한 소원 233
경청 사역 292
경청에 관하여 326
고교회 209, 246, 247
고교회파 246
고백록 138, 139, 305, 424
고해 성사 지도서 130
골짜기의 샘 266
공동기도서 60, 207, 220
공허한 인간 396
관상생활 갱신회 398

광야의 시내 266
광야: 침묵과 독거와 기도 안에서 하나님을 만남 317
교회의 위계 142
구스타보 구티에레스 260, 309, 354
그레고리 팔라마스 161, 163, 454
그레이스 에피스코팔 대성당 284
그루테 168
그리스도를 본받아 169, 241
그리스도의 순간: 묵상의 길 314
긍정의(kataphatic) 64
긍정적(kataphatic) 158
긍정적 사고의 힘 340
기도의 능력 326
기독교 교회력 247
기독교 영성 입문 11, 293
기독교의 현세성 296
기독교인의 자유 197
기독교인의 행복한 삶의 비밀 264
기독교적 선 400
기억 치유 291, 409
기용 부인 250
기타모리 가조 378
꾸르실로 279

ㄴ

나사렛교회 244, 264
남성 혐오 334
내면의 성 215
넬슨 만델라 366
노리지의 줄리안 99, 179, 184, 297, 454
노먼 빈센트 필 340
노아 시애틀 323
놀라운 은혜 286
뉴튼 226
늙음의 장점 301
니코데무스 255, 455
니콜라스 하르몬 249
닛사의 그레고리 113, 122, 123

ㄷ

다니엘 버리건 318
다코타: 영적 지리 285
담화집 124
대럴 조덕 227
대 알버트 171
대요리 문답 199
더글라스 스티어 325
더글라스 크리스티 437
데스몬드 투투 366
데이비드 두 플레시스 278
데이비드 배럿 372
데이비드 제임스 335
도널드 트럼프 340

도로시 데이 318, 455
도로시 세이어즈 291
도로시 스티어 325, 326
도로테우스 157
도미니크 구즈만 171, 453
독일 신학 196
동양선교회 266
들고 읽으라 302
디오니시우스 113, 122, 138, 142, 143, 144, 145, 146, 178, 181, 218, 255, 425
디트리히 본회퍼 104, 293, 364, 455

ㄹ

라로슈의 알랑 172
라마누자 384
라민 산네 371
라민 삼네 47
래드포드 류터 331, 432
래리 라스무센 433
랜설롯 앤드루스 208
레노바레 327
레오 요제프 수에넨스 279
레티 카우먼 266
렉시오 디비나 80, 81, 125, 220
로렌 249, 284, 314, 407, 454
로버트 모리슨 381
로버트 슐러 340
로버트 스미스 336

로베르토 데 노빌리 213
로완 윌리엄스 293
로제 슈츠 287
로즈메리 래드포드 류터 331
로크 226, 229
루이스 36, 37, 73, 79, 291, 292, 396, 455
루터(195
루퍼스 존스 326
뤼스브로에크 178, 181, 182, 183, 184, 185, 249, 454
리사 다힐 297
리지외의 테레사 257
리처드 로어 323
리처드 포스터 26, 326

ㅁ

마귀의 지령 292
마그데부르크의 메히틸드 178
마더 테레사 40, 319, 455
마르 도마교회 45
마이스터 에크하르트 145, 177, 181, 454
마저리 켐프 185
마크리나 위데커 81
마테오 리치 213
마테오 리치 381
마틴 루터 킹 299, 326, 412, 456
막스 투리앙 287
만다라 기도 342

메르시 암바 오두요예 367
메리 데일리 333
메리 프륄리히 258
모세 오리몰라데 373
모튼 켈시 289
몰리노스 250
무디 263
무디성경학교 263
무정념 124, 163
무지의 구름 178, 313, 400
물소 신학 377
미로 49, 68, 97, 113, 136, 137, 158, 232, 242, 281, 283, 284, 355, 427, 428
미로 기도 284
민족중심주의 39

ㅂ

바르사누피우스 157
바르톨로메오 데 라스 카사스 260
바르톨로메우스 치겐발크 261
바르톨로뮤 대주교 438
바바 알라두라(기도하는 아버지) 373
바실 115, 122, 123, 313, 453
바실 페닝턴 313
바오로 6세 279
방문수도회 248
버나드 맥긴 137
베긴회 177

색인 459

베네딕트 81, 122, 124, 125, 126,
  165, 168, 170, 180, 212,
  247, 285, 313, 329, 396,
  397, 413, 453
베넷비전 329
보나벤투라 176
복종의 기도 271
본회퍼 104, 293, 294, 295, 296,
  297, 364, 455
본회퍼와 영성 형성 297
볼라지 이다운 371
볼테르 226
부에노 130
부정의 신학 145, 218
부활의 로렌스 249, 454
불꽃 튀는 돌 182
브라이언 렌 334
브리짓 128
블레즈 파스칼 253
비드 그리피스 396
비밀집회법 237
빈데스하임 수도 종회 168
빌리 그레이엄 297
빌 맥키번 433
빙엔의 힐데가르드 178, 179, 424
빛의 신비 173

Ⓢ

사라(Sarah) 120
사랑의 내적 눈 400

사랑할 힘 299
사무엘 아자이 크로우더 240
살아있는 믿음 38, 301
상처 입은 치유자 309
생태 영성 421, 426, 428, 440
샨티바남 397
샹탈 248
성결의 길 264
성경 묵상 301, 329
성경의 치유력 291
성경훈련대학 265
성년이 된 사람 295
성령의 치유하는 은사 291
성무일도 212
성스러운 묵상 200
성심회 249
성 패트릭 127
세계교회협의회 276, 281, 373, 376
세계 기독교 묵상 공동체 314
세바스티안 브록 114
세속적인 거룩 295
세자르 차베스 322
센터링 기도 281, 290, 313, 342
  만다라 기도 281, 290, 313, 342
소요리 문답 199
소울 프렌드 292
소저너스 301
솔렌티나메 복음 355

솔로몬의 송가 6, 98, 99, 100
순교자들에게 107
순교자 퍼페투아 103
순례자의 길 157, 256, 399
슈베르머 205
스미스 위글스워스 278
스탠리 사마르타 385
스토어프론트 교회 277
스티슨 체이스 437
스펙타클즈 107, 108
시골 친구에게 부치는 편지 253
시메온 113
시속 3마일 하나님 377
시에나의 카타리나 178
신경건운동 168, 169
신비신학 142, 144
신비주의 288
신성 클럽 241
신앙생활 입문 248
신애론 248
신의 이름들 143
신의 이름에 관하여 142
신적 환경 422, 423
신학대전 172
신학자 발람 162
신화 116, 117, 140, 155, 162, 246
심슨 266
십자가에는 핸들이 없다 378

십자가의 신학 199, 200, 378
십자가의 요한 14, 144, 214, 215, 218, 313, 454

◎

아가서 설교집 166
아그네스 샌포드 291
아기 예수와 성면의 테레사 257
아드리엔 폰 슈파이어 313
아레오파고 사람 디오니시우스 138, 142
아메리카의 원죄 301
아버지의 약속 264
아버지 하나님을 넘어 333
아빌라의 테레사 14, 40, 214, 249, 293, 454
아씨시의 클라라 174, 453
아씨시의 프란치스코 40, 174, 439
아우구스트 헤르만 프란케 234, 455
아타나시우스 36, 118, 122, 135, 161, 453
아파사미 384, 385
악숨 135
안디옥의 감독 이그나티우스 102
안소니 드 멜로 398, 399
안소니 블룸 324
안토니 118, 119, 121, 128, 132, 135, 138, 453
안토니의 생애 118, 128, 135
알렉산더 카마이클 132

알반 129
알코올중독자 모임 336, 338, 339, 343
암마 120, 121
앤드류 월스 371
야로슬라프 펠리칸 235, 315
얀 반 뤼스브로에크 178, 454
얀센주의 250, 252
어거스틴 14, 29, 103, 127, 138, 139, 140, 141, 142, 164, 166, 168, 170, 171, 181, 185, 250, 252, 305, 408, 425, 453
어느 영혼의 이야기 257, 258
에니어그램 289, 323
에드워드 퓨지 247
에르네스토 카르네날 355
에바그리우스 123, 124, 125, 157, 255, 453
에버하르트 베트게 295
에블린 언더힐 287, 455
에프렘 107, 113, 114, 115, 116, 117, 247, 453
엔도 슈사쿠 378
여성 혐오 142, 334, 367
여인들의 복장 107
12사도의 가르침 100
영광의 신학 199, 378
영신 수련 211-457, 212-457
영적 독서 26, 79, 302
영적 아가 216

영적 약혼 181, 183
영적 훈련과 성장 26, 326
영혼의 어둔 밤 216
예기치 못한 기쁨 292
예수기도 8, 155, 157, 162, 163, 164, 188, 189, 190, 255, 256, 399, 436
예수 세미나 394
예수와 마리아의 성심회 249
예수와 상속권을 박탈당한 자들 299
예수의 테레사 214
오럴 로버츠 291
오르도 비르투툼 180
오리겐 107, 111, 112, 113, 117, 122, 123, 125
오순절 성결교회 264
오스월드 챔버스 265
오스카 로메로 357
옥중 서신 295
요한 23세 281, 282, 311, 316, 455
요한 게르하르트 200, 201
요한 바오로 2세 173, 258, 276, 316, 317, 393, 395, 438, 455
요한 세바스티안 바흐 235
요한 아른트 31, 200, 454
요한 카시아누스 124, 125, 453
요한 클리마쿠스 157
용서 없이 미래 없다 366

우리의 우물에서 생수를 마시련다 354
우주적 그리스도의 도래 425
울리히 츠빙글리 201, 454
움직이는 빛 302
웨이드 해리스 369
웬델 베리 430
위니프레드 130
위-디오니시우스 113, 122, 142, 143, 144, 145, 146, 178, 181, 218, 255
위로의 폭풍우 434
윌리엄 더니스 347
윌리엄 시무어 277, 455
윌리엄 윌리엄즈 펜티켈린 128
윌리엄 윌버포스 239, 455
윌리엄 윌슨 336
윌리엄 캐리 261
윌리엄 펜 232
유진 피터슨 302
육신이 되신 말씀 314
이냐시오 로욜라 80, 211
이사야 셈베 373
인간 현상 422
일곱 대죄로부터의 자유 298
잃어버린 목자 291

ㅈ

자타 긍정 399
작은 꽃 8, 257, 258, 259

장 바니에 321
저교회 209
정적주의 250, 252
제3세계 신학 배우기 347
제네시 일기 309
제노아의 카타리나 178
제럴드 메이 292
제레미 테일러 208
제임스 콘 301
제자도의 대가 294
조나단 에드워즈 229, 244
조시아 오시텔루 373
조안 치테스터 432
조앤 치티스터 329
조지 스코트 237
조지 폭스 232, 454
조지프 바바롤라 373
조지 허버트 208
조지 휫필드 229, 244
조카에게 쓴 편지 287
존 뉴턴 239, 455
존 던 208
존 메인 313, 314, 342, 455
존 번연 29, 231, 454
존 소브리노 355
존 애커만 220
존 오웬 230
존 울먼 233, 455
존 웨슬리 229, 239, 241, 243,

색인 463

455
존 칼빈 202, 454
존 키블 247
존 헨리 뉴먼 247
종교 감정에 관한 논문 245
종교 없는 기독교 295
주님은 나의 최고봉 265
지겐발크 235
지구 공동체, 지구 윤리 433
지구 존중 신앙 433
지미 카터 301
진정한 기독교 40, 201, 240
질 제프리온 284

ⓒ

찰스 웨슬리 243, 455
찰스 윌리엄스 291
찰스 커밍스 426
참 기도 292
창조 영성 178, 179
창조의 중심 314, 434
창조회복협회 297
천로역정 29, 231
천상의 위계 142
체스터턴 291
츠빙글리 159, 201, 202, 203, 204, 229, 454
치유와 기독교 290
치유의 빛 291
칠층산 305, 306

ⓚ

카렌 암스트롱 393
카를 라너 311
칸트 226
칼빈 202, 203, 204, 229, 230, 454
칼 올로프 로세니우스 237
칼 융 289
캔터베리의 안셀무스 164
케냐의 존 음비티 371
케네스 리치 292, 293
케직 사경회 263
켈즈의 책 131
코린트의 마카리우스 255, 455
코뮤니스트 데일리 워커 318
코스께 코야마 377, 456
콜룸바 131, 134, 453
크리슈나 필라이 384
크리스천 투데이 298
크리스티아나 아비오둔 아킨소완 373
클라라 174, 175, 189, 453
클레르보의 베르나르 165, 177, 180, 181, 453
키르케고르 253, 254, 271, 294, 455
킬리언 맥도널 279

ⓔ

타오르는 사랑의 불길 216

태양의 노래 175
터툴리안 101, 104, 107, 108, 109, 110, 111, 113, 117, 141
테야르 드 샤르댕 422
테오도렛 117
테오토코스 315
토론토 블레씽 280
토마스 아 켐피스 169, 454
토마스 아퀴나스 40, 171, 176, 323, 454
토마스 크랜머 207
토머스 머튼 304, 309
토머스 머튼: 관상적 비평가 309
토머스 키팅 313
토저 266
트리엔트 공의회 130, 193, 210, 211, 213, 248
틈새의 하나님 295
틸든 에드워즈 292
팅커 계곡의 순례자 433

(ㅍ)

파커 파머 222
팡세 253
펠리칸 38, 235, 236, 315
포도원운동 280
폰투스의 에바그리우스 123, 453
폴마르 180
폴 쿠테리에 281

퓨지파 247
프라미스 키퍼즈 운동 335
프란치스코 40, 67, 73, 170, 174, 175, 176, 177, 189, 212, 248, 251, 276, 316, 321, 323, 357, 381, 438, 439
프란치스코 살레시오 248, 251
프랑소와 페넬론 250
프랑케 261
프레데리카 매튜스-그린 325
프렌드 파 232
프리드리히 폰 휘겔 287
플루차우 235
피비 파머 264
피에르 드 베륄 248, 454
피터 플랜 375
필레몬 157
필로칼리아 122, 255
필로테우스 157
필립 멜란히톤 281
필립 야곱 스페너 233, 454
필립 젠킨스 350

하나님 경험하기: 영성으로서의 신학 292
하나님과의 화평 298
하나님께 가는 영혼의 여정 176
하나님 사랑의 계시 184
하나님 아픔의 신학 378

하나님의 교회 264
하나님의 신비에 눈뜨는 영성 302
하나님의 임재 연습 249
하비 콕스 358
하워드 서먼 299, 326
하인리히 플뤼차우 261
한 길 가는 순례자 302
한나 스미스 264
한스 닐슨 헤이그 237
한스 우르스 폰 발타사르 311, 312
해롤드 쿠쉬너 407, 408
해롤드 쿠시너 62
해방 영성 352, 354, 355, 357, 362

행동과 관상 센터 323
행복의 비결 298
헤시카즘 161, 162, 163, 164
헤시키우스 157
헥사플라 111
헨리 나우엔 35, 79, 308, 321, 456
헨리 데이비드 소로 422
헨리 벤 240, 455
현재주의 39
홀리웰 130
황무지 396
흑인 신학과 블랙 파워 301
힘의 근원 301